Zeitmanagement für Dummies – Schummelseite

D1994226

Zeitsparende Tips für die Organisation von Papiersta

- ✔ Wenn Sie ein Blatt Papier zur Hand nehmen, sollten Sie sich fragen: »Was ist das? Warum hab' ich das hier liegen? Was soll ich damit machen?« Haben Sie keine gute Antwort, werfen Sie es weg, oder recyceln Sie es.
- ✔ Sollten Sie in Ihren Stapeln Aufgaben finden, die erledigt werden müssen, schreiben Sie sie in Ihre Master-Liste.
- ✔ Müssen Sie ein Dokument verwahren, heften Sie es in einen Aktenordner.
- ✔ Wenn Sie ein Dokument nicht länger benötigen, werfen Sie es weg!!! (Oder recyceln Sie es.)

Zeitsparende Tips, um Ihr Ordnersystem aufzumöbeln

- ✔ Benutzen Sie neue Aktenordner.
- ✔ Beschriften Sie die Labels per Hand.
- ✔ Benutzen Sie erweiterbare Aktentaschen. Vermeiden Sie Hängeordner.

Zeitsparende Tips für die Benutzung Ihrer Master-Liste

- ✔ Benutzen Sie Brief- oder liniertes Papier.
- ✔ Schreiben Sie in jeder Linie.
- ✔ Machen Sie sich keine Gedanken über Prioritäten.
- ✔ Schauen Sie sich die Liste am Tag öfter mal an, und fragen Sie sich: »Was muß ich jetzt am dringendsten erledigen?«
- ✔ Schauen Sie sich die Liste abends, bevor Sie nach Hause gehen, an, und fragen Sie sich »Was habe ich morgen am dringendsten zu erledigen?«
- ✔ Wenn Sie 50 Prozent der Dinge auf der ersten Seite Ihrer Liste erledigt haben, übertragen Sie die unerledigten Dinge auf Seite zwei, damit die Liste komprimiert wird und werfen Sie dann die alte Liste weg (oder stecken Sie sie in einen mit »alte Listen« beschrifteten Ordner).

Zeitsparende Telefoniertips

- ✔ Machen Sie sich eine Liste mit Themen, die Sie mit Ihrem Gesprächspartner diskutieren wollen.
- ✔ Ordnen Sie sich die Reihenfolge der Themen derart, daß Sie das Wichtigste zuerst besprechen können.
- ✔ Haben Sie Ordner oder andere Papiere, auf die Sie sich eventuell beziehen müssen, immer zur Hand.

Zeitmanagement für Dummies – Schummelseite

Zeitsparende Voice-Mail Tips

- Wenn Sie Ihre Nachrichten abhören, stellen Sie auf Schnellauf, um rasch durchzukommen. (Dies ist eventuell nicht bei allen Voice-Mail-Systemen oder Anrufbeantwortern möglich.)
- Haben Sie öfter langatmige Anrufer, begrenzen Sie die Sprechzeit auf 60, 90 oder höchstens 120 Sekunden. (Teilen Sie dem Anrufer direkt beim Besprechen des Gerätes mit, daß er nur 60 Sekunden Zeit hat, eine Nachricht zu hinterlassen.)
- Ja, ja, ich weiß, daß es sich so anhört, als würde ich den Zweck des Voice-Mail-Systems zunichte machen, aber wenn Sie zu viele Anrufe bekommen, sollten Sie versuchen, die Anzahl der Anrufe, die Ihre Voice-Mail-Box erhalten kann, zu limitieren. Ist Ihre Box voll, wird der Anrufer so etwas wie »Diese Voice-Mail-Box ist leider voll.« zu hören bekommen. Nun muß der Anrufer es über jemand anderen versuchen, es später noch einmal probieren oder einen Brief oder eine E-Mail schicken.

Zeitsparende E-Mail Tips

- Versuchen Sie, Ihre Mail auf einen Bildschirmabschnitt zu begrenzen. Ist eine Nachricht länger als ein Bildschirmausschnitt, sollten Sie sie kürzen.
- Wenn Sie eine Auflistung in Ihre Mail einschließen, benutzen Sie die stichwortartige oder numerierte Form. Es ist einfacher zu lesen (wie diese Liste).
- Sollten Sie eine lange Nachricht versenden müssen, hängen Sie die Datei als Anlage an. Schreiben Sie eine kurze Beschreibung der Nachricht in die Betreff-Zeile (subject). Die eigentliche E-Mail-Nachricht sollte eine etwas detailliertere Beschreibung der angehängten Datei enthalten.
- Wenn Sie ein Dokument an eine E-Mail-Nachricht anhängen, schreiben Sie ein kurze, aber genaue Beschreibung über das entsprechende Dokument. Vergessen Sie nicht, den Zweck des Dokuments einzuschließen, detaillierte Instruktionen bezüglich der Verwendung, die der Empfänger für das Dokument haben wird, hinzuzufügen, sowie den Termin, an dem Sie eine Antwort benötigen.

Zeitmanagement für Dummies

Jeffrey J. Mayer

Zeitmanagement für Dummies

2. Auflage

Übersetzung aus dem
Amerikanischen von
Reinhard Christiansen

mitp

Die Deutsche Bibliothek – CIP-Einheitsaufnahme

Mayer, Jeffrey J.
Zeitmanagement für Dummies / Jeffrey J. Mayer. Übers. aus dem Amerikan.
von Reinhard Christiansen. - Bonn : MITP-Verlag, 2000
Einheitssacht.: Timemanagement for Dummies <dt.>
ISBN 3-8266-2838-1

ISBN 3-8266-2838-1
2. Auflage 2000

Übersetzung der amerikanischen Originalausgabe:
Jeffrey J. Mayer: Timemanagement for Dummies, 2nd Edition

Printed in Germany

Ein Unternehmen der verlag moderne industrie AG & Co. KG, Landsberg

Lektorat: Sabine Müthing
Korrektorat: Dirk Müller
Druck: Media-Print, Paderborn
Umschlaggestaltung: Sylvia Eifinger, Bornheim
Satz: mediaService, Siegen

Inhaltsverzeichnis

Einleitung 19

Was steht denn jetzt genau in diesem Buch? 20
Teil I: Verbessern Sie Ihr Zeitmanagementsystem 20
Teil II: So planen Sie Ihre Arbeit 20
Teil III: So können Sie sich besser verständlich machen 21
Teil IV: Der Weg zur Spitze 21
Teil V: Praktische Tips zum Zeitmanagement 21
Teil VI: Zeitmanagement und technologischer Fortschritt 21
Teil VII: Die Top-Ten-Listen 21
Die Symbole, die in diesem Buch benutzt werden 22

Teil I
Verbessern Sie Ihr Zeitmanagementsystem 23

Kapitel 1
Warum Zeitmanagement so wichtig ist 25

Werden Sie produktiver, effizienter und effektiver – Seien Sie nicht einfach nur beschäftigt 25
Sie geben selbst das Tempo vor 27
Testen Sie Ihr Gespür für Zeitmanagement 29

Kapitel 2
Organisieren Sie sich und Ihre Arbeit 31

Sie können jeden Tag eine Stunde Zeit sparen, wenn Sie sich und Ihre Arbeit besser organisieren 31
Trennen Sie die Spreu vom Weizen 32
Ordnen Sie den verbleibenden Stapel 33
Legen Sie alles Wichtige ab 33
Gehen Sie die anderen Stapel in Ihrem Büro durch 33
Lassen Sie sich bloß nicht ablenken! 33
Wenn Sie schon mal dabei sind - nehmen Sie doch die Klebenotizen von der Wand 34
Schreiben Sie alles auf ein großes Blatt Papier 34
Vergessen Sie nicht, Ihre Notizen abzuheften 35
So gehen Sie mit den Zeitungsstapeln um 35

Richten Sie sich eine Ablage für wichtigen Lesestoff ein 36
Räumen Sie Ihre Schreibtischschubladen auf 36
Wie sieht es in Ihrem Aktenkoffer aus? 37
Frühjahrsputz für die Festplatte gefällig? 37
Arbeiten Sie daran, organisiert zu bleiben 38
Räumen Sie auf, bevor Sie nach Hause gehen 38

Kapitel 3
Das effektivste Wiedervorlagesystem der Welt: Die Master-Liste 41

Oh Gott, wo habe ich meinen Kalender hingetan? 42
Ich weiß aber, wo alles ist 42
Ein effizientes Wiedervorlagesystem ist der Schlüssel zum Erfolg 44
Was ist eine Master-Liste? 46
Machen Sie das Beste aus Ihrer Master-Liste 47
  Nehmen Sie ein großes Blatt Papier 47
  Schreiben Sie alles auf 47
  Fügen Sie Ihrer Master-Liste zusätzliche Seiten hinzu 47
  Streichen Sie erledigte Aufgaben aus 47
  Konsolidieren Sie Ihre Master-Liste und übertragen Sie unerledigte Arbeiten auf ein neues Blatt Papier 48
  Erledigen Sie Ihre Arbeit 48
  Gehen Sie Ihre Master-Liste durch, bevor Sie nach Hause gehen 48
  Setzen Sie Ihre wichtigste Arbeit als erste Aufgabe für den nächsten Morgen an 49
  Schreiben Sie Ihre Master-Liste nicht jeden Tag neu 49
  Sie werden nicht alles schaffen können 49
Leider kann die Master-Liste nicht alles leisten 50
  Wie behält man die Übersicht über häufig verschobene Termine? 50
  Wie merken Sie sich, daß Sie in sechs Monaten jemanden anrufen müssen? 50
  Wie merken Sie sich, daß Sie ein Projekt in zwei Monaten anfangen müssen? 51
  Was ist mit Namen, Adressen und Telefonnummern? 51
Also was jetzt? 51

Kapitel 4
Behalten Sie den Überblick: Benutzen Sie einen Tagesplaner 53

Er ist Aufgabenliste und Kalender – einfach das Tüpfelchen auf dem i 53
Planen Sie unerledigte Aufgaben für die nächsten Tage ein 54
Sie haben mehr Kontrolle über Ihre Zeitplanung 54
Lassen Sie Ihren Tagesplaner für Sie arbeiten 55
  Übertragen Sie die Aufgaben, die Sie erledigen müssen, in Ihren Tagesplaner 55
  Neue Notizen in den Tagesplaner eintragen 55

Streichen Sie erledigte Punkte durch 56
Übertragen Sie alle unerledigten Aufgaben einzeln auf einen anderen Tag 56
Streichen Sie alle übertragenen Punkte durch, und »entwerten« Sie die Seite mit einem großen X 56
Tragen Sie Ihre Termine mit Bleistift ein 56
Notieren Sie Ihre Aufgaben und Anrufe mit Kugelschreiber 57
Tragen Sie Ihre Telefonnummern in Ihr Rolodex oder Ihr Adreßbuch ein 57
Planen Sie Ihren Urlaub ein 57
Tragen Sie Geburts- und Jahrestage ein 57
Auch Tagesplaner haben ihre Grenzen 58
Es ist nicht einfach, die Aufgabenliste immer auf dem neuesten Stand zu halten 58
Aufgaben übertragen oder ändern – eine Menge Arbeit 58
Möchten Sie Ihren Kalender immer dabei haben? 60
Es kostet einige Mühe, die wichtigen Leute im Leben nicht aus den Augen zu verlieren 60
Speichern Sie Namen und Adressen in Ihrem Computer 61

Kapitel 5
Eine Einführung in ACT! oder: So bekommen Sie Ihren Tagesplaner in den Computer 63

Warum ich ACT! als Kontaktmanagement-Programm gewählt habe 65
Was ACT! für Sie tun kann 66
Verbessern Sie Ihre Geschäftsbeziehungen, verlieren Sie Gewicht, schaffen Sie sich Freunde und beeinflussen Sie die Menschen 67
Namen, Adressen und Telefonnummern speichern und abrufen 68
Machen Sie sich detaillierte Gesprächsnotizen mit dem Notizblock 70
Aktivitäten einplanen ist ein Kinderspiel 71
Zeigen Sie Ihre Termine in der Kalenderansicht an 73
Übertragen Sie Ihre Master-Liste in ACT! 73
Telefonnummern speichern und wählen 74
Senden Sie E-Mail-Nachrichten mit ACT! 75
Schneller Zugang zum World Wide Web 75
Richten Sie Kontaktgruppen ein 75
Schreiben Sie Ihre Briefe mit dem Textverarbeitungssystem von ACT! 76
Erstellen Sie Ihre Berichte mit ACT! 77
Nutzen Sie Ihre ACT!-Datenbank gemeinsam mit Ihren Kollegen 77
Verlassen Sie Ihr Büro? Drucken Sie Ihren Kalender aus, und nehmen Sie ihn mit 77
ACT!-Datenbanken mit Palmtop-Rechnern verwenden 78

Teil II
So planen Sie Ihre Arbeit 79

Kapitel 6
Machen Sie die richtige Arbeit zur richtigen Zeit 81

Planen Sie Ihre Aktivitäten 82
- Bearbeiten Sie die wichtigsten Aufgaben zuerst 83
- Kontrollieren Sie Ihre Aufgabenliste mehrmals am Tag 84
- Sehen Sie Ihren Plan für den nächsten Tag durch, bevor Sie abends das Büro verlassen 85
- Versuchen Sie, das meiste in den ersten zwei Stunden des Tages zu schaffen 85
- Vereinbaren Sie einen Termin mit sich selbst 87
- Nehmen Sie sich mehr Zeit, als Sie tatsächlich benötigen 88
- Lösen Sie Probleme, bevor sie welche werden 88
- Reservieren Sie sich immer etwas Zeit, um unerwartete Probleme lösen zu können 88
- Halten Sie die Fristen ein 89
- Sehen Sie die Tagespost, eine E-Mail oder Voice-Mail nicht als willkommene Unterbrechung an 90

Planen Sie Ihre Besprechungen, Ihre Termine und Ihren Tag! 92
- Vereinbaren Sie keine Termine für den frühen Morgen 92
- Gönnen Sie sich zwischen den Terminen eine Verschnaufpause 93
- Versuchen Sie, mehrere Termine zu verbinden 94
- Wenn Zeit Geld ist, warum verbringen Sie dann soviel Zeit im Straßenverkehr? 96
- Wieviel kostet der Unterhalt eines Autos? 98
- Vermeiden Sie nach Möglichkeit lange Reisen 99
- Verschwenden Sie Ihre kostbare Zeit nicht mit Botengängen 100

Kapitel 7
So bekommen Sie Ihre Geschäftstermine in den Griff 101

Was Sie zu einer Besprechung mitbringen sollten 101
Kleiden Sie sich angemessen 102
Überprüfen Sie den Inhalt Ihres Aktenkoffers, bevor Sie das Büro verlassen 103
Lassen Sie sich Ihre Termine vorher bestätigen 103
Versuchen Sie, pünktlich zu sein 105
Geben Sie Bescheid, wenn Sie sich verspäten 105
Machen Sie das Beste aus der Wartezeit 106
Es fängt mit einem Lächeln und einem Händedruck an 106
Wo Sie in einer Besprechung sitzen sollten 107

Wie Sie Besprechungen am besten planen 109
Verteilen Sie eine Tagesordnung 110
Erkundigen Sie sich nach dem Zweck der Besprechung 111
Legen Sie Anfangs- und Endzeiten fest 112
Vermeiden Sie unnötige Besprechungen 112
Müssen Sie an der gesamten Besprechung teilnehmen? 113
Welche Unterlagen sind erforderlich? 113
Was machen Sie als nächstes? 114
Lassen Sie ein Protokoll der Besprechung anfertigen 114

Kapitel 8
Gespräche in die gewünschte Richtung steuern 115

Informationen erhält man durch Fragen 116
Ermuntern Sie Ihren Gesprächspartner zum Reden 116
Halten Sie sich bedeckt 117
Wer fragt, kontrolliert das Gespräch 118
Die Kunst, die richtigen Fragen zu stellen 119
Um ein Gespräch aufrecht zu halten, stellen Sie immer offene Fragen 119
Vermeiden Sie geschlossene Fragen 120
Stellen Sie keine Negativfragen 120
Wenn Sie etwas nicht verstehen, bitten Sie um Klärung 120
Fassen Sie zusammen, was Ihr Gesprächspartner sagt 120
Halten Sie das Gespräch in Schwung 121
Gehen Sie auf die Gefühle Ihres Gesprächspartners ein 123
Wie man ein brillanter Gesprächspartner wird 123

Kapitel 9
Helfen Sie anderen, Entscheidungen (schnell) zu treffen ... 125

Ihr Ziel ist das »Ja« des Gesprächspartners 126
Geben Sie sich mit einem »Nein« nicht zufrieden 127
Zustimmung ist die Voraussetzung 127
Gleichgültigkeit ist eine schwierige Hürde 128
Erkennen Sie den magischen Moment 129
Fragen Sie nach dem »Wie« 129
Wer darf Entscheidungen treffen? 129
Wer darf »Ja« sagen? 130
Wer darf »Nein« sagen? 130
Ein »Nein« ist nur so lange ein »Nein«, bis es ein »Ja« wird 130
Verhandeln Sie mit jemand, der Entscheidungen beeinflussen kann 131
Hofieren Sie Ihren Champion 131
Vorsicht vor Leuten, die Ihre Sache blockieren 131

Suchen Sie sich einen Coach 132
Wie Sie mit Einwänden effektiv umgehen 132
Es gibt zwei Arten von Einwänden 133
Mit diesen Techniken räumen Sie Einwände aus dem Weg 134
Geben Sie Ihrem Gesprächspartner einen Stift, wenn Sie einen Punkt besonders hervorheben möchten 137
Eine Pro-und-Kontra-Bilanz als Verkaufsmittel 137
Hören Sie einfach auf zu reden! 138
Vermitteln Sie ein Gefühl von Dringlichkeit 139
Zehn Möglichkeiten, wie man den plötzlichen Umschwung eines Verkaufsgesprächs vermeidet 139
Nach dem »Ja« fängt der Spaß erst richtig an: das Verhandeln 141
Verhandeln Sie als der Stärkere 141
Bringen Sie alle Punkte auf den Tisch 141
Ein paar Worte über Konzessionen 142
Beachten Sie den großen Zusammenhang 143

Teil III
So können Sie sich besser verständlich machen 145

Kapitel 10
Machen Sie das Telefon zu Ihrem Freund 147

Wie wirken Sie am Telefon? 148
Ihre Gefühle und Regungen kommen klar und deutlich rüber 148
Lächeln Sie! 148
Seien Sie enthusiastisch 149
Hören Sie sich so, wie die anderen Sie hören 149
Welchen Zweck hat der Anruf? 150
Der richtige Zeitpunkt zum Telefonieren 152
So erreichen Sie den gewünschten Gesprächspartner 152
Machen Sie sich zu jedem Gespräch Notizen 153
So telefonieren Sie mit Fremden 154
Was machen Sie, wenn Ihr Telefon klingelt? 157
Schneiden Sie langatmigen Anrufern das Wort ab 159
Führen Sie nicht zu viele Privatgespräche 159
So gehen Sie mit verärgerten Anrufern um 160
So werden Sie mit schwierigen Gesprächen fertig 161
Das richtige Handy für Ihre Zwecke 162
Die richtige Größe 162
Wie liegt das Handy in der Hand? 163
Die richtige Lautstärke einstellen 163

Tastatur und Display müssen stimmen 164
Leichter Zugriff auf die wichtigsten Funktionen 164
Auf den richtigen Ton kommt es an 164
Welcher Akku ist der beste? 165
Kann das Handy mit dem Computer zusammenarbeiten? 166
So sichern Sie Ihr Handy gegen Diebstahl und Verlust 167
So holen Sie das Beste aus Ihrem Telefon heraus 167

Kapitel 11
Verbessern Sie Ihre Produktivität mit einem Voice-Mail-System 169

Warum sollte man mit Voice-Mail arbeiten? 169
Lassen Sie Ihre Anrufer nicht in die Voice-Mail-Falle tappen 170
So nehmen Sie Ihre Ansage auf 172
Tips, wie man eine Voice-Mail-Nachricht hinterläßt 174
Hilfe! Ich bekomme zu viele Nachrichten 175

Kapitel 12
Effektivere Korrespondenz – bessere Geschäfte 177

Wer ist Ihre Leserschaft? 177
Gut schreiben ist nicht leicht 178
Nehmen Sie sich viel Zeit 178
Verwenden Sie geläufige Wörter und Ausdrücke 179
Schreiben Sie im Gesprächsstil 180
Fesseln Sie den Leser 182
Schreiben Sie bessere Briefe 183
So erreichen Sie, daß Ihre Briefe geöffnet werden 183
So erreichen Sie, daß Ihre Briefe gelesen werden 184
Machen Sie Ihre Briefe übersichtlich und leicht lesbar 184

Kapitel 13
Alles über E-Mail 187

Gute E-Mail-Nachrichten schreiben 188
Auch E-Mail verlangt einen guten Schreibstil 188
Nutzen Sie die Betreff-Zeile 189
Das Wichtigste gehört an den Anfang 189
Schreiben Sie einfache Nachrichten 189
Schreiben Sie E-Mail-Nachrichten, auf die man leicht antworten kann 190
Dokumente als Anlage beifügen 190
Die E-Mail-Netiquette 191
Hilfe, ich bekomme zu viele E-Mails! 192

Gehen Sie sorgsam mit der Freiheit der E-Mail um 193
Rasten Sie nicht aus 193
Schützen Sie sich vor E-Mail-Diebstahl 195
Sichern Sie wichtige Informationen 195
Der richtige Umgang mit der E-Mail-Software 196
Verwenden Sie das E-Mail-Adreßbuch 196
Dokumente und andere Dateien als Anlage beifügen 196
Komprimieren Sie Ihre Anlagedateien 197
Web-Seiten als E-Mail versenden 197
Erstellen Sie eine Signaturdatei 198
Filtern Sie Ihre E-Mail-Nachrichten 198
Wo die E-Mail nichts kostet 199
Massensendungen per E-Mail verschicken 200
So gehen Sie mit Werbesendungen um 200

Teil IV
Der Weg zur Spitze 203

Kapitel 14
Halten Sie überzeugende Präsentationen 205

Eine Präsentation ist eine Show 205
So werden Sie die Schmetterlinge im Bauch los 206
Wärmen Sie Ihr Publikum auf 207
Eröffnen Sie mit einem Knall 207
Setzen Sie auch Körpersprache ein 208
Sie haben zwei Hände, also benutzen Sie sie! 209
Bleiben Sie in Bewegung 209
Schauen Sie Ihre Zuhörer an 210
Lassen Sie Ihre Stimme interessant klingen 212
Verbessern Sie Ihre Präsentationen mit Bildern, Graphiken und Listen 215
Wollen Sie Begleitmaterial verteilen? 215
Gestalten Sie den Besprechungsraum rednerfreundlich 216
Die Anordnung der Tische (und Stühle) 218
Stellen Sie die Stühle in einem Halbkreis auf 219
Ordnen Sie die Tische winkelförmig an 219
Variationen zum Thema 219
Einige andere Dinge, über die Sie nachdenken sollten 220
Wie gut waren Sie? 220

Kapitel 15
Werben Sie für sich selbst 221

Sammeln Sie Empfehlungsschreiben 221
Wurden Sie schon in einer Zeitung oder einer Zeitschrift erwähnt? 223
Schreiben Sie ein Buch 225
Geben Sie eine eigene Broschüre heraus 226
Werben Sie für sich mit öffentlichen Vorträgen 227
Vergessen Sie nicht, Visitenkarten großzügig zu verteilen 229
Sammeln Sie die Visitenkarten anderer Leute 230
Die Kunst der Kontaktpflege 231
Mit ACT! können Sie Ihre geschäftlichen Beziehungen vertiefen 231
Verbringen Sie Ihre Zeit mit Menschen, die Ihnen wichtig sind 232
Lernen Sie Ihre Geschäftsfreunde besser kennen 232
Werben Sie mit einer eigenen Website 234
Lassen Sie Ihre Website registrieren 242
Werben Sie mit E-Mail für sich 246

Kapitel 16
Tun Sie das Richtige, und Sie erzielen die richtigen Ergebnisse 249

Kümmern Sie sich um die Details 249
Seien Sie smarter als die anderen 250
Konzentrieren Sie sich auf die Dinge, die wichtig sind 250
Leben Sie im Hier und Jetzt 251
Setzen Sie sich Ziele 252
Setzen Sie sich vernünftige Ziele 252
Räumen Sie sich genügend Zeit ein 253
Setzen Sie sich viele kurzfristige Ziele 253
Schreiben Sie Ihre Ziele auf 254
Überprüfen Sie Ihre Ziele regelmäßig 255
Teilen Sie Ihre Träume mit Ihren Freunden 255

Kapitel 17
Eine positive Einstellung und gute Arbeitsgewohnheiten sind der Schlüssel zum Erfolg 257

Sie brauchen gute Arbeitsgewohnheiten 257
Fordern Sie sich selbst heraus 258
Erweitern Sie Ihren Horizont 259
Übernehmen Sie die Verantwortung für das, was Sie tun 259
Umgeben Sie sich mit erfolgreichen Menschen 260
Geben Sie Ihr Bestes 260
Machen Sie das Beste aus Ihrer Zeit 261

Teil V
Praktische Tips zum Zeitmanagement 263

Kapitel 18
Richten Sie sich ein Heimbüro ein 265

Wo sollte ich mein Heimbüro einrichten? 265
- Die Einrichtung des Heimbüros 266
- Sie brauchen einen Tisch und eine Aktenablage 266
- Sie brauchen einen bequemen Stuhl 266
- Kaufen Sie einen Stuhl, der sich Ihrem Körper anpaßt 267

Sie brauchen Aktenschränke 267
Gute Beleuchtung bringt mehr Produktivität 268
Welches Telefon und welches Telefax brauchen Sie? 269
- Sie brauchen zwei Anschlüsse 269
- Braucht man einen eigenen Anschluß für das Faxgerät? 269
- Faxnachrichten mit dem Computer senden und empfangen 270
- Wollen Sie Ihren normalen Telefonanschluß auch für den Rechner verwenden? 270
- Braucht man einen separaten Telefonanschluß für den Internet-Zugang? 270
- Ohne Telefon läuft nichts! 271

Und wer geht ans Telefon? 271
Mit der richtigen Internet-Verbindung können Sie viel Zeit sparen 271
- Was ist Bandbreite? 272
- ISDN (Integrated Services Digital Network) 272

High-Tech-Geräte für Ihr Heimbüro, mit denen Sie noch produktiver werden können 272
- Moderne Faxgeräte können mehr als nur Nachrichten senden und empfangen 273
- Sie brauchen einen guten Drucker 273
- Scannen Sie Ihre Dokumente in den Computer 274

Kapitel 19
Schaffen Sie sich eine gesunde Arbeitsumgebung 275

Seien Sie nett zu Ihren Händen 275
Bringen Sie Ihren Körper in Schwung 276
Automatisieren Sie Ihre Tastatureingaben mit Makros 277
Schmerzen Ihre Hände? Dann probieren Sie doch mal eine andere Tastatur aus 278
Bringen Sie den Monitor in die richtige Position 279
- Eine Fußstütze verbessert die Blutzirkulation 279

Tut Ihnen der Rücken weh? Dann besorgen Sie sich einen neuen Stuhl 279

Kapitel 20
Geschäftsreisen vorbereiten 281

Schreiben Sie Ihre Reiseroute nieder 281
Das Ticket bestellen 282
Hotelzimmer reservieren 282
Das Internet hilft bei den Reisevorbereitungen 283
  Besuchen Sie die Website Ihrer Lieblings-Fluggesellschaft 283
Denken Sie auch ans liebe Geld 284
  So kommen Sie auch im Notfall an Geld 284
  Devisengeschäfte 285
Koffer packen – aber richtig! 286
  Die richtige Kleidung 286
  Tips für Frauen 287
  Tips für Männer 287
  Hygieneartikel – so klein wie möglich 288
  Denken Sie an die wichtigen Extras! 289
  Die wichtigsten Gegenstände fürs Handgepäck 289
Der Weg zum Flughafen 293
Check-In-Prozeduren am Flughafen 293
So vermeiden Sie Streß auf dem Flug 295
So haben Sie es auf dem Flug bequem 296
  Kleine Lockerungsübungen für den Flug 297
  Schützen Sie Ihre Ohren 297
Der schnelle Weg zum Gepäck 298
Einen Wagen mieten 300
Der Kontakt zur Heimat 301
Reisen mit dem Rechner 302
  Schützen Sie Ihre Daten mit einem Kennwort 303
  So schützen Sie den Rechner während der Reise 303
Denken Sie auch an den eigenen Schutz 304
  Seien Sie wachsam 304
  Vermeiden Sie gefährliche Situationen 305
  So schützen Sie sich gegen Car-Jacking 306
  Sicherheit im Hotel 306
  Schützen Sie Ihr Haus während Ihrer Abwesenheit 307
Was Sie bei Reisen ins Ausland beachten sollten 308
  Denken Sie an eine Reise-Krankenversicherung 308
  Auslandsreisen – die wichtigsten Tips in aller Kürze 309

Teil VI
Zeitmanagement und technischer Fortschritt 311

Kapitel 21
So holen Sie das Beste aus Ihrem Rechner heraus 313

Wenn Sie immer noch mit einem 486er oder einem der ersten Pentiums arbeiten, ist es an der Zeit, einen neuen zu kaufen! 314
Wenn Sie mehr Speicherkapazität brauchen, kaufen Sie eine neue Festplatte 315
Besserer Durchblick mit einer schnelleren Grafikkarte 316
Schonen Sie Ihre Augen mit einem neuen Bildschirm 316
Größerer Arbeitsspeicher – höhere Geschwindigkeit 317
Verbessern Sie Ihre Produktivität mit einem Software-Update 317
Erweitern Sie Ihren Horizont mit einem Modem 318
Der neue Computer – nur der beste ist gut genug 318

Kapitel 22
Palmtop-Rechner – Zeitmanagement für die Hosentasche 321

PalmPilot 321
HC-4600 Color Mobilon von Sharp 323
REX PRO PC Companion von Franklin 323

Kapitel 23
Software, mit der Sie viel Zeit sparen können 325

WordPerfect 325
ACT! 326
Quicken 326
QuickBooks 326
Adobe PageMaker 327
AddressGrabber 327
ClipMate 327

Kapitel 24
Auch Computer brauchen Pflege 329

Norton Utilities halten Ihren Rechner gesund 329
Schützen Sie Ihren Rechner vor Viren 331
Räumen Sie Ihre Festplatte auf 332
Löschen Sie Ihre automatisch angelegten Backup-Dateien 333
Sichern Sie Ihre Daten 334

Drücken Sie Strg+S zum Speichern Ihrer Daten – und zwar häufig 334
Verwenden Sie die Programmfunktionen zum automatischen Backup 334
Speichern Sie Daten auf Disketten 335
Wie wär's mit einer auswechselbaren Festplatte? 335
Installieren Sie ein Bandlaufwerk zur Datensicherung 336

Teil VII
Der Top-Ten-Teil 337

Kapitel 25
Zehn Tips für ein erstklassiges Ablagesystem 339

Benutzen Sie Aktendeckel 339
Ordnen Sie Ihre Akten 339
Beschriften Sie Ihre Akten 339
Schreiben Sie Ihre Etiketten mit der Hand 340
Die Etiketten Ihrer Akten sollten sich wie ein Telefonbuch lesen lassen 340
Verabschieden Sie sich von Ihren Hängemappen 340
Benutzen Sie Hängetaschen 340
Ordnen Sie Ihre Akten 340
Arbeiten Sie mit Ihren Akten 340

Kapitel 26
Zehn Tips für den richtigen Umgang mit dem technischen Support 341

Kapitel 27
Zehn Tips, wie Sie den Weg zur Arbeit optimal nutzen können 343

Stichwortverzeichnis 345

Einleitung

Wenn es Ihnen wie den meisten Menschen geht, dann haben Sie nie genügend Zeit, um im Büro alles zu erledigen. Sie arbeiten immer härter und länger, haben aber trotzdem nie das Gefühl, Fortschritte zu machen. Also gehen Sie früher ins Büro, bleiben länger, arbeiten an den Wochenenden, und wenn Sie dann am Ende eines langen Arbeitstages endlich zu Hause sind, sind Sie so fertig, daß Sie keine Zeit und Energie mehr für sich selbst, Ihre Familie oder Freunde haben. Die Techniken des Zeitmanagements, die noch vor wenigen Jahren so gut funktionierten, nutzen jetzt gar nichts mehr. Die Welt um uns herum hat sich in vielerlei Hinsicht geändert, und auch diese Techniken sind einfach veraltet.

Früher dachten wir, unsere Arbeit schaffen zu können, wenn wir jede Unterlage »nur einmal in die Hand nehmen« würden. Heute haben wir nicht nur das Papier, sondern auch noch E-Mail, Anrufbeantworter und schnurlose Kommunikationssysteme. Auf unseren Schreibtischen stehen superschnelle Computer, die vernetzt sind. Wir kommunizieren miteinander über das Internet.

Früher waren wir bereits begeistert, wenn wir einen Brief per Kurier schicken konnten, und der Empfänger ihn am nächsten Morgen um 10.30 Uhr erhielt. Heute faxen wir einen Brief von unserem Computer direkt an einem anderen Computer und wenn wir ein Dokument verschicken wollen, schicken wir es einfach als Anlage zu einer E-Mail-Nachricht. Wenn Sie bestimmte Informationen benötigen, gehen Sie einfach ins Internet und starten eine Suchmaschine Ihrer Wahl.

Früher saßen Sekretärinnen und Assistentinnen an ihren Schreibtischen und tippten Briefe, Memos, Berichte, Präsentationen und andere Dokumente auf ihren elektronischen IBM-Schreibmaschinen und schafften 60 Wörter pro Minute. Heute sind die meisten Sekretärinnen weg, und auf ihren Schreibtischen stehen blitzschnelle PCs, mit denen wir unsere Briefe, Memos, Berichte und Präsentationen selber schreiben müssen. Danach lassen wir unsere Dokumente von unseren Rechtschreib- und Grammatikprogrammen korrigieren und verschicken Sie anschließend als Fax oder E-Mail-Nachricht.

Früher mußten wir uns zu langen Besprechungen in den Konferenzsaal begeben, wenn wir komplexe Dokumente, Präsentationen oder Berichte zusammenstellen wollten. Heute sind unsere Computer miteinander vernetzt, und mit der neuen Gruppensoftware kann eine ganze Gruppe von Leuten, die in verschiedenen Städten sitzen, gleichzeitig zusammenarbeiten und gemeinsam Dokumente, Präsentationen und Berichte erstellen.

Wenn Sie mit drei oder mehr Leuten gleichzeitig telefonieren wollen, lassen Sie sich von Ihrer Telefongesellschaft eine Konferenzschaltung einrichten. Die neuesten Telekonferenz-Netzwerke unterstützen jetzt auch Audio- und Datenübertragungen. Und mit Hilfe von Videokonferenzen können Sie heute über das Internet auch virtuelle Besprechungen durchführen.

Heute tauschen wir keine Unterlagen mehr aus, sondern Daten. Und der zeitliche Rahmen, der uns zur Verfügung steht, um Entscheidungen zu treffen, wird immer kleiner.

Wenn Sie im nächsten Jahrzehnt Erfolg haben wollen, müssen Sie mehr leisten als nur sich selbst und Ihre Arbeit zu organisieren. Sie müssen Ihre offenen Arbeiten, Aufgaben und Projekte besser als früher im Griff haben, und das schaffen Sie am besten, indem Sie Ihr Wiedervorlagesystem verbessern. Mit einem effizienten und effektiven Wiedervorlagesystem können Sie die Zeit, die Sie während eines normalen Arbeitstages vielleicht vergeudet hätten, effizienter, effektiver und profitabler nutzen.

Ich nenne dieses System *Addition durch Subtraktion*. Indem Sie die Zeitverschwendung eliminieren, gewinnen Sie mehr Zeit für die wichtigen Dinge. Sie erledigen Ihre Arbeit, verlassen Ihr Büro zu einer zivilen Zeit, verbringen den Rest des Tages mit Ihrer Familie und Ihren Freunden und tun das, wozu Sie Lust haben.

Wenn Sie zum ersten Mal vor der Aufgabe stehen, Ihre Zeitmanagement-Ziele praktisch umzusetzen, werden Sie wahrscheinlich verzweifeln. An genau dieser Stelle kommt *Zeitmanagement für Dummies* ins Spiel. In diesem Buch werde ich Ihnen genau erklären, wie Sie Ihre Arbeit organisieren und Ihre Zeit effizienter nutzen können.

Was steht denn jetzt genau in diesem Buch?

Um Ihnen die Suche nach bestimmten Informationen zu erleichtern, habe ich dieses Buch in sieben Teile gegliedert. Sie können die Lektüre dieses Buches mit jedem beliebigen Kapitel beginnen.

Teil I: Verbessern Sie Ihr Zeitmanagementsystem

In diesem Teil zeige ich Ihnen, wie Sie sich und Ihre Arbeit organisieren, und helfe Ihnen, ein effizientes Wiedervorlagesystem zu entwickeln.

Teil II: So planen Sie Ihre Arbeit

In Teil II erkläre ich Ihnen, wie Sie Ihren Arbeitstag planen, Ihre Besprechungen managen, die Kontrolle über den Gesprächsablauf behalten und anderen Leuten bei der Entscheidungsfindung helfen können.

Teil III: So können Sie sich besser verständlich machen

In diesem Teil zeige ich Ihnen, wie Sie Ihre Fähigkeiten zur Vermittlung von Informationen verbessern können, indem Sie das Telefon, die E-Mail, die gute alte Gelbe Post und die Voice-Mail richtig einsetzen.

Teil IV: Der Weg zur Spitze

In Teil IV werde ich Ihnen zeigen, wie Sie Präsentationen halten, sich selbst auf der Karriereleiter nach oben befördern, sich persönliche Ziele setzen und als Gewinner durch das Leben gehen können.

Teil V: Praktische Tips zum Zeitmanagement

In diesem Teil zeige ich Ihnen, wie Sie wertvolle Zeit sparen können, wenn Sie sich ein Büro zu Hause einrichten. Ich erkläre Ihnen außerdem, wie wichtig es ist, für eine gute Arbeitsumgebung zu sorgen. Außerdem bekommen Sie einige gute Tips, wie Sie auf Dienstreisen eine Menge Zeit sparen können – egal ob Sie in der Nachbarstadt oder im Ausland zu tun haben.

Teil VI: Zeitmanagement und technologischer Fortschritt

Die technologischen Innovationen, die heute auf dem Markt sind, können Ihre Arbeitsleistung in einem Ausmaß verbessern, das Sie sich gar nicht vorstellen können. Sie können diese Tools aber nur dann effektiv einsetzen, wenn Sie wissen, wie Sie die Leistung Ihres Rechners optimal nutzen und welche Software für Sie die beste ist. In diesem Teil erkläre ich Ihnen, wie Sie Ihre Zeit vor dem Computer optimieren können. Wenn Sie auch mit anderen als Desktop-Computern arbeiten wollen, finden Sie in diesem Buch noch einige Tips zu weiteren High-Tech-Spielzeugen, mit deren Hilfe Sie Ihren Arbeitstag verkürzen können.

Teil VII: Die Top-Ten-Listen

In Teil VII schließlich werde ich Ihnen eine Reihe von Top-Ten-Listen präsentieren, um Sie zu informieren, Sie zu unterhalten und um meinen vertraglichen Pflichten gegenüber dem Verlag zur Ablieferung einer bestimmten Anzahl von Seiten für dieses Buch nachzukommen.

Die Symbole, die in diesem Buch benutzt werden

Das Tip-Symbol weist auf Informationen hin, die Ihnen das Leben einfacher machen sollen.

Das Zeitspartip-Symbol bezeichnet die Tips, mit denen Sie eine Menge Zeit sparen und Ihr Leben um Jahre verlängern können.

Dieses Symbol habe ich für die Dinge verwendet, die Sie besser nicht vergessen, oder Sie sind verdammt in alle Ewigkeit.

Das Symbol für den technischen Kram dient zwei Zwecken: Wenn Sie zu den Leuten gehören, die Computerjargon und technische Einzelheiten lieben, sollten Sie die Hinweise lesen. Denjenigen, die schon beim Anblick einer Digitaluhr nervös werden, zeigt dieses Symbol, daß sie besser schnell weiterblättern sollten.

Das Anekdoten-Symbol läßt Sie wissen, daß ich Ihnen auf den folgenden Zeilen eine Geschichte erzähle, die (nicht immer) eine Pointe hat.

Teil I

Verbessern Sie Ihr Zeitmanagementsystem

"Es ist mir egal, wie weit Sie gereist sind. Laut Terminkalender habe ich erst nächste Woche Dienstag für Sie Zeit."

In diesem Teil ...

Eine etwas weniger einladende Überschrift für diesen ersten Teil wäre gewesen: »Räumen Sie dieses Durcheinander auf.« Bevor Sie überhaupt produktiver werden können, müssen Sie sich und Ihre Arbeit organisieren. Und genau davon handelt dieser Teil. Nach einem Überblick zeige ich Ihnen, wie Sie Ihr Büro aufräumen können. Danach erkläre ich Ihnen, wie man eine Master-Liste erstellt, mit der Sie sich einen Überblick über Ihre Arbeit verschaffen können. Dann zeige ich Ihnen, wie Sie das Beste aus Ihrem Tagesplaner herausholen, und schließlich stelle ich Ihnen die Vorteile von ACT! vor, einem Computerprogramm, das Ihnen das Leben erheblich erleichtern kann.

Warum Zeitmanagement so wichtig ist

1

In diesem Kapitel

- Erfolg durch Zeitmanagement
- Qualität statt Quantität
- Testen Sie Ihre Zeitmanagement-Fähigkeiten

Da aus Kostengründen immer mehr Arbeitsplätze eingespart werden, fällt für den einzelnen Mitarbeiter immer mehr Arbeit an. Wir alle arbeiten härter als je zuvor. Wir kommen morgens früher ins Büro und bleiben abends länger. Überlegen Sie einmal selbst: Wann haben Sie zum letzten Mal eine richtige Mittagspause gehabt? Wie oft lassen Sie das Mittagessen ganz ausfallen?

Obwohl wir Überstunden machen, haben wir keine Zeit für unsere wichtigen Projekte, lassen die tägliche Korrespondenz und alle möglichen anderen Dinge liegen, die sich dann in Stapeln auf unserem Schreibtisch, in den Eingangskörben, im Bücherregal und auf dem Boden anhäufen. Das muß alles bis Samstag warten, denn wir hoffen, daß wir dann Zeit haben, um wirklich mal etwas zu schaffen.

Was aber machen wir während unseres 8-, 10- oder 12-Stunden-Tages? Ich wette, daß Sie diese Frage auch nicht beantworten können. Genau das ist wahrscheinlich der Grund, warum Sie dieses Buch lesen.

Auf den folgenden Seiten werden Sie einige wundervolle Tips, Techniken, Ideen und Strategien zum Zeitsparen finden, die Ihnen helfen, Ihre Arbeit schneller und besser zu erledigen, damit Sie mehr Zeit für Ihre Familie und Freunde haben.

Werden Sie produktiver, effizienter und effektiver – Seien Sie nicht einfach nur beschäftigt

In der heutigen Geschäftswelt, in der hoher Konkurrenzdruck herrscht, sind Überstunden keine Garantie dafür, daß Ihr Geschäft floriert oder Sie Karriere machen. Heute können Sie nur noch erfolgreich sein, wenn Sie produktiver, effizienter und effektiver arbeiten und nicht bloß beschäftigt sind. Steigern Sie Ihre Produktivität, und die Qualität Ihrer Arbeit wird besser werden, Sie werden Ihre Arbeit pünktlich erldigen, und – im Optimalfall – werden Sie wesentlich mehr mit wesentlich geringerem Aufwand erreichen. Die Firma macht Geld und Sie auch.

Sie müssen sich immer vor Augen halten, daß Sie für Ihre Ergebnisse und nicht für die Anzahl der Stunden, die Sie arbeiten, bezahlt werden. Wir alle kennen doch diese Kollegen, die damit angeben, wieviel sie arbeiten, nur um uns zu beeindrucken. Sie tragen ihre 70- bis 80-Stunden-Woche wie ein Ehrenabzeichen mit sich herum und glauben auch noch, daß sie mit ihren Überstunden die Hingabe an ihre Firma und ihre Karriere zeigen.

Meistens aber verbergen die vielen Überstunden nur die Unfähigkeit und schlechten Arbeitsgewohnheiten der betreffenden Leute. Wenn Sie einmal die Arbeitsqualität dieser Leute analysieren und überprüfen, wieviel sie mit welchem Zeitaufwand schaffen, werden Sie merken, daß sie beileibe keine Superstars sind. Tatsache ist, daß sie ihre Arbeit kaum bewältigen. Nur selten erledigen sie eine Arbeit pünktlich, und die Qualität ihrer Arbeit ist bestenfalls Mittelmaß. Wenn Sie dann noch die Stunden in Betrecht ziehen, die diese Leute wirklich arbeiten, werden Sie eine sehr geringe Ausbeute feststellen.

Die Zeit/Nutzen-Analyse

Ein Abteilungsleiter einer großen Aktiengesellschaft zeigte mir bei einer Besprechung eine Zeit/Nutzen-Analyse, die seine Firma unlängst durchgeführt hatte. Die Analyse zeigte, daß die Angestellten den größten Teil der Arbeitszeit mit Aufgaben verbrachten, die nicht direkt den Belangen ihrer Kunden dienten. Die meiste Zeit waren sie mit Routineaufgaben beschäftigt, schaufelten Unterlagen hin und her, saßen in Besprechungen oder beantworteten E-Mail- und Voice-Mail-Nachrichten. Im einzelnen schlüsselte sich die Zeit wie folgt auf:

- ✔Zeit, die mit Büroarbeiten und Besprechungen verbracht wird: 25 Prozent
- ✔Zeit, die mit der Beantwortung von E-Mail- und Voice-Mail-Nachrichten verbracht wird: 15 Prozent
- ✔Zeit, die mit persönlichen Kundengesprächen verbracht wird: 20 Prozent
- ✔Zeit, die mit der Vorbereitung auf diese Gespräche verbracht wird: 25 Prozent

Somit wurde deutlich, daß die Angestellten den größten Teil ihrer Arbeitszeit Aufgaben widmeten, die nichts mit den Belangen ihrer Kunden zu tun haben. Die Geschäftsführung hatte daraufhin das Ziel vorgegeben, die Zeit für Kundenkontakte und die Vorbereitung darauf auf mindestens 60 Prozent zu steigern und gleichzeitig die Zeit für Verwaltungsaufgaben auf 40 Prozent zu reduzieren.

Sie geben selbst das Tempo vor

Die meisten Leute erkennen nicht, daß zwischen beschäftigt sein und produktiv sein, zwischen hart arbeiten und intelligent arbeiten ein großer Unterschied besteht. Im Schnitt erstreckt sich eine berufliche Karriere über 30 bis 40 Jahre. Wenn Sie sich diese Karriere einmal als einen Marathonlauf vorstellen, werden Sie erkennen, daß Sie sich Ihre Kraft auf den ganzen Lauf verteilen müssen.

Natürlich gibt es Zeiten, in denen Sie das Tempo beschleunigen müssen und manchmal müssen Sie auch die Geschwindigkeit etwas drosseln, um etwas Luft zu holen. Ihr Ziel sollte sein, Ihre Energien richtig einzusetzen und zu erhalten, damit Sie nicht ausbrennen und außer Atem sind, bevor Sie die Ziellinie erreicht haben.

Diejenigen, die 50, 60 oder 70 Stunden pro Woche arbeiten, legen ein Tempo vor, als würden sie ein 400-Meter-Rennen und nicht einen Marathon laufen. Sie arbeiten so hart und so lange sie nur können und hoffen dabei, die Ziellinie noch vor dem Zusammenbruch zu erreichen. Die Fertigstellung ihres nächsten Projektes ist ihre Ziellinie, über die sie nicht hinwegschauen. Sobald sie dann an einem neuen Projekt arbeiten, stehen sie im nächsten Rennen.

Bis vor kurzem noch haben sich die Arbeitgeber wenig darum gekümmert, wieviel Zeit ein Arbeitnehmer braucht, um eine bestimmte Aufgabe zu erledigen. Produktivität und Effizienz waren nicht sonderlich wichtig, denn die Zusatzkosten konnten immer an den Kunden weitergegeben werden.

Dieses System funktioniert heutzutage nicht mehr. Der Wettbewerb ist härter geworden, und die Unternehmen müssen nach Mitteln und Wegen zur Reduzierung der Kosten, zur Steigerung der Arbeitnehmerproduktivität und zur Qualitätsverbesserung von Produkten und Dienstleistungen suchen. Diese Ziele können aber nicht dadurch erreicht werden, daß man die Angestellten einfach bittet, länger und härter zu arbeiten. Den Mitarbeitern muß beigebracht werden, effizienter und effektiver zu arbeiten.

Überstunden machen einen Angestellten aus einem ganz bestimmten Grund nicht produktiver: Jeder hat seine Grenzen, und es gibt einen Punkt, an dem die Ausbeute schwindet und die Überstunden keinen meßbaren Anstieg an Qualität oder Quantität der Arbeit zeigen. Im Gegenteil! Je mehr Überstunden ein Mitarbeiter macht, desto höher wird auch die Wahrscheinlichkeit, einen Fehler zu machen.

Die Vergangenheit hat gezeigt, daß diese Fehler sehr viel kosten können – nicht nur den Arbeitgeber, sondern auch den Angestellten. Studien haben ergeben, daß Überstunden zum sogenannten Burnout-Syndrom führen, zu steigendem Streß und Spannungen bei der Arbeit und zu Hause. Heutzutage müssen die Mitarbeiter die beruflichen Anforderungen mit den privaten Bedürfnissen und denen ihrer Familie in Einklang bringen.

Arbeit, Arbeit, nichts als Arbeit – Frank war fast ein toter Mann

Zu Beginn meiner Karriere lernte ich einen Mann kennen, der Versicherungen für ein großes Versicherungsunternehmen verkaufte. Als neuer Vertreter verkaufte er phänomenal viele Lebensversicherungen und wurde zum Vorzeigevertreter, dem alle nacheifern sollten. Es ist nicht weiter verwunderlich, daß seine Vorgesetzten nur auf seine Ergebnisse – die Anzahl der verkauften Lebensversicherungen – schauten, nicht aber auf die Zeit, die er täglich für seine Geschäftsabschlüsse aufwenden mußte. Als ich mir seine täglichen Aktivitäten einmal näher anschaute, stellte sich heraus, daß er keine 40-Stunden-Woche hatte, sondern mehr als 80 Stunden pro Woche arbeitete.

Franks üblicher Arbeitstag sah folgendermaßen aus: Jeden Morgen stand er um 5.00 Uhr auf und hatte bereits einen oder zwei Termine hinter sich, bevor er ins Büro kam. Dort arbeitete er den ganzen Tag, und nach dem Abendessen hatte er noch einmal einen oder zwei Termine. An vielen Abenden war er nicht vor Mitternacht zu Hause. So arbeitete er von Montag bis Freitag, Woche für Woche, jahrelang. Er arbeitete sogar an den Wochenenden, hatte einige Termine am Samstag und gelegentlich auch am Sonntag.

Im Vergleich zu seinen Kollegen hatte er eine fabelhafte Abschlußquote, aber nur deshalb, weil er mehr oder weniger zwei Jobs hatte. Seine Leistung war nicht die eines Superverkäufers. Er war nur ein Mann, der alle seine Zeit, Energie und Anstrengung, ja sein ganzes Leben für Geschäftsabschlüsse opferte. Nie hatte er Zeit für seine Frau und seine Kinder. Er konnte sich nicht einmal mehr über die Dinge freuen, die er mit seinem Geld kaufen konnte.

Eines Tages holte ihn das Leben ein: Er hielt einen Vortrag vor anderen Lebensversicherungsvertretern und erzählte ihnen gerade, was für ein toller Vertreter er geworden sei – als er vor seinem Auditorium zusammenbrach. Er wurde sofort mit Blaulicht ins Krankenhaus gefahren, wo er eine Woche blieb. Die Diagnose des Arztes lautete: totale Erschöpfung.

Zu dieser Zeit waren es nur noch ein paar Monate bis zu seinem 35. Geburtstag. Frank lernte die bittere Lektion, daß eine Kerze schneller abbrennt, wenn man sie an beiden Enden anzündet.

Testen Sie Ihr Gespür für Zeitmanagement

Wir alle suchen nach Möglichkeiten, unsere Arbeit schneller und besser zu erledigen. Wenn Sie erfahren wollen, wie Sie Ihre Zeit besser einteilen können, müssen Sie sich erst einmal darüber klar werden, wie Sie Ihre Zeit an einem normalen Arbeitstag verbringen. Bevor Sie sich mit den Einzelheiten dieses Buches beschäftigen, lassen Sie mich Ihnen deshalb zunächst einmal ein paar Fragen stellen:

1. Wie lange brauchen Sie, um wichtige Unterlagen zu finden, z.B. diesen Bericht, den Ihr Chef unbedingt innerhalb der nächsten 60 Sekunden sehen will, und der irgendwo in den Papierstapeln auf Ihrem Schreibtisch vergraben ist? In Kapitel 2 erfahren Sie, wie Sie Ihren Schreibtisch, der an einen Müllhaufen erinnert, so aufräumen, daß er so sauber aussieht wie das Flugdeck eines Flugzeugträgers.

2. Wie oft sind Sie schon in die Voice-Mail-Falle getappt? Wie Sie dort wieder herauskommen, lesen Sie in Kapitel 11.

3. Spielen Sie auch am Telefon immer endlos »Fangen« mit Ihrem wichtigsten Kunden? Wie Sie das Spiel gewinnen, lesen Sie in Kapitel 10.

4. Verbringen Sie den größten Teil Ihres Arbeitstages damit, Brände zu löschen, während die wichtigen Aufgaben liegenbleiben? In Kapitel 6 finden Sie Hilfe.

5. Würden Sie lieber wichtige Arbeiten erledigen, anstatt Ihre E-Mail-Nachrichten zu beantworten? Wenn ja, lesen Sie Kapitel 13.

6. Kommen Sie auch immer erst in letzter Minute zu den wichtigen Aufgaben? In Kapitel 3 finden Sie Hinweise zur optimalen Nutzung Ihrer Master-Liste.

7. Würden Sie gerne Ihren Terminkalender, Ihr Rolodex und Ihre Aufgabenliste von Ihrem Schreibtisch verbannen und die entsprechenden Daten im Computer speichern? Dann lesen Sie Kapitel 5 und lernen Sie, wie Sie Ihren Tag mit ACT! optimal gestalten können.

8. Würden Sie gerne etwas für Ihre Firma tun und gleichzeitig die eigene Karriere fördern? Lesen Sie die Tips in Kapitel 15!

9. Verbringen Sie pro Woche zuviel Zeit in Besprechungen, die nicht viel bringen und zu viele Fragen unbeantwortet lassen? Lesen Sie Kapitel 7, und Ihnen wird geholfen.

10. Würden Sie gerne mehr Zeit mit Ihrer Familie und Ihren Freunden verbringen? Dann sollten Sie sich hinsetzen und dieses Buch Kapitel für Kapitel lesen. Es ist gespickt mit Tips, Techniken, Ideen und Strategien zum Zeitsparen, mit deren Hilfe Sie Ihre Arbeit sehr bald streßfrei und ohne Zeitdruck besser und pünktlich erledigen können. Sie werden die bisher vergeudete Zeit produktiver und effizienter nutzen und im Ergebnis weniger Zeit mit Ihrer Arbeit und mehr Zeit mit Ihrer Familie und Ihren Freunden verbringen. Das nenne ich produktiv!

Organisieren Sie sich und Ihre Arbeit

2

In diesem Kapitel

- So organisieren Sie sich und Ihre Arbeit
- So räumen Sie Ihren Schreibtisch auf
- So legen Sie Ihre Dokumente ab
- So systematisieren Sie Ihre Zeitungslektüre
- So bleiben Sie organisiert

Auf den nächsten Seiten werde ich Ihnen zeigen, wie einfach es ist, die Arbeit zu organisieren und diese Organisation auch durchzuhalten. Nach der Lektüre dieses Kapitels sollten Sie in der Lage sein, Ihren Schreibtisch in zwei Stunden aufzuräumen. Stellen Sie also Ihr Telefon ab und schließen Sie die Tür – wenn Sie zu den Glücklichen gehören, die eine haben –, um nicht gestört zu werden. Und vergessen Sie nicht, einen großen Papierkorb bereitzustellen. Sie werden feststellen, daß 60 Prozent der Papiere auf Ihrem Schreibtisch weggeworfen werden können, Und wenn Sie sich danach mit den Schreibtischschubladen und Ihrem Aktenschrank beschäftigen, werden Sie sehen, daß mindestens 80 Prozent dieser Unterlagen verschwinden können.

Sie können jeden Tag eine Stunde Zeit sparen, wenn Sie sich und Ihre Arbeit besser organisieren

Wissen Sie eigentlich, daß die meisten Leute pro Tag eine Stunde vergeuden, weil Sie Unterlagen suchen, die auf ihrem Schreibtisch verlorengegangen sind, von denen 60 Prozent ohnehin nicht mehr gebraucht werden. Ich denke, genau damit sollten wir auch anfangen: mit Ihrem Schreibtisch.

Lassen Sie mich kurz das typische Büro beschreiben:

- ✔ Überall liegen Papierstapel – auf dem Schreibtisch, im Regal, auf dem Stuhl und auf dem Boden.
- ✔ Neben dem Telefon liegt ein Stapel Gesprächsnotizen.
- ✔ Die Leuchten des Telefons blinken auf, als ob es bald zu explodieren drohe wegen all der neu eingegangenen Voice Mail Nachrichten.

- Sie haben so viele Klebenotizen an der Wand, daß sie aussieht, als sei ein Schwarm Schmetterlinge dagegen geflogen.
- In der Ecke stapeln sich ungelesene Zeitungen, Magazine und Fachzeitschriften.
- Der Rechner meldet laufend den Eingang neuer E-Mail-Nachrichten.
- In dem ganzen Durcheinander liegt ein Kalender, ein Terminplaner und eine Aufgabenliste.

Na, kommt Ihnen das bekannt vor?

Als erstes werden Sie sich all dieser Papierstapel auf Ihrem Schreibtisch entledigen. Innerhalb weniger Stunden können Sie die Müllhalde auf Ihrem Schreibtisch so aufräumen, daß er so aufgeräumt ist wie das Flugdeck eines Flugzeugträgers. Sie werden so viel wegwerfen, daß Ihr Papierkorb überquillt, und auf Ihrem Schreibtisch werden nur noch ein Telefon und ein Notizblock übrigbleiben.

Ihr Ziel ist in diesem Fall nicht ein sauberer und ordentlicher Schreibtisch. Der Schreibtisch ist zweitrangig. Ihr Ziel sollte sein, sich so zu organisieren, daß Sie die Zeit, die normalerweise im Verlauf eines Arbeitstages vergeudet wird, effizient und effektiv nutzen können.

Wenn Sie Ihre Arbeitszeit mit wichtigen Dingen ausfüllen und nicht mit Angelegenheiten verbringen, die Sie nur aufhalten, wird sich die Qualität Ihrer Arbeit verbessern, was wiederum zu höheren Einkünften führt. Mit einem ordentlichen Schreibtisch fängt alles an. Legen wir also los.

Trennen Sie die Spreu vom Weizen

Als ersten Schritt zur Neuorganisation ihrer Arbeit sollten Sie die Spreu vom Weizen trennen. Gehen Sie deshalb nacheinander alle Papiere auf Ihrem Schreibtisch durch.

- Ist ein Papier wichtig, legen Sie es vorübergehend in ein Ablagefach.
- Gehört ein Papier jemand anderem, legen Sie es auf einen gesonderten Stapel, den Sie später an Ihre Kollegen oder Mitarbeiter verteilen können.
- Benötigen Sie ein Papier nicht mehr, werfen Sie es weg.

In ungefähr 20 bis 30 Minuten müßte Ihre Papierberg auf dem Schreibtisch halbiert und der Papierkorb randvoll sein.

Wenn es Ihnen schwerfällt, sich von einigen Unterlagen zu trennen, nehmen Sie sie vom Schreibtisch und legen sie in eine Schublade. So machen Sie erst einmal das Beste aus Ihrer Situation: Wenn Sie die Unterlagen brauchen, wissen Sie, wo Sie sie finden. Wenn Sie feststellen, daß Sie sie nicht mehr brauchen, können Sie sie nach sechs Monaten immer noch wegwerfen.

Ordnen Sie den verbleibenden Stapel

- ✔ Gehen Sie jetzt die verbleibenden Unterlagen einzeln durch. Wenn Sie dabei unerledigte Aufgaben finden, notieren Sie sie auf Ihrer Master-Liste. Die Master-Liste ist eine Liste aller noch zu erledigenden Arbeiten, die Sie auf einem großen Blatt notieren. (In Kapitel 3 erkläre ich Ihnen, wie Sie Ihre Master-Liste einsetzen können, um Ihr Arbeitspensum und Ihren Arbeitstag zu organisieren.)
- ✔ Brauchen Sie ein Papier nicht mehr, werfen Sie es weg. Brauchen Sie es noch, heften Sie es in einem ordentlich beschrifteten Aktenordner ab.
- ✔ Existiert ein entsprechender Aktendeckel noch nicht, legen Sie einen an. Auf das Ablegen komme ich gleich noch zu sprechen.

Legen Sie alles Wichtige ab

Wenn Sie Dokumente oder Akten aufbewahren wollen, die Sie zur Zeit nicht benötigen, heften Sie sie ab. Es gibt keinen Grund, warum sie weiter auf Ihrem Schreibtisch liegen sollten.

Gehen Sie die anderen Stapel in Ihrem Büro durch

Nachdem Sie nun auf Ihrem Schreibtisch alles durchgesehen haben, machen Sie sich an die Stapel, die sich in den Regalen, auf dem Boden oder sonstwo angehäuft haben. Wenn dabei eine Aufgabe auftaucht, notieren Sie sie auf der Master-Liste. Wenn Sie ein Dokument aufbewahren wollen, legen Sie es ab. Wenn Sie es nicht mehr benötigen, werfen Sie es weg.

Lassen Sie sich bloß nicht ablenken!

Denken Sie beim Durchsehen Ihrer Unterlagen immer an das Ziel dieser Aktion: sieben, sortieren und katalogisieren. Lassen Sie sich nicht ablenken. Kommt Ihnen eine Gesprächsnotiz in die Finger, die Sie letzte Woche hätten beantworten müssen, lassen Sie nicht alles fallen, um den Anruf zu erledigen. Notieren Sie die Aufgabe auf Ihrer Master-Liste und machen Sie weiter.

Wenn Sie ein Memo mit dem Entwurf für ein Projekt finden, an dem Sie eigentlich schon seit ein paar Tagen hätten arbeiten sollten, mit dem Sie aber noch nicht einmal angefangen haben, dann fangen Sie es bloß nicht jetzt an. Und finden Sie eine Kopie eines Briefes, den Sie kürzlich an einen Kunden oder potentiellen Kunden geschickt haben, notieren Sie einfach auf Ihrer Master-Liste, daß Sie den Kunden anrufen müssen, und räumen Sie weiter auf.

Denn dies sind genau die Unterlagen, nach denen Sie suchen. Sie gehen die Stapel deshalb Papier für Papier durch, weil Sie so eine Liste mit den Aufgaben erstellen können, die Sie noch erledigen müssen.

Wenn Sie schon mal dabei sind - nehmen Sie doch die Klebenotizen von der Wand

Viele von uns benutzen Klebenotizen aus dem gleichen Grund, aus dem wir auch Stapel bilden: Sie sollen uns vor Augen halten, was wir noch erledigen müssen. Wenn wir uns an etwas erinnern lassen wollen, z.B. daß wir einen Brief schreiben, ein Angebot ausarbeiten oder jemanden zurückrufen müssen, dann kritzeln wir eine kurze Notiz auf ein kleines Stück Papier und kleben es an die Wand, den Computer, das Telefon oder sonstwohin.

Dieses System hat jedoch den Nachteil, daß wir die Notizen bald nicht mehr beachten oder nichts weiter mit ihnen anfangen. In den nächsten Absätzen werde ich Ihnen ein besseres System zur Aufzeichnung von Notizen erklären.

Schreiben Sie alles auf ein großes Blatt Papier

Die Angewohnheit, einen Gedanken schriftlich festzuhalten, ist eine sehr effiziente Art, sich an eine Aufgabe zu erinnern, die noch erledigt werden muß. Etwas auf Papier zu notieren, befreit Sie davon, sich diese Dinge merken zu müssen. Sie können dann Ihre geistigen Kapazitäten für wesentlich wichtigere Dinge nutzen.

Wenn Sie sich jedoch Notizen auf kleinen Zetteln machen, die Sie dann an die Wand kleben, schaffen Sie sich Probleme. Kleben die Zettel erst einmal an der Wand, werden Sie sie recht bald nicht mehr beachten, und keiner scheint mehr von großer Bedeutung zu sein. Die Konsequenz: Sie ignorieren die Notiz und vergessen die Aufgabe. Die Notiz Tag für Tag zu sehen reicht nicht aus, um Sie dazu zu motivieren, die Aufgabe auch zu erledigen. Also bleibt die Notiz kleben und die Aufgabe wird nicht erledigt.

Wenn Sie eine Aufgabe erledigen müssen, z.B. einen Brief schreiben, einen Anruf tätigen oder in irgendeiner Sache nachhaken müssen, sollten Sie dies auf der Master-Liste anstatt auf einer Klebenotiz notieren. Ein einziges Blatt Papier mit 30 Zeilen kann die Informationen von 30 Klebenotizen aufnehmen.

Vergessen Sie nicht, Ihre Notizen abzuheften

Die Angewohnheit, sich detaillierte Notizen zu machen – besonders bei Telefonaten und Besprechungen – ist sehr lobenswert. Wenn Sie aber Ihre Notizen nicht zusammen mit den anderen Unterlagen zu einem speziellen Thema in einem Aktendeckel ablegen, werden Sie sich wahrscheinlich nicht mehr an diese Informationen erinnern, wenn Sie eine Entscheidung in der betreffenden Angelegenheit treffen müssen. Wenn Sie sich also Notizen machen, legen Sie das Blatt in dem entsprechenden Aktendeckel ab, damit Sie es bei Bedarf finden. Sollte sich dabei eine Aufgabe ergeben, notieren Sie sie auf der Master-Liste.

Versehen Sie Ihre Unterlagen immer mit einem Datum. Wann immer Sie etwas auf einem Blatt notieren, sollten Sie auch ein Datum dazuschreiben. So haben Sie immer eine Übersicht über den chronologischen Ablauf der Angelegenheit. Notizen zu Telefonaten oder Besprechungen werden sinnlos, wenn Sie sich nicht mehr daran erinnern können, wann sie stattfanden.

So gehen Sie mit den Zeitungsstapeln um

Jeden Tag erhalten wir einen Schwung Zeitungen, Magazine und Fachzeitschriften. Auf die meisten werfen wir noch nicht einmal einen Blick, vom Lesen ganz zu schweigen. Viele von uns haben so viel Lesestoff gesammelt, daß sie selbst dann nicht durchkämen, wenn sie einen ganzen Arbeitstag nur mit Lesen verbringen würden.

Was fangen wir mit dem ganzen Material an? Wir stapeln es zu einem gewaltigen Berg an Lesematerial auf, der niemals auch nur angeschaut wird. Aber ist es nicht lustig, daß wir irgendwann ein schlechtes Gewissen haben, weil wir es nicht geschafft haben, alles zu lesen, die Welt aber trotzdem nicht untergegangen ist? Wir tun uns schwer damit zuzugeben, daß der Großteil der Informationen, die über unseren Schreibtisch gehen, einfach unwichtig ist. Irgendwie kommen wir auch ohne diese Informationen ganz gut klar – Informationen, von denen wir noch nicht einmal wußten, daß sie uns fehlten.

Am besten entscheiden Sie sofort, wenn der Lesestoff auf Ihren Schreibtisch kommt, was damit geschehen soll. Bekommen Sie Zeitungen, die schon ein paar Tage alt sind, werfen Sie sie weg. Sind die Magazine älter als eine oder zwei Wochen (bei monatlichem Erscheinen: älter als zwei Monate) – wegwerfen! Die Informationen sind wahrscheinlich schon überholt, und in der Regel haben wir noch einige andere Möglichkeiten, uns all die Informationen zu beschaffen, die uns entgangen sind.

Wenn Sie Informationen zu einem bestimmten Thema haben wollen, suchen Sie einfach im Internet nach dem gewünschten Material. Die Suchtechniken für das Internet werden in Kapitel 15 besprochen.

Anstatt ein schlechtes Gewissen zu haben, weil Sie Ihren Lesestoff nicht bewältigen können, sollten Sie alle Energie darauf verwenden, Ihre wichtigen Aufgaben zu erledigen und diese dann auch gut und pünktlich. Sie sollten sich keine schlaflosen Nächte bereiten, nur weil Sie keine Zeit hatten, die neuesten Zeitungen oder Magazine zu lesen.

Richten Sie sich eine Ablage für wichtigen Lesestoff ein

Als Alternative dazu, einen Wust von Zeitungen, Magazinen und Fachzeitschriften um sich zu stapeln, empfehle ich folgendes Verfahren: Legen Sie sich eine spezielle Ablage für die noch zu erledigende Lektüre ein. Wenn Sie ein Magazin erhalten, überfliegen Sie zunächst einmal das Inhaltsverzeichnis. Wenn Sie einen Artikel sehen, der für Sie interessant sein könnte, reißen Sie die Seiten heraus und werfen Sie den Rest weg. Legen Sie alle Artikel in Ihre Lektüreablage. Auf der nächsten Dienstreise oder auf der täglichen Fahrt zur Arbeit haben Sie genug Gelegenheit, die Artikel zu lesen.

Wenn Sie ein Magazin nicht auseinanderreißen möchten, sollten Sie die Seitennummer im Inhaltsverzeichnis einkreisen oder mit einem Klebezettel die Seite markieren, auf der der Artikel anfängt. Anderenfalls vergessen Sie vermutlich bald, warum in aller Welt Sie das Magazin aufgehoben haben. Wenn Sie so mit Ihrem Lesestoff umgehen, werden Sie eine Menge Zeit sparen, weil Sie nicht mehr die ganze Zeitschrift durchzublättern brauchen, um den gewünschten Artikel zu finden.

Machen Sie das gleiche mit Ihren Zeitungen. Schauen Sie die Zeitung schnell durch, und wenn Sie einen interessanten Artikel finden, reißen Sie ihn heraus, legen ihn in Ihr Lesefach und werfen den Rest weg.

Immer wenn Sie etwas lesen – einen Brief, einen Bericht, ein Memo oder ein Magazin –, sollten Sie einen Stift zur Hand haben, damit Sie Wörter, Sätze oder ganze Absätze markieren können, die Sie interessant finden. Es kann auch ganz hilfreich sein, Ihre Gedanken, Kommentare oder Fragen am Rand zu notieren. So brauchen Sie nicht wieder alles neu zu lesen, wenn Sie das Blatt nach einer Woche, einem Monat oder einem Jahr wieder in die Hand nehmen. Wenn Sie alle wichtigen Informationen markieren, wissen Sie sofort, was Ihnen beim ersten Lesen aufgefallen ist.

Räumen Sie Ihre Schreibtischschubladen auf

Nachdem Sie jetzt auf dem Schreibtisch Ordnung geschaffen haben, sollten Sie sich noch Ihre Schreibtischschubladen vorknöpfen. Dabei sollten Sie wirklich alle Schubladen durchkämmen, die kleineren und die Aktenschubladen. Sie werden feststellen, daß mindestens 80 Prozent der Papiere in Ihren Aktenschubladen in den Papierkorb gehören. Der Grund dafür liegt auf der Hand: Alle aktuellen Unterlagen befinden sich auf Ihrem Schreibtisch. In manchen Büros, denen ich bei der Arbeitsorganisation geholfen haben, waren die Schubladen tatsächlich vollkommen leer. Und in anderen Büros wiederum fanden sich in den Schubladen noch vom Vorbenutzer geerbte Unterlagen.

Da Sie die meisten Unterlagen in diesen Schubladen ohnehin seit längerem nicht mehr angesehen haben, sollte es für Sie recht einfach sein, die Papiere kurz durchzusehen und die nicht mehr benötigten Unterlagen und Akten wegzuwerfen. Wenn Sie bestimmte Akten aufbewahren wollen, der Aktendeckel aber zerfleddert und die Beschriftung nicht zu lesen ist, legen Sie einen neuen an.

Wie sieht es in Ihrem Aktenkoffer aus?

So, nachdem Sie jetzt schon Ihr Büro in Ordnung gebracht haben, warum räumen Sie nicht auch noch Ihren Aktenkoffer auf? Sie glauben gar nicht, wie viele Leute ich schon getroffen habe, deren Aktenkoffer vollgestopft ist mit Arbeit, Lesestoff und anderen Sachen, die überhaupt nicht angeschaut werden. Jeden Abend schleppen sie diesen Aktenkoffer nach Hause, um nach dem Abendessen noch etwas arbeiten zu können. Und jeden Morgen tragen sie den Koffer dann wieder zurück ins Büro, ohne ihn überhaupt geöffnet zu haben.

Also nehmen Sie sich ein paar Minuten Zeit, und schauen Sie das Sammelsurium in Ihrem Aktenkoffer durch. Wenn Sie etwas finden, das bearbeitet werden muß, notieren Sie es auf Ihrer Master-Liste, und planen Sie die Aufgabe für die normalen Bürozeiten ein. Wenn Sie etwas aufbewahren müssen, legen Sie es ab. Der Rest gehört in den Müll.

Frühjahrsputz für die Festplatte gefällig?

Ich weiß, ich habe dieses Kapitel damit begonnen, wie man sich und seine Arbeit organisieren sollte, und all die Sachen aufräumt, die sich auf dem Schreibtisch aufgetürmt haben. Denken Sie aber auch daran, in Ihrem Computer aufzuräumen.

Eine Festplatte ist eigentlich nichts anderes als ein elektronischer Aktenschrank. Egal wie groß die Festplatte ist – auch sie muß hin und wieder aufgeräumt werden. Wenn Sie immer mehr Dateien speichern und Programme installieren, ohne die nicht mehr benötigten zu löschen, wird die Festplatte genau wie ein Aktenschrank irgendwann aus allen Nähten platzen. Erst wenn Sie anfangen, alte Dateien und unbenutzte Programme zu löschen, werden Sie feststellen, wieviel Platz Sie bislang verschwendet haben.

In Kapitel 24 erkläre ich Ihnen, wie Sie Ordnung auf Ihrer Festplatte schaffen können. Dort finden Sie auch einige Tips zur Optimierung Ihres Rechners.

Arbeiten Sie daran, organisiert zu bleiben

Wenn Sie sich und Ihre Arbeit erst einmal organisiert haben, ist es einfach, organisiert zu bleiben. Allerdings kostet auch das einige Arbeit. Sie können es nun mal nicht ändern, daß Sie jeden Tag haufenweise Post, E-Mail- oder Voice-Mail-Nachrichten und eine Handvoll Faxe erhalten.

Aber Sie dürfen nicht zulassen, daß Sie den Überblick über Ihren täglichen Arbeitsplan verlieren. Sie müssen dazu nur regelmäßig alle neue Arbeiten auf Ihrer Master-Liste (nähere Erläuterungen hierzu in Kapitel 3) notieren.

Sicher haben Sie schon oft die Goldene Regel gehört: »Jedes Papier sollte nur einmal in die Hand genommen werden.« In der Theorie hört sich das gut an, aber in der Praxis ist das nicht machbar. Tatsächlich werden Sie manche Unterlagen sogar mehrmals bearbeiten müssen. Aber denken Sie daran: Ihr Ziel sollte immer darin bestehen, die wichtigen Arbeiten zu erledigen, und nicht, alle Papiere sofort wieder loszuwerden, sobald sie auf Ihrem Schreibtisch auftauchen.

Wenn also etwas auf Ihren Schreibtisch kommt, lassen Sie nicht alles stehen und liegen, um sich sofort darum zu kümmern, sondern notieren Sie alles auf Ihrer Master-Liste und planen Sie es für die nächsten Tage ein.

Bedenken Sie immer diese drei Schritte:

1. Sobald sich eine Aufgabe ergibt, notieren Sie sie auf Ihrer Master-Liste.
2. Wenn Sie ein Dokument aufbewahren müssen, heften Sie es ab.
3. Wenn Sie es nicht mehr brauchen, werfen Sie es weg oder geben Sie es weiter.

Räumen Sie auf, bevor Sie nach Hause gehen

Bevor Sie am Ende eines Arbeitstages nach Hause gehen, sollten Sie ein paar Minuten Ordnung schaffen. Gehen Sie die Post durch, hören Sie Ihre Voice-Mail-Nachrichten ab, und sehen Sie Ihre E-Mail-Nachrichten durch, damit Sie wissen, welche Aufgaben Sie auf Ihrer Master-Liste notieren müssen. Unterlagen, die Sie nicht mehr benötigen, sollten Sie ordentlich ablegen oder wegwerfen.

Gehen Sie anschließend Ihre Master-Liste noch einmal durch, und markieren Sie die Arbeiten, Aufgaben oder Projekte, die am wichtigsten sind. Wenn Sie dann am nächsten Morgen ins Büro kommen, können Sie sofort mit der Arbeit beginnen.

Gewöhnen Sie sich an, alles durchzugehen, was sich auf Ihrem Schreibtisch im Laufe eines typischen Arbeitstages angehäuft hat. Sie werden merken, daß es dann relativ einfach ist, organisiert zu bleiben. Sollten Sie nach ein paar hektischen Tagen merken, daß sich wieder einiges angehäuft hat, stoppen Sie einfach alle anderen Arbeiten. Nehmen Sie sich eine halbe Stunde Zeit, um wieder alles aufzuräumen.

Am Anfang benötigen Sie etwas Zeit, um sich zu organisieren. Das passiert nicht über Nacht, aber wenn Sie alles nach und nach erledigen und am Ball bleiben, dann werden Sie erstaunliche Resultate sehen. Sie werden bald merken, daß Sie Ihre wichtigen Aufgaben und Projekte besser im Griff haben. Und wenn Sie Ihr Büro verlassen, dann können Sie sich auf die Schulter klopfen und sich dazu gratulieren, Ihre Arbeit gut gemacht zu haben.

Sie sollten immer so viele *wichtige* Aufgaben wie möglich während der normalen Arbeitszeit erledigen. Wenn Sie am Ende eines Arbeitstages nach Hause gehen, haben Sie es sich verdient zu entspannen und ein paar ruhige Stunden mit Ihrer Familie, Ihren Freunden oder alleine zu verbringen.

Das effektivste Wiedervorlagesystem der Welt: Die Master-Liste

3

In diesem Kapitel

- Ein Wiedervorlagesystem einrichten: die Master-Liste
- Mit der Master-Liste arbeiten
- Was eine Master-Liste nicht leisten kann

Wie sieht es auf Ihrem Schreibtisch aus? Liegen da auch überall Stapel herum? Nun, wenn Sie den Überblick über alle Ihre unerledigten Arbeiten, Aufgaben, Projekte und Telefonate behalten wollen, aber alles einfach auf Ihren Schreibtisch legen, dann spielen Sie mit dem Feuer. Es ist einfach nicht möglich, alles unter Kontrolle zu haben, wenn Ihr Büro aussieht, als habe dort gerade ein Tornado gewütet.

Wichtige Sachen gehen verloren, werden falsch abgelegt oder schnell vergessen, und am Ende brauchen Sie viel Zeit – verschwendete Zeit – um diesen verflixten Brief, dieses Memo, die Akte, den Bericht oder was immer Sie gerade suchen, zu finden. Warum hatten Sie überhaupt angefangen zu suchen? Ach ja, weil Ihr Chef danach gefragt hatte und jetzt in der Tür steht, oder weil vielleicht gerade jemand angerufen hat und geduldig oder auch ungeduldig am anderen Ende der Leitung wartet, während Sie hektisch Ihre Papierstapel durchwühlen.

Sie sind sich dessen vielleicht nicht bewußt, aber die meisten Leute verschwenden mindestens eine Stunde am Tag, weil sie Unterlagen suchen, die von ihrem Schreibtisch verschwunden sind. Wenn Sie sich und Ihre Arbeit erst einmal richtig organisieren, können Sie die Zeit, die Sie normalerweise an einem Arbeitstag regelrecht vergeuden, produktiv und effizient nutzen.

Es ist sehr schwer, wenn nicht unmöglich, alle wichtigen Angelegenheiten des Lebens im Griff zu haben, wenn überall Papierberge herumliegen.

Wie man sich und seine Arbeit organisiert und die Papierstapel vom Tisch bekommt, habe ich in Kapitel 2 beschrieben. Wenn Ihr Schreibtisch also ein einziges Chaos ist, dann blättern Sie zurück und lesen Sie Kapitel 2. Dort finden Sie alle wichtigen Tips zur Neuorganisation Ihres Büros. Danach können Sie wieder zu diesem Kapitel zurückkommen und ein besseres Wiedervorlagesystem entwickeln.

Auf den nächsten Seiten möchte ich Sie davon überzeugen, daß Papierstapel auf dem Schreibtisch kein effektives Wiedervorlagesystem darstellen. Nachdem Sie dann eingesehen haben, daß Sie sich von Ihren Lastern trennen müssen, zeige ich Ihnen, daß sich eine Master-Liste wesentlich besser als Wiedervorlagesystem eignet.

Oh Gott, wo habe ich meinen Kalender hingetan?

Ich weiß, Sie haben noch nie länger darüber nachgedacht, aber viele der Unterlagen, die auf Ihrem Schreibtisch liegen, sind nur dazu da, Sie daran zu erinnern, daß sie noch bearbeitet werden müssen. Wir glauben, daß uns der Anblick von unerledigter Arbeit daran erinnert, diesen Brief zu schreiben oder jenen Anruf zu erledigen, und daß wir das dann auch machen werden.

In der Theorie hört sich das gut an, aber in der Praxis klappt das meistens nicht. Natürlich, Sie erledigen Ihre Arbeiten, und oft, aber nicht immer, sind Sie innerhalb der gesetzten Zeit fertig. Dafür zahlen Sie dann aber auch einen hohen Preis: Sie betreiben viel mehr Aufwand, um Ihre Arbeit zu erledigen, und das meistens deshalb, weil Sie erst dann mit einem Projekt anfangen, wenn Sie keine Vorlaufzeit mehr haben. Deshalb haben Sie dann auch mehr Streß als nötig, und ich würde sogar so weit gehen zu sagen, daß die Qualität Ihrer Arbeit nicht immer die beste ist, und Sie sie eigentlich besser machen könnten.

Einer der Hauptgründe für Effizienzprobleme sind die Stapel. Die Papierstapel sollten Sie eigentlich an unerledigte Aufgaben erinnern. Aber zu diesen Aufgaben kommen Sie immer erst in letzter Minute, weil die Unterlagen beiseite gelegt wurden und jetzt irgendwo in einem Stapel vergraben sind. Also beginnen Sie eine Aufgabe oder ein Projekt erst dann, wenn jemand danach fragt. Dann müssen Sie alles stehen- und liegenlassen und sich um das kümmern, was schon vor einem Monat hätte bearbeitet werden können.

Ich weiß aber, wo alles ist

Sie werden mir jetzt sicher erzählen, daß Sie wissen, wo sich alles befindet, und ich bin mir sicher, Sie wissen es wirklich. Aber die Frage ist nicht: »Wissen Sie, wo alles ist?« sondern: »Wissen Sie, welche Aufgaben und Projekte Sie zu erledigen haben, und bis wann sie fertig sein müssen?«

- ✔ Wen müssen Sie anrufen?
- ✔ Von wem erwarten Sie einen Anruf?
- ✔ Wem sollen Sie einen Brief, ein Memo, eine Präsentation, ein Angebot oder sonst irgendeine Information schicken?
- ✔ Wer soll Ihnen einen Brief, ein Memo, eine Präsentation, ein Angebot oder sonst irgendeine Information schicken?

Die Antworten auf diese Fragen haben nichts damit zu tun, ob Sie wissen, wie viele Zentimeter von oben oder unten sich ein bestimmtes Dokument in einem Ihrer Stapel befindet.

Nur weil man meint, man wüßte, wo sich etwas befindet, muß das noch lange nicht bedeuten, daß die Arbeit dann auch pünktlich und ordentlich erledigt wird. Oft bleibt eine Aufgabe so lange unerledigt, bis jemand danach fragt und Sie daraufhin alles stehen und liegen lassen müssen, um die Arbeit zu erledigen, die schon vor ein paar Tagen hätte fertig sein sollen. Sie müssen also wieder einen neuen Brand löschen, und Ihre ganze Tagesplanung geht in Rauch auf. Und dabei merken Sie aber nicht einmal, daß Sie selbst der Brandstifter sind.

Statt also alles auf einen Stapel zu legen, ist es wesentlich effizienter und produktiver, eine Liste aller Ihrer Aufgaben, Projekte und anderer Tätigkeiten anzulegen – eine Liste, die ich Master-Liste nenne und die auf ein großes Blatt Papier geschrieben wird. Die Notizen auf Ihrer Master-Liste verschaffen Ihnen einen Überblick über alle Ereignisse und Aufgaben im Privatleben und im Beruf.

Das werde ich später machen ...

Sind Sie schon einmal die Briefe, Memos und Berichte durchgegangen, die sich in Ihrem Eingangsfach angehäuft haben, und haben den Stoß einfach auf einen »Das-werde-ich-später-machen-Stapel« gelegt? Nun, da sind Sie nicht alleine, fast jeder macht das so. Aber wenn Sie die Dinge so zur Seite legen, schaffen Sie sich selbst nur Probleme. Denn wenn Sie sich einmal angewöhnt haben, überall Stapel zu bilden, dann landen zu viele Dinge auf dem »Das-werde-ich-später-machen-Stapel« und werden schließlich doch vergessen.

Im Laufe der Jahre haben mir viele Leute erklärt, wie sie es machen: »Wenn ich etwas beiseite lege und keine Nachfrage oder einen Brief zur Bestätigung bekomme, dann werfe ich alles früher oder später weg.« Das kann eine einfache Lösung sein, um gut durch den Tag zu kommen, aber es ist nicht unbedingt die beste Art zur Steuerung Ihres Arbeitsalltages. Ganz sicher ist es keine effiziente Art zur Verwaltung all der Unterlagen, die über Ihren Schreibtisch gehen.

Wenn Sie alles einfach beiseite legen, stellen Sie sich selbst ins Abseits, denn Sie sind gezwungen zu warten, daß etwas passiert. Und passiert es dann, müssen Sie reagieren. Sie können keine eigenen Entscheidungen mehr treffen, weil Sie Ihre Arbeit nicht im Griff haben.

Ein effizientes Wiedervorlagesystem ist der Schlüssel zum Erfolg

Ich weiß, Sie arbeiten hart, investieren viel Zeit in Ihre Arbeit und reiben sich für Ihre Firma regelrecht auf. Aber Hingabe und harte Arbeit bringen Sie nicht sehr viel weiter. Und irgendwann ist es dann so weit, daß Ihr Arbeitstag oder die Arbeitswoche nicht mehr lang genug ist.

Wenn Sie also effizienter und effektiver werden wollen, wenn Sie Ihre unerledigten Aufgaben und Projekte besser im Griff haben wollen, wenn Sie Ihre Arbeit schneller und besser erledigen wollen, müssen Sie Ihr Wiedervorlagesystem verbessern. Hier sind einige der Dinge, die ein effizientes Wiedervorlagesystem für Sie erledigt:

- ✔ Es hilft Ihnen, Ihre Arbeit gut und pünktlich zu erledigen.
- ✔ Es hilft Ihnen, die Qualität Ihrer Arbeit zu verbessern.
- ✔ Es gibt Ihnen die Möglichkeit, Ihre Projekte mit einer Menge Vorlaufzeit zu beginnen.
- ✔ Es erinnert Sie daran, wen Sie wann anrufen müssen.
- ✔ Es hilft Ihnen, Ihre geschäftlichen Angelegenheiten im Griff zu behalten.
- ✔ Sie behalten den Überblick über die Aufgaben, die Sie anderen übertragen haben.
- ✔ Es ermöglicht Ihnen, Entscheidungen in wesentlich kürzerer Zeit zu treffen.
- ✔ Sie werden nicht mehr die meiste Zeit damit verbringen, Brände zu löschen, weil weniger Brände ausbrechen.
- ✔ Es wird Ihnen ermöglichen, viele Bälle gleichzeitig zu jonglieren, ohne einen fallenzulassen. So vermeiden Sie den zeitaufwendigen und kostspieligen Prozeß, mit Notfällen fertig werden zu müssen, die leicht hätten vermieden werden können.
- ✔ Sie werden die völlige Kontrolle über Ihren Terminkalender, Ihren Tagesablauf und sich selbst haben.
- ✔ Am Ende eines Tages werden Sie sich sagen können: »Heute habe ich wirklich was geschafft!«
- ✔ Sie werden nachts gut schlafen können.
- ✔ Sie werden die Wochenenden zu Hause verbringen.
- ✔ Sie werden mehr Zeit für Ihre Freunde und Ihre Familie haben und die Dinge tun können, die Ihnen wirklich Spaß machen.

Mit einem effektiven Wiedervorlagesystem wird Ihnen nichts mehr durch die Lappen gehen. Sie haben den Überblick über Ihre wichtigsten Arbeiten, Aufgaben und Projekte. Sie erledigen Ihre Arbeiten pünktlich und gut, und Sie werden zum Abendessen zu Hause sein.

Jetzt, da Sie begriffen haben, wie wichtig ein gutes und umfassendes Wiedervorlagesystem ist, lehnen Sie sich zurück, und entspannen Sie sich, während Sie die nächsten Seiten lesen, denn ich werde Ihnen jetzt erklären, wie einfach es ist, ein effizientes Wiedervorlagesystem anzulegen.

Ich werde Ihnen zuerst zeigen, wie Sie eine Master-Liste aller Ihrer zu erledigenden Aufgaben anlegen. In Kapitel 4 erkläre ich Ihnen dann, wie man das Beste aus einem Tagesplaner herausholt. In Kapitel 5 erfahren Sie, wie einfach es mit dem ACT!-Kontaktmanagement-Programm ist, Ihre Tagesplanung mit dem Computer zu erledigen.

Als Autor bin ich auch mein eigener Literaturagent. Und wenn man seine Bücher verkaufen will, muß man ständig am Ball bleiben und bei den Verlagen nachhaken. Nachdem ich einen Vorschlag eingeschickt habe, überprüfe ich wenig später immer, ob er auch angekommen ist. (Ich rufe für gewöhnlich nach zwei Tagen an, wenn ich einen Übernachtkurier benutzt habe, oder innerhalb einer Woche, wenn ich ihn als normalen Brief verschickt habe.)

Nachdem ich dann erfahren habe, daß mein Vorschlag angekommen ist, frage ich den Redakteur, wann der Chefredakteur und die Akquisitionsleute sich meinen Vorschlag voraussichtlich ansehen werden. Haben sie ihn sich bereits angeschaut, frage ich, wie lange es dauern wird, bis sie entscheiden, ob sie mir ein Angebot für mein Buch machen oder nicht.

Bei Telefonaten dieser Art kann man viel über die Menschen erfahren, mit denen man es tun hat. Einige gehen selbst ans Telefon, andere haben ihr Telefon auf den Apparat ihres Assistenten oder ihrer Sekretärin geschaltet. Einige wenige rufen mich wirklich zurück. Habe ich einmal die Möglichkeit, mit ihnen zu sprechen, kann ich an ihrem Tonfall erkennen, was sie wirklich interessiert. Einige sind freundlich und herzlich und freuen sich, von mir zu hören. Andere sind kurz angebunden und sprechen mit mir, als hätte ich sie gerade gestört.

Bei diesen Gesprächen ist es einfach für mich, die Leute herauszusieben, mit denen ich in Kontakt bleiben sollte, und diejenigen, die mich bereits abgeschrieben haben. Das Wichtigste ist aber, daß ich weiß, wer interessiert ist und wer nicht. Mit dieser Information kann ich weiterarbeiten. (Mir wurde mal gesagt: »Wenn Sie nicht abgelehnt wurden, dann haben Sie es nicht energisch genug versucht.«)

Ich habe gelernt, daß ich, wenn ich genügend Leute kontaktiere, früher oder später jemanden finde, der nicht nur meine Bücher mag, sondern sie auch kaufen will. So habe ich meine ersten drei Bücher verkauft – auch das, das Sie gerade in Händen halten.

Was ist eine Master-Liste?

Der Grundgedanke hinter der Master-Liste ist folgender: Wenn Sie alles ordentlich und akribisch aufschreiben, können Sie sich leichter einen Überblick über all Ihre unerledigten Arbeiten, Aufgaben, Projekte verschaffen. Wenn Sie alles schriftlich notieren, brauchen Sie nicht so viel im Kopf zu behalten. Allerdings müssen Sie aber auch dann immer noch daran erinnern können, wo Sie das entsprechende Stück Papier hingelegt haben.

Ich weiß, Sie schreiben schon seit Jahren alles auf, aber Sie machen es nicht systematisch.

- ✔ Sie notieren sich Namen, Adressen und Telefonnummern auf Klebenotizen, die Sie an die Wand kleben.
- ✔ Sie legen eine Liste Ihrer unerledigten Aufgaben auf der Rückseite eines Briefumschlages an.
- ✔ Sie kritzeln Notizen auf jedes Blatt Papier, das Ihnen in die Finger kommt.

Sie schreiben sich also alles auf, aber so, wie Sie das tun, werden Sie sich nie einen Überblick über Ihre anstehenden Arbeiten verschaffen können.

Mit einer Master-Liste, in der alle nicht erledigten Arbeiten aufgeführt sind, haben Sie organisiertes und systematisches Format zur Darstellung Ihres Arbeitspensums und Ihres Arbeitstages.

Sollte ich nicht jede Unterlage nur einmal in die Hand nehmen?

Ich vermute, daß Sie das Sprichwort »Du solltest ein Blatt Papier immer nur einmal in die Hand nehmen« kennen, aber diesen Rat kann man in der Leistungsgesellschaft des 21. Jahrhunderts nicht mehr befolgen. Wir haben es ja nicht nur mit Papier zu tun, sondern auch mit Voice-Mail, E-Mail und allen möglichen Computerdateien.

Machen Sie sich also keine Gedanken darüber, ob Sie ein Blatt Papier einmal, zweimal oder ein dutzendmal in die Hand nehmen. Nicht, wie oft Sie ein Blatt in die Hand nehmen, ist wichtig, sondern die Entscheidung, was mit dem Blatt geschehen soll.

Wenn ein Papier auf Ihren Schreibtisch kommt, entscheiden Sie sofort, was damit geschehen soll, und warten Sie nicht ab, was als nächstes passiert. Ergibt sich eine Aufgabe, notieren Sie sie auf Ihrer Master-Liste. Wenn Sie das Blatt behalten müssen, legen Sie es ab, benötigen Sie es nicht mehr, werfen Sie es weg, oder geben Sie es weiter.

Sie sollten nicht benötigte Papiere nicht sechs Monate lang in einem Stapel auf Ihrem Schreibtisch verwahren.

Machen Sie das Beste aus Ihrer Master-Liste

Auf den nächsten Seiten gebe ich Ihnen einige Tips, wie Sie eine Master-Liste erstellen und benutzen können. Einige der Informationen mögen selbstverständlich sein, aber Sie wären sicher überrascht, wie viele Menschen auch die einfachsten hier aufgeführten Techniken nicht anwenden. Lesen Sie also aufmerksam weiter.

Nehmen Sie ein großes Blatt Papier

Ich schlage vor, daß Sie Ihre Liste auf einem großen Blatt Papier anlegen. So stehen Ihnen 30 Zeilen zur Verfügung, in die Sie Ihre Projekte, Aufgaben und andere Tätigkeiten, die Sie erledigen müssen oder bei denen Sie nachhaken müssen, notieren können. Da Sie ja ein großes Blatt Papier benutzen anstelle einer Klebenotiz oder der Rückseite eines Briefumschlages, haben Sie genügend Platz, um nicht nur Daten wie Namen und Telefonnummern zu notieren, sondern auch wichtige Zusatzinformationen wie z.B. den Grund des Anrufes. Falls nötig, können Sie die Zusatzinformationen auf einer zweiten oder dritten Zeile notieren.

Überspringen Sie keine Zeile. Machen Sie es sich zur Auflage, jede Zeile Ihrer Masterliste zu benutzen, um genau 30 Stichpunkte und nicht nur 15 auf einer Seite notieren zu können.

Schreiben Sie alles auf

Wenn Sie wollen, daß Ihre Master-Liste für Sie arbeitet, müssen Sie alles notieren. Je mehr Aufgaben, Projekte, Telefonate und andere Arbeiten Sie auf Papier festhalten, desto besser können Sie die Ereignisse eines Arbeitstages kontrollieren.

Fügen Sie Ihrer Master-Liste zusätzliche Seiten hinzu

Wenn die erste Seite voll ist, fangen Sie sofort eine zweite an. Eine Liste von ein oder zwei Seiten ist vollkommen normal.

Streichen Sie erledigte Aufgaben aus

Haben Sie eine Aufgabe, ein Projekt oder eine andere Tätigkeit erledigt, machen Sie sich selbst eine Freude und streichen Sie die Aufgabe durch. Machen Sie nicht einfach nur am Rand einen Haken. Das ist nicht befriedigend genug. Machen Sie lieber einen dicken Strich.

Konsolidieren Sie Ihre Master-Liste und übertragen Sie unerledigte Arbeiten auf ein neues Blatt Papier

Wenn Ihre Master-Liste für Sie arbeiten soll, müssen Sie unerledigte Arbeiten von alten Seiten auf eine neue Seite übertragen und zusammenfassen. Als Regel sollte dabei gelten, daß Sie die noch offenen Stichpunkte einer Seite auf eine neue übertragen und auf der alten durchstreichen, wenn 50 Prozent der Arbeiten auf einer Seite erledigt sind. Nachdem Sie die unerledigten Arbeiten auf einer neuen Seite notiert haben, überprüfen Sie noch einmal, ob Sie auch nichts vergessen haben, und werfen Sie die Seite dann weg.

Wenn Sie meinen, Sie müssen Ihre alten Master-Listen als Aufzeichnungen über die erledigten Aufgaben aufbewahren, legen Sie einen Ordner an, und beschriften Sie ihn mit *Alte Listen*.

Erledigen Sie Ihre Arbeit

Während des Tages sollten Sie Ihre Master-Liste immer wieder auf wichtige Aufgaben überprüfen, um festzustellen, was als nächstes bearbeitet werden muß. Wenn Sie ein Projekt haben, das einige Zeit in Anspruch nimmt, reservieren Sie in Ihren Kalender einen Zeitraum, in dem Sie ohne Unterbrechung arbeiten können. Behandeln Sie diesen Termin wie ein Treffen mit Ihrem Chef oder Ihrem wichtigsten Kunden – denn genau das ist es!

Wenn Sie zwischen zwei Besprechungen nur eine Viertelstunde Zeit haben, nutzen Sie diese Zeit, um Telefonate oder ein paar andere Aufgaben zu erledigen, die nicht soviel Zeit in Anspruch nehmen.

Gehen Sie Ihre Master-Liste durch, bevor Sie nach Hause gehen

Bevor Sie abends nach Hause gehen, nehmen Sie sich ein paar Minuten Zeit, um noch einmal Ihre Master-Liste durchzugehen. Dabei können Sie festlegen, welche Aufgaben so wichtig sind, daß Sie sie gleich am nächsten Morgen als erstes erledigen sollten. Sie können diese Zeit auch dazu nutzen, die Arbeit für die nächsten Tage zu planen. Was können Sie in den nächsten Tagen machen? In der nächsten Woche? Im nächsten Monat? Ihr Ziel ist dabei immer, Ihre Arbeit in der Ihnen höchstmöglichen Qualität zu erledigen.

Räumen Sie sich zur Bearbeitung einer Aufgabe immer mehr Zeit ein, als eigentlich nötig ist. Dann müssen Sie nicht darauf achten, gleich beim ersten Entwurf perfekt zu sein, denn Sie haben ausreichend Zeit für Verbesserungen. Am Ende steht dann ein ausgezeichnetes Arbeitsergebnis.

Wenn Sie sich selber also genügend Zeit einräumen, um über Ihre Arbeit nachzudenken und sie zu planen, dann wird die Ausführung wesentlich leichter.

Wenn Sie Ihre Master-Liste als Instrument zur Arbeitsplanung einsetzen, können Sie all Ihre Aufgaben und Projekte mit genügend Vorlaufzeit beginnen.

Setzen Sie Ihre wichtigste Arbeit als erste Aufgabe für den nächsten Morgen an

Versuchen Sie immer, die wichtigsten Aufgaben in Angriff zu nehmen, sobald Sie am Morgen im Büro angekommen und noch frisch, ausgeruht und tatkräftig sind. Sie werden erstaunt sein, wieviel Sie erledigen können, wenn Sie es sich zur Gewohnheit machen, die wichtigsten Projekte am Anfang des Arbeitstages anzupacken, bevor die unvermeidlichen Brände aufflackern.

Wenn Sie sich die beiden ersten Stunden des Arbeitstages freihalten – keine Besprechungen, keine Telefonate, keine Unterbrechungen – werden Sie merken, daß Sie in der Hälfte der Zeit und mit der Hälfte des Aufwandes zweimal soviel erledigen können.

Schreiben Sie Ihre Master-Liste nicht jeden Tag neu

Einige Leute schreiben ihre Liste jeden Morgen neu, damit die wichtigsten Aufgaben immer oben auf der Liste stehen. Meiner Meinung nach ist das nicht nur Zeit-, sondern auch Energieverschwendung. Sie sind im Büro, um zu arbeiten und nicht um Ihre Listen neu zu schreiben.

Sie werden nicht alles schaffen können

Sie müssen sich darüber im Klaren sein, daß Sie nicht jeden Tag alles, was auf Ihrer Master-Liste steht, schaffen können. Ihr Ziel ist, Ihre wichtige Arbeit gut und rechtzeitig zu erledigen. Ihre Master-Liste ist das Instrument, das Ihnen hilft, sich auf Ihre wichtigsten Aufgaben und Projekte zu konzentrieren und alles unter Kontrolle zu halten.

Leider kann die Master-Liste nicht alles leisten

Die Master-Liste ist ein praktische Hilfsmittel, wenn es darum geht, die Arbeit von Grund auf neu zu organisieren. Wenn Sie aber erst einmal mit ihr arbeiten, werden Sie feststellen, daß sie einige Defizite aufweist – vor allem, weil sie keinen Kalender beinhaltet. Lassen Sie mich Ihnen ein paar Beispiele geben.

Wie behält man die Übersicht über häufig verschobene Termine?

Nehmen wir einmal an, Sie hätten auf Ihrer Liste eingetragen, daß Sie Peter Müller anrufen müssen. Sie rufen also an, erfahren dabei aber, daß Müller erst am Mittwoch der nächsten Woche wieder im Büro sein wird. Die Master-Liste bietet keine geeignete Möglichkeit, zu notieren, wann Sie den nächsten Anruf tätigen müssen. Sie könnten am Rand mit einem Rotstift das Datum aufschreiben, an dem Sie diesen Anruf wiederholen wollen. Aber das Ganze wird noch komplizierter, wenn Sie wieder anrufen und Ihnen dann gesagt wird, daß Herr Müller weitere zehn Tage nicht in der Stadt sein wird. Jetzt müssen Sie das ursprüngliche Wiedervorlagedatum durch ein neues ersetzen. Vielleicht schreiben Sie dann den ganzen Punkt neu, oder vielleicht vergessen Sie die Sache einfach und hoffen, daß irgend jemand Sie irgendwann an den Anruf bei Herrn Müller erinnern wird.

Sie merken, je öfter Sie ein Wiedervorlagedatum einer Aufgabe neu einplanen, desto komplizierter wird die Sache, und Ihre Master-Liste wird immer unordentlicher. Ein Tagesplaner ist für eine solche Situation besser geeignet, weil Sie den Namen der Person für den Tag in den Kalender eintragen können, an dem Sie sie anrufen wollen.

Wie merken Sie sich, daß Sie in sechs Monaten jemanden anrufen müssen?

Ein weiteres, heikles Problem taucht auf, wenn Ihnen jemand sagt, Sie sollten ihn wegen einer bestimmten Angelegenheit in sechs bis acht Monaten oder sogar noch später anrufen. Ihre Master-Liste soll Ihnen helfen, Ihre tägliche Arbeit unter Kontrolle zu haben, sie kann Ihnen aber keinen Überblick über die Aufgaben der nächsten Monate bieten.

Sie könnten dieses Problem dadurch lösen, daß Sie eine spezielle Master-Liste anzulegen, die nur für langfristige Projekte, Aufgaben und Anrufe vorgesehen ist. Auf dieser Master-Liste können Sie alle Stichpunkte mit Datum notieren.

Den meisten Leuten wird dieses Wiedervorlageverfahren jedoch auf die Dauer zu kompliziert sein, und am Ende werden dann doch noch einige wichtige Sachen vergessen. Am besten lösen Sie dieses Problem mit einem Tagesplaner, in dem Sie die betreffenden Daten unter einem bestimmten Datum eintragen können.

Wie merken Sie sich, daß Sie ein Projekt in zwei Monaten anfangen müssen?

Hier ein weiteres Beispiel, das die Defizite einer Master-Liste illustriert: Sie haben eine Aufgabe oder ein Projekt, das zwar in nächster Zukunft, nicht aber schon in den nächsten Tagen oder Wochen erledigt werden soll. Auch hier löst ein Tagesplaner das Problem. Sie tragen die Aufgabe einfach für den Tag ein, an dem Sie mit ihr anfangen wollen.

Was ist mit Namen, Adressen und Telefonnummern?

Noch ein letzter Punkt: Was soll mit den Namen, Adressen, Telefonnummern und Gesprächsnotizen geschehen, die Gegenstand Ihrer Master-Liste wurden? Wie sollen diese wichtigen Informationen gespeichert werden, wenn Sie normalerweise Ihre Listen wegwerfen, nachdem Sie die unerledigten Aufgaben auf eine neue Liste übertragen haben?

Auch hier hilft ein Tagesplaner, in dem die wichtigen Informationen ständig zur Verfügung stehen, weil keine alten Seiten weggeworfen werden.

Schreiben Sie den Namen und die Telefonnummer einer Person in Ihr Adreßbuch oder Ihr Rolodex, damit Sie sie finden, wenn Sie sie brauchen.

Aus diesen und vielen anderen Gründen finden viele Leute einen Tagesplaner so praktisch, wenn es darum geht, die täglichen Aktivitäten und Geschäfte einzuplanen. Ein Tagesplaner vereint Ihren Kalender, Ihre Aufgaben- und Telefonliste, Ihre Besprechungen und Termine in einem einzigen Buch, und hilft Ihnen so, den Überblick über alle unfertigen Arbeiten, Aufgaben und Projekte zu behalten.

Also was jetzt?

Eine Master-Liste ist ein gutes Hilfsmittel, um die Übersicht über die tägliche Arbeit zu behalten. Wie ich aber eben erklärt habe, brauchen Sie zusätzlich zu Ihrer Master-Liste noch einen Tagesplaner. Mit diesem Thema wollen wir und im nächsten Kapitel eingehend auseinandersetzen.

Behalten Sie den Überblick: Benutzen Sie einen Tagesplaner

4

In diesem Kapitel

- So behalten Sie den Überblick über Ihre Termine
- Die Master-Liste in den Tagesplaner übertragen
- Lassen Sie Ihren Tagesplaner für sich arbeiten
- Die Einschränkungen von Tagesplanern

Seit Jahren schon verwenden die Leute Tagesplaner, um den Überblick über Besprechungen, Termine, Anrufe und unerledigte Arbeiten nicht zu verlieren. Diese ledergebundenen, persönlichen Organizer sind ein wundervolles, produktivitätsförderndes Hilfsmittel.

Sie helfen uns, Prioritäten zu setzen, unsere wichtigen langfristigen Projekte zu planen und zu koordinieren, unsere delegierten Aufgaben zu kontrollieren und Ziele zu setzen. Wir benutzen Sie, um Notizen oder Hintergrundinformationen zu unseren Besprechungen und Telefonaten festzuhalten, die verschiedensten Ideen und Gedanken, sowie unsere steuerlich absetzbaren und erstattungsfähigen Ausgaben zu notieren.

Mit einem Organizer können wir aber nicht nur planen, was wir wann erledigen müssen. In seinem Telefonregister können wir die Namen, Adressen und Telefonnummern unserer Familie, Freunde, Kunden und anderer wichtiger Leute notieren.

Mit Hilfe dieser Bücher organisieren wir nicht nur unsere täglichen Aktivitäten, sondern unser ganzes Leben. Für einige spielen diese Bücher eine derart wichtige Rolle, daß sie nirgendwo mehr ohne sie hingehen. Wir benutzen Sie sogar, um unsere Scheckhefte und Kreditkarten zu verstauen.

Er ist Aufgabenliste und Kalender – einfach das Tüpfelchen auf dem i

Die Grundidee eines Tagesplaners ist, daß wir unsere Master-Liste (unerledigte Aufgaben, Telefonate, Besprechungen und Termine) mit dem Kalender koordinieren können. Sie notieren Ihre unfertigen Arbeiten, Aufgaben und Projekte nicht mehr auf einer Aufgabenliste, sondern tragen sie einfach unter einem bestimmten Datum in Ihrem Tagesplaner ein – für einen Tag, an dem Sie voraussichtlich Zeit für diese Arbeit haben.

Die Verbindung Ihrer Aufgabenliste mit Ihrem Kalender läßt Sie sehr flexibel zukünftige Aufgaben für einen Tag einplanen, an dem Sie mit der Arbeit anfangen wollen – was in den meisten Fällen nicht der Tag ist, an dem Sie die Eintragung vornehmen.

Planen Sie unerledigte Aufgaben für die nächsten Tage ein

Haben Sie jemals von Ihrem Chef die Anweisung erhalten, eine bestimmte Arbeit innerhalb von zwei Wochen zu erledigen? Ihr Chef kommt Montag morgen in Ihr Büro, gibt Ihnen ein Blatt Papier mit einem Projektentwurf und sagt Ihnen, daß dieses Projekt Freitag in einer Woche fertig sein muß.

Sie schauen in Ihren Kalender und stellen fest, daß Sie diese Woche wegen anderer Termine und Verpflichtungen keine Zeit mehr haben und setzen deshalb das Projekt für Dienstag nächster Woche an. Jetzt können Sie sicher sein, daß das Projekt in Ihren Zeitplan eingebaut ist und ohne Zeitdruck fertiggestellt werden kann. Genau dafür ist ein Tagesplaner da.

Ich habe Peter Müller in Kapitel 3 als Beispiel benutzt und möchte Ihnen hier eine andere Geschichte von ihm erzählen. Sagen wir, am Montag der aktuellen Woche haben Sie beschlossen, Müller anzurufen, um mit ihm die Vorzüge eines Produktes zu besprechen, das ihre Firma gerade neu einführen will. Bei der Durchsicht Ihres Kalenders stellen Sie aber fest, daß Sie bis Donnerstag ausgebucht sind. Anstatt also das Gespräch mit Müller auf der Montagseite zu notieren, planen Sie es für den Tag ein, an dem Sie den Anruf tatsächlich erledigen können, nämlich für Donnerstag.

Sie haben mehr Kontrolle über Ihre Zeitplanung

Wenn wir die Zeitplanung für unsere täglichen Aktivitäten vornehmen, müssen wir flexibel sein. Diese Flexibilität erreichen wir mit einem Tagesplaner, denn wir können bestimmte Aufgaben mit gewissen Wochentagen verbinden.

Wenn Sie also gebeten werden, jemanden nächste Woche Donnerstag anzurufen, brauchen Sie das Gespräch nur auf der Donnerstagseite zu notieren, und die Sache ist erledigt. Und wenn Sie gebeten werden, jemanden in sechs Monaten wieder zu kontaktieren, dann suchen Sie sich ein Datum in sechs Monaten heraus, schreiben den Namen der Person und den Grund für den Anruf auf, und wenn in einem halben Jahr dann der Tag gekommen ist, an dem Sie den Anruf tätigen sollen, finden Sie in Ihrem Kalender den Namen mit Ihrer Notiz, und Sie rufen die entsprechende Person an.

Ein Tagesplaner läßt Sie auch flexibler werden, wenn Sie Ihren Zeitplan und Ihren Arbeitsfluß planen wollen. Mit einer Master-Liste haben Sie immer vor Augen, was Sie tun müssen: die Aufgaben, die heute erledigt werden sollen, und die Angelegenheiten, um die Sie sich später kümmern müssen. Wenn Sie einen Tagesplaner benutzen, brauchen Sie nicht alle offenen Arbeiten für einen einzigen Tag aufzuschreiben. Sie können sie verteilen. Sie können einige Arbeiten heute, andere morgen und den Rest am darauffolgenden Tag erledigen. Sollten Sie feststellen, daß Sie einige Dinge wegen anderer Verpflichtungen nicht erledigen können, können Sie diese Aufgaben für solche Tage einplanen, an denen Sie voraussichtlich Zeit dafür haben.

Wenn Sie all Ihre Aufgaben, die Sie noch fertigstellen sollten, die Projekte, die Sie beginnen müssen, die Briefe und Memos, die Sie schreiben und alle anderen Tätigkeiten, um die Sie sich kümmern müssen, in Ihren Tagesplaner eintragen, haben Sie einen wesentlich besseren Überblick über Ihren Tag. Sie haben diesen Überblick einfach deshalb, weil Sie nicht erledigte Aufgaben und andere geschäftliche Angelegenheiten mit einem bestimmten Tag in Ihrem Kalender verbinden können.

Lassen Sie Ihren Tagesplaner für Sie arbeiten

Wenn Sie bisher eine Master-Liste zur Übersicht über Ihre bisher nicht erledigten Arbeiten, Aufgaben, Anrufe und Projekte verwendet haben, brauchen Sie jetzt nur noch die Stichpunkte auf die Seiten Ihres Tagesplaners zu übertragen. Wenn Sie noch keine Master-Liste benutzt haben, dann ist es höchste Zeit, daß Sie anfangen, alles aufzuschreiben und sich selbst zu organisieren. Sollten Sie es bisher noch nicht getan haben, dann lesen Sie jetzt bitte erst Kapitel 2, um Ihr Büro aufzuräumen, und dann Kapitel 3, um eine Master-Liste anzulegen.

Übertragen Sie die Aufgaben, die Sie erledigen müssen, in Ihren Tagesplaner

Wenn Sie Ihre Master-Liste durchgehen, fragen Sie sich, für wann Sie jede einzelne Aufgabe einplanen sollen, und tragen Sie sie dann für den Tag ein, an dem Sie voraussichtlich Zeit dafür haben werden. Notieren Sie die Angelegenheit nicht für einen Tag, von dem Sie bereits wissen, daß Sie viele Besprechungen haben oder nicht im Büro sein werden. Nachdem Sie die einzelnen Stichpunkte in Ihren Tagesplaner übertragen haben, streichen Sie sie auf der Liste durch, um sicherzustellen, daß nichts vergessen wurde. Ist alles von Ihrer Master-Liste in den Tagesplaner übertragen, können Sie die Liste wegwerfen.

Neue Notizen in den Tagesplaner eintragen

Im Laufe eines Tages ergeben sich immer neue geschäftliche Aufgaben, die Sie sofort in Ihrem Buch für den Tag eintragen sollten, an dem Sie voraussichtlich für sie Zeit haben. Wenn Ihnen heute morgen ein Projekt zugewiesen wurde, bedeutet dies nicht, daß Sie es auf der heutigen Kalenderseite eintragen müssen. Tragen Sie es für morgen oder einen der folgenden Tage ein. Schreiben Sie alles immer sofort auf, dann kann auch nichts in einem Stapel vergraben werden, verlorengehen oder vergessen werden.

Streichen Sie erledigte Punkte durch

Wenn Sie eine Aufgabe oder ein Projekt erledigt haben, sollten Sie es durchstreichen. (Ein Haken hinter der erledigten Aufgabe reicht hier nicht aus.) Der Strich ist ein deutlich sichtbares Zeichen für Sie, daß Sie die Aufgabe wirklich erledigt haben.

Übertragen Sie alle unerledigten Aufgaben einzeln auf einen anderen Tag

Um Ihren Tagesplaner auf dem letzten Stand zu halten, müssen Sie unerledigte Aufgaben von einem Tag auf einen der nächsten Tage übertragen. Oft ist es so, daß am Ende eines Tages einfach die Seite des Tagesplaners umgeblättert wird, ohne zu überprüfen, ob alles, was für diesen Tag anstand, wirklich erledigt wurde. Meistens bleiben ein oder zwei Dinge unerledigt, manchmal auch mehr. Übertragen Sie diese Dinge nicht, müssen Sie ständig im Planer hin- und herblättern, um festzustellen, was noch nicht erledigt wurde. Mit dieser Organisationsmethode geht Ihnen garantiert etwas durch die Lappen.

Streichen Sie alle übertragenen Punkte durch, und »entwerten« Sie die Seite mit einem großen X

Damit Ihnen auch sicher nichts durch die Lappen geht, sollten Sie am Ende eines Tages Ihre Aufgabenliste Punkt für Punkt durchgehen und die noch offenen Punkte auf einen anderen Tag übertragen. Sie können sie für den nächsten Tag eintragen, einen anderen Tag der Woche oder für irgendwann später. Nachdem Sie die einzelnen Punkte übertragen haben, sollten Sie sie ausstreichen. Wenn Sie alle Punkte übertragen haben, sollten Sie ein großes X durch die Seite machen. Wenn Sie die Seite auf diese Art und Weise »entwerten«, wissen Sie, daß auf dieser Seite alles erledigt oder übertragen wurde.

Tragen Sie Ihre Termine mit Bleistift ein

Notieren Sie Ihre Besprechungen oder Termine mit Bleistift in Ihrem Tagesplaner, denn die Hälfte aller eingetragenen Termine wird verschoben. Wenn Sie einen Bleistift benutzen, können Sie die Termine ausradieren. Wenn Sie einen Kugelschreiber benutzen, müssen Sie sie durchstreichen.

Notieren Sie Ihre Aufgaben und Anrufe mit Kugelschreiber

Tragen Sie die Aktivitäten oder Wiedervorlagen mit Kugelschreiber in Ihr Buch ein. Bleistifte verschmieren, und da Sie diese Punkte nicht ausradieren müssen, haben Sie eine dauerhafte Aufzeichnung darüber, was Sie erledigt haben oder noch erledigen müssen.

Tragen Sie Ihre Telefonnummern in Ihr Rolodex oder Ihr Adreßbuch ein

Wenn Sie die Angewohnheit haben, Namen, Telefonnummern und andere Informationen auf den Seiten Ihres Tagesplaners zu notieren, müssen Sie diese Informationen in Ihr Adreßbuch, Rolodex oder Ihre Datenbank übertragen, weil Sie sonst diese Informationen bei Bedarf nicht mehr oder nur nach langem Suchen wiederfinden.

Wenn Sie die wichtigsten Telefonnummern und Adressen nicht in ein Adreßbuch oder das Rolodex übertragen, sind diese Informationen am Ende des laufenden Kalenderjahres, wenn Sie einen neuen Tagesplaner benutzen, wahrscheinlich endgültig verloren.

Planen Sie Ihren Urlaub ein

Die meisten von uns verbringen zu viele Stunden im Büro und nicht genug Zeit mit der Familie und den Freunden. Gehen Sie also Ihren Tagesplaner durch und entscheiden Sie, wann Sie Urlaub nehmen wollen. Wenn Sie Ihren Urlaub nicht einplanen, werden Sie keinen machen.

Am Anfang jedes Jahres bittet ein Freund von mir, der stellvertretender Vorsitzender einer »Fortune 500« Firma ist und im Aufsichtsrat verschiedener Aktiengesellschaften sitzt, um eine Liste aller Besprechungen, an denen er während des kommenden Jahres teilnehmen soll. Nachdem er diese Besprechungen in seinen Tagesplaner eingetragen hat, entscheidet er, wann er Urlaub machen will und trägt auch diese Termine ein. Er weiß genau, daß er keine Zeit haben wird, wenn er nicht von vornherein bestimmte Zeiten für sich reserviert.

Tragen Sie Geburts- und Jahrestage ein

Tragen Sie die Geburts- und Jahrestage Ihrer Familie, Freunde, Verwandten und wichtigen Kunden in Ihren Tagesplaner ein, damit Sie nicht vergessen, ihnen eine Karte zu schicken, ein Geschenk zu kaufen oder sie zur Feier dieses besonderen Tages zum Essen einzuladen.

Tragen Sie sich zwei Wochen vor dem besonderen Anlaß schon eine Notiz in Ihrem Tagesplaner ein, damit Sie genügend Zeit haben, eine Karte oder ein Geschenk zu kaufen.

Auch Tagesplaner haben ihre Grenzen

Sie werden feststellen, daß auch Tagesplaner ihre Grenzen haben, die einfach daher rühren, daß Sie Stift und Papier benutzen. Ich gebe Ihnen an dieser Stelle eine kurze Zusammenstellung dieser Defizite. Im nächsten Kapitel werde ich Ihnen dann erklären, warum Sie Ihren traditionellen Tagesplaner durch einen elektronischen Kontaktmanager ersetzen sollten.

Heutzutage ist es einfach, mit Hilfe eines leistungsfähigen Computers den Überblick über alle Aufgaben und Projekte, die über Ihren Schreibtisch gehen, zu behalten. Wenn Sie ein Kontaktmanagement-Programm verwenden, brauchen Sie die gleiche Information nicht wieder und wieder aufzuschreiben. Sie können Ihre Zeit dafür nutzen, Ihre Arbeit zu erledigen, anstatt sie zu planen. Ich gebe Ihnen jetzt einige Beispiele, damit Sie verstehen, was ich meine.

Es ist nicht einfach, die Aufgabenliste immer auf dem neuesten Stand zu halten

Wie ich bereits beschrieben habe, bedeutet es einige Arbeit, die Aufgabenliste stets auf dem neuesten Stand zu halten. Akribisch notieren wir auf die Kalenderseiten unseres Tagesplaners verschiedene Aufgaben, Projekte oder andere Angelegenheiten, die wir erledigen müssen. Aber wenn Sie eine Aufgabe an dem Tag, für den sie eingetragen wurde, nicht erledigen, müssen Sie sie auf einen anderen Tag übertragen. Tun Sie das nicht, riskieren Sie, daß Sie sie vergessen.

Ein Kontaktmanagement-Programm löst dieses Problem, weil offene Aufgaben automatisch auf den nächsten Tag übertragen werden.

Aufgaben übertragen oder ändern – eine Menge Arbeit

Ich werde wieder Peter Müller als Beispiel nehmen. Nehmen wir einmal an, Sie haben folgende Aufgabe zu erledigen: Müller anrufen und Termin für Mittagessen ausmachen. Aller Wahrscheinlichkeit nach müssen Sie diesen Stichpunkt mehrmals notieren, bevor Sie einen festen Termin eintragen können. Am Montag rufen Sie an und erfahren, daß er bis Freitag weg ist. Wenn Sie Freitag anrufen, wird Ihnen gesagt, daß er den ganzen Tag Besprechungen hat und erst wieder Donnerstag im Büro ist. Und wenn Sie Donnerstag anrufen, kommen Sie endlich durch und können Ihren Termin für den nächsten Mittwoch festmachen.

Und jetzt schauen Sie sich einmal an, was Sie physisch für diesen Termin alles gemacht haben:

1. Zuerst haben Sie notiert: »Müller anrufen und Termin für Mittagessen ausmachen.«
2. Das haben Sie dann ein zweites Mal aufgeschrieben, als Sie den Punkt auf Freitag übertrugen.
3. Danach mußten Sie es ein drittes Mal bei der Übertragung auf den folgenden Dienstag aufschreiben.
4. Als Sie dann den Termin für Mittwoch vereinbarten, haben Sie den Punkt beim Eintragen in Ihren Kalender ein viertes Mal geschrieben.

Und wenn Sie nicht die Angewohnheit hätten, die Aufgaben von einer Seite Ihres Tagesplaners auf die nächste zu übertragen, hätten Sie wahrscheinlich diesen Termin nie ausmachen können, weil Sie die ganze Sache vergessen hätten. (Das ist auch ein gutes Beispiel dafür, wie schnell man die Übersicht verlieren kann, wenn man nicht immer alles aufschreibt.)

Ein Kontaktmanagement-Programm kann diese Aufgabe für Sie automatisieren. Sie müssen die Punkte Ihrer Aufgabenliste nur einmal eingeben. Danach brauchen Sie nur noch das Datum zu ändern.

Wenn Ihnen Montag gesagt wird, daß Müller erst Freitag wieder im Büro ist, klicken Sie einfach den Popup-Kalender an, dann zweimal auf das Datum von Freitag, und der Punkt wird elektronisch übertragen.

Wenn Sie Freitag anrufen und Ihnen gesagt wird, daß er bis Donnerstag weg ist, klicken Sie wieder den Popup-Kalender an, klicken zweimal auf das Datum von Donnerstag, und wieder wird der Punkt elektronisch übertragen.

Wenn Sie dann den Computer am Donnerstag einschalten, erscheint oben auf Ihrer Aufgabenliste der Punkt »Müller anrufen und Termin für Mittagessen ausmachen«. Und wenn Sie am Donnerstag mit Müller gesprochen und den Termin für Mittwoch »festgemacht« haben, brauchen Sie die *Aktivität* nur in eine *Besprechung* umzuwandeln, das Datum in Mittwoch umzuändern und eine Uhrzeit zu wählen.

Mit einem Kontaktmanagement-Programm lassen sich die Punkte Ihrer Aufgabenliste mühelos in Ihren Terminkalender und umgekehrt übertragen, denn alles geschieht elektronisch. Mit ein paar Mausklicks haben Sie die totale Kontrolle über alles, was in Ihrem Geschäftsleben passiert.

Möchten Sie Ihren Kalender immer dabei haben?

Viele Leute haben mehr als nur einen einzigen Kalender. Sie haben einen auf Ihrem Schreibtisch liegen und tragen einen Taschenkalender mit sich herum, wenn Sie auf Reisen sind. Die Sekretärinnen oder Assistentinnen haben meistens noch einen dritten Kalender, damit sie während ihrer Abwesenheit neue Termine ausmachen können. Wenn man jedoch mehr als einen Kalender hat, kann es leicht zu Terminschwierigkeiten kommen.

Wer zwei Kalender hat, weiß niemals genau, welche Termine er tatsächlich hat.

Ein Computerkalender garantiert, daß Sie sich immer ein korrektes Bild von Ihren täglichen Aktivitäten, Terminen, Anrufen usw. machen können, weil dieser Kalender immer auf dem neuesten Stand ist. Ihr Assistent oder Ihre Assistentin hat immer einen Ausdruck auf dem Schreibtisch, und wenn Sie das Büro verlassen, nehmen Sie einen Ausdruck mit. Hat Ihre Assistentin oder Ihr Assistent Zugang zu Ihrem Computer, kann sie oder er Änderungen in Ihren Kalender eintragen. Sind Sie an ein Netzwerk angeschlossen, kann Ihre Assistentin oder Ihr Assistent sogar von seinem oder ihrem eigenen Rechner auf Ihren Kalender zugreifen.

Es kostet einige Mühe, die wichtigen Leute im Leben nicht aus den Augen zu verlieren

In unserer heutigen, schnellebigen Zeit ist es nicht einfach, alle Personendaten immer auf dem neuesten Stand zu halten. Jeder hat eine Telefon- und eine Telefaxnummer. Daneben gibt es noch die Nummer für den Pager, das Autotelefon, das Mobiltelefon und das private Telefon.

Damit die Aufzeichnung all dieser Informationen noch komplizierter wird, wechseln die meisten Leute alle paar Jahre ihre Arbeitsstelle oder Position oder ziehen in eine andere Stadt, was bedeutet, daß Sie Ihre Daten ständig aktualisieren müssen. Wie machen Sie das?

Sie haben drei Möglichkeiten:

- ✔ Rolodex-Karten
- ✔ Adreßbuch
- ✔ Computergestützter Kontaktmanager

(Sie haben eigentlich noch eine vierte Alternative, nämlich sich gar nicht um diese Leute zu kümmern. Wenn Sie sich jedoch für diese Alternative entscheiden, wird Ihre Karriere äußerst kurz sein.)

Lassen Sie uns einen Blick auf die Nachteile von Rolodex-Karten und traditionellen Adreßbüchern werfen:

- ✔ **Rolodex-Karten werden schnell unleserlich.** Wie viele Informationen können Sie auf Karteikarten notieren? Wenn Sie die Namen, Adressen und Telefonnummern handschriftlich notieren, wird es nicht lange dauern, bis die Karten abgegriffen, mit Eselsohren versehen oder schmutzig sind – besonders dann, wenn Sie sie jeden Tag benutzen. Und was passiert mit den Karten, wenn Sie erfahren, daß sich im Leben einer Person etwas geändert hat? Sie streichen die alten Informationen durch und kritzeln die neue Firma, die Adresse und Telefonnummer auf die Karte. Und irgendwann wird die Karte unleserlich.
- ✔ **Adreßbücher sind schnell zerfleddert.** Ein Adreßbuch stets auf dem neuesten Stand zu halten, kann noch größere Probleme bereiten. Erst einmal müssen Sie jeden Namen, jede Adresse und jede Telefonnummer handschriftlich eintragen, was eine große Zeitvergeudung sein kann. Und wenn Sie das Buch erst einige Monate im Gebrauch haben, wird es zerfleddert und unordentlich sein, weil alte Nummern ausgestrichen und durch neue ersetzt wurden. Es dauert nicht lange, und Sie haben ein riesiges Durcheinander.

Eines Tages waren meine Frau Mitzi und ich mit unserer Tochter DeLaine in einem nahegelegenen Park. Wir beobachteten eine Frau, die auf einer Parkbank saß und alle Namen von ihrem alten Adreßbuch in ein neues übertrug, das sie gerade gekauft hatte. Als Mitzi und ich sie so beobachteten, fragten wir uns automatisch: »Hat diese Frau eigentlich nichts Wichtigeres zu tun?«

Speichern Sie Namen und Adressen in Ihrem Computer

Mit einem computergestützten Adreßbuch lassen sich alle Namen und Adressen sehr einfach auf dem neuesten Stand halten. Immer wenn sich eine Nummer ändert, ändern Sie einfach den Datensatz der betreffenden Person. Und mit ein paar Mausklicks können Sie in Ihrem Kontaktmanager Namen hinzufügen oder löschen. Wenn die Namen einmal im Computer sind, können Sie sie für Ihre Post- oder Telefonlisten oder auch für Ihre Rolodex-Karten benutzen. In Kapitel 5 erzähle ich Ihnen alles darüber.

Eine Einführung in ACT! oder: So bekommen Sie Ihren Tagesplaner in den Computer

5

In diesem Kapitel

- So vertiefen Sie Ihre Geschäftsbeziehungen
- Adressen und Telefonnummern speichern und wiederfinden
- Aktivitäten in den Terminplaner eintragen
- Besprechungen und Termine in der Kalenderansicht anzeigen
- So nehmen Sie Ihre Master-Liste in ACT! auf
- Telefonnummern speichern und automatisch wählen lassen
- E-Mail senden und empfangen
- Briefe, Memos und Faxe schreiben
- So erstellen Sie Berichte mit ACT!

Wenn Sie keinen Computer besitzen, sollten Sie nicht allzu viel Zeit mit diesem Kapitel verbringen. Überfliegen Sie es kurz, und überlegen Sie sich, ob Sie sich nicht vielleicht doch einen Rechner anschaffen, der, wie dieses Kapitel zeigt, eine großartige Hilfe für ein effektives Zeitmanagement sein kann.

Wollen Sie jedoch Ihre Produktivität ernsthaft steigern und Ihre täglichen Aktivitäten – Ihre Telefonate, Aufgaben, Besprechungen und Termine – besser koordinieren, sollten Sie einen elektronischen Kontaktmanager benutzen und Ihren Tagesplaner in Ihren Computer übertragen. Der Sinn eines Computers besteht schließlich darin, mehr Arbeit in weniger Zeit erledigen zu können. Ein Kontaktmanager bietet den großen Vorteil, daß alle Basiskomponenten eines traditionellen Tagesplaners in einem einzigen Software-Programm integriert sind.

Die Wahrheit und nichts als die Wahrheit

Nebenbei sei erwähnt, daß ich nicht für Symantec arbeite und auch keine Firmenanteile besitze. Ich bin nur ein Benutzer, der täglich mit ACT! arbeitet und das Programm für ein sehr gutes, produktivitätssteigerndes Hilfsmittel hält. Aber um ganz ehrlich zu sein, muß ich zugeben, daß ich inzwischen mehr als nur ein einfacher Benutzer geworden bin. In den letzten vier Jahren habe ich mehrere Bücher über ACT! geschrieben. Das neueste ist *"ACT!2000 for Dummies"*. Ich bin außerdem Herausgeber des führenden ACT!-Mitteilungsdienstes *ACT! in ACTion*. Wenn Sie sich für ein Probeabonnement interessieren, füllen Sie das Online-Formular auf meiner Website unter der Adresse *www.ACTnews.com* aus.

Traditionelle Tagesplaner bestehen in der Regel aus folgenden Basiskomponenten:

- ✔ Kalender
- ✔ Terminkalender
- ✔ Aufgabenliste
- ✔ Adreßbuch

Es gibt heutzutage zahlreiche gute Kontaktmanagement-Programme wie beispielsweise Goldmine, Maximizer oder Sharkware. Meiner Meinung nach ist aber ACT! am besten geeignet, mich über alles, was in meinem Privat- und Berufsleben passiert, auf dem Laufenden zu halten.

Auf den folgenden Seiten werde ich Ihnen erklären, wie ACT! Ihnen helfen kann, Ihren Tag besser zu organisieren. Wenn Sie zur Zeit noch kein Kontaktmanagement-Programm benutzen, schlage ich vor, Sie kaufen sich noch heute ACT!. Wenn Sie bereits einen anderen Kontaktmanager verwenden, denke ich, lohnt es sich trotzdem, sich ACT! einmal anzusehen.

Auf der CD-ROM, die diesem Buch beiliegt, finden Sie eine Testversion der deutschen Version von ACT!, die uns freundlicherweise von Symantec Deutschland zur Verfügung gestellt wurde. Hinweise zur Installation dieser Software finden auf der CD-ROM in der Datei ACTINST.TXT.

ACT! wird von der Symantec Corporation, USA hergestellt, die in Deutschland vertreten ist durch die:

Symantec Deutschland GmbH
Kaiserswerther Straße 115
40880 Ratingen
Tel. 02102-74530

www.symantec.de

Der Listenpreis für die Windows 9X/NT-Version beträgt DM 299,-; das Upgrade kostet DM 199,-.

Warum ich ACT! als Kontaktmanagement-Programm gewählt habe

Bei der Arbeit zu einem Buch über Zeitmanagement habe ich einige Dutzend Kontaktmanagement-Programme getestet. Die meisten von ihnen waren sehr leistungsfähig und einfach zu bedienen. Als ich dann mit meinem Manuskript fertig war, stand ich selbst vor einem Dilemma: Welches Kontaktmanagement-Programm sollte ich denn jetzt selber verwenden? Die Auswahl war nicht leicht.

Eines der vorher begutachteten Programme war ACT! – einer der populärsten Kontaktmanager überhaupt. ACT! hat heute einen Marktanteil von 70 Prozent und mehr als zwei Millionen Benutzer. Ich entschloß mich also, dieses Programm noch einmal zu installieren und gründlich zu testen.

Nachdem ich ein paar Tage damit herumgespielt hatte, stellte ich fest, daß es die meisten der Funktionen hatte, die auch ich als Zeitmanagement-Experte in ein computergesteuertes Terminkalender-/Kalender-/Aufgabenlisten-Programm aufgenommen hätte, wenn ich ein solches Programm selber hätte entwickeln sollen.

Ich arbeite jeden Tag mit ACT!. ACT! ist der Hauptgrund dafür, daß ich meinen Computer morgens einschalte, und es ist das letzte Programm, das ich abends schließe, bevor ich den Computer ausschalte. ACT! hält mich über alles, was in meinem Privat- und Berufsleben passiert, auf dem Laufenden.

ACT! verfügt über eine Funktion, mit deren Hilfe Sie alle Namen, Adressen und Telefonnummern, die Sie in Ihrem aktuellen Kontaktmanager, in Ihrem persönlichen Informationsmanager, in Ihrem computergestützten Adreßbuch oder in einer Serienbrief-Datendatei haben, in ACT! übertragen können. Diese Funktion erspart Ihnen Zeit und Mühe, alle Informationen ein zweites Mal eingeben zu müssen.

Was ACT! für Sie tun kann

Wenn es Ihnen geht wie den meisten Menschen, werden Sie wahrscheinlich an einem ganz normalen Arbeitstag viele unterschiedliche Dinge erledigen:

- ✔ Sie vereinbaren Termine mit vielen verschiedenen Leuten.
- ✔ Sie müssen Wiedervorlagen bearbeiten.
- ✔ Sie haben Gemeinschaftsprojekte, an denen Sie zusammen mit anderen Leuten arbeiten.
- ✔ Sie machen sich detaillierte Notizen zu Ihren Telefongesprächen und/oder Besprechungen (zumindest sollten Sie das tun).
- ✔ Sie verbringen viel Zeit am Telefon.
- ✔ Sie verschicken Briefe, Faxe, Angebote und andere Dokumente.
- ✔ Sie senden und empfangen den ganzen Tag lang E-Mail-Nachrichten.
- ✔ Sie surfen im Internet.

Dank ACT! können Sie jetzt all diese Aktivitäten und noch vieles mehr mit Ihrem Computer verwalten. Sie brauchen keine Master-Liste, keinen Tagesplaner und keinen Kalender mehr, um organisiert zu bleiben. Alle Daten zu einer (*Kontakt-*)Person, einem Projekt oder einer Aufgabe, die Sie früher immer als Notiz in einem Aktendeckel, als Papierfetzen auf Ihrem Schreibtisch oder als geistige Notiz in Ihrem Kopf aufbewahrten, können Sie nun an einer Stelle, nämlich in ACT!, sammeln.

ACT! erfüllt folgende Funktionen:

- ✔ ACT! bietet Ihnen Platz, um Namen, Adressen, Telefonnummern und viele andere Informationen über Ihre beruflichen und privaten Kontakte zu speichern.
- ✔ ACT! integriert die Informationen in Ihre Aufgabenliste, Telefonliste und Ihren Terminkalender.

Wenn Sie mit ACT! arbeiten, werden Ihnen weniger Dinge durch die Lappen gehen, weil Sie alle Informationen mit wenigen Mausklicks erreichen können. In Abbildung 5.1 sehen Sie das ACT!-Kontaktfenster.

Auf zusätzlichen Registerkarten wie etwa *Telefon/Privat, Alt. Kontakte* oder *Status,* die Sie am unteren Rand des Kontaktfensters finden, können Sie weitere Daten speichern. Mit Hilfe des Layout-Designers von ACT! können Sie außerdem eigene Layouts mit einer unbeschränkt großen Anzahl an Feldern entwerfen.

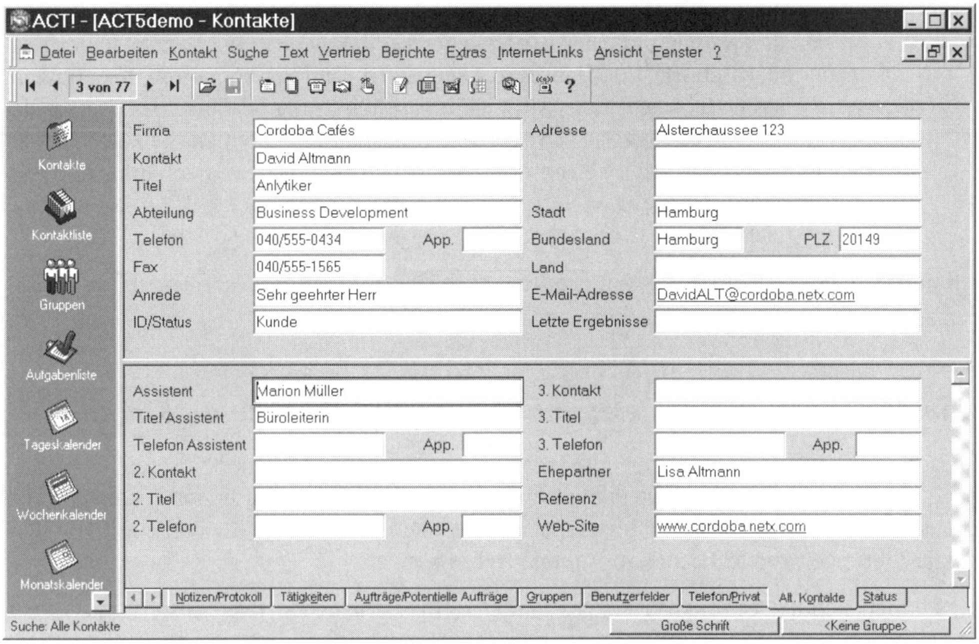

Abbildung 5.1: Das ACT!-Kontaktfenster

Verbessern Sie Ihre Geschäftsbeziehungen, verlieren Sie Gewicht, schaffen Sie sich Freunde und beeinflussen Sie die Menschen

Tagein, tagaus arbeiten Sie mit vielen Menschen zusammen: Kunden, Klienten, Interessenten, Mitarbeiter und Kollegen: Dabei müssen Sie stets den Überblick über alles behalten, was mit dieser Zusammenarbeit zu tun hat. ACT! stellt Ihnen die Hilfsmittel zur Verfügung, die Sie brauchen, um alle Informationen über diese Projekte, Aufgaben und alle Ihre anderen, täglichen Aktivitäten überschauen zu können.

ACT! kann Ihnen helfen, langfristige Beziehungen zu entwickeln und zu vertiefen – was ja der Schlüssel zum beruflichen Erfolg ist. Mit Hilfe von ACT! können Sie den Kontakt zu den wichtigen Leuten in Ihrem Leben pflegen. In ACT! können Sie alle wichtigen Informationen über einen Kontakt speichern und jederzeit abrufen.

Mit Hilfe von ACT! können Sie zum Beispiel solche wichtigen Informationen wie den Namen des Ehepartners einer Kontaktperson, die Namen seiner Kinder oder Geburts- und Jahrestage speichern. Und Sie können ACT! benutzen, um deren Hobbys, Interessen, Lieblingsrestaurants und Einzelheiten über deren letzten Urlaub zu notieren. Diese Informationen können Sie zusätzlich zu den vielen Adressen, Telefonnummern (dienstlich, privat, Fax, Auto- und Mobiltelefon) speichern. In ACT! haben Sie sogar die Möglichkeit, den Namen und die Telefonnummer der Sekretärin Ihrer Kontaktperson speichern.

Mit ACT! haben Sie genug Platz, um routinemäßig all die verschiedensten Informationshappen zu speichern, die Sie anderenfalls vergessen würden.

Namen, Adressen und Telefonnummern speichern und abrufen

Immer wenn Sie mit einer Person sprechen – entweder am Telefon oder persönlich – sollten Sie deren Namen in die ACT!-Datenbank aufnehmen. So schaffen Sie sich im Laufe der Zeit ein elektronisches Rolodex, mit dessen Hilfe Sie einfach und ohne große Mühe mit Hunderten, ja Tausenden von Menschen in Kontakt treten können.

Sie können sich langes und mühseliges Blättern in verschiedenen Telefonlisten und Adreßverzeichnissen ersparen. Dank der leistungsfähigen Suchfunktionen von ACT! können Sie Namen und/oder Telefonnummern im Bruchteil einer Sekunde problemlos finden, weil sich alle Daten an einem einzigen Platz in Ihrem Rechner befinden. Die verschiedenen Suchbefehle von ACT! sehen Sie in Abbildung 5.2.

Wie eine Bierdosensammlung mir half, Lebensversicherungen zu verkaufen

Als ich vor mehr als zwanzig Jahren meine Karriere als Vertreter von Northwestern Mutual begann, wurde mir beigebracht, daß ich den Kunden alle möglichen Fragen über ihre persönliche, berufliche und finanzielle Situation stellen sollte. Während dieser Gespräche stellte ich ihnen auch immer Fragen über ihre Hobbys und Interessen. Eines Tages traf ich den Leiter der Finanzabteilung einer Aktiengesellschaft, der während unseres Gesprächs erwähnte, daß sein Sohn eine Bierdosensammlung hatte – was ich dienstbeflissen auf meinem Fragebogen notierte. Als ich eine Woche später mit meiner Vermögensaufstellung zurückkam, war er von der Tatsache, daß ich die Bierdosensammlung aufgenommen hatte, so gerührt, daß er mir eine sehr hohe Lebensversicherung abkaufte.

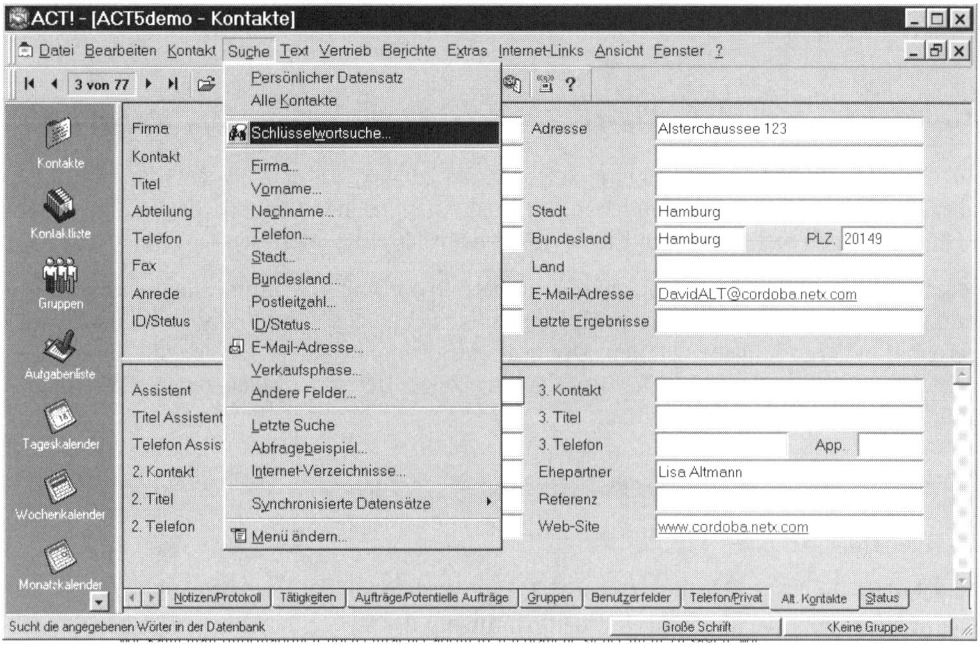

Abbildung 5.2: Die Suchfunktionen von ACT!

Die Suchfunktion ist meines Erachtens eine der wichtigsten Funktionen von ACT!. Sie müssen mit der Maus nur auf das Menü SUCHE klicken, danach festlegen, nach welchen Kriterien Sie suchen wollen (Unternehmen, Vorname, Nachname etc.), und die ersten Buchstaben des gesuchten Namens eintippen. Das Suchergebnis wird einen Augenblick später angezeigt – viel schneller, als wenn Sie einen Namen mühsam in einem Karteikasten oder einem zerfledderten Adreßbuch suchen würden.

Gehen Sie am besten sofort einmal all die Visitenkarten durch, die in Ihrer Schreibtischschublade verstauben, und geben Sie die Informationen in ACT! ein. Wenn Sie dann später mal die Daten zu einer bestimmten Kontaktperson brauchen, werden Sie sie auch wiederfinden können.

Sie können die Suchfunktion auch bei der Planung Ihrer Geschäftsreisen einsetzen. Suchen Sie sich vor der Reise die Namen der Personen heraus, die Sie in den Städten kennen, in die Sie reisen, und vereinbaren Sie einige zusätzliche Termine. Mit Hilfe von ACT! können Sie übrigens auch die Namen Ihrer Lieblingshotels und -restaurants speichern.

Wie kann man Informationen noch einfacher abrufen? Ich brauche sicher nicht zu sagen, wie langweilig, arbeitsintensiv und zeitraubend es ist, diese Informationen mit Hilfe eines

Karteikastens oder eines Adreßbuches zusammenzusammeln, wo Sie es wahrscheinlich gar nicht erst versuchen würden.

Machen Sie sich detaillierte Gesprächsnotizen mit dem Notizblock

Zu jeder Person in ACT! gibt es einen eigenen Notizblock, auf dem Sie detaillierte Notizen über Ihre Telefonate oder persönlichen Unterredungen machen können; Sie brauchen so Ihre Anmerkungen nicht mehr auf Klebenotizen oder Zetteln zu notieren.

Jeder Eintrag auf dem Notizblock wird automatisch am linken Rand mit dem aktuellen Datum versehen. Sie brauchen nur noch Ihre Notizen einzugeben und können sich dann wieder einer anderen Aufgabe widmen. Der besseren Übersicht halber werden alle Einträge in umgekehrter chronologischer Reihenfolge angezeigt. Den Notizblock sehen Sie in Abbildung 5.3.

ACT! in Aktion

Als ich den Abschnitt über den Notizblock von ACT! schrieb, klingelte das Telefon. Es war mein Freund John aus Los Angeles, den ich Anfang der Woche um Rückruf gebeten hatte. Während wir uns begrüßten, wechselte ich zu ACT!, gab seinen Nachnamen ein, fand seinen Datensatz und öffnete den Notizblock. Aufgrund der darin enthaltenen Informationen erinnerte ich mich, warum ich ihn seinerzeit angerufen hatte, wann wir das letzte Mal miteinander telefoniert hatten und worüber wir sprachen. Der ganze Vorgang dauerte nur ein paar Sekunden. Während wir sprachen, bat er mich, ihm den Artikel zu faxen, der in der New York Times über mich erschienen war. Also klickte ich auf das Symbol TÄTIGKEIT PLANEN, markierte das aktuelle Datum und tippte *NYT-Artikel faxen* ein. Als wir unser Gespräch beendet hatten, machte ich mir ein paar kurze Notizen dazu auf dem Notizblock und arbeitete dann an diesem Buch weiter.

Etwas später am Tag wählte ich den Befehl QUICKFAX, um WinFax PRO zu starten. Ich schrieb schnell einen Brief für das Deckblatt, fügte den mittlerweile eingescannten Artikel aus der New York Times als Anlage bei, und klickte dann mit der Maus auf die Schaltfläche SENDEN. Innerhalb weniger Sekunden war das Fax abgeschickt.

Bei jedem Start des Notizblocks wird der betreffende Eintrag automatisch mit einem Datum und einer Uhrzeit versehen. Sie müssen dann lediglich die gewünschte Notiz eingeben und können sich dann der nächsten Aufgabe zuwenden. Zur besseren Übersicht werden alle Einträge in umgekehrter chronologischer Reihenfolge angezeigt (siehe Abbildung 5.3).

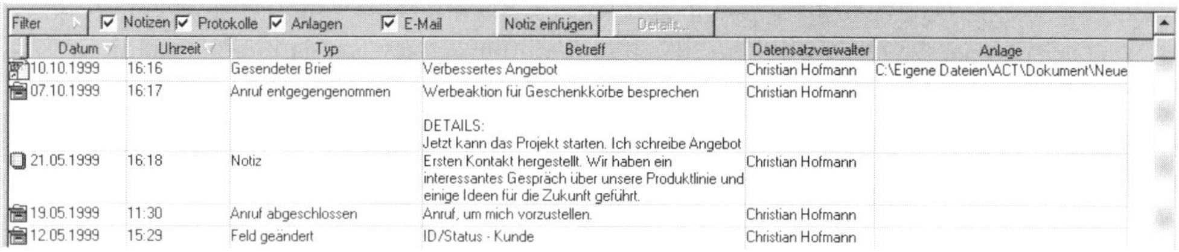

Abbildung 5.3: Die ACT!-Registerkarte NOTIZEN/PROTOKOLL

Aktivitäten einplanen ist ein Kinderspiel

ACT! hilft Ihnen dabei, sich über alle noch anstehenden Aufgaben auf dem Laufenden zu halten. ACT! gestaltet die Planung aller Aktivitäten – Anrufe, Besprechungen und andere Tätigkeiten – sehr einfach, weil Sie zur Eingabe von Informationen die Tastatur kaum brauchen. Im Dialogfeld TÄTIGKEIT PLANEN, das in Abbildung 5.4 dargestellt ist, läßt sich fast alles mit ein paar Mausklicks erledigen.

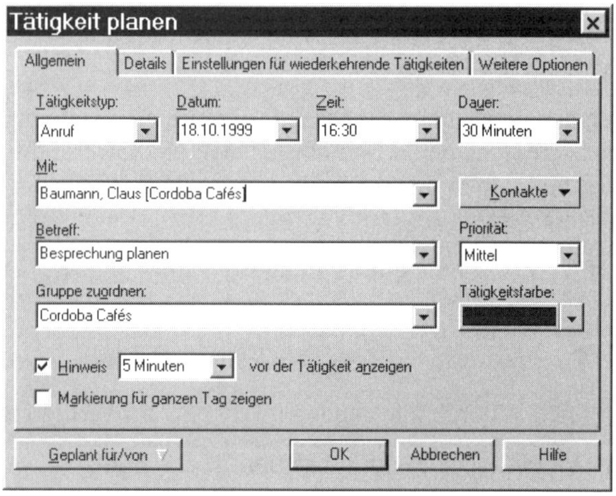

Abbildung 5.4: Das ACT!-Dialogfeld TÄTIGKEIT PLANEN

Bevor Sie eine Tätigkeit einplanen, sollten Sie sich mit Hilfe der Suchfunktion immer zuerst die Aufzeichnungen zu der betreffenden Person anzeigen lassen. (In ACT! sind alle Tätigkeiten – Anrufe, Besprechungen usw. – mit einer Kontaktperson verbunden; die Tätigkeiten allein werden nicht aufgelistet.)

Danach müssen Sie die Art der Tätigkeit festlegen, die eingeplant werden soll. Klicken Sie dazu in der Symbolleiste auf das betreffende Symbol. Nach dem Klick auf das Symbol wird das Dialogfeld TÄTIGKEIT PLANEN zusammen mit einem Monatskalender geöffnet, in dem Sie ein Datum festlegen können.

Nachdem Sie das Datum festgelegt haben, drücken Sie die Tab-Taste, um zum Feld Uhrzeit zu wechseln. Daraufhin wird ein Tageskalender geöffnet. Legen Sie dann den Anfang und die Dauer der Aktivität fest.

Wechseln Sie mit der Tab-Taste anschließend zum Feld Betreff und geben Sie eine kurze Beschreibung der Tätigkeit ein.

Sie könnten auch einen der Einträge aus dem Dropdown-Menü auswählen – Angebot schicken, Brief schicken, Termin bestätigen, Termin zum Essen festlegen usw. Zusätzlich zu den vorhandenen Einträgen können Sie für alle häufig wiederkehrenden Tätigkeiten auch benutzerdefinierte Menüeinträge erstellen.

Die Alarmfunktion von ACT!

Wie oft haben Sie schon jemanden angerufen, nur um zunächst zu hören: »Ich kann jetzt nicht mit Ihnen sprechen, rufen Sie mich doch in 20 Minuten noch einmal an.« Was haben Sie dann getan?

Wie die meisten Menschen haben Sie wahrscheinlich die Unterlagen zu dieser Person beiseite gelegt und dann vergessen.

Mit ACT! kann Ihnen das nicht mehr passieren. Nutzen Sie einfach die Alarmfunktion von ACT!. Klicken Sie dazu einfach auf das Symbol Anruf planen, woraufhin das Dialogfeld Tätigkeit planen geöffnet wird. Markieren Sie die Zeit, zu der Sie erinnert werden wollen und aktivieren Sie dann den Alarm.

20 Minuten später wird die Alarmmeldung von ACT! geöffnet und erinnert Sie an den Anruf, der noch erledigt werden soll.

Im Kalender stehen Ihnen außerdem folgende Funktionen zur Verfügung:

- Sie können jeder Aktivität eine bestimmte Priorität zuweisen.
- Sie können einen Alarm aktivieren.
- Sie können regelmäßig wiederkehrende Tätigkeiten einplanen.
- Sie können mehrere Aktivitäten gleichzeitig einplanen.
- Sie können Aktivitäten für andere ACT!-Benutzer einplanen.

Zeigen Sie Ihre Termine in der Kalenderansicht an

Mit einem einzigen Mausklick können Sie Ihren Terminkalender im Tages-, Wochen- oder Monatsformat anzeigen und sich so einen Überblick über Ihre zukünftigen Verpflichtungen verschaffen.

Mit einem einfachen Mausklick auf das betreffende Symbol wechseln Sie von einer Ansicht zu einer anderen. Sie können neue Termine eintragen und bestehende Termine verschieben oder auch ganz streichen. In Abbildung 5.5 sehen Sie den ACT!-Tageskalender.

Übertragen Sie Ihre Master-Liste in ACT!

Neben der Anzeige Ihrer Aktivitäten in einem der Kalenderformate haben Sie auch die Möglichkeit, sämtliche Aufgaben – Anrufe, Besprechungen und andere Aufgaben – in einer einzigen Liste anzuzeigen, der sogenannten *Aufgabenliste*.

Es war genau diese Liste, die mich davon überzeugt hatte, daß ACT! das für meine Zwecke am besten geeignete Zeitmanagement-Programm ist. Der Grund: Das Konzept der Aufgabenliste ist identisch mit dem Aufbau meiner Master-Liste.

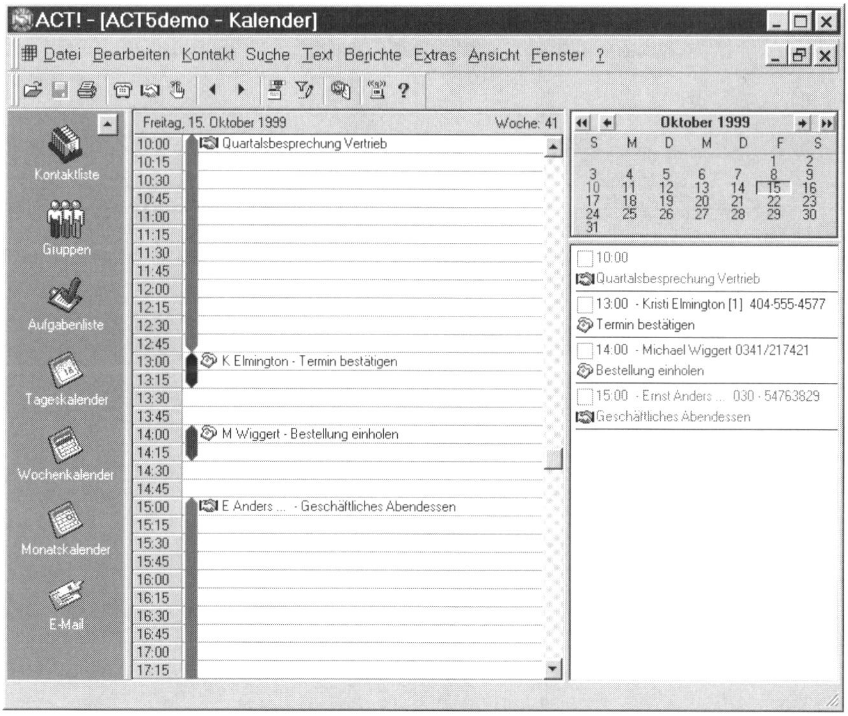

Abbildung 5.5: Der Tageskalender von ACT!

Mit nur wenigen Mausklicks können Sie eine Liste all Ihrer noch nicht erledigten Aufgaben für heute, morgen oder in einem beliebigen Zeitrahmen in der Vergangenheit, Gegenwart oder Zukunft anzeigen. Die Aufgabenliste sehen Sie in Abbildung 5.6.

Telefonnummern speichern und wählen

In ACT! können Sie sämtliche Telefonnummern einer Person speichern, inklusive Telefon- und Faxnummer im Dienst, die Handy-Nummer, die Nummern, unter denen die betreffende Person an einem anderen Ort erreichbar ist, die private Telefon- und Faxnummer und die Pager-Nummer. In ACT! können Sie sogar die Namen und Telefonnummern der Sekretärinnen speichern.

Wenn Sie jemanden anrufen wollen, brauchen Sie nur den Datensatz dieser Person herauszusuchen und auf das Symbol TELEFON WÄHLEN zu klicken. Daraufhin wird ein Dialogfeld mit einer Liste aller dieser Person zugeordneten Telefonnummern geöffnet, wie in Abbildung 5.7 dargestellt.

Wenn Ihr Computer mit Ihrem Telefon verbunden ist, können Sie ACT! für Sie wählen lassen. Kommt der Anruf durch, brauchen Sie nur noch den Hörer abzunehmen und Ihr Gespräch zu beginnen.

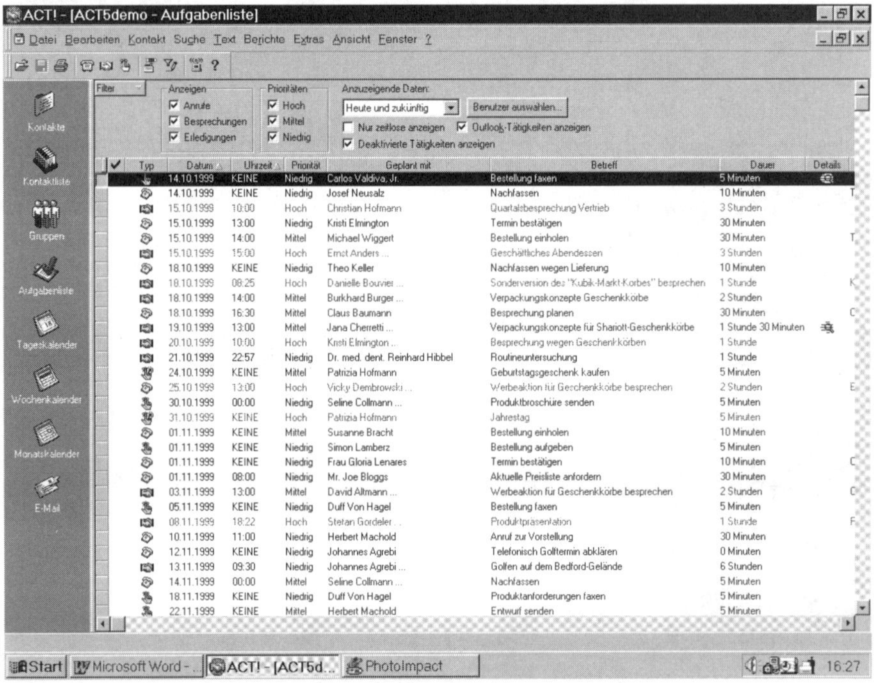

Abbildung 5.6: Die Aufgabenliste von ACT!

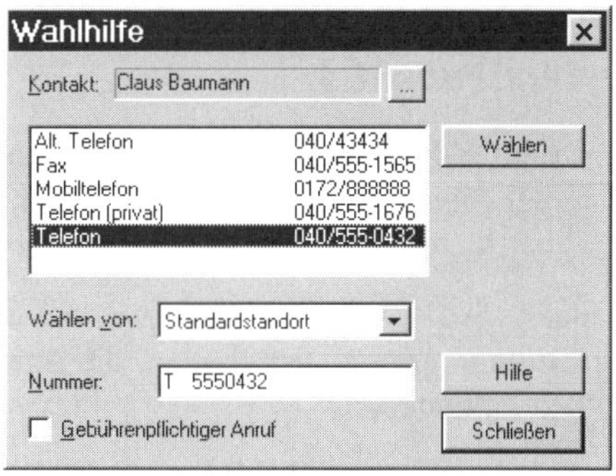

Abbildung 5.7: Die Wahlhilfe von ACT!

Wenn Sie keine Verbindung zwischen PC und Telefon zur Verfügung haben, klicken Sie einfach auf die Telefonliste, suchen die gewünschte Nummer heraus und wählen selbst. Mit dieser Methode finden Sie eine Nummer auf jeden Fall schneller als in einem alten, abgenutzten Rolodex.

Senden Sie E-Mail-Nachrichten mit ACT!

Auch zum Senden und Empfangen von E-Mail können Sie ACT! nutzen. Wählen Sie einfach den Befehl E-MAIL-NACHRICHT aus der Menüleiste, um das E-Mail Fenster zu öffnen. Schreiben Sie Ihre Nachricht, und klicken Sie dann auf eine der Schaltflächen zum Versenden der Nachricht. Das ist schon alles – denn die E-Mail Adresse holt sich ACT! aus dem Kontaktdatensatz!

Mit Hilfe der Funktionen zum Versenden von Serienbriefen können Sie benutzerdefinierte E-Mail-Nachrichten an eine beliebig große Zahl von Empfängern senden.

Schneller Zugang zum World Wide Web

Zu jedem Datensatz für eine Kontaktperson gehört auch ein Feld, in dem Sie die WWW-Internet-Adresse speichern können. Wenn Sie anschließend auf eine dieser gespeicherten Adressen doppelklicken, startet ACT! Ihren Webbrowser und öffnet die markierte Webseite.

Sie können Ihre Lieblings-Webseiten auch in das ACT!-Menü Internet Links aufnehmen.

Richten Sie Kontaktgruppen ein

Eine weitere Funktion, die ACT! so leistungsfähig macht, ist die Möglichkeit, Personen je nach Geschäftszweig, Beruf oder irgendeinem anderen Kriterium in verschiedene Kontaktgruppen/Kategorien einzuteilen. Wenn Sie dann nach einer bestimmten Gruppe suchen lassen, bekommen Sie in Sekundenbruchteilen eine komplette Liste der Mitglieder dieser Kategorie auf den Bildschirm.

Schreiben Sie Ihre Briefe mit dem Textverarbeitungssystem von ACT!

ACT! macht es Ihnen leicht, Briefe, E-Mail-Nachrichten, Memos und Faxe zu schreiben. Markieren Sie einfach die Person, der Sie einen Brief schicken wollen, und klicken Sie dann auf das Symbol BRIEF.

Die Formatvorlage für den Brief wird in wenigen Augenblicken erzeugt. Diese Vorlage enthält das Datum, den Namen und die Adresse der Person, die Anrede und Ihre Grußformel. Sie brauchen nur noch den Text einzugeben.

Danach können Sie den Brief ausdrucken und ihn faxen (ACT! bietet eine nahtlose Integration mit WinFax PRO) oder ihn als E-Mail verschicken.

Als Textverarbeitungsprogramm können Sie Word oder die ACT!-eigene Textverarbeitung verwenden.

Wenn Sie regelmäßig Formbriefe verschicken müssen, können Sie mit der Serienbrieffunktion von ACT! viel Zeit sparen. Erstellen Sie einfach eine Schablone für den Serienbrief und führen Sie ihn danach mit den markierten Kontakten in Ihrer ACT!-Datenbank zusammen. Zum Lieferumfang von ACT! gehört eine Reihe vorgefertigter Schablonen, die sich für Ihre eigenen Kundenbriefe, Memos und Faxe einfach verändern lassen.

Sie können die in ACT! gespeicherten Daten auch als Telefonverzeichnis, als Versandetiketten, Umschläge oder Rolodex-Karten ausdrucken lassen.

Ich habe mein Rolodex in San Francisco vergessen

Da ich die Werbung für meine Bücher und Dienstleistungen selbst mache, habe ich mir Kontaktgruppen für Zeitungen, Magazine, Radio- und Fernsehsender angelegt. Ich habe die Namen von mehr als tausend Medienleuten in meiner Datenbank gespeichert. Mit der Suchfunktion von ACT! lassen sich erstaunliche Sachen anstellen. Ich kann z.B. in ein paar Sekunden eine Liste all der Leute erstellen, die für einen bestimmten Radiosender in Dallas oder eine Zeitung in San Francisco arbeiten. Wie lange würden Sie brauchen, um solche Informationen aus Ihrem Rolodex herauszusuchen? Dieses Beispiel zeigt, wie Sie mit Hilfe von ACT! die Schnelligkeit Ihres Computers optimal nutzen können.

Erstellen Sie Ihre Berichte mit ACT!

Eine der besten Funktionen von ACT!, mit denen Sie sich eine Menge Zeit sparen können, ist die Möglichkeit, mit den verschiedenen Daten, die Sie zu den einzelnen Personen in Ihrer Datenbank gespeichert haben, einen Bericht zu erstellen.

Sie können zum Beispiel Berichte all Ihrer täglichen Aktivitäten (Anrufe, Besprechungen und Aufgaben) erstellen, einschließlich der Notizen zu den verschiedenen Leuten. Sie können auch eine Übersicht über die im Zusammenhang mit diesen Leuten in der Vergangenheit durchgeführten Aktivitäten oder eine detaillierte Liste aller Anrufe, Besprechungen und Aufgaben erstellen, die Sie für die nächste Zeit geplant haben. Diese Berichte können sich sowohl auf eine einzelne Person als auch auf eine ganze Gruppe beziehen.

Nutzen Sie Ihre ACT!-Datenbank gemeinsam mit Ihren Kollegen

Die Leistungsfähigkeit von ACT! beweist auch die Möglichkeit, das Programm in einem Netzwerk nutzen zu können. Das bedeutet, daß Sie Ihre Datenbank zusammen mit Kollegen nutzen können und auch auf die Datenbanken Ihrer Kollegen zugreifen können.

Verlassen Sie Ihr Büro? Drucken Sie Ihren Kalender aus, und nehmen Sie ihn mit

Wenn Sie Ihren Tagesplaner lieben und ohne ihn nicht mehr leben wollen, können Sie sich beliebige Informationen aus ACT! auf verschiedene Papierformate ausdrucken lassen, die Seiten in Ihren heißgeliebten Tagesplaner legen und mitnehmen, wenn Sie aus der Tür gehen.

Sparen Sie Geld mit ACT!

Vor einigen Jahren hatte ich Schwierigkeiten mit der Erstattung von Telefonkosten, die Teil der Werbungskosten für eines meiner Bücher waren. Eines Tages bekam ich einen Brief von der Werbeabteilung meines Verlegers, in dem mir mitgeteilt wurde, daß sie mir gerne die Telefonkosten erstatten würden, dafür aber eine Aufstellung der Personen bräuchten, mit denen ich gesprochen habe, die jeweiligen Daten der Telefonate sowie Angaben zu dem jeweiligen Werbeeffekt, den die einzelnen Gespräche hatten. Sie dachten, sie wären besonders schlau, da niemand eine solche Liste erstellen kann, ohne Stunden mit der Zusammenstellung zu verbringen. Sie wußten aber nicht, daß ACT! mir eine solche Liste erstellen kann. Ich druckte einfach einen Bericht der ganzen Medien-Datenbank aus – die mehr als 1000 Leute umfaßt – und brachte den 400 Seiten umfassenden Bericht zur Post. Zwei Wochen später erhielt ich einen Scheck über fast $ 2.000.

So haben Sie von allem das Beste: ein Computerprogramm, das Sie auf dem Laufenden hält und einen Ausdruck, den Sie mitnehmen können, wenn Sie Ihr Büro verlassen.

ACT!-Datenbanken mit Palmtop-Rechnern verwenden

Die Daten in Ihren ACT!-Datenbanken lassen sich mit den meisten Palmtop-Rechnern verwenden. Nähere Einzelheiten über Merkmale und Funktionen von drei populären Rechnern –PalmPilot von 3Com, Mobilon von Sharp und REX PRO von Franklin – sowie zur Anbindung an Windows CE-Geräte finden Sie in Kapitel 22.

Teil II

So planen Sie Ihre Arbeit

"Nein danke. Aber ich würde gern im Büro anrufen und Bescheid sagen, daß ich wahrscheinlich etwas später zu der nächsten Besprechung komme."

In diesem Teil ...

Die Kapitel dieses Teils beschäftigen sich alle mit Ihrem großen Ziel: die Kontrolle über Ihre Arbeit. Ihr Arbeitstag sollte Sie nicht fertigmachen. Sie sollten derjenige sein, der sagt, wo es langgeht.

Das Kapitel 6 hilft Ihnen, Ihre tägliche Arbeit zu planen. In Kapitel 7 gebe ich Ihnen einige Tips, wie Sie das Beste aus Ihren Geschäftsterminen machen. In Kapitel 8 zeige ich Ihnen, wie Sie ein mitreißender Redner werden. Und in Kapitel 9 erkläre ich Ihnen die Tricks, mit denen Sie die Leute dazu bringen, sich in Ihrem Sinne zu entscheiden.

Machen Sie die richtige Arbeit zur richtigen Zeit

6

In diesem Kapitel

- So planen Sie Ihren Arbeitstag
- So planen Sie Ihre Termine

Wenn es Ihnen wie den meisten Menschen in der Geschäftswelt geht, dann haben Sie viel zu tun und zu wenig Zeit, um alles zu erledigen. Mit einem Blick auf Ihre Master-Liste werden Sie aber sicher feststellen können, daß manche Arbeiten wichtiger als andere sind; und normalerweise benötigen Sie für die wichtigsten Arbeiten auch die meiste Zeit. (Nähere Informationen über die Master-Liste finden Sie in Kapitel 3.)

Wenn Sie also in der heutigen, schnellebigen Welt weiterkommen wollen, müssen Sie wissen, welche Aufgaben zu welchem Zeitpunkt erledigt werden müssen. Es reicht nicht, einen bestimmten Job gut zu machen. Sie müssen sicher sein, daß Sie den richtigen Job zur richtigen Zeit und außerdem noch gut erledigen! Es ist gar nicht so schwer, sich vorrangig mit einer bestimmten Aufgabe zu beschäftigen – insbesondere, wenn Sie Ihre Arbeit mit Hilfe einer Master-Liste oder mit ACT! organisieren.

- ✔ Wichtig ist, daß Sie sich zunächst einmal hinsetzen und all die Dinge analysieren, die Sie zu tun haben – unfertige Aufgaben und Projekte oder Telefonate, die Sie tätigen müssen.
- ✔ Dann sollten Sie zusehen, daß Sie Ihre Zeit den Arbeiten mit der höchsten Priorität widmen – also solchen, die Ihnen und Ihrer Firma das meiste Geld einbringen. Alles andere kann zunächst einmal warten.

Das ist das Grandiose an diesem System: Wenn Sie in der Lage sind, Ihre Arbeitszeit für die wirklich wichtigen Aufgaben zu verwenden, dann haben Sie Ihre Arbeit im Griff – und nicht umgekehrt. Sie können Prioritäten setzen und Ihren eigenen Zeitplan gestalten. Sie können dann von sich aus etwas bewegen und müssen nicht auf etwas reagieren.

Wenn Sie die Aufgaben und Projekte überblicken können, die Sie heute bewältigen müssen, sind Sie auch in der Lage, die Aufgaben und Projekte für morgen, für die nächsten Tage und die nächsten Wochen zu planen.

Planen Sie Ihre Aktivitäten

Auch wenn Sie es nicht gewohnt sind, Ihren Tag durchzuplanen, haben Sie keine Angst: Planen ist wirklich nicht schwer. Planen bedeutet nur, Aufgaben zu erkennen, zu organisieren und für einen bestimmten Termin einzuplanen. Und worum geht es denn schließlich in diesem Buch? Es soll Ihnen helfen, Ihren Tagesablauf in den Griff zu bekommen, damit Sie Ihre Arbeit schaffen, das Büro zu einer zivilen Zeit verlassen können und mehr Zeit für Ihre Familie und Freunde haben. Unser gesunder Menschenverstand sagt uns schon, daß wir unsere Zeit den Arbeiten mit hoher Priorität widmen und weniger wichtige Arbeiten zunächst einmal zur Seite legen sollten.

Aber leider ist das oft nicht der Fall. Ich selbst schließe mich hier nicht aus. Man läßt sich einfach zu leicht ablenken. Das Ende vom Lied ist, daß wir die meiste Zeit mit den weniger wichtigen Arbeiten zubringen, wie beispielsweise die Post lesen, E-Mail-Nachrichten beantworten, telefonieren, oder versuchen, die Probleme anderer zu lösen, während die wichtigen Arbeiten – die richtig dicken Fische und gut dotierten Projekte – liegenbleiben. Wenn wir uns dann endlich um diese Dinge kümmern, müssen wir uns beeilen, weil uns die Zeit wegläuft.

Vielleicht gehören Sie ja zu den Menschen, die unter Druck besonders gut arbeiten können. Aber selbst wenn das der Fall ist, überlegen Sie einmal, wie viel besser eine Arbeit sein könnte, wenn Sie sich genügend Zeit einräumten. Wenn Sie sie nach der ersten Bearbeitung für eine Weile zur Seite legen und dann später noch mal darauf zurückzukommen, um Anmerkungen, Änderungen oder Korrekturen vorzunehmen. Für alle anderen gilt: Wir können einen ersten Entwurf verbessern, wenn wir uns genug Zeit nehmen, ihn noch einige Male zu überarbeiten.

Wußten Sie, daß Wissenschaftler in einer kürzlich veröffentlichten Studie über Zeitmanagement herausgefunden haben, daß die meisten Menschen nur 20 Prozent ihrer Zeit für die wenigen, aber wichtigen Aufgaben und Projekte nutzen, die 80 Prozent der Gewinne einbringen? Das bestätigt, was ich schon lange vermutet habe: Die meisten Menschen verbringen 80 Prozent ihrer Zeit mit Kleinkram, bevor sie die wichtigen und bedeutenden Aufgaben und Projekte in Angriff nehmen.

Wenn Sie Ihre Master-Liste immer auf dem neuesten Stand halten, behalten Sie den Überblick darüber, was Sie noch zu tun haben. Sie werden sehen, daß Sie wesentlich produktiver arbeiten können. Daher ist es so wichtig, sich und die Arbeit organisieren. Es ist unmöglich, den Überblick über unerledigte Arbeiten, Projekte und Aufgaben zu behalten, wenn sich auf Ihrem Schreibtisch so viel Material stapelt, daß Sie nicht mehr erkennen können, ob die Schreibtischplatte aus Holz, Glas oder Kunststoff ist. (Wenn Sie mit dem Konzept einer Master-Liste nicht vertraut sind, lesen Sie bitte Kapitel 3.)

So organisieren Sie sich mit ACT!

Mit Hilfe von ACT! können Sie immer erkennen, was Sie erledigen müssen, für wen Sie es erledigen und bis wann es erledigt sein muß. Sie müssen nur die Aufgabenliste anklicken, und es erscheint eine detaillierte Aufstellung aller Dinge, die Sie heute, morgen oder an einem anderen Tag erledigen müssen. Dann entscheiden Sie, welche Aufgabe Sie bearbeiten möchten und legen los.

Wenn Sie die eine Aufgabe erledigt haben, wiederholen Sie einfach diesen Vorgang und überlegen Sie dann, welche Arbeit Sie als nächstes angehen möchten. Es gibt nichts Einfacheres!

Das heißt, ich könnte mir doch noch etwas Simpleres vorstellen: Wenn ACT! nämlich auch noch meine Arbeit erledigen würde – aber das geht leider nicht. Also muß ich mich dann doch selber daransetzen. Das Leben ist eben hart!

Aber es gibt immer einen Lichtblick. Wenn Sie einmal eine dieser Aufgaben oder Projekte angehen, die Sie schon lange vor sich hergeschoben haben, werden Sie feststellen, das es am Ende gar nicht so wild ist. Und wenn Sie dann fertig sind, haben Sie das Vergnügen, die Aufgabe von Ihrer Master-Liste oder aus der ACT!-Aufgabenliste streichen und sich in dem Bewußtsein, die Arbeit gut gemacht zu haben, zufrieden zurücklehnen zu können.

Wenn Sie mehr darüber erfahren möchten, wie Ihnen das ACT! Kontaktmanagement-Programm bei der Arbeitsorganisation helfen kann, lesen Sie bitte Kapitel 5.

Bearbeiten Sie die wichtigsten Aufgaben zuerst

Sind Sie jemals mit der Absicht ins Büro gekommen, sich nur mit einem bestimmten Projekt zu beschäftigen, und mußten am Ende des Tages feststellen, daß Sie keine Minute daran gearbeitet haben? Mir selbst ist das eigentlich sehr oft passiert.

Eines Tages erkannte ich, daß ich mich immer auf die falschen Dinge konzentriert und falsche Prioritäten gesetzt hatte. Ich hatte versucht, alle unwichtigen Aufgaben und Projekte meiner Aufgabenliste zu erledigen – all diese Aufgaben der Prioritäten »B«, »C«, »D« und »E«, die mehr Zeit als kreative Energie brauchen. Ich dachte, wenn ich diese Aufgaben erst alle erledigt hätte, könnte ich mich besser meinen Aufgaben der Priorität »A« widmen, den wirklich wichtigen Arbeiten also.

Wir werden aber dafür bezahlt, daß wir die Arbeiten der Priorität »A«, die dicken Fische, erledigen. Niemand interessiert es, wann wir die nebensächlichen Angelegenheiten erledigen. Die wichtigen Aufgaben können – wenn sie richtig gemacht werden – für Ihre Firma viel Geld bedeuten – und für Sie eine Gehaltserhöhung, einen Bonus oder eine Beförderung am Jahresende.

Daher halte ich es für so unglaublich wichtig, daß man sich seine Zeit effektiv einteilt und seine Energie für die wichtigen Aufgaben aufhebt. Wenn Sie den Großteil Ihrer Zeit mit unwichtigen Aufgaben und Projekten verbringen, bleibt Ihnen nicht mehr genug Zeit für die wirklich wichtigen Arbeiten mit hoher Priorität. Genau diesen Projekten aber müssen wir unsere Aufmerksamkeit schenken, weil in ihnen das Geld steckt.

Verschwenden Sie also nicht Ihre Zeit damit, die einfachen Dinge abzuarbeiten, nur damit sie vom Tisch sind. Wenn Sie so vorgehen, haben Sie nicht mehr genug Zeit und Energie für die schwierigen Projekte, die viel Zeit und Überlegung benötigen.

Die meisten unserer wichtigen Aufgaben und Projekte können wir nicht mit einem Mal fertigstellen. Sie machen sich das Leben leichter und haben weniger Streß, wenn Sie sie mit einer ausreichend langen Vorlaufzeit angehen. So können Sie sich langsam und stückweise voranarbeiten, und bevor Sie es richtig merken, sind Sie schon fertig.

Kontrollieren Sie Ihre Aufgabenliste mehrmals am Tag

Haben Sie auch schon einmal an Ihrem Schreibtisch gesessen und konnten sich nicht entscheiden, was Sie als nächstes tun sollten? Haben Sie sich die vielen Stapel nacheinander angeschaut und wurden bei diesem Anblick immer niedergeschlagener, weil jeder dieser Papierberge eine Menge unerledigter Arbeit bedeutete? Vielleicht haben Sie ein paar Minuten lang in den Papieren geblättert und schließlich nach einem Blick auf die Uhr festgestellt, daß es eigentlich Zeit für einen Kaffee wäre.

Wenn Sie Ihre Master-Liste immer vor sich auf dem Schreibtisch liegen haben, können Sie sicher sein, daß Ihnen das nicht wieder passiert. Nachdem Sie eine Aufgabe erledigt haben, schauen Sie wieder auf die Master-Liste, und überlegen Sie, was Sie als nächstes bearbeiten sollten. Wenn Sie so sind wie ich, werden Sie vielleicht ein bißchen sauer sein, weil Sie sich auf die nächste Arbeit nicht unbedingt freuen. Sie sollten aber gar nicht lange darüber nachdenken und einfach anfangen.

Als ich noch zur Schule ging, gab mir ein Teamkollege beim Fußball mal den guten Rat: »Jeff, hör' auf nachzudenken! Damit hältst Du nur das Spiel auf.« Erst 20 Jahre später verstand ich, was er meinte: Leg einfach los, und such nicht lange nach einer Erklärung.

Auch hier erweist sich ACT! wieder als produktivitätssteigernde Hilfe. Schauen Sie sich hierzu den Kasten »So organisieren Sie sich mit ACT!« in diesem Kapitel an.

Sehen Sie Ihren Plan für den nächsten Tag durch, bevor Sie abends das Büro verlassen

Ich finde es gut, wenn man das Denken und Planen von der eigentlichen Bearbeitung trennt. Je mehr Zeit Sie mit dem Überdenken und Planen Ihrer Arbeit verbringen, desto leichter wird sie Ihnen fallen. Als feste Einrichtung Ihrer täglichen Arbeit sollten Sie deshalb am Ende des Tages nochmals die Master-Liste durchsehen, damit Sie wissen, was für den nächsten Tag ansteht – welche Telefonate Sie zu führen haben, welche Aufgaben und Projekte anliegen, welche Besprechungen anberaumt wurden und wo sie stattfinden. Beim Durchsehen Ihrer Master-Liste bekommen Sie einen Überblick über alles, was erledigt werden muß, und können feststellen, welche Aufgaben oder Projekte am wichtigsten sind.

Sie können auch die Projektakte ziehen, um sich in Erinnerung zu rufen, was erledigt werden muß, wenn Sie am nächsten Morgen ins Büro kommen. Sobald Sie sich die Zeit genommen haben zu analysieren, welche Aufgabe am wichtigsten ist, arbeiten Sie bereits an ihr, ohne es zu merken.

Mit Hilfe von ACT! ist es ein Kinderspiel, Ihren Tagesplan auf dem letzten Stand zu halten. Sie brauchen weder Stift noch Papier, sondern können sich zur Organisation der Arbeit der Leistung Ihres Computers bedienen. So können Sie an den wichtigen Aufgaben und Projekten arbeiten, die Ihnen Geld einbringen, anstatt Zeit zu verschwenden, um einen neuen Tagesplan zu erstellen oder Ihre Aufgabenliste umzustellen, weil ja die Aufgabe mit der höchsten Priorität immer an erster Stelle stehen sollte.

Als eine weitere feste Einrichtung sollten Sie sich am Ende eines Arbeitstages kurz mit Ihrer Sekretärin, Assistentin oder anderen Mitarbeitern der Firma zusammensetzen, damit alle genau wissen, was sie am nächsten Tag erledigen müssen.

Versuchen Sie, das meiste in den ersten zwei Stunden des Tages zu schaffen

Haben Sie sich jemals wie Snoopy gefühlt, der bei seinem Versuch, sein erstes Buch zu schreiben, mit seinem Latein immer schon nach der Zeile »Es war eine dunkle und stürmische Nacht ...« am Ende war? Wenn ja, dann hatten Sie wahrscheinlich gerade ein schwieriges und zeitraubendes Projekt in Angriff genommen, konnten aber nicht mehr genügend mentale und physische Energie aufbringen, um irgendwie weiterzukommen. Kein Wunder: Es war sehr spät, den ganzen Tag sind Sie von einer Besprechung in die nächste gelaufen, und als Sie endlich wieder an Ihrem Schreibtisch saßen, waren Sie so erschöpft, daß Sie weder schreiben noch denken konnten. Nichts ging mehr.

Wahrscheinlich haben Sie nie viel darüber nachgedacht, aber ist Ihnen schon mal aufgefallen, daß Sie zu einer bestimmten Tageszeit besonders viel Energie und Enthusiasmus haben und sich besonders gut konzentrieren können? Ich nenne diese Tageszeit, zu der man in Höchstform ist, »Prime Time«. Die meisten Menschen haben ihre Prime Time morgens, wenn sie ausgeruht, aufmerksam und motiviert sind. Man könnte diese Leute auch als »Morgenmenschen« bezeichnen.

Bearbeiten Sie die dicksten Brocken immer zuerst

Als ich vor einigen Jahren an einem Zeitmanagement-Seminar teilnahm, nahm der Vortragsredner plötzlich einen Maurereimer unter seinem Pult hervor, stellt ihn vor sich und legte ungefähr ein Dutzend faustgroße Steine hinein.

Als der Eimer bis obenhin voll war, fragte er uns: »Ist dieser Eimer jetzt voll?«

Natürlich antworteten alle mit »Ja!«

Daraufhin griff er unter den Tisch und holte einen Eimer mit grobem Kies hervor. Er warf ein paar Handvoll davon in den Eimer mit den Steinen. Er schüttelte kurz, und in wenigen Augenblicken hatte sich der Kies in den Zwischenräumen zwischen den großen Steinen verteilt. Dann fragte er noch einmal: »Ist der Eimer voll?«

Mittlerweile hatten wir verstanden. »Wahrscheinlich nicht«, sagte einer der Teilnehmer. »Gut«, antwortete der Vortragsredner.

Dann nahm er einen Eimer mit Sand unter dem Tisch hervor. Er entleerte ihn in den Demonstrationseimer, und im Nu hatte der Sand die Zwischenräume zwischen den Steinen und dem groben Kies gefüllt.

Noch einmal wiederholte er seine Frage: »Ist dieser Eimer jetzt voll?«

»Ja«, antworteten die Teilnehmer.

»Falsch«, sagte er, griff sich einen Krug Wasser und füllte den Eimer bis zum Rand.

Danach schaute er auf und fragte: »Was sollte diese Demonstration Ihnen zeigen?«

Einer von den ganz Eifrigen hob den Finger und sagte:»Sie wollten uns damit zeigen, daß man immer noch einiges dazwischenschieben kann, egal wie voll der Terminplan ist.«

»Nein«, antwortete der Vortragsredner. »Was ich damit sagen wollte, ist folgendes:

Nehmen Sie sich immer zuerst die dicken Brocken vor. Anderenfalls werden Sie sie nie schaffen.«

Welches sind in *Ihrem Job* die dicksten Brocken? Bearbeiten Sie sie immer als erstes.

Ein heißer Tip: Nehmen Sie Ihre wichtigste Arbeit in Angriff, wenn Sie die meiste Energie und den meisten Enthusiasmus aufbringen können. Wenn Sie alles Wichtige morgens erledigen, können Sie im Laufe des Tages die unvermeidlich aufflackernden Brände wesentlich einfacher löschen.

Wenn Sie abenteuerlustig sind und einmal etwas ganz Neues ausprobieren wollen, versuchen Sie folgendes: Reservieren Sie sich die ersten zwei Stunden am Tag, und blocken Sie alle anderen Termine für diese Zeit ab. Wenn Sie ins Büro kommen, schließen Sie die Tür, stellen Sie das Telefon ab und lassen Sie sich nicht unterbrechen. Sie werden schnell feststellen, daß Sie in der Hälfte der Zeit und mit halb so viel Aufwand doppelt so viel schaffen können.

Vereinbaren Sie einen Termin mit sich selbst

Ist Ihnen jemals in den Sinn gekommen, mit sich selbst einen Termin zu vereinbaren? Ich meine das ernst. Mit jedem anderen machen Sie Termine: mit Ihrem Chef, mit Kunden, Mandanten oder Mitarbeitern. Warum sollten Sie also nicht einen Termin mit sich selbst vereinbaren, damit Sie die wichtigsten Arbeiten erledigen können?

Schauen Sie sich zum Beispiel einmal diese dicke Akte an, die seit einer Woche auf Ihrem Schreibtisch liegt. Lassen Sie mich raten. Diese Akte liegt doch bestimmt dort, weil Sie sie bearbeiten müssen.

Wenn Sie sicherstellen wollen, daß diese Arbeit erledigt wird, warum vereinbaren Sie nicht einfach einen Termin mit sich selbst. Notieren Sie den Termin wirklich in Ihrem Kalender, und betrachten Sie ihn wie einen Termin mit Ihrem Chef oder Ihrem wichtigsten Kunden – was er ja gewissermaßen auch ist. Ihr Chef hat Ihnen diesen Auftrag gegeben, möchte aber nicht an Ihrem Schreibtisch sitzen und Ihnen beim Arbeiten zusehen. Ihr Chef hat andere Dinge zu tun. Und nebenbei gesagt: Um diese Arbeit zu erledigen, hat er Sie ja auch eingestellt.

Wenn Sie an einer wichtigen Aufgabe oder an einem wichtigen Projekt arbeiten müssen, vereinbaren Sie einen Termin mit sich selbst und tragen Sie ihn in Ihren Terminkalender ein. Wenn es soweit ist, schließen Sie die Tür und stellen Sie das Telefon ab, um nicht gestört zu werden. Dann machen Sie sich an die Arbeit. Sie werden bald feststellen, daß dieses schreckliche Projekt eigentlich gar nicht so schlimm ist, und wenn Sie es bewältigt haben, verspüren Sie dieses besondere Gefühl der Befriedigung, das sich immer dann einstellt, wenn man einen Job gut gemacht hat. Mit einem zufriedenen Lächeln können Sie dann dieses Projekt von Ihrer Aufgabenliste streichen.

Nehmen Sie sich mehr Zeit, als Sie tatsächlich benötigen

Ist es Ihnen schon einmal passiert, daß Sie an einem Projekt arbeiteten und keine Zeit mehr hatten, als Sie zum interessantesten Teil kamen, weil Sie zu einer Besprechung mußten? Und als Sie dann wieder in Ihr Büro kamen, fiel es Ihnen schwer, sich wieder in das Projekt einzuarbeiten. Das geht vielen von uns so, weil wir die Zeit schlecht einschätzen können. Meistens unterschätzen wir, wie lange wir an einem schwierigen Projekt sitzen werden, und andererseits überschätzen wir, wie lange man für ein leichtes braucht.

Bevor Sie eine Arbeit beginnen, überlegen Sie, wie lange Sie dafür brauchen werden, und rechnen noch einmal mindestens 50 Prozent dazu. (Wenn Sie glauben, es dauert z.B. eine Stunde, räumen Sie sich 90 Minuten ein; wenn es zwei Stunden sind, reservieren Sie drei Stunden.) So gehen Sie sicher, daß Sie immer genug Zeit haben, eine Sache auch wirklich zu Ende zu bringen.

Lösen Sie Probleme, bevor sie welche werden

Jemand sagte mir einmal, daß es drei verschiedene Arten von Problemen gibt:

- ✔ Probleme, die sich von selbst lösen
- ✔ Probleme, die warten können
- ✔ Probleme, die sofort bearbeitet werden müssen und Sie zwingen, alles stehen- und liegenzulassen

Als ich über seine Worte nachdachte, kam ich schließlich zu der Überzeugung, daß die meisten Probleme vermeidbar sind, wenn man seine Arbeit von Anfang an richtig angeht. Die kleinen Probleme, die schließlich zu GROSSEN werden, wären vielleicht gar nicht so GROSS geworden, wenn man sich um ihre Lösung bemüht hätte, als sie noch klein waren. Tatsächlich können sich völlig unbedeutende Angelegenheiten zu einem riesigen Problem entwickeln, wenn man sich nicht zum richtigen Zeitpunkt um sie kümmert.

Reservieren Sie sich immer etwas Zeit, um unerwartete Probleme lösen zu können

Ich habe einen Bekannten, der seinen Tag immer so plante, als ob nichts Unvorhergesehenes passieren könnte. Wenn dann irgend etwas schieflief, wurde er ganz aufgeregt und nervös und mußte alles stehen- und liegenlassen, um bei der Lösung dieses Problems zu helfen. Nachdem wir einmal darüber gesprochen hatten, kamen wir auf eine einmalige Idee: Plane unerwartete Probleme ein, und reserviere für die Lösung eine feste Zeit im Terminkalender.

Erledigen Sie die wichtigsten Arbeiten früh morgens, bevor die unvermeidbaren Brände aufflackern, dann können Sie den Rest des Tages mit dem Löschen dieser Brände verbringen. Wenn Sie Ihre tägliche Arbeit besser im Griff haben, werden Sie feststellen, daß es nicht mehr so häufig brennt, weil Sie all die kleinen Schwelbrände bereits gelöscht haben, bevor sie sich in ein riesiges Feuer verwandeln konnten.

Wo wir gerade beim Thema Feuer sind: Sie sollten nicht hinnehmen, daß Feuerlöschen ein Teil Ihrer täglichen Arbeit ist. Wenn Sie morgens mit der Erwartung ins Büro gehen, daß Sie einen großen Teil Ihrer Zeit wieder damit verbringen werden, Brände zu löschen, haben Sie ein Problem: Sie haben wahrscheinlich so oft Brände gelöscht, die von anderen gelegt wurden, daß Sie diese Tätigkeit nun für einen Teil Ihrer Arbeit halten.

Die Probleme anderer müssen nicht unbedingt Ihre Probleme werden. Nirgendwo steht, daß Sie alles stehen- und liegenlassen müssen, wenn jemand anderes ein Problem hat.

Also fragen Sie beim nächsten Mal, wenn jemand Sie um Hilfe bei einem Problem bittet, was er tun würde, wenn Sie im Urlaub – zum Beispiel in der Karibik (wäre doch nett, oder?) – und deshalb nicht erreichbar wären. Dann sagen Sie ihm, daß Sie selber sehr viel zu tun haben, und er selbst einen Weg finden müsse, um das Problem zu lösen. Vielleicht gelingt es Ihnen sogar, diese Ablehnung ähnlich taktvoll vorzubringen!

Halten Sie die Fristen ein

Hatten Sie früher auch Klassenkameraden, die nie in ein Buch geschaut haben, die aber dann, wenn eine Arbeit anstand, die ganze Nacht hindurch büffelten? Ich hatte einige Freunde, die ständig Nachtschichten einlegen mußten. Ich selbst versuchte es auch ein paar Mal, kam aber schließlich zu dem Schluß, daß es die Sache nicht wert war, deshalb meinen wertvollen Nachtschlaf zu opfern.

Auch in der Geschäftswelt gibt es Pendants zu diesen sogenannten »Nachtschichtlern«. Sie lassen eine Aufgabe ewig lange liegen, und wenn sie sie endlich in Angriff nehmen, ist es nicht erst fünf vor zwölf, sondern bereits eine Minute vor zwölf. Dann haben sie nicht einmal mehr Zeit, um ihre Arbeit auf orthographische und grammatikalische Fehler zu überprüfen.

Vielleicht ist die Arbeit dann sogar zufriedenstellend, in der Regel aber wird sie einiges zu wünschen übriglassen. Wenn diese Arbeitsweise nichts für Sie ist, schlage ich Ihnen eine bessere Methode vor, mit der Sie Ihre Arbeit bewältigen, Ihre Fristen einhalten und außerdem nachts gut schlafen können: Gehen Sie ein Projekt an, sobald man es Ihnen zuteilt. So können Sie es nach und nach fertigstellen und haben sogar noch Zeit, darüber nachzudenken, was Sie tun. Je mehr Zeit Sie investieren können, desto besser wird das Ergebnis sein.

Auch hier kann ACT! Ihnen helfen, Ihre Arbeit pünktlich zu erledigen. Mit ACT! können Sie Aufgaben und Projekte sofort einplanen, wenn Sie damit betraut werden. Dann können Sie mit der Arbeit beginnen, lange bevor Sie sich Sorgen wegen des Abgabetermins machen müssen. Nehmen Sie sich immer vor, ein hervorragendes Endprodukt und nicht nur einen großartigen ersten Entwurf abzuliefern.

Je mehr Zeit Sie vor dem eigentlichen Beginn der Arbeit mit dem Planen und Überdenken Ihrer Aufgabe verbringen, desto leichter wird sie Ihnen fallen.

Sehen Sie die Tagespost, eine E-Mail oder Voice-Mail nicht als willkommene Unterbrechung an

Die meisten Menschen brauchen eine Motivation, um ein Projekt anzugehen. Wenn sie dann aber einmal angefangen haben, kommen sie richtig in Schwung und vertiefen sich immer mehr in die Arbeit. Wenn man dann richtig »drin« ist, ist eine Unterbrechung das letzte, was man brauchen kann.

Just Do It! Aber fassen Sie sich kurz!

Abraham Lincoln sagte einmal: »Ich hätte lieber einen kürzeren Brief geschrieben, aber ich hatte nicht genug Zeit.« Es ist einfach, einen Brief, ein Memo, einen Bericht oder eine Präsentation zu schreiben, die 5, 10 oder 20 Seiten lang ist.

Es ist jedoch weitaus schwieriger und zeitaufwendiger, sich kurz zu fassen, etwas präzise auszudrücken und auf den Punkt zu bringen. Was glauben Sie, wieviel Monate es gedauert hatte, bevor der Slogan »Just Do It!« der Firma Nike stand?

Um etwas zu schreiben, umzuschreiben, zu redigieren und darüber nachzudenken, sollten Sie sich so viel Zeit wie möglich nehmen. Wenn Sie etwas geschrieben, danach anders formuliert und schließlich redigiert haben – zwei-, drei- oder sogar fünfmal – werden Sie schließlich an einen Punkt kommen, an dem Sie mit der Qualität Ihrer Arbeit zufrieden sein können.

Dann können Sie sich selbst auf die Schulter klopfen, sich zum gut gemachten Job gratulieren und anschließend zum nächsten Projekt übergehen.

Nehmen Sie das Eintreffen der täglichen Post, einer E-Mail- oder Voice-Mail-Nachricht nicht als Entschuldigung für eine Pause. Wenn Sie die Arbeit unterbrechen und aus dem Konzept kommen, verlieren Sie den Rhythmus und den Schwung, und werden feststellen, daß es doppelt so schwer ist, die Arbeit anschließend wieder aufzunehmen.

Lassen Sie also den Stift nicht fallen, wenn die Post kommt, die Signalleuchten des Telefons aufblinken oder Ihr Computer piepst. Ignorieren Sie die Unterbrechungen und arbeiten Sie weiter. Wenn Sie fertig sind, sehen Sie nach, welche neuen Dinge Ihrer Aufmerksamkeit bedürfen.

Wenn Sie Ihre Post und E-Mail durchsehen oder Ihre Mailbox abhören, stellen Sie fest, um was Sie sich sofort kümmern müssen. Notieren Sie diese Aufgaben auf Ihrer Master-Liste, damit sie nicht in Vergessenheit gerät. Um alles andere können Sie sich später kümmern.

Wenn Sie einen Brief öffnen, sollten Sie ihn nach der Lektüre nicht wieder zurück in den Umschlag stecken. Nehmen Sie die Blätter heraus, falten Sie sie auseinander, heften Sie die einzelnen Papiere zusammen und werfen Sie dann den Umschlag weg.

Wie man sich nach einem wunderbaren Urlaub wieder einarbeitet

Ich weiß nicht, wie es Ihnen geht, aber mein Schreibtisch sieht jedes Mal wie ein Schlachtfeld aus, wenn ich aus dem Urlaub oder von einer kurzen Dienstreise zurückkomme. Da stapeln sich Briefe, Memos, Berichte und Gesprächsnotizen mit der Bitte um Rückruf, und die Liste der Termine und Besprechungen ist zwei Seiten lang.

Ich will Ihnen deshalb an dieser Stelle ein paar Anregungen geben, wie Sie schnell wieder Ordnung in dieses Chaos bringen können.

- ✔ Bevor Sie Ihren Urlaub antreten, sollten Sie die Zeit nach Ihrer Rückkehr bereits planen. Reservieren Sie etwas Zeit in Ihrem Kalender, um sich zu organisieren.
- ✔ Versuchen Sie, den ersten Vormittag, den Sie wieder im Büro sind, freizuhalten. Denn wenn Sie wieder da sind, sollten Sie etwas Zeit ohne Unterbrechungen oder Telefonate haben, um die Stapel durchzugehen, die sich angesammelt haben und herauszufinden, was wichtig und was unwichtig ist.
- ✔ Wenn sich eine Aufgabe ergibt, notieren Sie sie auf Ihrer Master-Liste oder tragen Sie sie in die ACT!-Aufgabenliste ein.
- ✔ Wenn Sie etwas aufbewahren müssen, legen Sie es ab.
- ✔ Wenn Sie etwas nicht mehr brauchen, werfen Sie es weg!

So einfach ist das!

Planen Sie Ihre Besprechungen, Ihre Termine und Ihren Tag!

Ein Teil unserer täglichen Planungsarbeit, über den die meisten nicht genügend nachdenken, besteht darin, die richtige Zeit und den richtigen Ort für Besprechungen und Termine festzulegen. Daher möchte ich Ihnen ein paar Fragen stellen. Keine Sorge, es ist kein Quiz, Sie müssen Ihre Antworten nicht aufschreiben und mir zur Auswertung zuschicken. Sie sollten lediglich über die folgenden Fragen nachdenken – jeweils fünf oder zehn Sekunden lang.

- ✔ Wieviel Zeit brauchen Sie für die Planung Ihrer Termine?
- ✔ Wie lange denken Sie über die Anzahl der Termine nach, die Sie im Laufe eines normalen Tages vereinbaren?
- ✔ Wie lange denken Sie darüber nach, wo die Termine stattfinden?
- ✔ Wie lange denken Sie darüber nach, wieviel Zeit Sie brauchen, um von einem Termin zum nächsten zu gelangen?

Vielleicht denken Sie wie die meisten Menschen nicht sehr viel über diese Fragen nach. Manche Termine sind ja auch wirklich so schwer zu vereinbaren, daß Sie wahrscheinlich über jeden Termin überglücklich wären, auch wenn er während des Endspiels der Fußballweltmeisterschaft läge.

Aber wenn Sie nicht genug Zeit aufbringen, Ihre Termine gleich vernünftig einzuplanen, können Sie sehr leicht sehr viel Zeit verschwenden, weil Sie sie später wieder verschieben müssen. Und bevor Sie es merken, haben Sie die Kontrolle über Ihren Arbeitstag völlig verloren.

Vereinbaren Sie keine Termine für den frühen Morgen

Ich habe die Erfahrung gemacht, daß die meisten Menschen am besten früh morgens arbeiten. Sie strotzen dann vor Energie und können sich besonders gut konzentrieren.

Wenn das auch auf Sie zutrifft, sollten Sie sich die frühen Morgenstunden freihalten, um einen Teil der wichtigsten Arbeit zu erledigen. Besprechungen und Termine tragen Sie besser für eine spätere Tageszeit ein.

Wenn Sie Ihre produktivste Zeit am frühen Nachmittag, am frühen Abend, nach dem Abendessen oder mitten in der Nacht haben, sollten Sie sich diesen Zeitraum freihalten und Ihre Termine davor oder danach legen.

Versuchen Sie möglichst, keine Termine für 8.30 Uhr oder 9.15 Uhr zu vereinbaren. Wenn Sie gefragt werden, ob Sie zu dieser Zeit zu sprechen sind, antworten Sie, daß die Zeit äußerst ungünstig ist und schlagen Sie einen anderen Zeitpunkt später am Morgen oder am Nachmittag vor. In 99 Prozent aller Fälle wird der- oder diejenige einverstanden sein. Ich empfehle Ihnen, sich den Vormittag bis ca. 10.30 Uhr oder 11.00 Uhr freizuhalten.

Reservieren Sie die ersten zwei Stunden am Tag für sich selbst, und tragen Sie sie in Ihren Terminkalender ein.

Gönnen Sie sich zwischen den Terminen eine Verschnaufpause

Hatten Sie schon mal einen Termin bei Ihrem Arzt und mußten feststellen, daß sich die Termine um zwei Stunden verschoben haben? Das ist mir schon oft passiert, deshalb lasse ich mir jetzt immer den ersten Termin am Morgen geben, damit ich der erste Patient bin.

Sie sollten es sich außerdem zur Gewohnheit machen, kurz vor dem Termin in der Praxis nachzufragen, ob der Doktor seine Termine einhalten kann oder nicht. Auf diese Weise verschwenden Sie weniger Zeit im Wartezimmer.

Hoppala! Irgendwie bin ich vom Thema abgekommen, aber da ich ja der Autor bin, kann ich mir das erlauben. Lassen Sie uns aber zum eigentlichen Thema zurückkehren: Sie sollten niemals so viele Termine vereinbaren, daß, wenn der erste schon länger dauert als vorgesehen, sich die nachfolgenden ebenfalls verzögern und Ihr gesamter Tagesablauf schließlich völlig durcheinander gerät.

Lassen Sie uns mit einer Grundvoraussetzung anfangen: Sie werden am ehesten von Ihrem Zeitplan abkommen, wenn Sie Ihre Termine direkt aufeinander folgen lassen. Gehen Sie statt dessen immer davon aus, daß eine Besprechung später als geplant anfängt und länger dauert als vorgesehen.

Wie oft ist Ihnen das schon passiert? Eine Besprechung sollte um 9.30 Uhr anfangen und um 10.00 Uhr aufhören, sie begann aber erst um 9.45 Uhr und dauerte bis 10.25 Uhr. Einmal? Zweimal? Oder passiert Ihnen das regelmäßig mehrmals am Tag?

Wenn das bei der Besprechung um 9.30 Uhr einmal passiert, ist das noch nicht so tragisch. Was aber passiert, wenn auch alle folgenden Besprechungen sich verschieben? Und wie werden dann wohl die Gespräche mit den Leuten verlaufen, die Sie am Empfang ewig lange haben warten lassen?

Gehen Sie bei der Planung Ihres Tagesablaufs davon aus, daß jede Besprechung etwa um die Hälfte länger dauert als vorgesehen. Tragen Sie diese Zeit in Ihren Terminkalender ein.

- ✔ Planen Sie für eine 30minütige Besprechung 45 Minuten ein.
- ✔ Für eine einstündige Besprechung sollten Sie 90 Minuten reservieren.

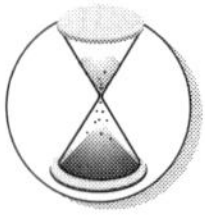

Lassen Sie sich zwischen den Besprechungen ungefähr 15 Minuten Zeit. Dann haben Sie wenigstens eine kurze Pause, um vor der nächsten Besprechung kurz zu verschnaufen, einige Rückrufe zu tätigen oder die Post durchzusehen – falls die erste Besprechung pünktlich endet. Falls nicht, können Sie immerhin zur nächsten Besprechung pünktlich erscheinen.

Versuchen Sie, mehrere Termine zu verbinden

Ich habe einen Bekannten, bei dem das Ergebnis seiner Terminplanung folgendermaßen aussieht: Er kommt ins Büro, fährt zu einem Termin, kommt zurück, kurze Zeit später fährt er zur nächsten Besprechung. Wenn er zurückkommt, setzt er sich an den Schreibtisch, liest die Post kurz durch, erledigt einige Rückrufe und verläßt dann das Büro für den dritten Termin. Anscheinend ist ihm nie bewußt geworden, daß er mit den Fahrten zu den verschiedenen Terminen sehr viel Zeit verschwendet.

Wenn Sie Zeit gewinnen wollen, suchen Sie nach Möglichkeiten, wie Sie die durch das Hin- und Herfahren verschwendete Zeit sinnvoller nutzen können. Ich nenne das Addition durch Subtraktion.

Wenn Sie Termine außerhalb Ihres Büros wahrnehmen müssen, sollten Sie immer versuchen, mehrere Termine zu verbinden, um Ihre Zeit nicht dadurch zu verschwenden, daß Sie von einem Termin wieder zurück ins Büro und dann weiter zum nächsten fahren. Vielleicht können Sie einen Termin auch so legen, daß sie ihn auf dem Weg ins Büro oder auf dem Heimweg am Abend wahrnehmen können.

Berücksichtigen Sie bei Ihrer Terminplanung die längere Fahrtzeit, wenn Sie durch Gebiete mit hoher Verkehrsbelastung oder vielen Baustellen fahren müssen.

Auch hier kann Ihnen ACT! helfen, Ihre Zeit effektiver zu nutzen. Mit der Suchfunktion von ACT! können Sie Personen mit dem Wohnort, der Postleitzahl oder der Telefonnummer als Suchkriterium herausfiltern. Wenn Sie zum Beispiel einen Termin in einer anderen Stadt wahrnehmen müssen, suchen Sie in der ACT!-Datenbank, ob Sie sonst jemand in der Gegend kennen, der für einen Besuch in Frage käme. Je weiter weg Ihr Termin liegt, desto mehr Termine sollten Sie an diesem Ort wahrnehmen.

ACT! hilft mir bei der Vereinbarung meiner außerstädtischen Termine

ACT! unterstützt auch mich bei der Planung von Besprechungen in anderen Städten. Vor einiger Zeit sollte ich geschäftlich nach Los Angeles reisen. Nachdem ich den Haupttermin vereinbart hatte, sah ich nach, wen ich sonst noch in der Stadt kannte und vereinbarte weitere Termine. Nachdem ich alle Termine geplant hatte, buchte ich den Flug und das Hotelzimmer.

Wenn Zeit Geld ist, warum verbringen Sie dann soviel Zeit im Straßenverkehr?

Haben Sie einmal darüber nachgedacht, wieviel Zeit Sie in Ihrem Auto verbringen? (Ich weiß, einige von Ihnen fahren mit öffentlichen Verkehrsmitteln zur Arbeit. Aber auch dafür gelten die folgenden Anmerkungen.) Sie fahren morgens zur Arbeit und abends wieder nach Hause. Und wenn Sie im Laufe des Tages mit dem Auto noch anderswohin fahren, verschwenden Sie noch mehr Zeit im Straßenverkehr.

Fahrtzeitanalyse

	Montag	Dienstag	Mittwoch	Donnerstag	Freitag	Fahrzeit gesamt
Abfahrtszeit zu Hause						
Ankunftszeit im Büro						
Fahrzeit						
Abfahrtszeit im Büro						
Ankunftszeit zu Hause						
Fahrzeit						
Fahrzeit gesamt pro Woche						

Abbildung 6.2: Formular zur Fahrtzeitanalyse

Wenn Sie mehrere Stunden pro Tag im Auto sitzen, kostet Sie das mehr Zeit und Geld, als Sie denken. Ich weiß, daß Sie einige Telefonate oder Rückrufe vom Auto aus erledigen können. Vielleicht haben Sie sogar ein Fax im Auto. Aber die Arbeit am Steuer Ihres Wagens zu improvisieren ist nicht dasselbe wie die Arbeit vom Schreibtisch aus zu erledigen.

Bevor Sie weiterlesen, sollten Sie sich ein paar Kopien der Fahrtzeitanalyse (Abbildung 6.1) machen und einmal feststellen, auf wie viele Stunden Fahrtzeit Sie in zwei Wochen kommen. Vielleicht stellen Sie fest, daß Sie viel mehr Zeit damit verbringen, von Ihrer Arbeitsstelle und wieder nach Hause zu fahren, als Sie gedacht haben.

Wenn Sie diese Informationen gesammelt haben, sollten Sie versuchen, zu einer anderen Zeit von zu Hause loszufahren oder das Büro zu einer anderen Zeit am Abend zu verlassen. Anders ausgedrückt: Wieviel Fahrtzeit könnten Sie sparen, wenn Sie morgens eine halbe Stunde früher oder später aus dem Hause und abends früher oder später aus dem Büro gehen? Wieviel Zeit könnten Sie sparen, wenn Sie diese beiden Termine um eine ganze Stunde verschieben?

Ich möchte Sie nicht dazu anhalten, länger als nötig im Büro zu bleiben, aber wenn die Zeitersparnis groß genug ist, können Sie vielleicht mit Ihrem Arbeitgeber eine Vereinbarung treffen und Anfang und Ende Ihrer Arbeitszeit verlegen. Wenn Sie nämlich morgens früher (oder später) und abends früher (oder später) losfahren und damit den Berufsverkehr umgehen, könnten Sie die im Auto verschwendete Zeit in produktive Arbeitszeit umwandeln.

Ich war die Fahrerei leid und kündigte!

Als ich Mitte der Siebziger Jahre noch im Chicagoer Vorort Evanston wohnte, stellte ich einmal fest, daß ich die Fahrtzeit ins Büro von fast einer Stunde auf 25 Minuten reduzieren konnte, wenn ich bereits kurz vor 7.00 Uhr aus dem Haus ging. Aber da mir mit der Zeit die Fahrerei immer mehr auf die Nerven ging, zog ich in die Stadt und verkürzte die Fahrtzeit dadurch auf weniger als 15 Minuten. Schließlich entschloß ich mich, die Fahrtzeit ganz einzusparen und arbeitete von zu Hause aus.

Wenn Sie sich einmal die Zeit nehmen zu analysieren, wieviel Zeit Sie für den Weg zum Büro und wieder nach Hause brauchen, sollten Sie auch darüber nachdenken, wieviel Zeit Sie aufwenden, um von einem Termin zum nächsten zu fahren. Immer wenn Sie einen Termin vereinbaren, sollten Sie überlegen, ob Sie dieses Treffen mit anderen Besuchen oder Terminen verbinden können. Gleichzeitig sollten Sie versuchen, einen Termin an den Anfang oder ans Ende des Tages zu legen, damit Sie ihn auf der Hin- oder Rückfahrt zum beziehungsweise vom Arbeitsplatz wahrnehmen können.

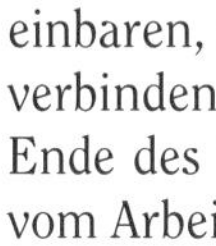

Das nächste Mal, wenn Sie einen Termin vereinbaren, bitten Sie die Person, in Ihr Büro zu kommen, damit Sie sich die Fahrtzeit sparen können. Wenn dies nicht möglich ist, könnten Sie sich vielleicht irgendwo in der Mitte treffen, und somit die Gesamtfahrtzeit zumindest reduzieren.

Wieviel kostet der Unterhalt eines Autos?

Die Zeit, die Sie für die Fahrten zum Büro oder zu Besuchen und Terminen aufbringen, ist eine Sache. Was aber kostet der Unterhalt des eigenen Auto? Wenn Sie die Kosten für die Kfz-Versicherung, Benzin, Öl, regelmäßige Wartung und Pflege zusammenrechnen, kommen Sie alles in allem auf mehr als 70 Pfennig pro Kilometer.

Kosten der jährlich gefahrenen Kilometer		
Gefahrene km gesamt	Kosten je km	Gesamtkosten Kfz
15.000	0,35 DM	5.250,00 DM
15.000	0,52 DM	7.800,00 DM
15.000	0,70 DM	10.500,00 DM
20.000	0,35 DM	7.000,00 DM
20.000	0,52 DM	10.400,00 DM
20.000	0,70 DM	14.000,00 DM

Abbildung 6.3: Kosten der jährlich gefahrenen Kilometer

Ich denke, Sie sollten wissen, wie teuer der Unterhalt Ihres Autos ist. Die anspruchsvollen mathematischen Berechnungen für die Kostenaufstellung der jährlich gefahrenen Kilometer (Abbildung 6.2) habe ich mit meinem supertollen Tabellenkalkulationsprogramm erledigt. Ich brauchte nur 4 Stunden für die Entwicklung der komplexen Formeln. Toll, nicht wahr? (Ich hätte ja lieber meinen Taschenrechner benutzt, aber meine Tochter hatte damit gespielt, und ich konnte ihn nicht mehr finden.)

In der Jahreskostenaufstellung Kfz (Abbildung 6.3) habe ich die größten Posten aufgeführt, die von den meisten Menschen für den Unterhalt eines Auto aufgewendet werden müssen. Füllen Sie dieses Formular bitte selber aus.

Nehmen Sie sich kurz die Zeit, und addieren Sie alle Unterhaltskosten für Ihr Kfz und dividieren diese dann durch die Summe der jährlich gefahrenen Kilometer. Wenn Sie in der Lage sind, diese Unterhaltskosten zu senken, haben Sie mehr Geld zur freien Verfügung.

Jährliche Kfz-Aufwendungen	
Autoversicherung	DM
Benzin/Diesel	DM
Öl	DM
Regelmäßige Wartung	DM
Unfälle	DM
Verschiedene Kfz-Aufwendungen	DM
Wertminderung/Abschreibung	DM
Jährlicher Aufwand gesamt	DM

Abbildung 6.4: Jahreskostenaufstellung Kfz

Vermeiden Sie nach Möglichkeit lange Reisen

Es ist ziemlich einfach, wertvolle Zeit im Straßenverkehr zu verschwenden. Noch leichter aber kann man Stunden und sogar Tage im Flugzeug vergeuden. Wie viele Leute haben Sie schon getroffen, die damit prahlten, wieviel sie fliegen müssen. Sie kommen sich wichtig vor, weil sie 250.000, 500.000 oder sogar 1.000.000 Kilometer jährlich zurücklegen. Offensichtlich meinen sie, die Anzahl der zurückgelegten Kilometer sei ein Maßstab für ihre Energie, Entschlossenheit und ihren Erfolg, und übersehen dabei ganz die Zeitverschwendung.

Ich weiß, daß sich mit Hilfe von Laptops und Handys viele Dinge erledigen lassen, aber Sie können im Flugzeug oder in einem Hotelzimmer bestimmt nicht so effizient arbeiten wie im Büro. Heutzutage gibt es viele andere Kommunikationsmittel, die man nutzen kann, bevor man in ein Flugzeug steigen muß, um jemanden persönlich zu besuchen.

- ✔ Versuchen Sie es also zuerst mal mit dem Telefon. Sicherlich können Sie in einem oder mehreren Gesprächen schon viel klären und müssen sich nicht gleich ins nächste Flugzeug setzen.
- ✔ Sie können Briefe per Fax, Kurier oder E-Mail schicken. Wenn diese Nachrichten den Empfänger erreicht haben, können Sie sie am Telefon besprechen.
- ✔ Sie können sich sogar eine Videokonferenz schalten lassen und so persönlich mit der anderen Person sprechen.

Wenn Sie das alles getan haben und ein Direktgespräch immer noch für unumgänglich halten, können Sie sich immer noch ins Flugzeug setzen und hinfliegen.

Wenn Sie die Zeit analysieren, die Sie für Geschäftsreisen verwenden, sollten Sie neben den offensichtlichen auch die *versteckten* Kosten beachten. Zu den offensichtlichen Kosten zählen

- das Flugticket
- die Taxikosten für die Fahrt zum und vom Flughafen
- die Verpflegung und das Hotelzimmer

Zu den versteckten Kosten gehört der zeitliche Aufwand. Sie sind nicht nur eine ganze Weile nicht im Büro, sondern verschwenden auch noch eine Unmenge Zeit im Verkehr, um zum Flughafen zu fahren und wieder zurück – sowohl in Ihrer Heimatstadt als auch in der Stadt, in der die Besprechung stattfindet. Und Sie verschwenden viel Zeit am Flughafen, wenn Sie auf den Start warten.

Zwei Stunden Wartezeit für einen 30minütigen Flug

Eines Tages mußte ich geschäftlich nach Indianapolis fliegen. Ich brauchte 45 Minuten, um zum Flughafen zu kommen, wartete dort 20 Minuten, bevor ich an Bord gehen konnte, weitere 20 Minuten bevor das Flugzeug das Gate verließ, und weitere 15 Minuten bevor es zum Start ansetzte. In Indianapolis brauchte ich 35 Minuten zum Hotel. Insgesamt habe ich also mehr als 2 Stunden im Taxi und mit Warten verbracht und war 30 Minuten in der Luft.

Verschwenden Sie Ihre kostbare Zeit nicht mit Botengängen

Wo wir beim Thema »Zeitverschwendung« sind: Versuchen Sie, Ihre kostbare Zeit nicht mit Botengängen zu verschwenden. Anstatt mehrere Stunden zu verplempern, um einem Kunden etwas zu bringen, lassen Sie es per Taxi oder Kurierdienst dorthin transportieren. Sie sparen Zeit, indem Sie sie nicht verschwenden und können im Büro weiterarbeiten: Addition durch Subtraktion.

Ich weiß nicht, wie es Ihnen geht, aber ich hasse es, diese Auftragsformulare für die Übernacht-Kurierdienste auszufüllen. Daher hier mein Zeitspartip: Lassen Sie sich diese Formulare als Vordrucke erstellen. Sie können nicht nur Ihren Namen, Adresse und Telefonnummer eindrucken lassen, sondern auch Name, Adresse, Telefonnummer des Empfängers. Rufen Sie einfach mal einen Kurierdienst wie beispielsweise UPS oder DPD an.

So bekommen Sie Ihre Geschäftstermine in den Griff

7

In diesem Kapitel

- So bereiten Sie Besprechungen vor
- So organisieren Sie Ihre Meetings
- So machen Sie das Beste aus einem geschäftlichen Treffen

Tag für Tag haben wir jede Menge Besprechungen und Termine: interne Verkaufs- oder Mitarbeiterbesprechungen, kurze Besprechungen mit dem Chef, mit Kollegen oder Mitarbeitern. Dazu kommen noch die Besprechungen mit Personen, die nicht unserer Firma angehören. Diese Besprechungen können in unserem Büro stattfinden, im Büro des Gesprächspartners oder an einem neutralen Ort, wie z.B. in einem Restaurant zum Frühstück, zum Mittagessen oder zum Abendessen.

Egal, mit wem Sie sich zu einer Besprechung zusammensetzen – Sie sollen immer einen starken ersten Eindruck hinterlassen und die Ziele erreichen, die Sie sich für die betreffende Besprechung vorgenommen haben. In diesem Kapitel zeige ich Ihnen, wie Sie mit der richtigen Vorbereitung, einem gelungenen Start und einer geschickten Gesprächsführung eine Menge Zeit sparen können.

Was Sie zu einer Besprechung mitbringen sollten

Haben Sie jemals eine geschäftliche Besprechung gehabt, bei der Ihr Gesprächspartner weder einen Stift noch ein Blatt Papier dabei hatte, um etwas zu notieren? Ich bin immer wieder überrascht, wie unvorbereitet manche Leute in eine Besprechung gehen. Was aber noch schlimmer ist: Ist es nicht erstaunlich, daß nach vielen Besprechungen niemand sagen kann, was man mit dem Treffen eigentlich erreicht hat?

Hier eine Liste mit den Dingen, die Sie immer mitbringen sollten, wenn Sie in eine Besprechung gehen:

- ✔ Einen Stift
- ✔ Einen Schreibblock

- ✔ Ihren Terminkalender. Wenn Sie einen computergestützten Kalender führen, nehmen Sie immer einen Ausdruck Ihrer für die nächsten vier Wochen geplanten Aktivitäten mit.
- ✔ Visitenkarten. Sie wissen nie, wem Sie begegnen: einem potentiellen Kunden oder Mandanten oder sonst jemandem, der für Ihre weitere berufliche Karriere wichtig sein kann.

Denken Sie daran, immer einen kleinen Stift in Ihrer Tasche oder Handtasche und einige Visitenkarten in Ihrer Brieftasche zu haben! Damit haben Sie schon alles, um sich bei Bedarf etwas notieren zu können.

Kleiden Sie sich angemessen

Oft werde ich gefragt, wie man sich im Büro oder bei Geschäftsterminen kleiden sollte. Die Antwort ist einfach: Ihre Kleiderwahl sollte der geschäftlichen Umgebung angemessen sein. Wenn Sie in einer Werbeagentur arbeiten, kann die Kleidung ziemlich salopp sein, z.B. Jeans und T-Shirt.

Wenn Sie bei IBM arbeiten oder bei einer großen Bank, müssen Sie einen dunkelblauen Anzug, ein weißes Hemd mit Krawatte und schwarze Schuhe tragen. Knallrote Hosenträger wären bei einer Investmentbank angemessen, nicht jedoch bei IBM.

Wenn Sie sich mit einem Gesprächspartner treffen, der nicht Ihrer Firma angehört, sollten Sie sich in puncto Garderobe auf ihn einstellen. Trägt man einen Anzug, sollten Sie auch einen tragen, trägt man saloppe Kleidung, ist das auch für Sie okay.

Aber egal, was Sie gewählt haben – Sie sollten immer so gut wie möglich aussehen. Ihre Anzüge sollten frisch gebügelt, die Hemden gestärkt und die Schuhe frisch geputzt sein. Ihre Fingernägel sollten immer sauber und gepflegt, die Frisur ordentlich sein. Was Sie an Schmuck tragen, ist Ihre persönliche Sache, aber meisten gilt: je weniger, desto besser.

Haben Sie im Aufzug schon einmal neben jemandem gestanden, dessen Parfum oder Duftwasser etwas zu stark war? Ein starker Duft ist vielleicht bei gesellschaftlichen Anlässen angebracht, im Geschäftsleben jedoch sollte der Duft Ihres Parfums nicht vor Ihnen ankommen. Ich persönlich finde, daß es immer besser ist, eher weniger Duft aufzutragen. Unter Duft verstehe ich alles – von Parfum und Eau de Cologne bis hin zum parfümierten Deodorant.

Wo wir gerade beim Thema Duft sind: Sie sollten auch darauf achten, was Sie essen. Ich weiß, daß Zwiebeln und Knoblauch sehr beliebt sind. Bei einer Geschäftsbesprechung jedoch versuchen Sie, den Gesprächspartner auf Ihre Seite zu ziehen. Aber wer will Ihnen schon näherkommen, wenn Sie nach Knoblauch riechen.

Zu guter Letzt sollten Sie beachten, daß Geschäft und Politik nicht zusammenpassen. Wenn Sie eine geschäftliche Verabredung haben, halten Sie sich mit persönlichen Ansichten und

Überzeugungen zurück. Vermeiden Sie jegliche Accessoires, die Ihren religiösen Glauben, politische und soziale Überzeugungen oder die Zugehörigkeit zu anderen Organisationen zu erkennen geben.

Ich könnte schwören, daß ich es in meine Aktentasche gelegt habe...

Ich kannte mal einen Mann, der Besprechungen gerne am frühen Morgen ansetzte. Leider vergaß er aber sehr oft, noch einmal in seine Aktentasche zu schauen, bevor er tags zuvor das Büro verließ. Es ließ sich also nicht vermeiden, daß er vor jeder Besprechung noch einmal ins Büro fahren mußte, um seine vergessenen Unterlagen zu holen. Ihm wurde eigentlich nie recht klar, warum er immer müde war und reichlich mitgenommen aussah.

Überprüfen Sie den Inhalt Ihres Aktenkoffers, bevor Sie das Büro verlassen

Ich weiß, daß es vielleicht dumm klingt, aber Sie sollten immer den Inhalt Ihres Aktenkoffers überprüfen, bevor Sie das Büro für eine Besprechung oder einen Termin verlassen. Sie möchten sicher nicht in einer Besprechung feststellen, daß Sie Unterlagen, eine Akte, einen Vordruck oder andere Informationen auf Ihrem Schreibtisch liegengelassen haben. Das ist besonders wichtig, wenn Sie einen Termin sehr früh am Morgen vereinbart haben. Sie haben wahrscheinlich vorher keine Zeit, noch einmal ins Büro zu fahren. Vergewissern Sie sich, daß Sie alles Nötige in Ihrem Aktenkoffer haben, bevor Sie am Tag zuvor das Büro verlassen.

Lassen Sie sich Ihre Termine vorher bestätigen

Als ich meine ersten Geschäftstermine vereinbarte, habe ich sie teilweise Tage oder Wochen vorher abgemacht und bin dann zum vereinbarten Zeitpunkt am vereinbarten Ort erschienen. Es gab nur ein Problem. Manchmal wurde die Person, die ich treffen wollte, durch etwas aufgehalten und konnte mich nicht sehen, manchmal kam ich im Büro an und erfuhr, daß der- oder diejenige den ganzen Tag außer Haus war, und das Schlimmste, das mir passierte, war, daß mein Gesprächspartner den Termin gar nicht in seinen Terminkalender eingetragen hatte. Dies nur Zeit- und Geldverschwendung zu nennen ist glatt untertrieben!

Ich habe meine Lektion gelernt – leider auf die harte Tour. Lassen Sie sich Ihren Termin immer bestätigen, bevor Sie das Büro verlassen. Wahrscheinlich ist es Ihnen nicht bewußt, aber fast 50 Prozent Ihrer Termine werden verschoben.

In der heutigen schnellebigen und hektischen Geschäftswelt kann einfach kurzfristig zu viel dazwischenkommen, was einen Termin umwirft. Wenn Sie sich aber kurz vorher den Termin telefonisch noch einmal bestätigen lassen, gerät Ihre Tagesplanung nicht völlig durcheinander, wenn Sie sich mit dem gewünschten Gesprächspartner nicht treffen können. Hier einige Tips zur Bestätigung von Terminen:

- ✔ Bestätigen Sie den Termin immer mindestens einen Tag vorher.
- ✔ Wenn Sie eine längere Strecke zum Verabredungsort fahren müssen, sollten Sie am Morgen anrufen, um sicherzugehen, daß nichts Unerwartetes dazwischengekommen ist.
- ✔ Wenn Sie einen Termin am frühen Montagmorgen haben, lassen Sie sich immer die Privatnummer Ihres Gesprächspartners geben, und teilen Sie ihm Ihre mit. Sollte in letzer Minute noch etwas dazwischenkommen, haben Sie beide die Möglichkeit, den anderen zu erreichen.
- ✔ Wenn Sie außerhalb der Stadt eine Besprechung haben, rufen Sie am besten einige Tage vorher und ein weiteres Mal an dem Tag an, an dem Sie losfahren.

Einer meiner Kollegen setzte sich einmal ins Flugzeug, um einen Kunden in New York zu treffen. Als er dort im Büro eintraf, erfuhr er, daß der Kunde tags zuvor unerwartet wegen einer dringenden Angelegenheit wegfahren mußte. Mein Kollege hatte sich leider den Termin nicht bestätigen lassen, und die ganze Reise war eine einzige Zeit- und Geldverschwendung.

Wenn Sie einen Termin vereinbaren, buchstabieren Sie dem Gesprächspartner Ihren Namen. Bitten Sie ihn anschließend, Ihre Telefonnummer zu notieren. Daran könnten Sie noch folgende Erklärung anschließen: »Ich gebe Ihnen meine Telefonnummer, damit Sie mich informieren können, falls etwas Unerwartetes dazwischenkommt.« Das dient zwei Zwecken: Es zwingt erstens die Person, Ihren Namen zu notieren (es gibt tatsächlich Leute, die Termine vereinbaren, ohne sie zu notieren), und zweitens weiß die Person, daß Sie sehr gewissenhaft mit Ihrer Zeit umgehen, wenn Sie sie bitten, Bescheid zu geben, falls es ein Problem gibt.

Versuchen Sie, pünktlich zu sein

Wenn Sie Ihre Besprechung sorgfältig vorbereitet und einen oder zwei Tage vorher bestätigt haben, sollten Sie möglichst pünktlich zum Termin erscheinen. Pünktlichkeit macht immer einen guten Eindruck, auch wenn Sie dann ein paar Minuten in der Empfangshalle warten müssen, bis die Person, die Sie treffen wollen, ein Telefonat oder eine andere Besprechung zu Ende geführt hat. Es zeigt nicht nur, daß Sie Ihren Job ernst nehmen und Geschäftliches besprechen möchten, sondern auch, daß Sie die Zeit des anderen respektieren.

Damit Sie auf jeden Fall pünktlich sind, sollten Sie versuchen, zu jedem Termin mindestens fünf oder zehn Minuten früher zu erscheinen. Sie werden feststellen, daß sich so die Wahrscheinlichkeit, wirklich pünktlich zu sein, entschieden erhöht.

Sie können auch Ihre Uhr fünf oder sieben Minuten vor stellen. Auf diese Weise haben Sie immer einen Puffer von einigen Minuten. Ich glaube, daß es im Geschäftsleben auf jeden Fall besser ist, ein paar Minuten zu warten, wenn man zu früh ist, als den anderen warten zu lassen, wenn man sich verspätet.

Geben Sie Bescheid, wenn Sie sich verspäten

Haben Sie schon einmal in einer Besprechung gesessen, die einfach nicht enden wollte, und sind schließlich 30 oder 60 Minuten zu spät zu Ihrer nächsten Besprechung erschienen? Ja, es passiert immer wieder: Besprechungen dauern länger als geplant, oder Sie werden am Telefon aufgehalten und können nicht weg. Wenn das passiert, sollten Sie die Person, die Sie treffen wollen, anrufen und Bescheid geben, daß Sie sich verspäten werden.

Bei diesem Anruf sollten Sie zwei Fragen stellen: »Haben Sie noch genug Zeit für unser Gespräch, wenn ich später komme?« und wenn die Antwort »Ja« lautet, sagen Sie, daß Sie sofort losfahren. Wenn die Person keine Zeit mehr hat, könnten Sie zum Beispiel fragen: »Wenn Sie für heute nachmittag bereits ausgebucht sind, haben Sie vielleicht morgen vormittag Zeit. Oder würde es Ihnen am Nachmittag besser passen?«

Mit diesem Anruf erreichen Sie zweierlei:

- ✔ Erstens wird Ihr Gesprächspartner bestimmt für den Anruf dankbar sein, da er ihm zeigt, daß Sie seine Zeit respektieren.
- ✔ Und zweitens vermeiden Sie, in eine Besprechung zu hetzen, die letzten Endes doch nicht stattfindet.

Wenn Sie mit einem Telefongespräch die Fahrt zu einer Besprechung ersetzen können, können Sie die ansonsten in einem Vorzimmer oder Empfangsraum verschwendete Zeit in Ihrem Büro produktiv nutzen.

Wenn Sie versuchen, einen Termin mit jemanden zu vereinbaren, schlagen Sie immer zwei Alternativen vor. »Wäre Ihnen Dienstag um 10.00 Uhr recht oder lieber Mittwoch nachmittag?« Somit lautet die Frage nicht mehr: »Möchten Sie einen Termin vereinbaren?« sondern: »Für wann möchten Sie einen Termin vereinbaren?«

Machen Sie das Beste aus der Wartezeit

Wenn Sie einige Minuten im Vorzimmer warten müssen, sollten Sie die Zeit sinnvoll nutzen. Sie können Ihre Unterlagen noch einmal durchsehen, oder Sie lesen etwas – Zeitungen, Zeitschriften, Fachzeitschriften, oder all die Memos und Berichte, die sich auf Ihrem Schreibtisch angesammelt haben.

Wenn Sie unterwegs sind, nutzen Sie die Zeit auf dem Flughafen oder im Flugzeug, um Ihre Spesenabrechnung zu aktualisieren, Memos zu verfassen, Briefe zu schreiben, Pläne zu bearbeiten oder lediglich Ihre Fachliteratur abzuarbeiten. Viele Leute beklagen sich, daß sie zu wenig Zeit hätten, um alles zu schaffen. Wenn man aber versucht, auch kurze Perioden mit sinnvollen Beschäftigungen auszufüllen, kann man eine Menge ansonsten ungenutzter und unproduktiver Zeit in profitable Zeit umwandeln.

Es fängt mit einem Lächeln und einem Händedruck an

Wenn Sie ein Treffen mit Ihrem Chef oder einem Kollegen haben, beginnt die Besprechung eigentlich schon in dem Moment, in dem Sie Ihren Schreibtisch verlassen und sich auf den Weg zu der Besprechung machen. Sie sollten pünktlich sein und das Besprechungszimmer mit einem freundlichen und herzlichen Lächeln betreten.

Ein Lächeln hinterläßt einen guten ersten Eindruck.

Wenn die Besprechung außerhalb des eigenen Hauses stattfindet, beginnt sie bereits in dem Moment, in dem Sie das Gebäude der anderen Firma betreten. Woher wollen Sie wissen, ob die Person im Aufzug nicht vielleicht der Vorstandsvorsitzende oder Eigentümer des Unternehmens oder vielleicht die Person ist, mit der Sie verabredet sind?

Da Sie für den ersten Eindruck niemals eine zweite Chance haben und der erste Eindruck meistens dauerhaft ist, sollten Sie Ihr Bestes versuchen, auf jeden, der Ihnen begegnet, freundlich und aufgeschlossen zu wirken. Das schließt den Pförtner, die Sekretärin oder Assistentin Ihres Gesprächspartners und jeden anderen ein, dem Sie in der Eingangshalle begegnen. Zeigen Sie ruhig jedem, wie freundlich und umgänglich Sie sein können.

Wenn Sie in ein Büro kommen und die Sekretärin oder die Dame am Empfang begrüßen, versuchen Sie, dabei zu lächeln. Ein Lächeln verleiht Ihrer Stimme etwas Warmes. Ziehen Sie diese Person auf Ihre Seite, und machen Sie sie zu Ihrem Freund.

Mit wem spreche ich bitte?

Mit ACT! haben Sie die Möglichkeit, die Namen von Sekretärinnen oder Assistentinnen und den Damen in der Telefonvermittlung zu speichern. Wenn Sie Ihren Gesprächspartner dann irgendwann einmal besuchen, können Sie die Sekretärin mit einem freundlichen »Sind Sie nicht Frau ... ?« begrüßen. Stellen Sie sich anschließend vor, und erklären Sie, daß Sie schon oft am Telefon miteinander gesprochen haben. Das macht einen sehr freundlichen, nachhaltigen Eindruck.

Möchten Sie gerne mit einem Miesepeter zusammenarbeiten oder Geschäfte abschließen? Ich jedenfalls nicht! Und ich denke, Sie auch nicht. Wir arbeiten alle lieber mit freundlichen, netten Menschen zusammen. Aber auch wenn der Gesprächspartner ein Muffel ist, müssen Sie nicht auch muffelig sein.

Wir sollten uns statt dessen bemühen, bei allen, mit denen wir zu tun haben, einen guten Eindruck zu machen. Das beginnt mit einem Lächeln, einem freundlichen Augenzwinkern, einem warmen, festen Händedruck, wenn Sie sich mit den Worten »Ich freue mich, Sie kennenzulernen« oder »Es freut mich, Sie wiederzusehen« vorstellen.

Wenn Sie einen Aktenkoffer tragen, halten Sie ihn in der linken Hand, so daß Sie bei der Begrüßung die rechte Hand frei haben. Außerdem bleibt so die rechte Hand trockener. Niemand schüttelt gerne eine feuchte, verschwitzte Hand.

Wo Sie in einer Besprechung sitzen sollten

Vielleicht ist es Ihnen noch nie so recht bewußt geworden, aber die Wahl des Sitzplatzes in einer Besprechung kann einen erheblichen Einfluß auf deren Ausgang haben. Stellen Sie sich einmal vor, Sie treffen sich mit einem Kunden in seinem Büro. Wahrscheinlich stehen zwei Stühle vor dem Schreibtisch, und man geht automatisch davon aus, daß Sie auf einem der beiden Stühle Platz nehmen und Ihr Gesprächspartner an seinem Platz hinter dem Schreibtisch.

Wenn Sie diese Sitzordnung akzeptieren, gibt es eine Barriere, die Sie trennt und während des Gesprächs hinderlich sein kann, nämlich den Schreibtisch zwischen Ihnen beiden. Der ganze Zweck einer Besprechung besteht aber gerade darin, Grenzen und Hürden zwischen den Gesprächspartnern aus dem Weg zu schaffen. Wenn Sie neben dem Gesprächspartner anstatt ihm gegenüber sitzen, können Sie die Unterhaltung und damit die ganze Besprechung viel besser steuern und beeinflussen.

Außerdem müssen Sie sich bei dieser Sitzordnung nicht den Hals verrenken, wenn Sie die Unterlagen, die Sie dem Gesprächspartner vorlegen, auch anschauen wollen.

Es kann jedoch unter Umständen etwas schwierig sein, Ihren Stuhl auf die andere Seite des Schreibtisches zu bekommen. Wenn Sie es aber einige Male probiert haben, ist es eigentlich ganz einfach. Was sollte Ihr Gesprächspartner auch sagen, wenn Sie das tun? Nichts! Also machen Sie folgendes:

- ✔ Setzen Sie sich zunächst auf den Stuhl, den Sie am leichtesten hochheben können. Holen Sie dann während des Austausches einiger höflicher Belanglosigkeiten Ihre Papiere aus dem Aktenkoffer.
- ✔ Wenn Sie dann zum eigentlichen Geschäft kommen, stehen Sie auf, nehmen Sie ihren Stuhl und stellen Sie ihn auf die andere Seite des Schreibtisches, so daß Sie neben der Person sitzen.
- ✔ Während Sie den Stuhl herumschieben, könnten Sie so etwas sagen wie: »Es macht Ihnen sicher nichts aus, wenn ich mich neben Sie setze. Ich denke, daß die Unterlagen für Sie sehr interessant sind.«

Wenn Sie den Stuhl umstellen und diese Aktion gleichzeitig mit ein paar Worten erklären, kann Ihr Gesprächspartner sie eigentlich nicht mehr davon abhalten. Das Ganze passiert so schnell, daß Sie bereits neben ihm sitzen, bevor er Zeit hatte zu reagieren.

Hier einige Tips, wo Sie in einer Besprechung am besten Platz nehmen:

- ✔ Wenn Sie sich mit jemandem an einen Tisch setzen, sei es im Büro oder im Restaurant, sollten Sie neben dem Gesprächspartner Platz nehmen und nicht ihm gegenüber.
- ✔ Wichtig ist außerdem, ob Sie rechts oder links von Ihrem Gesprächspartner sitzen. Wenn Sie Rechtshänder sind, sollten Sie rechts von Ihrem Gesprächspartner sitzen. Er kann dann nämlich sehen, welche Notizen Sie sich machen, da Ihre schreibende Hand den Schreibblock nicht verdeckt. Sind Sie Linkshänder, sollten Sie aus den gleichen Gründen links neben dem Gesprächspartner Platz nehmen.
- ✔ Wenn Sie zwei Gesprächspartnern gleichzeitig eine Präsentation vorstellen wollen und Sie an einem rechteckigen Tisch sitzen, bitten Sie die beiden, sich nebeneinander zu setzen. So können Sie immer beide gleichzeitig anreden. Wenn Sie zwischen ihnen sitzen, können Sie einen der Gesprächspartner nicht mehr anschauen, sobald Sie sich mit dem anderen beschäftigen. Außerdem: Wenn beide nicht nebeneinander säßen und gleichzei-

tig in Ihre Unterlagen schauen wollten, wäre einer von beiden gezwungen, sie »auf dem Kopf« zu lesen.

- ✔ Wenn Sie an einem langen Tisch sitzen, z.B. an einem Konferenztisch, sollten Sie dafür sorgen, daß sich beide Personen nebeneinander setzen. Dann sollten Sie sich auf dieselbe Seite direkt neben sie setzen.
- ✔ Auch der Stuhl, auf dem Sie sitzen, kann ein ausschlaggebender Faktor sein. Wenn möglich, sollten Sie immer auf einem Stuhl mit gerader Rückenlehne sitzen, da Sie so wach und konzentriert bleiben.
- ✔ Vermeiden Sie, in einem weichen, bequemen Sessel oder Sofa zu sitzen, da man sich so zu leicht entspannt und seine professionelle Wachsamkeit verliert.
- ✔ Vermeiden Sie, auf einem Stuhl zu sitzen, der niedriger ist als der Stuhl des anderen. Derjenige, der auf einem höheren Stuhl sitzt, kann nämlich auf den anderen herabsehen und hat so mehr Einfluß und Macht, das Gespräch zu steuern. Dieser Fall könnte zum Beispiel dann eintreten, wenn Sie auf einem Sofa sitzen und der andere auf einem Stuhl mit gerader Rückenlehne.

Schließlich möchte ich Ihnen noch erzählen, wo meiner Meinung nach eine Besprechung am besten stattfinden sollte. Ich finde, daß wichtige Geschäftsbesprechungen im Büro und nicht in einem Restaurant stattfinden sollten. Geschäftsessen eignen sich zum Kennenlernen Ihres Gesprächspartners, sind aber nicht die richtige Gelegenheit zum Abschluß wichtiger Geschäfte. Restaurants bieten mit ihren vielfältigen Ablenkungen einfach nicht die intime Atmosphäre, und die wichtigen Gespräche werden laufend durch den Kellner unterbrochen.

Wie Sie Besprechungen am besten planen

Angesichts der Zeit, die sie von unserem Arbeitstag beanspruchen, ist es eine wahre Schande, daß manche Besprechungen so unproduktiv sind. Verschiedene Studien haben gezeigt, daß die meisten Geschäftsleute mindestens 40 Prozent ihrer Zeit in Besprechungen verbringen. Ich nehme sogar an, daß diese Zahl untertrieben ist, weil sie wahrscheinlich nicht die Zeit für ungeplante oder kurzfristige angesetzte Besprechungen berücksichtigt.

Wenn Sie eine Besprechung so definieren, daß es sich bereits um eine Besprechung handelt, wenn zwei oder mehr Personen zusammensitzen, um etwas Geschäftliches zu bereden, dann verbringen wir wahrscheinlich mindestens 90 Prozent unserer Zeit in Besprechungen. Leider werden viele Besprechungen so schlecht geleitet und organisiert, daß sie reine Zeitverschwendung sind.

Wenn Sinn und Zweck eines Treffens nicht richtig durchdacht sind, ist den Teilnehmern vielleicht gar nicht klar, was sie besprechen sollen, was geleistet werden soll oder warum Sie überhaupt dort sind. Am Ende werden keine Entscheidungen getroffen, wichtige Probleme werden nicht gelöst, und man hat nichts erreicht.

Viel wertvolle Zeit wurde vergeudet, und das einzige Ergebnis ist die Entscheidung, eine weitere Besprechung anzusetzen. Leider kann man keinen Termin festlegen, weil derjenige, der die Besprechung leitet, gerade seinen Terminkalender nicht bei sich hat.

In den folgenden Abschnitten finden Sie ein paar Tips, wie Sie unproduktive Besprechungen in produktive umwandeln können.

Verteilen Sie eine Tagesordnung

Wenn jemand eine Besprechung ansetzt, sollten alle Teilnehmer genau wissen, warum das Treffen überhaupt stattfindet. Wenn eine Besprechung kein klar umrissenes Ziel hat, sollte sie gar nicht erst durchgeführt werden. Sie müssen auch wissen, was man von Ihnen erwartet und was Sie leisten sollen. Kommen Sie zusammen, um den Sinn eines neuen Geschäfts zu diskutieren, ein Problem zu lösen oder lediglich um Informationen auszutauschen und die Teilnehmer über den aktuellen Stand eines Projekts oder über Kunden zu informieren?

Die beste Möglichkeit, die Teilnehmer einer Besprechung über deren Zweck zu informieren, ist eine Tagesordnung. Eine Tagesordnung sollte in der Regel schriftlich erstellt und frühzeitig verteilt werden. So kann sich jeder Teilnehmer sorgfältig auf die jeweiligen Themen vorbereiten.

Wenn man auf der Verteilung einer schriftlichen Tagesordnung besteht, zwingt man den Mitarbeiter, der die Besprechung einberuft, darüber nachzudenken, warum die Besprechung überhaupt stattfindet.

Wenn Sie eine Besprechung einberufen, sollten Sie immer eine Tagesordnung vorbereiten. Wenn Sie zu einer Besprechung eingeladen werden, bestehen Sie darauf, daß Sie eine Tagesordnung erhalten, damit Sie sich vorbereiten können.

Falls Sie noch nie eine Tagesordnung vorbereitet haben, können Sie sich an dem Mustervordruck (siehe Abbildung 7.1) orientieren.

Nach Verteilung der Tagesordnung stellt sich in vielen Fällen heraus, daß sich einige Punkte auch am Telefon oder schriftlich klären lassen. Sollte das der Fall sein, können diese Themen von der Tagesordnung gestrichen werden.

Eine gute Frage, die man zu Beginn jeder Besprechung stellen sollte, lautet: »Wie erkennen wir, wann die Besprechung zu Ende ist?«

Wenn eine Besprechung begonnen hat, liegt es in der Verantwortung des Leiters, daß sich jeder an die Punkte der Tagesordnung hält.

Mustervordruck Tagesordnung

Datum der Besprechung ______________________________

Ort ______________________________

Anfangszeit ______________________________

Endzeit ______________________________

Wer lädt ein? ______________________________

Zweck der Besprechung ______________________________

Gewünschtes Ziel der Besprechung ______________________________

Teilnehmer

1. ______________________________
2. ______________________________
3. ______________________________
4. ______________________________

Tagesordnungspunkte / Zur Verfügung stehende Zeit je Punkt

1. ______________________________
2. ______________________________
3. ______________________________
4. ______________________________
5. ______________________________

(Anmerkung: Die wichtigsten Themen sollten am Anfang stehen und zuerst diskutiert werden. Wer die Tagesordnung vorbereitet, sollte die Zeit, die zur Besprechung der jeweiligen Punkte zur Verfügung steht, angeben.)

Abbildung 7.1: Mustervordruck Tagesordnung

Erkundigen Sie sich nach dem Zweck der Besprechung

Wenn Sie zu einer Besprechung gebeten werden, sollten Sie sich über den Zweck informieren. Soll eine bestimmte Entscheidung getroffen werden, oder kommt man nur zum allgemeinen Informationsaustausch zusammen? Wurde die Besprechung einberufen, um ein Problem zu lösen, um ein Projekt zu planen, oder die Teilnehmer über den aktuellen Stand von Projekten oder Kunden zu informieren? Wenn Sie als Besprechungsteilnehmer genau wissen, was von Ihnen erwartet wird, können Sie sich besser auf die Besprechung vorbereiten.

Und um sicherzustellen, daß niemand mit der lahmen Entschuldigung zu spät kommt, er sei ins falsche Büro oder Besprechungszimmer gegangen, geben Sie immer genau an, wo die Besprechung stattfinden soll. Wenn Sie eine Besprechung außerhalb der eigenen Büroräume anberaumen, geben Sie auf jeden Fall die genaue Adresse des Gebäudes sowie Name und Lage des Zimmers oder Treffpunkts an. In manchen Fällen ist es sinnvoll, einen Stadtplan beizufügen, damit sich niemand auf dem Weg verirren kann.

Legen Sie Anfangs- und Endzeiten fest

Leider behandeln nicht alle Menschen eine Besprechung mit dem gebotenen Ernst. Sie kommen zu spät, gehen früher und führen während der Besprechung lange Privatgespräche.

Es ist eigentlich ziemlich leicht, jemanden dazu zu bringen, sein bisheriges Verhalten zu ändern. Sie müssen dazu jedoch Ihre Absicht deutlich machen, eine wichtige und produktive Besprechung abzuhalten, und auf pünktlichem Erscheinen bestehen.

Wenn Sie das nächste Mal eine Besprechung abhalten, schließen Sie die Tür, damit die zu spät erscheinenden Teilnehmer anklopfen müssen. Sie können die Verspätung dann dazu nutzen, die verspäteten Teilnehmern darauf hinzuweisen, daß Sie das nächste Mal Pünktlichkeit erwarten.

Die Leute, die zu spät kommen, sollten auch wissen, daß Sie vorhaben, sich an die Tagesordnung zu halten, daß es nur eine begrenzte Zeit für jeden Punkt gibt und daß Sie die Besprechung zur vorgesehenen Zeit beenden möchten.

Wenn Sie zu einer Besprechung eingeladen werden, sollten Sie darauf bestehen, daß sie pünktlich beginnt und sich melden, wenn Sie bemerken, daß die Diskussionen zu weit vom Thema abschweifen. Wenn derjenige, der eingeladen hat, die Kontrolle über den Verlauf der Besprechung verliert, sollten Sie ihn daran erinnern, daß die Zeit wegrennt und Sie noch viel zu tun haben oder nach den laufenden Besprechung noch ein weiteres wichtiges Gespräch haben.

Vermeiden Sie unnötige Besprechungen

Nur weil jemand der Meinung ist, unbedingt eine Besprechung ansetzen zu müssen, heißt das noch lange nicht, daß diese auch wirklich erforderlich ist. Nachdem Sie die Tagesordnung erhalten haben, sollten Sie den einladenden Teilnehmer anrufen und nach den Einzelheiten und nach dem erwarteten Resultat fragen. Bei diesem Telefongespräch stellt sich dann vielleicht heraus, daß Sie die notwendigen Informationen auch ohne Besprechung bekommen können.

Nur weil Sie zu einer Besprechung eingeladen werden, müssen Sie nicht unbedingt daran teilnehmen. Sie glauben gar nicht, wie viele Leute in Besprechungen sitzen, deren Anwesenheit eigentlich gar nicht erforderlich ist. Sie verschwenden eine Menge Zeit. Wenn Sie glauben, daß Sie nicht viel zu einer Besprechung beitragen können, sollten Sie es der Person, die eingeladen hat, mitteilen.

Warum sollten Sie Ihre kostbare Zeit verschwenden und in einer Besprechung über etwas diskutieren, das Sie nicht betrifft, während die wichtigen Arbeiten auf Ihrem Schreibtisch liegenbleiben?

Müssen Sie an der gesamten Besprechung teilnehmen?

Gelegentlich ist die Anwesenheit bestimmter Teilnehmer auch nur bei einem Teil der Besprechung erforderlich. Wenn das der Fall ist, erkundigen Sie sich bei demjenigen, der die Besprechung plant, ob Sie nur an dem Teil der Besprechung, der Sie betrifft, teilnehmen können. So verschwenden Sie nicht Stunden damit, Diskussionen zu verfolgen, die Sie nicht direkt betreffen.

Kurzfristig anberaumte Besprechungen können eine enorme Zeitverschwendung sein. Wenn Sie jemand anruft und Ihnen sagt, daß er Sie sehen möchte, müssen Sie nicht alles stehen- und liegenlassen. Sie sollten fragen, warum man Sie sehen möchte, worüber man mit Ihnen sprechen will und was man von Ihnen erwartet. In vielen Fällen kann ein persönliches Treffen durch ein paar Telefonate und/oder schriftliche Korrespondenz ersetzt werden.

Welche Unterlagen sind erforderlich?

Es hört sich vielleicht dumm an, aber wenn eine Besprechung einberufen wird, sollte jeder Teilnehmer auf der Tagesordnung darüber informiert werden, welche Unterlagen oder Informationen er mitbringen soll.

Wenn Sie zu einer Besprechung einladen, sollten Sie möglichst alle wichtigen Informationen und Unterlagen vorher verteilen. So hat jeder Teilnehmer die Möglichkeit, schon vor der Besprechung über die Diskussionspunkte nachzudenken.

Ich saß einmal in einem Ausschuß, dessen Vorsitzender immer erst zu Beginn einer Besprechung ein Paket mit Informationsmaterial an die Mitglieder des Ausschusses verteilte. Dann sollten wir das Informationsmaterial durchlesen und Entscheidungen treffen, ohne Zeit gehabt zu haben, über das nachzudenken, was wir gerade gelesen hatten. Ich hielt das immer für eine sehr nachlässige Art, eine Organisation zu leiten, und blieb deshalb auch nicht sehr lange in diesem Ausschuß.

Was machen Sie als nächstes?

Für das Ende jeder Besprechung sollte derjenige, der die Besprechung einberufen hat, einige Minuten einplanen, in denen die Diskussionspunkte noch einmal zusammengefasst werden und festgelegt wird, was als nächstes getan werden muß. Haben sich aus der Besprechung weitere Aufgaben ergeben, sollten diese sofort verteilt werden. Den Empfängern der Aufgaben sollte gleichzeitig der Termin mitgeteilt werden, zu der die Aufgabe erledigt sein muß.

Wenn Ihnen eine Aufgabe zugeteilt wurde, sollten Sie eventuell erforderliche Fragen stellen und sich genaue Notizen machen, damit es keine Mißverständnisse über Form und Abgabetermin für die übertragene Aufgabe gibt. Wenn eine neue Besprechung vereinbart werden muß, sollten Datum und Uhrzeit abgesprochen werden, bevor jeder den Raum verläßt.

Lassen Sie ein Protokoll der Besprechung anfertigen

Einer der Teilnehmer sollte ein Protokoll über die Besprechung führen, damit hinterher jeder nachlesen kann, was besprochen wurde, welche Entscheidungen getroffen wurden, was es als nächstes zu tun gilt, wer es macht und wann es getan werden soll.

Lassen Sie denjenigen, der als letzter zu der Besprechung erscheint, das Protokoll führen. Da keiner gerne Protokoll führt, werden Sie damit erreichen, daß demnächst alle pünktlich sind.

Gespräche in die gewünschte Richtung steuern

8

In diesem Kapitel

- So bringen Sie andere zum Reden
- So kontrollieren Sie ein Gespräch
- So stellen Sie Fragen richtig
- So werden Sie ein guter Gesprächspartner

Wie viele Gespräche führen Sie im Laufe eines Arbeitstages? Sie haben wahrscheinlich nicht die geringste Ahnung, und zugegeben, ich weiß auch nicht, wie viele Gespräche ich führe. Aber ich weiß, daß man täglich viel Zeit damit verbringt, mit anderen Menschen zu kommunizieren.

Wir telefonieren, kommen zu *offiziellen* Besprechungen in Konferenzräumen zusammen, haben *informelle* Besprechungen im Büro eines Kollegen und viele spontane Besprechungen, wenn uns z.B. jemand anhält, während wir uns gerade eine Tasse Kaffee holen.

Das alles sind nur die Menschen, mit denen wir gemeinsam in einer Firma arbeiten. Im Laufe des Tages kommunizieren wir aber auch mit Außenstehenden – mit Kunden, Mandanten, potentiellen Kunden, Warenlieferanten oder Dienstleistern. Hinzu kommen dann auch noch all die Leute, die uns in Zukunft gerne ihre Waren oder Dienstleistungen verkaufen würden.

Bevor Sie sich fragen, warum ich in einem Buch über Zeitmanagement ein Kapitel über Gesprächsführung einfüge, lassen Sie mich kurz folgendes erklären: Jeder von uns verbringt eine Menge Zeit damit, mit anderen Menschen zu sprechen. Aber die Art, wie wir miteinander kommunizieren, ist nicht unbedingt immer die beste. Als Folge davon erhalten wir dann nicht die Informationen, die wir brauchen, um unseren Job gut zu machen.

Ich habe dieses Kapitel geschrieben, weil ich der Meinung bin, daß wir weniger Zeit in Besprechungen oder am Telefon verbringen und statt dessen unseren wichtigen Arbeiten, Aufgaben und Projekten mehr Zeit widmen könnten, wenn wir unsere Kommunikationsfähigkeit verbessern und dadurch schneller an die zur Arbeit erforderlichen Informationen kommen würden.

Informationen erhält man durch Fragen

Die einfachste Art der Informationsbeschaffung besteht darin, Fragen zu stellen. Wenn Sie lernen, richtig zu fragen, werden Sie leichter an die für die Arbeit wichtigen Informationen kommen. Ich gebe Ihnen einige Beispiele, wie Sie mit Hilfe geschickt gestellter Fragen Ihre Arbeit schneller erledigen können:

- ✔ Wenn man Ihnen eine Arbeit zuteilt, sollten Sie wissen, was man von Ihnen erwartet, wie Sie sie tun sollen und wann sie fertig sein soll. Diese Informationen bekommen Sie am besten durch Fragen.
- ✔ Wenn Sie ein Produkt, eine Dienstleistung oder eine Idee verkaufen wollen – und wir alle verkaufen irgend etwas –, müssen Sie herausfinden, was die andere Person will, braucht oder wünscht, bevor Sie darlegen, wie Ihr Produkt, Ihre Dienstleistung oder Ihre Idee diesen Wunsch oder Bedarf erfüllen kann. Diese Informationen erhalten Sie durch Fragen.
- ✔ Wenn Sie Informationen über Ereignisse innerhalb Ihres Unternehmens oder Ihrer Organisation haben möchten, setzen Sie sich mit Kollegen oder Mitarbeitern zusammen und stellen Sie Fragen.
- ✔ Wenn Sie herausfinden möchten, wie es um einen Ihrer Wettbewerber steht, stellen Sie Fragen.
- ✔ Wenn Sie jemand vom anderen Geschlecht treffen und herausfinden möchten, ob er oder sie am Samstagabend Zeit hat, sollten Sie einfach fragen. (Zeitmanagement ist die eine Sache – aber ein Rendezvous ist *wirklich* wichtig!)

Je besser Sie fragen können, desto leichter erhalten Sie die für die Arbeit, die Firma oder die Förderung Ihrer eigenen Karriere erforderlichen Informationen. Ja selbst im zwischenmenschlichen Bereich können Sie mit geschickten Fragen zum Erfolg kommen.

Ermuntern Sie Ihren Gesprächspartner zum Reden

Die meisten Menschen sprechen gerne über sich selbst – lassen Sie sie also ruhig reden. Wenn Sie zwischendurch Fragen stellen, was manchmal etwas Geduld erfordert, erfahren Sie meistens alles Wichtige über deren Geschäfte, Aktivitäten, Geschäftsbeziehungen, die Konkurrenz und fast alles andere, was sich in ihrem Leben so abspielt.

Mit Hilfe von Fragen können Sie sich auf andere Menschen einstellen, und Sie erfahren, wie andere denken. Durch Fragen erkennen Sie die realen Bedürfnisse und Motive anderer Menschen. Sie erkennen auch Probleme, bei deren Lösung Sie behilflich sein können, Sie können potentielle Geschäfte ausmachen oder sogar neue Möglichkeiten für Ihre Karriere auftun.

An folgendes sollten Sie bei allen Gesprächen denken:

- ✔ Oft gibt es eine große Diskrepanz zwischen dem, was Menschen sagen, und dem, was Sie denken und im tiefsten Innern fühlen.
- ✔ Wenn Sie über sich selbst reden, sind Sie ein Langweiler. Wenn Sie andere zum Reden bringen, sind Sie ein guter Gesprächspartner.
- ✔ In Geschäftsbesprechungen sollten Sie mehr zuhören als selber sprechen. Grundsätzlich gilt, daß Sie mindestens 60 Prozent der Zeit zuhören sollten. Wenn Sie merken, daß Sie zuviel reden, ist es Zeit, eine neue Frage zu stellen.

Halten Sie sich bedeckt

Ich weiß, daß Sie wahrscheinlich gerne reden, besonders über sich und Ihre Erfolge. (Ich könnte stundenlang über mich selbst sprechen.) Aber Sie kommen im Berufsleben viel weiter, wenn Sie andere zum Reden ermutigen und selber nur fragen und aufmerksam zuhören. Außerdem werden Sie nicht viel Neues erfahren, wenn Sie selber die ganze Zeit reden.

Wenn Sie während eines Gespräches etwas gefragt werden, geben Sie eine kurze Antwort und stellen Sie anschließend Ihre nächste Frage.

Ich will Ihnen hier kurz zeigen, was echte Verschlossenheit ist: Vor einigen Jahren las ich in der Zeitung einen Artikel über den verstorbenen Bill Casey, den ehemaligen Direktor der Central Intelligence Agency (CIA). Der Mann war so zugeknöpft, daß er Ihnen wahrscheinlich nur dann gesagt hätte, daß Ihre Jacke Feuer gefangen hat, wenn Sie ihn danach gefragt hätten. Und auch dann hätte er wohl nur mit einem kurzen »Ja« geantwortet.

Wer fragt, kontrolliert das Gespräch

Mit geschickt gestellten Fragen können Sie ein Gespräch steuern. Die erste Frage zu stellen ist einfach, aber die zweite, dritte oder vierte Frage wird schon viel schwieriger. Wenn Sie aber auch das schaffen, haben Sie das Gespräch voll im Griff.

Möchten Sie ein paar Worte sagen?

Wahrscheinlich haben Sie noch nie darüber nachgedacht, aber wenn Sie es schaffen, jemanden am Reden zu halten, verschaffen Sie sich dadurch einen enormen Vorteil. Man kann mit einer Geschwindigkeit von 1.200 Wörtern pro Minute denken, aber nur 250 Wörter pro Minute sprechen. Wenn sich jemand konzentriert und 250 Wörtern pro Minute spricht, können Sie gleichzeitig mit ca. 1.200 Wörtern pro Minute über Ihre Reaktion nachdenken. Sie denken mehr als fünfmal so schnell wie der andere redet.

Das Ziel all dieser Fragen besteht darin, Ihren Gesprächspartner am Reden zu halten. Auf diese Weise bekommen Sie nützliche Informationen. (Z.B. Wo wohnen Sie? Wie ist Ihre Telefonnummer? Haben Sie schon Pläne fürs Wochenende? Schade ...) Je mehr Informationen Sie bekommen, desto einfacher wird Ihre Aufgabe.

Wenn jemand offensichtlich das Interesse verliert, während Sie reden, sich Tagträumen hingibt oder einschläft, fragen Sie einfach etwas und bringen Sie ihn so in die Realität zurück. Damit wecken Sie den Gesprächspartner nicht nur auf, sondern zwingen ihn auch, aufmerksam zuzuhören, weil er weiß, daß Sie eine Antwort von ihm erwarten.

Versuchen Sie, die Schwächen Ihrer Gesprächspartner auszumachen

Verkäufer verwenden einen bestimmten Ausdruck, um zu erklären, warum sie so viele Fragen stellen: Sie möchten die *Schwächen* einer Person herausfinden. Was sind Schwächen? Wenn Sie wissen, was jemand mag oder nicht mag, wenn Sie wissen, was eine Person aufregt oder beschäftigt, wenn Sie die Probleme des anderen kennen, dann haben Sie seine oder ihre Schwächen herausgefunden.

Wenn Sie wissen, wann Sie was sagen können, wird es leichter für Sie sein, von Ihrem Gesprächspartner ein »Ja« zu hören – egal, was Sie vorschlagen. (Wenn Sie wissen, wann Sie etwas besser nicht sagen, können Sie heikle Situationen vermeiden.)

Wenn Sie die Schwächen Ihres Chefs, Ihrer Kollegen, Mitarbeiter, Ihrer größten Kunden und Klienten sowie anderer für Sie wichtigen Personen kennen, können Sie Ihre Beziehungen zu diesen Menschen erheblich verbessern.

Die Kunst, die richtigen Fragen zu stellen

Fragen ist eine Kunst. Es ist leicht, eine oder zwei Fragen zu stellen. Wenn dann aber mehrere Fragen nötig werden, wird die Sache schon schwieriger. Sie werden merken, daß Sie einige Übung brauchen, um die richtigen Fragen auf die richtige Weise zur richtigen Zeit zu stellen. Aber wenn Sie den Dreh heraus haben, werden Sie erstaunt sein, wieviel Informationen die Leute bereitwillig herausrücken, wenn Sie bloß fragen.

Um ein Gespräch aufrecht zu halten, stellen Sie immer offene Fragen

Wenn Sie offene Fragen stellen, ermutigen Sie damit den Gesprächspartner, nicht nur zu reden und so die Unterhaltung fortzusetzen, sondern bieten ihm auch die Gelegenheit, seine Gedanken, Meinungen oder Anmerkungen zu erklären. Durch offene Fragen bitten Sie den anderen, Ihnen eine informative und beschreibende Antwort zu geben.

Eine offene Frage sollten Sie immer mit einem der sechs sogenannten W-Wörter beginnen:

- ✔ Wer?
- ✔ Was?
- ✔ Wann?
- ✔ Warum?
- ✔ Wo?
- ✔ Wie?

Wie soll der Befragte diese Fragen jetzt noch mit »Ja« oder »Nein« beantworten, ohne offensichtlich auszuweichen?

Während meiner Schulzeit hatte ich oft Gespräche folgender Art mit meiner Mutter:

Mutter: Jeff, wo gehst du hin?

Ich: Weg.

Mutter: Wann kommst du zurück?

Ich: Später.

Mutter: Mit wem gehst du weg?

Ich: Mit Freunden.

(Wie Marlon Brando in »The Wild Bunch«, nicht wahr?)

Vermeiden Sie geschlossene Fragen

Das Gegenteil von offenen Fragen sind Fragen, die man mit einem einfachen »Ja« oder »Nein« beantworten kann. Wenn Sie jemandem die Möglichkeit bieten, eine Frage nur mit »Ja« oder »Nein« zu beantworten, sind Sie schnell an einem Punkt angelangt, an der die Unterhaltung abstirbt. Eine Unterhaltung kann nicht sinnvoll sein, wenn man lediglich Ja- oder Nein-Antworten bekommt.

Calvin Coolidge, der 30. Präsident der Vereinigten Staaten, hatte den Spitznamen »Der schweigsame Cal«, weil er nie sehr viel sagte. Eines Tages forderte ein Reporter den Präsidenten heraus: »Ich wette mit Ihnen um 10 Dollar, daß ich Sie dazu bringe, mehr als zwei Worte zu sagen.« Der stille Cal antwortete lediglich: »Nö.«

Stellen Sie keine Negativfragen

Wenn man negative Fragen stellt, kann sich der Verlauf, die Stimmung, der Ton und der Gesprächsfluß rasch ändern und in eine falsche Richtung abdriften. Sie sollten immer positiv über etwas sprechen. Anstatt zu sagen: »Was gefällt Ihnen nicht an ...« sollten Sie fragen: »Was möchten Sie verbessern?« Statt »Was habe ich falsch gemacht?« sollten Sie besser fragen: »Was hätte ich anders machen sollen? Wie kann ich es besser machen?«

Wenn Sie etwas nicht verstehen, bitten Sie um Klärung

Wenn Sie etwas fragen, aber nicht sicher sind, wie die Antwort gemeint war, sollten Sie um Klarstellung bitten. Auf diese Weise verdeutlichen Sie auch Ihr Interesse an dem Gesagten. Sie können z.B. sagen:

Können Sie mehr ins Detail gehen?

Was meinen Sie damit?

Wie kommen Sie zu diesem Schluß?

Wenn Sie um mehr Einzelheiten bitten, erhalten Sie zusätzliche Informationen.

Fassen Sie zusammen, was Ihr Gesprächspartner sagt

Während eines Gesprächs sollten Sie Ihrem Gesprächspartner immer ein positives Feedback geben – ein Lächeln, ein Kopfnicken oder ein Augenzwinkern – und ihn dadurch zum Weiterreden auffordern. Auch durch die Umschreibung und Zusammenfassung des gerade Gesagten können Sie Ihren Gesprächspartner ermutigen, mit seinen Ausführungen fortzufahren. Damit zeigen Sie außerdem, daß Sie sich bemühen, alles richtig zu verstehen.

Um zu umschreiben, was Ihr Gesprächspartner gesagt hat, können Sie Ihre Sätze z.B. folgendermaßen beginnen:

Wenn ich Sie richtig verstehe, dann ...

Mir scheint, daß ....

Mit Ihrer Zusammenfassung geben Sie dem Partner ein Feedback und bestätigen gleichzeitig, daß Sie alles richtig verstanden haben.

Halten Sie das Gespräch in Schwung

Außer mit direkten Fragen können Sie Ihren Gesprächspartner auch mit einigen anderen Techniken zum Weiterreden ermutigen und Ihr Interesse an dem Gespräch demonstrieren.

Die Echo-Technik

Diese Technik ist eine einfache Methode, um Ihren Gesprächspartner am Reden zu halten. Wenn Sie diese Technik effektiv einsetzen, brauchen Sie selbst nicht viel nachzudenken oder zu sprechen. Diese Technik ist besonders dann hilfreich, wenn Sie selbst steckengeblieben sind und nicht mehr wissen, was Sie noch sagen können, weil Sie mit ihr ein paar Augenblicke überbrücken und über Ihre nächsten Worte nachdenken können.

Die Echo-Technik ist recht einfach: Wiederholen Sie einfach die letzten Worte dessen, was Ihr Partner gesagt hat, und formulieren Sie diese als Frage. Hier ein Beispiel:

»Ich komme gerade von einem Meeting mit meinem Chef.«

»Ihrem Chef?«

»Ja. Er gab mir noch ein neues Projekt, das er morgen haben möchte.«

»Morgen?«

»Ja, es ist für die Pepperdine Manufacturing. Wissen Sie, das neue Geschäft, das er letzte Woche abgeschlossen hat.«

»Letzte Woche?«

»Ja. Er war auf dem Rückflug von Toledo und begann ein Gespräch mit dem Typ, der neben ihm saß ...«

Nun haben Sie eine Vorstellung, wie so ein Gespräch aussehen kann. Theoretisch können Sie die mit der Echo-Technik stundenlang weiterfragen. Praktisch können Sie sie aber nur ein paar Mal einsetzen, da Ihr Gesprächspartner schnell merken wird, was Sie damit bezwecken. Sie sollten deshalb zwischendurch immer wieder mal ein »Oh?«, »Ah!« oder »Hmmm« einwerfen. Lesen Sie jetzt weiter, denn im folgenden Abschnitt erkläre ich Ihnen diese wunderbare Methode noch näher.

»Oh?«, »Ah!« oder »Hmm« und Kopfnicken

Anstatt die Worte Ihres Gesprächspartners zu wiederholen, können Sie zur Abwechslung auch ein gelegentliches »Oh?«, »Ah!« oder »Hmm« einwerfen. Egal, was der Gesprächspartner sagt, antworten Sie einfach mit »Oh?«, »Ah!« oder »Hmm«, und der andere wird weiterreden.

Mit dieser einfachen Technik signalisieren Sie Ihrem Gesprächspartner, daß Sie immer noch zuhören und lassen ihn gleichzeitig wissen, daß er fortfahren soll. Besonders effektiv ist auch ein gleichzeitiges Kopfnicken als Zeichen der Zustimmung. Kommen wir nochmals auf die obige Unterhaltung zurück:

> *»Ich komme gerade von einem Meeting mit meinem Chef.«*
>
> *»Oh?«*
>
> *»Ja. Er gab mir noch ein neues Projekt, das er morgen haben möchte.«*
>
> *»Morgen?«*
>
> *»Ja, es ist für die Pepperdine Manufacturing. Wissen Sie, das neue Geschäft, das er letzte Woche abgeschlossen hat.«*
>
> *»Oh?«*
>
> *»Ja. Er war auf dem Rückflug von Toledo und begann ein Gespräch mit dem Typ, der neben ihm saß ...«*

Wenn Sie etwas Spaß haben möchten und Ihr Verhältnis zu Ihrem Ehepartner oder sonst jemandem, der Ihnen wichtig ist, verbessern möchten, setzen Sie einmal die Echo-Technik oder eine ähnliche Methode ein. Wenn Sie heute abend von der Arbeit nach Hause kommen, beginnen Sie die Unterhaltung z.B. mit folgender Frage: *»Und was hast Du heute erlebt?«*

Sie glauben gar nicht, wie lange Sie solch ein Gespräch aufrecht erhalten können. Sie werden feststellen, daß ihre oder seine Augen zu strahlen beginnen, wenn er oder sie merkt, daß Sie ihm oder ihr Ihre ganze Aufmerksamkeit schenken. Am Ende der Unterhaltung wissen Sie über alles Bescheid, was im Laufe des Tages passiert ist, und sie oder er wird Sie für den besten aller Gesprächspartner halten.

Gehen Sie auf die Gefühle Ihres Gesprächspartners ein

Wenn Ihr Gesprächspartner Emotionen zeigt oder in seinen Worten zu erkennen gibt, sollten Sie auf diese Gefühle eingehen. Stellen Sie dazu als Teil Ihrer Reaktion zunächst einmal Blickkontakt her, zeigen Sie Betroffenheit, und nicken Sie – je nach der Situation – zustimmend oder ungläubig. So bestätigen Sie, daß Sie aufmerksam zugehört haben und zeigen eine emotionale Reaktion. Sie können Gefühle meistens am Tonfall, der Wortwahl oder am Blick erkennen. Jemand, der moralische Unterstützung braucht, wird zum Beispiel fragen:

Finden Sie das fair?

Glauben Sie, daß ich das Richtige getan habe?

Wenn jemand eine emotionale Frage stellt, müssen Sie jedoch nicht in jedem Fall eine Antwort geben. Es kann genauso angebracht sein, die Frage mit einer Gegenfrage zu beantworten, wie z.B.: »Was glauben Sie?«

Mehr zuzuhören und weniger reden – die optimale Lösung

Richtig fragen können ist nur eine von vielen Qualitäten eines guten Gesprächspartners. Wenn Sie das Fragen sicher beherrschen, sollten Sie als nächstes lernen, aufmerksam zuzuhören, damit Sie ein positives Feedback geben und möglicherweise eine Anschlußfrage stellen können. Auf diese Weise können Sie das Gespräch in jede von Ihnen gewünschte Richtung lenken.

Derjenige, der redet, *dominiert* ein Gespräch. Derjenige, der zuhört, *steuert* es. (Das gilt natürlich auch für »diejenige«).

Wie man ein brillanter Gesprächspartner wird

- ✔ Zeigen Sie Interesse an dem, was der andere sagt.
- ✔ Bemühen Sie sich zu verstehen, was der andere Ihnen mitteilen will.
- ✔ Bemühen Sie sich, den Standpunkt des anderen zu verstehen, selbst wenn Sie ihn nicht teilen.
- ✔ Lassen Sie Ihren Gesprächspartner zum geeigneten Zeitpunkt wissen, daß Sie seinen Ansichten nicht zustimmen.
- ✔ Sagen Sie nichts, wenn Schweigen die beste Antwort ist.
- ✔ Beginnen Sie das Gespräch ohne Vorurteile.
- ✔ Argumentieren Sie nicht, auch wenn Sie dem Gesprächspartner nicht zustimmen.

- Unterbrechen Sie nicht, es sei denn, Sie haben einen guten Grund.
- Urteilen Sie nicht vorschnell.
- Tun Sie ihre Meinung nur dann kund, wenn man Sie darum bittet.
- Geben Sie keine Ratschläge, wenn Sie nicht gefragt werden.
- Gestatten Sie sich keine emotionalen Reaktionen auf eine Aussage, bleiben Sie unverbindlich, und werden Sie nicht wütend.
- Schneiden Sie Ihrem Gesprächspartnern nicht das Wort ab. Lassen Sie ihn seine Gedanken beenden, bevor Sie Ihre Gedanken darlegen oder weitere Fragen stellen.

Wenn ein Gespräch Ihnen etwas bringen soll, müssen Sie aktive Zuhörtechniken anwenden. Mit ihrer Hilfe können Sie ein Gespräch so steuern, daß sowohl Sie selbst als auch Ihr Gesprächspartner die Möglichkeit bekommt, seine Gedanken deutlich zu formulieren.

Helfen Sie anderen, Entscheidungen (schnell) zu treffen ...

9

In diesem Kapitel

- So bewegen Sie andere dazu, »Ja« zu sagen
- So bewegen Sie eine Organisation dazu, »Ja« zu sagen
- So gehen Sie mit Einwänden um
- So führen Sie eine Verhandlung

Wenn Sie glauben, daß die meiste Zeit im Geschäftsleben mit Besprechungen verschwendet wird, liegen Sie falsch. Der größte Zeitfresser ist heutzutage die Unfähigkeit mancher Menschen, Entscheidungen zu treffen. Wir verbringen Stunden über Stunden in Besprechungen. Aber wenn eine Entscheidung getroffen und tatsächlich etwas getan werden soll, wird meistens nur entschieden, daß eine weitere Besprechung erforderlich ist. Viele Entscheidung lassen sich aber nur zu bestimmten Gelegenheiten treffen. Und wenn diese Gelegenheit vorbei ist, gibt es nichts mehr zu entscheiden.

Eines Tages standen meine Frau Mitzi und ich vor der Entscheidung, welchen Kinofilm wir uns ansehen wollten. Aber weil sich keiner von uns beiden entscheiden konnte, haben wir am Ende alle Filme verpaßt.

Warum ist es für viele Menschen schwer, Entscheidungen zu treffen? Ganz einfach: Weil sie Angst haben, sie könnten einen Fehler machen. Weil sie nicht sicher sind, die *richtige* Entscheidung zu treffen, sind sie deshalb am Ende wie gelähmt.

Wenn man sich jedoch um Entscheidungen herumdrückt, wird nichts getan. Wenn Sie es im Berufsleben zu etwas bringen wollen, müssen Sie Entscheidungen treffen können und andere motivieren, Entscheidungen zu treffen.

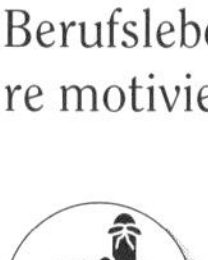

Ein sehr beliebtes Mittel zum Abwenden, Verzögern oder Aufschieben einer Entscheidung ist der sogenannte *Einwand*! Mit Einwänden umzugehen und sie richtig zu behandeln, ist Teil unseres Geschäfts und unseres Lebens. Jeden Tag verkaufen wir anderen Gedanken, Ideen, Konzepte, Produkte oder Dienstleistungen. Man versucht, einer Firma eine neue Computer-Software zu verkaufen, ein Geschäft über mehrere Millionen abzuschließen, oder man möchte für Samstagabend ein Rendezvous verabreden. Wenn wir die Zeit, die unser Gesprächspartner zur Entscheidungsfindung braucht, verkürzen könnten, wären wir mit unserer Arbeit schneller fertig.

Ihr Ziel ist das »Ja« des Gesprächspartners

Ich weiß nicht, womit Sie Ihren Lebensunterhalt verdienen, aber wahrscheinlich werden Sie wie die meisten Menschen irgend etwas verkaufen. Und das jeden Tag. Vielleicht verkaufen Sie einer Firma ein Produkt oder eine Dienstleistung, Ihrem Chef eine neue Idee, vielleicht versuchen Sie, Ihren neuen Arbeitgeber davon zu überzeugen, daß Sie der beste Kandidat für den Job sind, oder Sie versuchen, Ihren Nachbarn zum Abendessen zu überreden.

Aber was auch immer Sie verkaufen – Sie müssen den anderen dazu bringen, »Ja« zu sagen. Menschen treffen Entscheidungen, weil sie bestimmte Gründe dafür haben, die nichts mit Ihren oder meinen zu tun haben (ich weiß, daß diese Erkenntnis schmerzt). Wenn Sie aber herausbekommen, aus welchen Gründen sie »Ja« sagen würden, ist diese Aufgabe gar nicht so kompliziert.

Jeder hat andere Gründe für seine Entscheidungen. Eine in Ihrem Sinn positive Enscheidung läßt sich viel leichter herbeiführen, wenn Sie dem Gesprächspartner etwas zum Fühlen, Berühren oder Anschauen geben.

Das ABC des Verkaufens

Wenn Sie versuchen, jemanden zu einem »Ja« zu bringen, sollten Sie immer das ABC des Verkaufens vor Augen haben:

Advantage = Vorteil: Werben Sie mit den Vorteilen des Produktes, der Dienstleistung oder Idee.

Benefit = Gewinn: Sprechen Sie über den Gewinn, der sich mit dem Produkt, der Dienstleistung oder der Idee erzielen läßt, und überzeugen Sie Ihren Gesprächspartner von deren Vorteilen. Erklären Sie, wie bestimmte Besonderheiten eines Produktes oder einer Dienstleitung Probleme lösen oder die Lebensqualität verbessern können.

Commitment = Verpflichtung: Bringen Sie den Gesprächspartner zu irgendeiner Äußerung, aus der hervorgeht, daß er Ihr Produkt, gerne besitzen würde.

Geben Sie sich mit einem »Nein« nicht zufrieden

Die einzige Möglichkeit, jemanden zu einem »Ja« zu bringen, besteht darin, ihn um ein »Ja« zu bitten. Wenn Sie nicht danach fragen, werden Sie es nicht erhalten. Wenn Sie das erste Mal um ein »Ja« bitten, werden Sie wahrscheinlich ein »Nein« bekommen. Wenn man Ihnen gleichzeitig einen Grund dafür nennt, ist das ein sogenannter »Einwand«. Sie sind wahrscheinlich zu Tode erschrocken, aber das sollte Sie nicht davon abhalten, weiter nach einem »Ja« zu bohren. Ein Einwand ist nicht das Ende. Sie müssen nur weitermachen und mit dem Gesprächspartner darüber reden, warum die Antwort »Nein« lautete.

Sie müssen hartnäckig sein, wenn Sie jemanden zu einem »Ja« bringen wollen. Ich habe in einer Zeitung einmal eine interessante Statistik gesehen. Es ging dabei um die Reaktion von Menschen, die auf ihre Frage ein »Ja« erwarteten und statt dessen ein »Nein« zu hören bekamen. Hier die verschiedenen Reaktionen auf das »Nein«:

- ✔ 44 Prozent der Befragten gaben auf, nachdem sie das erste »Nein« erhielten, und gingen in ihr Büro zurück.
- ✔ Nach dem zweiten »Nein« gaben 22 Prozent auf und gingen in ihr Büro zurück.
- ✔ Nachdem sie das dritte »Nein« zu hören bekamen, gingen 14 Prozent zurück und gaben auf.
- ✔ Nach dem vierten »Nein« gaben 12 Prozent auf und gingen in ihr Büro zurück.

Diese Statistik zeigt, daß 66 Prozent der Leute nach dem zweiten »Nein« aufgeben, 80 Prozent nach einem dritten »Nein«, und 92 Prozent nach dem vierten »Nein« ihre Sachen packen und gehen, ohne eine Mark verdient zu haben.

Wenn Sie also ein »Ja« für Ihr Produkt, Ihre Dienstleistung oder Ihre Idee hören möchten, sollten Sie darauf vorbereitet sein, daß es länger dauern kann. Sie sollten davon ausgehen, eventuell fünf-, sechs- oder siebenmal nach einem »Ja« fragen zu müssen, bevor Sie aufgeben. Nur weil jemand ein- oder zweimal »Nein« sagt, heißt das noch nicht, daß er es auch beim dritten, vierten oder fünften Mal noch tut.

Zustimmung ist die Voraussetzung

Den Gesprächspartner zu einem »Ja« zu bewegen, ist der Prozeß, der allgemein als Verhandlung bezeichnet wird. Wenn Sie mit seinen Einwänden richtig umgehen, können Sie die Meinung des anderen über Ihr Produkt, Ihre Dienstleistung oder Idee ändern. Ihr Ziel liegt darin, jemanden von einer gewissen Gleichgültigkeit zu einem ernsthaften Interesse an Ihrem Produkt zu bringen.

Eine Abhandlung über Meerestiere

Kennen Sie folgendes Experiment? Ein Barrakuda wurde zusammen mit einem anderen Fisch, der das bevorzugte Fressen des Barrakudas war, in ein Aquarium gesetzt. Der Barrakuda hatte nur ein kleines Problem: Sein Fressen schwamm in dem Aquarium in einem eigenen kleinen Glasgefäß.

Jedesmal, wenn der Barrakuda versuchte, sich den Fisch zu schnappen, rammte er das Glas und stieß sich die Nase. Er versuchte das immer und immer wieder, bis seine Nase ganz wund war. Nach ein paar Tagen nahm man den Fisch aus dem Glasgefäß heraus, ließ ihn frei, und er konnte ungestört nach Herzenslust umherschwimmen.

Der Barrakuda jedoch verhungerte.

Gleichgültigkeit ist eine schwierige Hürde

Wenn jemand sagt: »Ich denke darüber nach« oder »Es eilt nicht«, ist das meistens ein Anzeichen dafür, daß er von Ihrer Idee nicht sehr angetan ist. Entweder hat Ihr Vorschlag oder Ihre Präsentation ihn nicht überzeugt, oder er ist mit der gegenwärtigen Situation nicht sonderlich unzufrieden und daher zu Veränderungen nicht bereit. Diese Gleichgültigkeit hat ihre Ursache meistens in folgenden Gründen:

- ✔ **Kein Vertrauen:** Ich vertraue Ihnen nicht.
- ✔ **Kein Bedarf:** Ich sehe keinen Bedarf für Ihr Produkt, Ihre Dienstleistung oder Ihre Idee.
- ✔ **Keine Verbesserung:** Ich sehe zwar Bedarf, aber Sie haben mich nicht überzeugt, daß Ihr Produkt, Dienstleistung oder Idee mir weiterhelfen kann.
- ✔ **Keine Eile:** Okay, Sie haben zwar genau das, was ich brauche, aber mein Problem ist nicht so dringlich, daß ich jetzt unbedingt für Abhilfe sorgen müßte.

Um jemanden zu einem »Ja« zu bringen, müssen Sie diese vier Gründe erkennen und dann nacheinander aus der Welt schaffen.

Wenn Sie merken, daß eine Person gleichgültig ist, müssen Sie nachforschen: Vielleicht finden Sie eine Schwachstelle in der Argumentation Ihres Gesprächspartners. (Mehr Informationen darüber, wie man die richtigen Fragen stellt, finden Sie in Kapitel 8). Die Antworten erhalten Sie, indem Sie offene Fragen stellen, also solche, die man nicht mit »Ja« oder »Nein« beantworten kann. Sie müssen Ihrem Gegenüber zuerst sein Problem bewußt machen oder ihm klarmachen, daß er mit etwas vollkommen unzufrieden ist. Dann können Sie ihm erklären, daß Ihr Produkt, Ihre Dienstleistung oder Idee die Lösung seines Problems ist.

Erkennen Sie den magischen Moment

In jedem erfolgreichen Verkaufsgespräch gibt es einen sogenannten *magischen Moment*, an dem der Käufer zustimmt und »Ja« sagt. Sie müssen die Signale hierfür erkennen und nutzen. Es kann eine einfache Geste – ein leichtes Vorlehnen bedeutet z.B.: »Ich bin bereit, ja zu sagen« – oder auch ein Augenzwinkern oder ein Lächeln sein. Wenn Sie ein solches Signal hören, spüren oder sehen, sollten Sie Ihre Präsentation sofort unterbrechen und versuchen, das Geschäft abzuschließen.

Ihr Ziel liegt darin, das Verkaufsgespräch mit einem »Ja« des potentiellen Kunden abzuschließen, und nicht darin, Ihre Präsentation zu Ende zu führen.

Fragen Sie nach dem »Wie«

Eine der effektivsten Methoden, um zu einem Geschäft zu kommen, besteht darin, mit dem Gesprächspartner über das »Wie« zu sprechen, nicht über das »Ob«. Fordern Sie den anderen auf, aktiv zu werden. Um ein Geschäft abzuschließen, müssen Sie nach einem Auftrag fragen. Wenn Sie nicht danach fragen, werden Sie auch keinen bekommen.

Wer darf Entscheidungen treffen?

In jedem Geschäft, ob in einem großen internationalen Konzern oder bei einem Einzelhändler, gibt es bestimmte Entscheidungsabläufe. Wenn Sie erfolgreich sein und ein »Ja« hören wollen, sollten Sie wissen, wie der Entscheidungsprozeß in dem jeweiligen Unternehmen abläuft.

Wenn Entscheidungen von mehr als einer Person getroffen werden, müssen Sie wissen, wer diese Personen sind, welche Funktion sie haben und in welcher Art sie an der Entscheidungsfindung beteiligt sind.

Wenn Sie die Entscheidungsträger kennen, sollten Sie sich mit ihnen treffen oder mit ihnen telefonieren, um sie für sich zu gewinnen und ihnen den Nutzen Ihres Produktes, Ihrer Dienstleistung oder Ihrer Idee nahezubringen.

Wer darf »Ja« sagen?

Wenn Sie eine einzelne Person oder ein Unternehmen dazu bringen wollen, eine Entscheidung zu treffen, sollten Sie zunächst herausbekommen, wer die Entscheidungen treffen darf. Wer hat die Autorität »Ja« zu sagen? Wenn Sie das herausgefunden haben – vielleicht war es ja bereits Ihr erster Ansprechpartner – sollten Sie ihm die Vorteile Ihres Produktes erläutern.

Wenn Sie nicht mit dem Entscheidungsträger direkt verhandeln, können Sie viel Zeit, Energie und Geld verschwenden.

Wer darf »Nein« sagen?

In jeder Organisation gibt es nur wenige Mitarbeiter mit der Kompetenz, »Ja« zu einem Vorschlag sagen zu dürfen. Wenn es aber darum geht, »Nein« zu sagen und all Ihre Angebote abzublocken, dann haben sie es mit einer Menge Menschen zu tun. Sie sollten herausfinden, wer zu dieser Gruppe gehört und versuchen, sie für sich beziehungsweise Ihr Produkt zu gewinnen.

Ein »Nein« ist nur so lange ein »Nein«, bis es ein »Ja« wird

Egal wie nett, freundlich und höflich jemand ist – ein »Nein« ist so lange ein »Nein«, bis es ein »Ja« wird. Gelegentlich kommen Sie mit Menschen in Kontakt, die Ihnen zwar alle Anzeichen für ein »Ja« geben, sich aber nie richtig festlegen. Obwohl Sie lange Telefonate führen oder persönlich mit ihnen sprechen, gehen sie keine Verpflichtung ein. Sie halten Sie hin, steigern Ihre Erwartungen, sagen aber nicht »Ja«. Sie lassen Sie in der Luft hängen und sagen noch nicht einmal »Nein«.

Seien Sie auf der Hut vor diesem Typ Mensch. Er ist gefährlich. Diese Leute haben nicht den Mut, Ihnen die Wahrheit zu sagen, die da lautet: »Ich bin nicht interessiert.« Oder noch schlimmer: Sie haben nicht die Kompetenz, Ihrem Angebot zuzustimmen. Das Ärgerlichste ist jedoch, daß es solchen Leuten ganz egal ist, daß Sie viel Zeit, Mühe und Geld investiert haben, und sie Sie auch noch dazu ermutigt haben.

Verhandeln Sie mit jemand, der Entscheidungen beeinflussen kann

Manchmal müssen Sie auch mit einem Angestellten verhandeln, der zwar selbst keine Entscheidungsbefugnis hat, die Entscheidung aber wesentlich beeinflußt. Wenn Sie zum Beispiel mit dem Geschäftsführer eines Unternehmens verhandeln, muß der möglicherweise erst die Zustimmung des Aufsichtsrates einholen, bevor er mit »Ja« antworten darf.

Es kann auch geschehen, daß jemand erst das OK seines Abteilungs- oder Hauptabteilungsleiters braucht, bevor er weiterverhandeln kann. Wenn Sie mit Privatpersonen verhandeln, kann Ihr Gesprächspartner vielleicht erst eine Entscheidung treffen, nachdem er mit seinem Ehepartner gesprochen hat.

In solchen Situationen müssen Sie die Person, die die Entscheidung wesentlich beeinflußt, von Ihrem Produkt überzeugen. Ansonsten wird der- oder diejenige Ihre Sache den Entscheidungsträgern ohne große Begeisterung präsentieren.

Um herauszufinden, ob die Person, mit der Sie verhandeln, Entscheidungen treffen darf oder sich erst mit anderen beraten muß, sollten Sie bei solchen Gesprächen Fragen nach folgendem Muster stellen:

> *Müssen oder wollen Sie sich noch mit jemand anderem beraten, bevor Sie die endgültige Entscheidung treffen?*

Hofieren Sie Ihren Champion

Ein »Champion« ist jemand, der durch seine Unterstützung Ihres Angebots oder sein Eintreten für Ihre Sache in seinem Unternehmen etwas erreichen will – Prestige, Anerkennung oder sonst etwas. Wenn Sie mit mehreren Leuten zu tun haben, die an der Entscheidungsfindung beteiligt sind, finden Sie diejenigen unter ihnen heraus, die Sie unterstützen und Ihnen helfen können, Ihre Produkte, Dienstleistungen oder Ideen in ihrem Unternehmen zu fördern. Diese Leute sollten Sie dann immer über Ihre Fortschritte unterrichten.

Vorsicht vor Leuten, die Ihre Sache blockieren

Sie werden auch mit Menschen zu tun haben, die aus irgendwelchen Gründen Ihre Aktivitäten abblocken oder sabotieren und alle Unternehmungen von Ihrer Seite zu unterbinden versuchen. Vielleicht haben diese Leute persönliche Gründe dafür oder sind einfach gegen jegliche Veränderungen. Vielleicht sind sie aber auch wütend, daß jemand anderes die Idee hatte, die sie selbst hätten haben sollen.

Um diese Leute kalt zu stellen, müssen Sie einen Weg finden, sie zu umgehen und andere Personen stärker in den Entscheidungsprozeß einbeziehen, so daß die Stimme des Blockierers kaum noch Gewicht hat. Wenn so jemand jedoch Ihr einziger Ansprechpartner in einem

Unternehmen ist, sollten Sie versuchen, einen anderen zu finden, ansonsten sind Sie raus aus dem Spiel. In einer solchen Situation könnte Ihnen Ihr »Champion« von großem Nutzen sein. Es ist immer gut, einen Coach zu haben, der Ihnen viele wichtige Ratschläge und Informationen geben kann.

Suchen Sie sich einen Coach

Irgendwann kommt jeder an einen Punkt, an dem er nicht mehr weiß, wie er weiter vorgehen soll. Man ist nicht sicher, wer die Entscheidungsträger sind oder wie Entscheidungen in dem Unternehmen getroffen werden. Dann braucht man jemanden, der einen durch dieses unbekannte Gewässer lotsen kann. Sie sollten sich jemanden suchen, der so etwas schon einmal gemacht hat; jemanden, der Ihnen Tips und Ideen liefert, Techniken und Strategien beibringt, wie Sie am besten mit solchen Situationen umgehen. Diese Person kann Sie während des gesamten Entscheidungsprozesses hindurch als Coach begleiten.

Ihr Coach kann Ihnen helfen, Angebote und Präsentationen auszuarbeiten. Er kann Ihnen Anregungen geben, was Sie sagen und wie Sie es sagen sollen, und Ihnen helfen, eine umfassende Strategie zu entwickeln, damit Sie am Ende ein »Ja« zu hören bekommen.

Wie Sie mit Einwänden effektiv umgehen

Das A und O für den positiven Ausgang einer Verhandlung ist Ihre Fähigkeit, Einwänden des Gesprächspartners erfolgreich zu begegnen. Gehen Sie dazu folgendermaßen vor: Fragen Sie nach den Gründen, warum man von Ihrem Produkt, Ihrer Dienstleistung oder Idee nicht überzeugt ist. Ermutigen Sie Ihren Verhandlungspartner, ehrlich und offen zu sagen, was er will, was er nicht will, was ihm gefällt, was ihm nicht gefällt, was er braucht oder nicht braucht. Wenn Sie die Gründe kennen, die ihn dazu veranlassen, mit »Nein« zu antworten, können Sie die Einwände nacheinander aus dem Weg räumen, und den Gesprächspartner davon überzeugen, daß er in seinem eigenen Interesse »Ja« sagen sollte.

Einwände sind wie ein Minenfeld. Und wenn Sie die Minen nicht einzeln lokalisieren, ausgraben und entschärfen, werden sie Sie vernichten.

Hier einige Tips, wie man am besten mit Einwänden umgeht:

- ✔ Wenn Sie eine Präsentation vorbereiten, versetzen Sie sich in den Zuhörer und machen sich eine Liste der Einwände, die er vorbringen könnte. Schreiben Sie sich auf, was Sie auf jeden dieser Einwände antworten können.
- ✔ Haben Sie keine Angst vor Einwänden. Ein Einwand zeigt oftmals ein ernsthaftes Interesse des Gesprächspartners und bedeutet eigentlich nur, daß er in diesem bestimmten Punkt nicht mit Ihnen übereinstimmt.
- ✔ Bringen Sie den anderen dazu, Ihnen *alle* Einwände zu nennen, die er hat. Dann können Sie mit Ihm zuerst über die wichtigsten sprechen.
- ✔ Besprechen Sie nicht jeden Einwand in dem Moment, in dem er vorgebracht wird. Wenn Sie auf jeden reagieren, messen Sie ihm möglicherweise mehr Bedeutung und Gewicht zu als nötig und verschwenden kostbare Zeit damit.
- ✔ Manche Einwände lösen sich auch in Wohlgefallen auf, wenn man nicht reagiert. Nur die wirklich wichtigen werden mehrmals erwähnt.

Es gibt zwei Arten von Einwänden

Einwände lassen sich in zwei Kategorien einteilen: sachliche und emotionale Einwände. Der erste ist gültig, der zweite kann gültig sein, muß es aber nicht.

- ✔ **Sachliche Einwände basieren auf Logik.** Ein sachlicher Einwand basiert auf logischen und sachbezogenen Gründen. Er ist insofern begründet, als Ihr Gesprächspartner von Gründen ausgeht, die er für Fakten hält. Auch wenn die Fakten nicht korrekt sind oder auf fehlerhaften Informationen, Gerüchten oder Andeutungen beruhen, ist es dennoch ein gültiger Einwand.

  Sachliche Einwände lassen sich bei genauerer Untersuchung der angenommenen Fakten ausräumen. Die falschen Informationen lassen sich in einem längeren Gespräch korrigieren.
- ✔ **Emotionale Einwände sind weder logisch noch sachbezogen.** Sie basieren auf emotionalen Reaktionen und sind meistens nur Ausflüchte, die den wahren Grund verschleiern sollen. Emotionale Einwände hören sich logisch an, aber wenn Sie sich die Zeit nehmen, sie zu analysieren und darüber nachzudenken, stellen Sie fest, daß sie keinen Sinn ergeben.

Wenn jemand einen Einwand nach dem anderen vorbringt, und keiner davon wirklich Sinn ergibt, haben Sie es wahrscheinlich mit jemandem zu tun, der Entscheidungen gefühlsmäßig trifft. Ein emotionaler Einwand läßt sich auch durch noch so viele faktische oder logische Informationen nicht aus dem Weg räumen. Die Person sagt »Nein«, wird aber nie den wirklichen Grund dafür nennen können.

Wenn Ihnen Ihr Gefühl sagt, daß Sie es mit emotionalen Einwänden zu tun haben, liegt es an Ihnen, die Unterhaltung wieder in die richtige Bahn zu lenken und über Fakten zu sprechen. Wenn Sie das nicht schaffen, sollten Sie Ihre Sachen packen und gehen.

Manchmal sagen Ihre Gesprächspartner auch gefühlsmäßig »Ja«, rechtfertigen diese Entscheidung dann aber mit sachlichen Gründen.

Mit diesen Techniken räumen Sie Einwände aus dem Weg

Während eines Gesprächs mit einem potentiellen Kunden werden Sie in aller Regel Sätze (Einwände) zu hören bekommen, die darauf hindeuten, daß man Ihr Produkt, Ihre Dienstleistung oder Idee nicht oder noch nicht kaufen möchte. Nachdem Sie dem Gesprächspartner alle Einwände entlockt haben, die er möglicherweise haben könnte, müssen Sie sie nacheinander widerlegen. Beginnen Sie mit den wichtigsten und verwenden Sie dabei die in folgenden Abschnitten beschriebenen Techniken:

Eine Frage mit einer Frage beantworten

Wenn Sie etwas gefragt werden, müssen Sie nicht in jedem Fall eine direkte Antwort geben. Beantworten Sie die Frage statt dessen mit einer Gegenfrage, um mehr darüber zu erfahren, was der Gesprächspartner denkt. Denken Sie daran: Der Fragesteller steuert das Gespräch.

Lassen Sie Ihren Gesprächspartner reden

Ermutigen Sie den anderen zu sagen, was er will oder nicht will, was er mag oder nicht mag, was er braucht oder nicht braucht. Widerstehen Sie der Versuchung, auf jede Aussage etwas zu erwidern. Und unterbrechen Sie den anderen nicht in seinem Redefluß.

Stimmen Sie zu, daß der angesprochene Punkt wichtig ist

Es ist in Ordnung, wenn Sie sagen: »Gut, daß Sie das ansprechen.« Das heißt nicht, daß Sie dem anderen zustimmen, aber es zeigt, daß Sie das angeschnittene Thema wichtig finden. Sie könnten zum Beispiel folgendes sagen:

Ich verstehe, warum Sie das erwähnen ...

Ich verstehe Ihre Gefühle.

Das ist eine interessante Beobachtung, die Sie da gemacht haben.

Sie haben da einen wichtigen Punkt angeschnitten.

Selbst wenn Sie mit Ihrem Gegenüber nicht übereinstimmen, sollten Sie versuchen, sich positiv auszudrücken. Ein »Nein« ersetzen sie am besten durch

Ja, aber ...

Auf diese Weise *sieht es aus*, als ob Sie der Meinung des anderen sind, in Wirklichkeit sind Sie es aber nicht.

Lassen Sie sich die Einwände erklären

Wenn Sie wollen, daß Ihnen der Gesprächspartner eine bestimmte Aussage näher erläutert, bitten Sie sie um Klärung. Sagen Sie zum Beispiel:

Wie kommen Sie zu diesem Schluß?

Warum denken Sie so?

Es scheint mir, daß Sie einen ernsten Grund dafür haben. Würde es Ihnen etwas ausmachen, mir den Grund zu nennen?

Identifizieren Sie alle wichtigen Punkte

Je besser es Ihnen gelingt, den Gesprächspartner zum Reden zu bringen, desto leichter werden Sie seine wichtigsten Einwände erkennen können. Um den anderen zum Reden zu bringen, könnten Sie Fragen nach folgendem Muster stellen:

Gibt es sonst noch etwas, was Sie stört?

Gibt es noch andere Punkte, die Sie besprechen möchten?

Sie wollen mit Ihren Fragen unter anderem herausfinden, was der andere *wirklich* will. Wenn Sie das herausgefunden haben, wird es viel leichter, den anderen zu einem »Ja« zu bewegen.

Zeigen Sie Reaktionen

Um sicherzugehen, daß Sie alles verstanden haben, sollten Sie mit Sätzen wie den folgenden reagieren:

Wenn ich Sie richtig verstanden habe, sagten Sie ...

Wenn ich Sie richtig verstanden habe, machen Sie sich Sorgen wegen ...

Wenn ich Sie richtig verstanden habe, glauben Sie ...

Schwächen Sie einen Einwand ab, indem Sie eine Konfrontation vermeiden

Egal, was jemand sagt – besonders wenn Ihr Gesprächspartner sich dabei erregt – lassen Sie sich niemals auf eine Diskussion ein. Vielleicht gewinnen Sie den Streit, aber Sie werden es nie schaffen, der Person ein »Ja« abzuringen. Reagieren Sie lieber mit Sätzen wie dem folgenden:

Ich verstehe, warum sie so denken, aber ...

Mit der Umschreibung *»Ich verstehe ...«*, in einem ruhigen, freundlichen Tonfall vorgebracht, können Sie eine explosive Situation oder Konfrontation entschärfen. Dabei müssen Sie noch nicht einmal angeben, ob Sie der Aussage zustimmen oder nicht.

Finden Sie den wichtigsten Einwand heraus

Versuchen Sie immer, den wichtigsten Einwand herauszufiltern. Dieser Einwand ist der *ausschlaggebende* Grund dafür, daß der Gesprächspartner jetzt keine Entscheidung treffen will. Wenn Sie mit diesem Einwand richtig umgehen, wird der andere bereit sein, »Ja« zu sagen. Um Ihrem Gesprächspartner diesen Einwand zu entlocken, könnten Sie zum Beispiel sagen:

Gibt es noch andere Gründe außer diesem Einwand, warum Sie sich nicht entschließen können, das Okay für eine weitere Zusammenarbeit zu geben?

Wenn ich Sie richtig verstanden habe, (Name), sieht es doch so aus: Wenn ich Ihnen zeige, wie Sie mit unserem (Produkt, Dienstleistung, Konzept, Idee) sehr viel Zeit (Geld) einsparen können, würden Sie jetzt sofort zustimmen?

Atmen Sie einmal tief durch, bevor Sie sprechen

Bevor Sie etwas auf einen Einwand erwidern, sollten Sie stets tief durchatmen. So schlagen Sie zwei Fliegen mit einer Klappe: Sie füllen Ihre Lungen mit Luft, so daß Ihre Stimme tiefer und imposanter klingt, und Sie haben etwas Zeit, um Ihre Gedanken zu ordnen.

Und das Geschäft bleibt auf der Strecke

Ein Freund von mir, der als Vertreter für Lebensversicherungen arbeitet, erzählte mir einmal voller Stolz, wie effektiv er alle Einwände aus dem Weg geräumt habe, die einer seiner aussichtsreichen Kunden vorgebracht hatte.

Als ich ihn aber fragte, über welche Höhe der Kunde eine Lebensversicherung abgeschlossen hatte, sah Bob mich befremdet an, fing an zu stammeln und schaute auf seinen Schreibtisch.

»Also,« sagte er verlegen, »er hat gar keine Lebensversicherung abgeschlossen.«

»Aber du sagtest doch gerade, daß es dir so toll gelungen ist, alle seine Einwände zu widerlegen.«

»Ja, das schon, aber ...«

»Aber Bob«, sagte ich, »er hat dir keine Lebensversicherung abgekauft, also hast du seine Einwände nicht widerlegt.« Bob schaute mich daraufhin mit diesem »Es-ist-Zeit-daß-du-jetzt-gehst-Blick« an, und ich verließ deshalb lieber schnell sein Büro.

Geben Sie Ihrem Gesprächspartner einen Stift, wenn Sie einen Punkt besonders hervorheben möchten

Möchten Sie einen Punkt besonders betonen, geben Sie Ihrem Kunden einen Stift und ein Blatt Papier, und bitten Sie ihn, sich Notizen zu machen. So erreichen Sie, daß man Ihnen die Aufmerksamkeit schenkt und gut zuhört.

Wenn es im Verlauf eines Gespräches darum geht, eine Reihe von Zahlen zu addieren oder zu multiplizieren müssen, geben Sie Ihrem potentiellen Kunden Stift und Papier, und lassen Sie ihn selber die Rechnungen anstellen. (Wenn es viel zu addieren, subtrahieren, multiplizieren oder dividieren gibt, geben Sie ihm einen Taschenrechner).

Auf diese Weise nimmt der Kunde aktiv teil und kann selbst erkennen und verstehen, wie Sie zu den Ergebnissen kommen. Wenn der Kunde selbst rechnet und schreibt, weiß er, daß die Ergebnisse korrekt sind. Es sind dann nicht Ihre Zahlen, sondern seine.

Wenn Sie bestimmte Vorteile Ihres Produktes, Ihrer Dienstleistung oder Idee besonders hervorheben möchten, bitten Sie den Kunden, die von ihnen genannten Punkte zu notieren.

Eine Pro-und-Kontra-Bilanz als Verkaufsmittel

Wenn Sie möchten, daß Ihr Kunde selber einmal alle Gründe auflistet, warum er etwas von Ihnen kaufen sollte, lassen Sie ihn eine Art Bilanz erstellen. Geben Sie ihm Stift und Papier und bitten Sie ihn, oben eine waagerechte Linie und in der Mitte eine senkrechte Linie zu ziehen. Über die linke Spalte soll er *Pro* und über die rechte *Kontra* schreiben (siehe Abbildung 9.1).

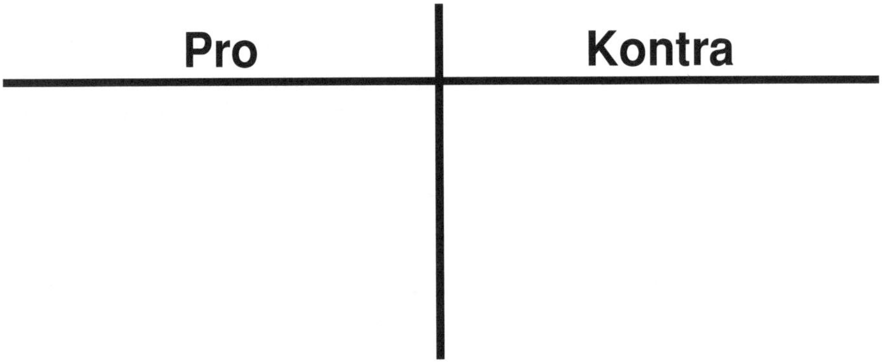

Abbildung 9.1: Eine Pro-und-Kontra-Bilanz

Bitten Sie den Kunden anschließend, die Vorteile Ihres Produktes nacheinander aufzulisten. Wenn er Probleme hat, diese zu formulieren, diktieren Sie sie ihm. Während Ihr Kunde schreibt, nutzen Sie die Gelegenheit, jedes Detail zu betonen. Hören Sie nicht auf, bevor die Liste 20 Punkte umfaßt.

An dieser Stelle kommt der lustige Teil. Wenn Sie und Ihr Kunde an dem Punkt angelangt sind, an dem Ihnen keine positiven Aspekte mehr einfallen, sagen Sie:

> *So, und jetzt listen wir die Nachteile auf, die Sie haben, wenn Sie das Produkt/die Dienstleistung/die Idee nicht benutzen/kaufen/befolgen.*

Jetzt werden Sie unsichtbar. Sie sagen nichts mehr. Sie sitzen nur da und beobachten, wie er versucht, die Kontra-Spalte auszufüllen.

Wenn er fertig ist, zählen Sie die Punkte der Pro-Spalte einzeln auf und fragen ihn nach dem »Ja«. Sie sollten die einzelnen Punkte laut vorlesen. Danach machen Sie sich wieder unsichtbar und sagen nichts mehr, bis der Kunde handelt.

Hören Sie einfach auf zu reden!

Haben Sie jemals auf die Frage eines anderen geschwiegen, und als Sie nicht antworteten, hat auch der andere nichts gesagt – es war einfach still. Und je länger das Schweigen anhielt, desto lauter wurde es!

Schweigen läßt sich als sehr subtiles, aber wirksames Verkaufsmittel einsetzen. Wenn es zur Entscheidung über »Ja« oder »Nein« kommt, stellen Sie Ihre Frage und hören Sie dann auf zu reden. Sagen Sie einfach nichts mehr, sitzen Sie einfach da und warten Sie.

Schweigen erzeugt Spannung, und je länger das Schweigen dauert, desto größer wird die Spannung. Das Schweigen kann 10 oder 15 Sekunden dauern, oder so lange, daß es einem wie eine Ewigkeit vorkommt. Sagen Sie kein einziges Wort! Sitzen Sie einfach nur da. Atmen Sie durch, und versuchen Sie, ruhig auf Ihrem Stuhl zu sitzen. Falten Sie die Hände und pressen Sie Ihre Finger zusammen, damit Sie nicht anfangen zu zappeln. Versuchen Sie möglichst, nicht zu sehr zu schwitzen. Und warten Sie!

Ihre Gedanken rasen. Sie fragen sich »Was wird er sagen? Was wird er tun? Was passiert jetzt?« Sie wissen es nicht, aber Sie bleiben trotzdem ruhig und warten. Und denken Sie daran: *Wer zuerst spricht, hat verloren.*

Wenn Sie warten können, bis der andere wieder zu sprechen beginnt, wird er in den meisten Fällen »Ja« sagen. Und dann kauft er, was auch immer Sie verkaufen wollen.

Vermitteln Sie ein Gefühl von Dringlichkeit

Die meisten Menschen sind bereit, Entscheidungen zu treffen, wenn sie merken, daß sie ansonsten eine Gelegenheit verpassen. Wenn Sie mit einem Zauderer verhandeln, ist es wichtig, daß Sie nicht nur den Nutzen Ihres Produktes, Ihrer Dienstleistung oder Idee demonstrieren, sondern auch, wie wichtig es ist, die Entscheidung JETZT zu treffen. Und um das zu tun, müssen Sie eine gewisse Dringlichkeit vermitteln. Helfen Sie dem Zögerer, die Gelegenheit zu ergreifen.

Zehn Möglichkeiten, wie man den plötzlichen Umschwung eines Verkaufsgesprächs vermeidet

Nachdem Sie viel Mühe aufgewendet haben, um den Kunden zu einem »Ja« zu bewegen, wollen Sie bestimmt nicht in letzter Minute alles zerstören, indem Sie etwas Verkehrtes sagen oder tun. Die meisten Menschen werden nervös, wenn eine Entscheidung gefällt oder ein Papier unterschrieben werden muß. Machen Sie es deshalb dem Kunden möglichst einfach! In der folgenden Aufstellung finden Sie die wichtigsten Formulierungen, die eine Unterhaltung oder ein Verkaufsgespräch zerstören können. Verwenden Sie immer Sätze und Formulierungen, die den Prozeß der Entscheidungsfindung weniger bedrohlich machen.

- ✔ Fragen Sie den anderen nicht, ob er bereit sei, »Ja« zu sagen, sondern *setzen* Sie es einfach *voraus*.
- ✔ Bitten Sie den Kunden nicht, etwas zu kaufen. Sagen Sie statt dessen: »Lassen Sie uns weitermachen« oder »Bringen wir den Stein ins Rollen« oder »Warum versuchen wir es nicht einfach?«. Holen Sie dabei Ihren Bestellblock, einen Vordruck oder einen Antrag heraus. Dann fragen Sie: »So, und wie schreibt sich nun Ihr Name?«
- ✔ Sie unterschreiben niemals einen Vertrag, sondern kommen zu einem Abschluß oder einem Geschäft.
- ✔ Verträge bedeuten nämlich eine Menge Schreibkram.

- Sprechen Sie nicht über Kosten und Ausgaben, sondern über Investitionen, Gewinn oder Nutzen.
- Wenn Sie über Kosten reden, sollten Sie diese in monatlichen oder täglichen Beträgen angeben; einen Gewinn drücken Sie als Summe pro Jahr aus. Ausgaben werden in niedrigen Zahlen, Gewinne und Einkünfte in hohen Zahlen ausgedrückt.
- Sprechen Sie in Kategorien, die die Leute kennen und verstehen. Die meisten Menschen zahlen bar oder in monatlichen Raten, Einkünfte werden jedoch meistens als Jahresbeträge angegeben.
- Reden Sie nicht vom Kaufen. Gehen Sie in Ihren Formulierungen immer davon aus, daß der Kunde das betreffende Produkt bereits besitzt.
- Sie verkaufen keine Produkte oder Dienstleistungen, Sie verkaufen Vorteile und Problemlösungen.
- Es gibt keine Probleme, sondern nur Punkte, die man ansprechen sollte.

Machen Sie sich bei jedem Gespräch genaue Notizen

Im Laufe der Jahre habe ich festgestellt, wie wichtig es ist, sich detaillierte Notizen über alle Besprechungen und Gespräche zu machen, um nicht zu vergessen, was dem Gesprächspartner besonders wichtig war.

Diese Notizen habe ich in der Akte des betreffenden Gesprächspartners abgelegt, damit ich sie schnell wiederfinden kann. So hatte ich dauerhafte Aufzeichnungen darüber, was besprochen wurde, welche Entscheidungen getroffen wurden und wer was wann tun sollte. Die Notizen enthielten auch meine persönlichen Anmerkungen, Gedanken und Meinungen.

Das ist ein weiterer Grund, warum die Arbeit mit ACT! (wie in Kapitel 5 erklärt) so angenehm ist: Mit ACT! können Sie alle Ihre Notizen elektronisch in Ihrem PC speichern und müssen sie nicht mehr alles auf kleine Zettelchen schreiben, die auf Ihrem Schreibtisch herumfliegen und schließlich in dem ganzen Chaos in Ihrem Büro verlorengehen.

Nach dem »Ja« fängt der Spaß erst richtig an: das Verhandeln

Nur weil jemand »Ja« gesagt hat, heißt das noch lange nicht, daß Ihre Arbeit jetzt vorbei ist. Jetzt geht es erst richtig los. Sie müssen nun die Bedingungen des Geschäfts verhandeln – möglichst ohne dabei Ihre ganze Firma zu verkaufen. Sie wollen über die Bedingungen des Geschäfts *verhandeln*, keine Kompromisse oder Konzessionen machen. Ihr Ziel ist, ein für beide Seiten befriedigendes Übereinkommen zu erreichen, das Sie und Ihr Gesprächspartner für die beste aller Lösungen halten.

Geben Sie bei einer Verhandlung nie etwas her, ohne im Gegenzug etwas anderes dafür zu bekommen.

Verhandeln Sie als der Stärkere

Zu Beginn jeder Verhandlung haben beide Parteien eine bestimmte Vorstellung von ihrer eigenen Position und von der Stärke des Gesprächspartners auf der anderen Seite des Tisches. Wenn Sie beginnen, die einzelnen Punkte, Bedingungen und Konditionen des Geschäfts zu besprechen und zu verhandeln, zeigen Sie Selbstvertrauen und vermitteln Sie den Eindruck, daß Sie aus einer starken Position heraus verhandeln.

Mit einem guten Start können Sie die andere Seite glauben machen, daß Ihre Position in dem Geschäft etwas stärker ist, als sie glaubte. Als Resultat werden Sie dann wahrscheinlich in der gesamten Verhandlung besser dastehen.

Bringen Sie alle Punkte auf den Tisch

Eine Verhandlung kann nur dann effektiv sein, wenn zunächst alle Aspekte – wichtige und weniger wichtige – auf den Tisch gebracht werden. Das heißt, daß Sie sich die Zeit nehmen müssen, zunächst eine komplette Liste mit allen zu verhandelnden Punkten zu erstellen, bevor Sie die verschiedenen Einzelpunkte verhandeln. Je mehr Variablen zur Verfügung stehen, desto mehr Möglichkeiten haben Sie, ein für beide Seiten befriedigendes Übereinkommen auszuhandeln.

In jeder Verhandlung werden Sie und die andere Partei unterschiedliche Punkte für besonders wichtig halten. Ihr Ziel besteht darin, Situationen zu schaffen, bei denen Sie kleine Konzessionen machen können, für die Sie aber im Gegenzug etwas zurückbekommen möchten, das für Sie von großem Nutzen ist. Wenn jeder kleine Zugeständnisse machen konnte, die für den anderen von großem Nutzen sind, hatten Sie eine erfolgreiche und effektive Verhandlung, und beide Seiten haben gewonnen.

Eine grundlegende Voraussetzung für eine effektive Verhandlung ist, daß Sie für jedes eigene Zugeständnis immer etwas im Gegenzug erhalten. Machen Sie niemals einseitige Zugeständnisse! Es ist einfacher, von dem anderen etwas im Gegenzug zu erhalten, wenn Sie ihm mehrere Alternativen bieten, die für alle akzeptabel sind.

Deswegen ist Verhandeln so ein lustiges Spiel: Beide Parteien können die Arena in dem Gefühl verlassen, gewonnen zu haben. Während Sie also die Bedingungen Ihres Abkommens aushandeln, sollten Sie immer weiter nach neuen Varianten suchen, die Sie besprechen können. Je mehr Punkte Sie zur Auswahl auf dem Tisch haben, desto besser sind Ihre Chancen, ein Paket zusammenzustellen, das für Sie beide akzeptabel ist.

Ein paar Worte über Konzessionen

An dieser Stelle möchte ich Ihnen einige Tips geben, wie Sie mit Zugeständnissen umgehen sollten.

- **Machen Sie Zugeständnisse nicht zu bereitwillig.** Auch wenn Sie sich schnell zu einem Zugeständnis entschließen könnten, nehmen Sie sich einen Moment oder zwei – oder sogar mehrere Tage – Zeit, um Ihre Entscheidung abzuwägen.
- **Tun Sie so, als wenn Sie ein bestimmtes Zugeständnis sehr schmerzt.** Wenn Sie zu schnell auf ein Zugeständnis eingehen, wird die andere Seite denken, daß sie nichts Besonderes erreicht hat, und versuchen, beim nächsten Punkt ein wichtiges Zugeständnis herauszuholen. Egal wie gut das Geschäft für die andere Seite auch ausfällt – sie wird nicht zufrieden sein und läßt die Verhandlungen unter Umständen sogar scheitern.

Die beste Strategie, um ein Geschäft nach Ihren eigenen Vorstellungen durchzusetzen, besteht darin, keinerlei Wünschen der Gegenseite nachzugeben und keine Zugeständnisse zu machen. Wenn es aber ohne Konzessionen wirklich nicht geht, sollten Sie zumindest eine *Gegenleistung* verlangen oder sich weigern, der Gegenseite noch weiter entgegenzukommen. Auf diese Weise kann man am besten das gesamte Paket schnüren.

Beachten Sie den großen Zusammenhang

Wenn Sie die Bedingungen eines Geschäfts verhandeln, gibt es vielleicht nur eine Handvoll manchmal aber auch Tausende von Fragen, die besprochen und ausgehandelt werden müssen. Wenn Sie aber jeden Punkt unabhängig von den anderen verhandeln, wird das Ergebnis meistens unbefriedigend sein. Mit dieser Verhandlungstechnik werden Sie sich unweigerlich in eine Situation hineinmanövrieren, in der es nur drei Ergebnisse geben kann, von denen jedes wenigstens für eine Seite sehr unbefriedigend ist:

- ✔ Sie gewinnen – die andere Seite verliert.
- ✔ Die andere Seite gewinnt – Sie verlieren.
- ✔ Sie treffen sich in der Mitte – beide verlieren.

Das einzige, was Sie mit dieser Verhandlungstechnik erreichen, ist eine Gelegenheit, zum nächsten Punkt überzugehen und das Spiel weiterzuspielen.

Wenn Sie der Verkäufer sind, führt die Verhandlung von Einzelfragen unweigerlich zu einem Desaster. Sind Sie jedoch der Käufer, kann das eine effektive Taktik sein, weil Sie die andere Seite damit zu einseitigen Konzessionen zwingen können. Ich gebe Ihnen ein Beispiel, was Ihnen als Verkäufer passiert, wenn Sie einen Punkt nach dem anderen verhandeln:

Ein potentieller Käufer sagt, daß er 10.000 Stück Ihres Produktes kaufen möchte, aber den Preis zu hoch findet. Bei einem Preisnachlaß von 10 Prozent würde er Ihnen den Auftrag jedoch erteilen. Sie stimmen zu.

Nachdem er es geschafft hat, den Preis zu drücken, besprechen Sie den Liefertermin. Sie sagen ihm, daß Sie den gesamten Auftrag in 60 Tagen liefern können. Da er aber die Lieferung gern ihn 15 Tagen hätte, einigen Sie sich auf 30 Tage. Und wieder haben Sie verloren.

Und schließlich diskutieren Sie die Zahlungsbedingungen. Ihre Firma verlangt normalerweise 50 Prozent Anzahlung bei Auftragserteilung und den Restbetrag bei Lieferung. Er erklärt, daß seine Firma das so nicht machen kann, denn deren übliche Zahlungsbedingungen sei 50 Prozent bei Auftragserteilung, den Rest in 30 Tagen. Sie diskutieren die Angelegenheit und einigen sich schließlich auf sofortige Zahlung von 25 Prozent, 50 Prozent bei Lieferung und den Rest in 30 Tagen.

Da die Bedingungen dieses Geschäfts unabhängig voneinander verhandelt wurden, haben Sie in jedem der Einzelpunkte verloren – auch wenn Sie noch so glücklich darüber sind, 10.000 Stück verkauft zu haben.

Schauen wir uns jetzt einmal an, wie Sie die Bedingungen dieses Geschäftes – Preis, Lieferdatum und Zahlungsbedingungen – hätten besser aushandeln können, wenn Sie alle Punkte gleichzeitig verhandelt hätten. Hier einige Alternativszenarien:

- Als der andere Sie bat, den Preis zu senken, hätten Sie ihn fragen können, wie er die Ware zu bezahlen beabsichtige: »Ich kann mit dem Preis 10 Prozent runtergehen, wenn Sie 75 Prozent sofort und den Restbetrag bei Lieferung in 60 Tagen bezahlen.«
- Wenn er gesagt hätte, daß er die Ware in 15 Tagen benötigt, hätten Sie sagen können: »Unsere normale Lieferzeit beträgt 60 Tage. Wir könnten auch in 15 Tagen liefern – allerdings nicht zu dem Preis. Ich muß Ihnen dann 10 Prozent aufschlagen. Unsere normalen Zahlungsbedingungen sind 50 Prozent Anzahlung bei Vertragsabschluß und den Restbetrag bei Lieferung.«

Sie haben sicher gemerkt, worauf ich hinaus will.

Wenn Sie diese drei Punkte im Zusammenhang verhandeln, lassen sich die unterschiedlichsten Varianten diskutieren. Die endgültigen Bedingungen könnten dann beispielsweise folgendermaßen aussehen: Lieferung in 21 Tagen, 8 Prozent Preisaufschlag, 30 Prozent Anzahlung, 50 Prozent bei Lieferung und Zahlung des Restbetrages in 30 Tagen. Beide Seiten könnten mit diesen Bedingungen leben, mit dem Verhandlungsergebnis zufrieden sein und sich als Gewinner fühlen.

Jeden Einzelpunkt isoliert von allen anderen zu besprechen, führt bei der Verhandlung von Geschäftsbedingungen zu unbefriedigenden Ergebnissen, da die Einzelbedingungen nun einmal nicht unabhängig voneinander existieren. Sie sind alle nur Teile eines Gesamtpakets, dessen Details ausgehandelt werden müssen.

Vor der eigentlichen Verhandlung, sollten Sie sich die Zeit für eine Menge Fragen nehmen, um die verschiedenen Fragen und Streitpunkte herauszufinden, über die Sie sich einigen müssen. Auf diese Art und Weise bekommen Sie heraus, was die andere Seite wirklich braucht und erreichen will. Lassen Sie während dieser Unterhaltung die andere Seite ruhig wissen, daß Sie bereit sind, über alles zu reden. Machen Sie aber keine Zugeständnisse, bevor Sie nicht alle Verhandlungspunkte kennen.

Teil III

So können Sie sich besser verständlich machen

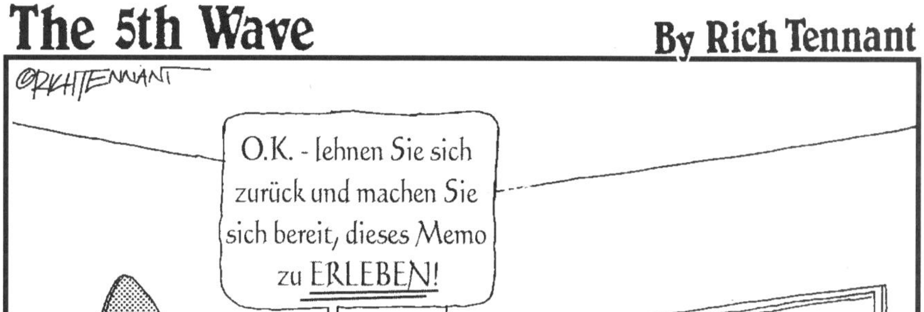

In diesem Teil ...

In den nächsten Kapiteln werde ich Ihnen eine Menge Tips, Ideen, Techniken und Strategien vorstellen, mit denen Sie sich den Geschäftspartnern besser verständlich machen können.

Zuerst zeige ich Ihnen, wie Sie das Telefon zu Ihrem Freund machen können. In Kapitel 11 erfahren Sie, wie ein vernünftiges Voice-Mail-System eingerichtet wird. Kapitel 12 enthält Tips, wie Sie Briefe, Memos und Berichte besser schreiben. Und in Kapitel 13 erkläre ich Ihnen schließlich alles Wichtige über E-Mail.

Machen Sie das Telefon zu Ihrem Freund

10

In diesem Kapitel

- So machen Sie am Telefon einen guten Eindruck
- So legen Sie den Grund eines Anrufes fest
- Geld verdienen mit dem Telefon
- Die Wahl des richtigen Handys
- So holen Sie das Beste aus Ihrem Telefon heraus

Wenn Sie sich Ihre täglichen Aktivitäten einmal anschauen, stellen Sie fest, daß es außer dem Tod und den Steuern zwei weitere unabwendbare Dinge gibt:

- ✔ Sie verbringen viel Zeit in Besprechungen.
- ✔ Wenn Sie nicht gerade in Besprechungen sitzen, dann hängen Sie am Telefon.

In Kapitel 7 haben wir besprochen, wie Sie Ihre Besprechungen kürzer und produktiver machen können. Jetzt, da wir uns das Telefon vorknöpfen, lassen Sie uns einen Schritt zurückgehen und uns seinen ursprünglichen Zweck ansehen: Es bietet uns die Möglichkeit, Informationen mit anderen Leuten auszutauschen.

Denken Sie einmal darüber nach, wie weit wir in den letzten 40 Jahren mit dem Telefon gekommen sind. Früher hatten wir Telefone mit Wählscheibe, heute haben wir Tastentelefone mit Tonwahl und den Computer, der für uns wählt.

Als ich ein Kind war, hatten wir zwei Telefone im Haus. Ein Telefon war unten, das andere oben. Heute haben wir schnurlose Telefone, die wir überall im Haus oder im Garten benutzen können, und Mobiltelefone, die wir in unsere Autos installieren oder in der Tasche bei uns tragen. Wie werden wohl die Telefone des 21. Jahrhundert aussehen?

Aber lassen wir einmal all diese phantastischen High-Tech-Spielereien für einen Moment außer acht. Das Telefon ist immer noch ein Mittel, mit dessen Hilfe wir mit anderen kommunizieren.

Wie wirken Sie am Telefon?

Ich weiß, Sie können seit Ihrem vierten Lebensjahr telefonieren, aber haben Sie jemals darüber nachgedacht, wie Sie am Telefon wirken? Und egal, wie gut Sie am Telefon sind, Sie können immer noch besser werden.

Ihre Gefühle und Regungen kommen klar und deutlich rüber

Sind Sie jemals richtig wütend gewesen und dann ans Telefon gegangen, um jemanden anzurufen, der gar nichts mit Ihrer Wut zu tun hatte, und haben an dieser armen, unschuldigen Seele Ihre Wut ausgelassen? Ich kann mich gut daran erinnern, das schon manches Mal getan zu haben. Nachher fühlte ich mich immer so schlecht, daß ich wieder angerufen habe, um mich für mein schlechtes Benehmen zu entschuldigen.

Nun, egal was für Gefühle Sie hegen, ob Sie glücklich, traurig, erfreut oder deprimiert sind, diese Gefühle spiegeln sich in Ihrer Stimme wider, sobald Sie den Hörer in die Hand nehmen und mit jemandem sprechen. Bei einem persönlichen Gespräch kann Ihr Gegenüber Ihre nonverbalen Botschaften wie etwa den Gesichtsausdruck, die Bewegung Ihrer Augen, Ihre Körperhaltung und Ihre Gesten sehen und darauf antworten.

Am Telefon kann die Person am anderen Ende diese nonverbalen Botschaften zwar nicht sehen, aber Ihre Einstellung, Gefühle, Gedanken und Meinungen werden durch den Klang und die Höhe Ihrer Stimme, die Geschwindigkeit, mit der Sie sprechen, und sogar die Wortwahl übermittelt.

Wann immer Sie mit jemandem telefonieren, vermitteln Sie eine bestimmte Botschaft. Diese Botschaft könnte darauf hinweisen, daß Sie glücklich sind und die Unterhaltung weiterführen wollen oder daß Sie gelangweilt oder desinteressiert sind und im Moment lieber etwas anderes tun möchten.

Lächeln Sie!

Sie werden es nicht glauben wollen, aber Sie kommen am Telefon wesentlich besser an, wenn Sie lächeln und dieses Lächeln an den Gesprächspartner weitergeben. Die Leute tauen auf, wenn Sie ihnen bei einem persönlichen Gespräch mit einem Lächeln begegnen. Das Gleiche passiert, wenn Sie sie durch das Telefon anlächeln.

Seit vielen Jahren habe ich das Bild eines lächelnden Gesichtes vor mir hängen, das mich daran erinnern soll, beim Telefonieren zu lächeln. Es hilft mir, am Telefon freundlicher und offener zu klingen. Mein Vorschlag: Stellen Sie einen kleinen Spiegel auf Ihren Schreibtisch, damit Sie sich beobachten können, während Sie telefonieren.

Seien Sie enthusiastisch

Haben Sie sich jemals mit Leuten unterhalten, die so klingen, als kämen sie gerade von einer Beerdigung oder einer Totenwache? Sie sprechen mit dumpfer und monotoner Stimme. Ihre Stimme ist auch dann vollkommen leb- und kraftlos, wenn sie anrufen, um Ihnen eine gute Nachricht mitzuteilen. Wenn ich einen solchen Anruf erhalte, möchte ich mich am liebsten unter meinem Schreibtisch verstecken.

Lassen Sie also Ihre Stimme so interessant klingen, daß die Person am anderen Ende der Leitung hören möchte, was Sie zu sagen haben. (Lesen Sie den Abschnitt »Lassen Sie Ihre Stimme interessant klingen« in Kapitel 14, wenn Sie wissen wollen, wie Sie die Reichweite Ihrer Stimme bei Vorträgen vor einem größeren Auditorium vergrößern können.)

Seien Sie fröhlich, wenn Sie telefonieren. Verstellen Sie sich nicht. Zeigen Sie, daß Sie Sinn für Humor haben, und vergessen Sie nicht zu lachen. Mit Lachen gewinnen Sie Ihren Gesprächspartner.

Holen Sie immer tief Luft, bevor Sie anfangen zu sprechen. Wenn Ihre Lungen voller Luft sind, klingt Ihre Stimme tiefer und kräftiger.

Hören Sie sich so, wie die anderen Sie hören

Ich weiß, daß Sie bis jetzt wahrscheinlich noch nie über Ihr Telefonverhalten nachgedacht haben, aber es kann Ihnen die Ohren öffnen, wenn Sie einige Ihrer Telefonate einmal aufzeichnen und sich anhören, wie die anderen Sie hören.

Sie werden erstaunt sein, wie oft Sie in einem Satz Dinge wie: »also« oder »äh« sagen. Dann gibt es Sätze, die Sie anfangen, aber nie zu Ende führen. Und schließlich Ihre Stimme: Wie hört sie sich an? Ist sie energiegeladen und enthusiastisch, oder kommt sie wie ein schlapper Waschlappen rüber?

Aber egal wie sich Ihre Stimme heute anhört – mit ein bißchen Übung ist es sehr einfach, Ihren Ausdruck und Ihre Kommunikationsfähigkeit zu verbessern. Wenn Sie sich Ihre Telefonate vorspielen und hören, was Sie sagen und wie Sie es sagen, werden Sie sich Ihrer Sprechgewohnheiten wesentlich bewußter. Sie können diese Angewohnheiten ablegen und klarer sprechen. Als erstes wird Ihnen auffallen, wie oft Sie Sachen wie »also« oder »äh« sagen. So etwas wird Ihnen danach nicht mehr über die Lippen kommen.

Für ein paar Mark können Sie sich in einem Elektronikladen ein Mikrophon kaufen, mit dem man Telefongespräche aufnehmen kann. Das Mikrophon wird mit einem winzigen Sauger an Ihrem Telefonhörer befestigt und in die Mikrophonbuchse Ihres Kassettenrecorders eingesteckt.

Bevor Sie jedoch in einen Elektroladen gehen, sehen Sie erst einmal nach, ob Ihr Anrufbeantworter über eine Aufzeichnungsfunktion verfügt. Viele Anrufbeantworter werden mit dieser Funktion angeboten. (Bevor Sie allerdings Gespräche aufzeichnen, sollten Sie sich erkundigen, ob Sie gesetzlich dazu verpflichtet sind, Ihren Gesprächspartner über die Aufzeichnung des Gespräches zu informieren.)

Als ich zum ersten Mal ein Gespräch aufgezeichnet hatte, war ich entsetzt, wie sich meine Stimme anhörte. Bis heute höre ich meine Stimme nicht gerne auf Band. Als ich ein bißchen darüber nachdachte, wurde mir aber klar, daß ich seit Jahren mit Leuten rede, und die meisten von ihnen sprechen ganz gerne mit mir – manchmal sogar stundenlang. Also war die Sorge um meine Stimme ganz allein mein Problem.

Welchen Zweck hat der Anruf?

Sich darüber klar zu werden, wie Sie sich am Telefon anhören und wie Sie am Telefon wirken, ist eine Sache. Sie sollten sich jedoch auch immer fragen, warum Sie einen bestimmten Anruf überhaupt machen. In der heutigen Leistungsgesellschaft können wir uns nicht den Luxus erlauben, Zeit zu vergeuden. Eine der größten Zeitverschwendungen ist ein Telefonanruf, der eigentlich keinen Grund hat. Stellen Sie sich vor jedem Telefongespräch folgende Fragen:

- ✔ Warum mache ich diesen Anruf?
- ✔ Welche Informationen will ich bekommen?
- ✔ Welche Informationen möchte ich weitergeben?
- ✔ Wieviel von der Zeit meines Gesprächspartners brauche ich?
- ✔ Was mache ich, wenn die Person nicht da ist und ich die Sekretärin, die Assistentin oder die Telefonzentrale am Apparat habe? (Darauf werde ich noch in diesem Kapitel zu sprechen kommen.)
- ✔ Was mache ich, wenn sich das Voice-Mail-System meldet? (Über Voice-Mail werde ich im nächsten Kapitel sprechen.)

Schlechte Chancen

Weil heutzutage alle so beschäftigt sind, ist es fast unmöglich, jemanden beim ersten Versuch ans Telefon zu bekommen. Meistens spielen wir »Telefon-Fangen« miteinander. Sie wissen, wie das Spiel geht: Ich rufe Sie an und hinterlasse eine Nachricht, dann rufen Sie mich an und hinterlassen mir eine Nachricht, und so geht das dann immer weiter. Vielleicht sprechen wir irgendwann miteinander. Vielleicht aber beschäftigen wir uns auch mit anderen Aufgaben und vergessen das Ganze.

Es gibt einige Fakten zum Thema »Telefonieren«, derer Sie sich bewußt sein sollten. Die Wahrscheinlichkeit, eine Person beim ersten Versuch zu erreichen, beträgt weniger als 20 Prozent. Das heißt: Die Chancen stehen 1 zu 5 gegen Sie, den gewünschten Gesprächspartner sofort zu erreichen. Die Wahrscheinlichkeit, daß die Person in einer Besprechung oder am Telefon sitzt, liegt bei 80 Prozent. Wenn Sie also jemanden sprechen wollen, müssen Sie beharrlich bleiben und einkalkulieren, daß Sie es mindestens fünfmal versuchen müssen.

Hier sind einige Tips, wie Sie sich auf Ihre Telefonate vorbereiten können:

- ✔ Notieren Sie sich, was Sie besprechen wollen.
- ✔ Ordnen Sie Ihre Stichpunkte nach ihrer Wichtigkeit.
- ✔ Legen Sie sich die Akten oder andere Unterlagen zurecht, die Sie während des Telefonats benötigen.
- ✔ Wenn Sie einen wichtigen oder schwierigen Anruf machen wollen und sich nicht ganz sicher sind, was Sie sagen sollen oder wie Sie es ausdrücken sollen, dann schreiben Sie sich alles auf.
- ✔ Aber Vorsicht: Wenn Sie den gewünschten Gesprächspartner am Apparat haben, halten Sie Ihre Notizen bereit, aber lesen Sie sie nicht ab.

Nehmen Sie sich ein paar Sekunden Zeit, um über jeden Anruf nachzudenken und sich darauf vorzubereiten, bevor Sie ihn machen. Behandeln Sie jeden Anruf so, als ob es eine persönliche Besprechung wäre.

Wenn Sie meinen, daß Ihr Anruf länger als ein paar Minuten dauern wird, dann könnten Sie das Gespräch vielleicht folgendermaßen beginnen:

> *Herr Müller, ich freue mich, daß ich Sie endlich erreiche. Ich habe einige Sachen, über die ich gerne mit Ihnen sprechen möchte, aber das könnte fünf oder zehn Minuten (oder wie lange auch immer) dauern. Haben Sie jetzt etwas Zeit, oder sollen wir einen Termin für heute nachmittag oder morgen früh ausmachen?*

Wenn Sie wissen, daß Sie mindestens eine Stunde brauchen, um alles mit Ihrem Gesprächspartner zu besprechen, vereinbaren Sie einen Termin. Reservieren Sie anschließend diese Zeit in Ihrem Kalendern. Sie sollten den Gesprächspartner auch im voraus wissen lassen, worüber Sie sprechen wollen, damit er sich auf das Gespräch vorbereiten kann.

Wenn Sie anrufen, um einen Termin zu vereinbaren, bieten Sie Ihrem Gesprächspartner immer zwei Termine an verschiedenen Tagen an. Sie können z.B. sagen: »Haben Sie Montag nachmittag Zeit oder wäre Dienstag morgen besser?« Die Frage ist dann nicht mehr, ob der andere Sie sehen will, sondern wann er mit Ihnen sprechen kann.

Der richtige Zeitpunkt zum Telefonieren

Wenn Sie in einer Branche tätig sind, in der Sie viel telefonieren müssen, sollten Sie wissen, daß es immer bestimmte Zeiten am Tag gibt, zu denen der gewünschte Gesprächspartner mit hoher Wahrscheinlichkeit am Schreibtisch sitzt und Anrufe entgegennehmen kann. Im allgemeinen sind die Leute von 9.00 bis 11.00 Uhr und von 14.00 bis 16.00 Uhr in ihrem Büro. Sie sollten sich diese Zeiten in Ihrem Kalender für Telefonate reservieren.

Verplempern Sie Ihre kostbare Telefonzeit nicht damit, Aufgaben zu erledigen, die auch zu einer anderen Zeit von jemand anderem erledigt oder auch ganz vergessen werden können.

So erreichen Sie den gewünschten Gesprächspartner

Wenn Sie jemanden sprechen wollen, ist es Ihre Aufgabe, ihn aufzuspüren. Die Tatsache, daß Sie eine Nachricht hinterlassen haben, bedeutet nicht, daß Sie zurückgerufen werden – für Sie ist der Anruf wesentlich wichtiger als für denjenigen, den Sie angerufen haben. Außerdem: Sollten Sie tatsächlich zurückgerufen werden, ist die Wahrscheinlichkeit recht gering, daß Sie gerade anwesend sind, um den Anruf entgegenzunehmen.

Für den Fall, daß Sie jemanden dringend sprechen müssen, erkläre ich Ihnen jetzt einige Techniken, mit denen Sie Ihre Chancen verbessern können, Ihren Gesprächspartner auch wirklich zu erreichen.

- ✔ **Arbeiten Sie mit der Sekretärin zusammen.** Wenn der gewünschte Gesprächspartner in einer Besprechung ist, versuchen Sie herauszufinden, wann er Zeit hat, um mit Ihnen zu telefonieren. Sollte er gerade telefonieren, fragen Sie die Sekretärin, ob sie eine Ahnung hat, wie lange das Gespräch dauern wird. Fragen Sie dann, ob es besser ist, am Apparat zu bleiben oder in fünfzehn Minuten noch einmal anzurufen. Antwortet die Sekretärin: »Geben Sie mir Ihre Nummer, ich sorge dafür, daß Herr Soundso Sie zurückruft.«, sagen Sie einfach: »Danke, ich rufe später noch einmal an.«, denn Herr Soundso wird Sie sicherlich nicht zurückrufen.

- ✔ **Lassen Sie sich die Durchwahl geben.** Versuchen Sie, die Durchwahlnummer zu bekommen, damit Sie die Sekretärin, den Assistenten oder die Telefonzentrale umgehen können.
- ✔ **Rufen Sie am frühen Morgen an.** Viele Geschäftsleute sind bereits um 7.00 Uhr in ihrem Büro. Fragen Sie die Sekretärin, ob derjenige, mit dem Sie sprechen wollen, früh ins Büro kommt.
- ✔ **Rufen Sie nach der Arbeit an.** Viele Leute arbeiten länger als bis 17.00 Uhr, vielleicht erreichen Sie also jemanden, wenn Sie um 17.30 Uhr anrufen.
- ✔ **Rufen Sie während der Mittagspause an.** Viele Leute arbeiten auch während der Mittagspause oder essen am Schreibtisch. Geben Sie sich einen Ruck, und versuchen Sie Ihr Glück um 12.30 Uhr.

Auch bei dem Versuch, jemanden am Telefon zu erreichen, kann ACT! Ihre Produktivität erheblich steigern. (Einzelheiten über ACT! finden Sie in Kapitel 5.) Erstens können Sie einen Anruf nicht mehr vergessen. Wenn Sie jemanden heute nicht erreichen, dann überträgt ACT! diesen Anruf automatisch auf morgen. Zweitens können Sie einfach auf den Popup-Kalender klicken und das Datum für den Anruf ändern, wenn Ihnen gesagt wird, daß der gewünschte Gesprächspartner für die nächsten zwei Wochen nicht im Büro sein wird. In zwei Wochen erscheint dann der Name der Person wieder auf Ihrer Liste. Und drittens werden Sie von der Alarmfunktion von ACT! begeistert sein. Wenn Ihnen gesagt wird, daß jemand die nächsten 20 Minuten in einer Besprechung ist, aktivieren Sie einfach die Alarmfunktion. 20 Minuten später werden Sie automatisch an den Anruf erinnert.

Machen Sie sich zu jedem Gespräch Notizen

Ich weiß, daß ich es bereits gesagt habe, und ich werde es wahrscheinlich in diesem Buch noch mehrmals wiederholen: Wenn Sie telefonieren, sollten Sie sich immer Notizen zu dem Gespräch machen und diese in der Akte der entsprechenden Person abheften. Auch wenn Sie mit einem ausgezeichneten Gedächtnis gesegnet sind, wird es im Laufe der Zeit schwierig werden, sich an alles zu erinnern, was jemand wann gesagt hat.

Wenn Sie den Hörer auflegen, sollten Sie sich eine kurze Notiz machen und zusammenfassen, was Sie besprochen haben und wer was wann machen soll. Diese Notiz sollten Sie dann in der entsprechenden Akte ablegen. Hat sich aus dem Gespräch eine Aufgabe für Sie ergeben, notieren Sie sie auf Ihrer Master-Liste.

Auch auf diesem Gebiet ist ACT! unschlagbar. Nach einem Anruf geben Sie Ihre Notizen einfach in den Notizblock zu der betreffenden Person ein. Und wenn sich für Sie eine Aufgabe ergibt, können Sie einen entsprechenden Stichpunkt auf Ihrer Aufgabenliste eintragen. Das

Ganze dauert nur ein paar Sekunden. Kein Chaos, kein Theater und keine Papiere, die abgeheftet werden müssen.

So telefonieren Sie mit Fremden

Ab und zu müssen Sie sicherlich auch mit Leuten telefonieren, die Sie absolut nicht kennen. Wenn Sie im Verkauf tätig sind, kommt das fast täglich vor. Wenn nicht, kann es für Sie eine schreckliche Erfahrung sein, einen Fremden anzurufen.

Nun, ich weiß nicht, warum Sie diese fremde Person anrufen sollten, aber vielleicht wollen Sie Spenden für Ihre Lieblingsstiftung sammeln. Vielleicht ist es auch an der Zeit, sich neue Karrierechancen zu eröffnen, und Sie suchen eine neue Stelle. Was auch immer der Grund sein mag – hier einige Tips, wie Sie mit Fremden sprechen sollten:

- ✔ **Finden Sie den Namen Ihres Gesprächspartners heraus.** Als erstes müssen Sie den Namen der Person, mit der Sie sprechen wollen, herausfinden. Dazu sollten Sie bei der Telefonzentrale der Firma anrufen und die Telefonistin fragen: »Wie ist der Name des Abteilungsleiters (des Präsidenten der Gesellschaft, des Leiters der Personalabteilung und so weiter)?«
- ✔ **Wie schreibt sich der Name?** Fragen Sie anschließend nach der korrekten Schreibweise seines Namens.
- ✔ **Wozu brauchen Sie diese Infos?** Wenn Ihnen die Person, die Sie um Auskunft bitten, viele Fragen stellt, wie z.B.: »Wer sind Sie?« und: »Was wollen Sie?«, sagen Sie einfach: »Ich möchte Herrn Soundso einen Brief schreiben.« Dann sagen Sie: »Vielen Dank für Ihre Hilfe« und legen den Hörer auf.
- ✔ **Rufen Sie später am Tag oder am nächsten Tag noch einmal an.** Haben Sie den Namen des gewünschten Gesprächspartners herausgefunden, rufen Sie später oder am nächsten Morgen noch einmal an, und fragen Sie, ob er oder sie zu sprechen ist.
- ✔ **Hat die Person eine Durchwahlnummer?** Wenn Sie fragen, ob Herr Soundso da ist, können Sie ohne weiteres fragen: »Ach übrigens, wie ist die Durchwahl?«

Wenn Sie jetzt tatsächlich durchgestellt werden, kann Ihnen folgendes passieren:

- ✔ Die Person ist an ihrem Platz und nimmt Ihren Anruf tatsächlich entgegen.
- ✔ Sie werden mit dem Voice-Mail-System verbunden.
- ✔ Die Sekretärin geht ans Telefon und wimmelt den Anruf ab.

Lassen Sie uns die einzelnen Situationen einmal näher untersuchen.

Sie werden durchgestellt

Nehmen wir einmal an, Ihr Anruf wird durchgestellt, und der gewünschte Gesprächspartner geht selbst an den Apparat. Er sagt: »Hallo«, und Sie geraten in Panik. Holen Sie tief Luft und sagen Sie: »Ist Herr Soundso zu sprechen?« (Sie stellen diese Frage, weil Sie Herrn Soundso dazu bringen wollen, »Ja« zu sagen.) Er sagt: »Ja, am Apparat.« Und Sie sagen: »Herr Soundso, mein Name ist Soundso von (Name Ihrer Firma oder sonst ein Bezug), und ich wüßte gerne, ob Sie einen Moment Zeit haben?« (Sie stellen diese Frage, weil Sie gerne wüßten, ob er jetzt Zeit für Sie hat oder ob es besser ist, wenn Sie später noch einmal anrufen.) Wenn er sagt, daß er einen Moment Zeit hat, dann legen Sie los.

Wenn er beschäftigt ist, fragen Sie einfach: »Kann ich Sie heute nachmittag noch einmal anrufen oder wäre morgen früh besser?« Jetzt wird er Sie vielleicht fragen, warum Sie anrufen, und Sie sollten ihm dann eine kurze Antwort geben und sagen: »Danke, daß Sie sich Zeit genommen haben, um mit mir zu sprechen. Ich werde Sie wieder anrufen, wenn Sie etwas mehr Zeit haben.«

Sie sind mit dem Voice-Mail-System verbunden

Ein anderes Beispiel: Sie versuchen, jemanden zu erreichen und erreichen nur die Mailbox. In diesem Fall müssen Sie sich entscheiden, ob Sie eine Nachricht hinterlassen oder nicht. Sollten Sie eine Nachricht hinterlassen, dann gehen Sie nicht davon aus, daß Sie zurückgerufen werden. (Den Umgang mit Voice-Mail werde ich im nächsten Kapitel noch ausführlicher behandeln.)

Sie haben die Sekretärin am Apparat

Eine gute Sekretärin ist darauf gedrillt, die für ihren Chef wichtigen Anrufe herauszufiltern. Deshalb sollten Sie sich auf ein paar Fragen gefaßt machen und selber nicht freiwillig zu viele Informationen preisgeben. Wenn die Sekretärin sagt: »Hallo, hier ist das Büro von Herrn Soundso.«, fragen Sie: »Ist Herr Soundso zu sprechen?« (Mit dieser Frage versuchen Sie herauszufinden, ob er im Büro, am Telefon, in einer Besprechung oder kurz außer haus ist.) Die Sekretärin fragt dann: »Mit wem spreche ich bitte?« Worauf Sie antworten: »Mein Name ist Herr Soundso. Ist er zu sprechen?« (Sie wiederholen Ihre Frage, weil Sie Informationen von der Sekretärin haben wollen und nicht freiwillig selbst welche geben wollen.)

Jetzt stellt die Sekretärin Sie entweder durch oder legt Ihr Gespräch in die Warteschleife, um ihren Chef über Ihren Anruf zu informieren. (Wenn die Sekretärin sich zurückmeldet, nach dem Namen Ihrer Firma und dem Grund Ihres Anrufes fragt und dann wieder wegschaltet, ist das ein sicheres Zeichen dafür, daß ihr Chef sich abschirmen läßt. Möglicherweise stellt sie Ihnen aber auch weitere Fragen. In diesem Fall sollten Sie versuchen, sich mit der Sekretärin anzufreunden.)

Die meisten Sekretärinnen halten es für ihre Aufgabe, ihren Chef vor ungewollten Anrufen zu schützen, und versuchen deshalb grundsätzlich, jeden Anrufer abzuwimmeln.

Werden Sie gut Freund mit der Sekretärin

Jetzt müssen Sie gut Freund mit der Sekretärin werden. Stellt die Sekretärin Ihnen Fragen, sollten Sie zu allererst sagen: »Mit wem spreche ich bitte? Sind Sie die Sekretärin von Herrn Soundso oder seine Assistentin?« (Schreiben Sie sich den Namen auf, damit Sie ihn nicht vergessen.) Wenn Sie mit einer Vertretung sprechen oder jemandem, der gerade nur aushilft, sagen Sie: »Vielen Dank, ich rufe später noch einmal an.« (Sie sollten Ihre Zeit nicht mit jemandem vergeuden, der Ihnen nicht weiterhelfen kann, und so schnell wie möglich das Gespräch beenden.)

Wenn Sie mit der Sekretärin sprechen, wird sie Sie fragen, wer Sie sind und warum Sie anrufen. Auf diese Fragen sollten Sie kurze und knappe Antworten geben und noch einmal fragen: »Ist er zu sprechen?« Zu diesem Zeitpunkt wird die Sekretärin wahrscheinlich sagen, daß die Person in einer Besprechung ist, und fragen, ob Sie eine Nachricht hinterlassen wollen.

Jetzt haben Sie zwei Möglichkeiten: Entweder Sie hinterlassen eine Nachricht, oder Sie lassen es bleiben. Wie Sie sich entscheiden, hängt ganz von der Situation ab und davon, wie Sie mit der Sekretärin klarkommen. Sie sollten nun etwas genauer erklären, warum Sie anrufen, und dabei feststellen, ob die Sekretärin Ihnen weiterhelfen kann. Vielleicht kann sie Sie an jemand anderen in der Firma verweisen. Oder Sie sagen einfach: »Vielen Dank für Ihre Hilfe, ich rufe später noch einmal an. Wird Herr Soundso heute nachmittag zu sprechen sein, oder wäre es besser, wenn ich morgen früh noch einmal anrufe? Ist Herr Soundso früh im Büro?« (Auch hier möchten Sie herausfinden, wann die Person zu sprechen ist.)

- ✔ Versuchen Sie nicht, der Sekretärin Ihre Produkte, Ideen oder Dienste zu verkaufen. Der Chef ist derjenige, der die Entscheidungen trifft, nicht die Sekretärin. Ihre Aufgabe ist es, sich selbst so gut zu verkaufen, daß die Sekretärin Sie zu Ihrem gewünschten Gesprächspartner durchstellt.
- ✔ Wenn Sie nicht an der Sekretärin vorbeikommen, versuchen Sie, in einer anderen Abteilung anzurufen, vielleicht gibt Ihnen da jemand die Durchwahlnummer des Chefs.
- ✔ Rufen Sie im Büro des Vorgesetzten Ihres Gesprächspartners an, und beziehen Sie sich anschließend auf ihn: »Ich habe mit Frau Großerchef gesprochen, und sie hat vorgeschlagen, daß ich mich mal mit Herrn Kleinerchef unterhalten sollte. Ist er zu sprechen?«

Was machen Sie, wenn Ihr Telefon klingelt?

Bis jetzt habe ich nur darüber gesprochen, wie Sie durchkommen können, wenn Sie jemanden anrufen. Was aber machen Sie, wenn Ihr Telefon klingelt? Sie brauchen einige Tips für Ihre eingehenden Anrufe, und genau davon handeln die nächsten Abschnitte.

Sie müssen nicht jedesmal ans Telefon gehen

Nur weil das Telefon klingelt, bedeutet dies nicht, daß Sie den Anruf entgegennehmen müssen. Egal, wann das Telefon klingelt – es ist immer eine Unterbrechung. Wenn Sie gerade mitten in einer wichtigen Sache stecken, dann ist eine Unterbrechung das letzte, was Sie brauchen können.

Es ist völlig in Ordnung, wenn Sie Anrufe von Ihrem Voice-Mail-System, Ihrem Anrufbeantworter, Ihrer Sekretärin oder der Telefonzentrale entgegennehmen lassen. Wenn Sie jedesmal ans Telefon gehen, wenn es klingelt, dann bekommen Sie nie Ihre Arbeit getan.

Nutzen Sie die Anzeigefunktion Ihres Voice-Mail-Systems, um zu sehen, wer Sie anruft. Sie können dann die Mailbox den Anruf entgegennehmen lassen oder, wenn es wichtig ist, selbst den Hörer abnehmen. Ist er nicht so wichtig, arbeiten Sie einfach weiter.

Steigern Sie Ihre Produktivität mit einem Telefon-Headset

Wird Ihr Nacken auch immer nach einiger Zeit ganz steif, wenn Sie den Telefonhörer zwischen Ohr, Wange und Schulter einklemmen? Finden Sie es schwierig, sich beim Telefonieren Notizen zu machen, weil Sie nicht wissen, wie Sie den Hörer bequem an Ihr linkes Ohr halten, gleichzeitig mit Ihrem linken Ellbogen den Notizblock festhalten, mit Ihrer rechten Hand schreiben und dabei auch noch bequem sitzen sollen?

Bekommen Sie jedesmal Muskelkrämpfe, wenn Sie versuchen, während des Telefonierens Notizen in den Computer einzugeben.

Wenn Sie diese Fragen mit »Ja« beantwortet haben, sollten Sie ein Telefon-Headset anstelle eines normalen Hörers benutzen. Ja, selbst wenn Sie wenig telefonieren, sollten Sie ein Telefon-Headset benutzen. Ich benutze seit Jahren eines und habe festgestellt, daß es nicht nur viel bequemer ist, sondern auch meine Produktivität und Effizienz gesteigert hat.

Heutzutage sind Telefon-Headsets so leicht und bequem, daß Sie schnell vergessen, eines zu tragen. Sie haben beim Telefonieren beide Hände frei und können sich auf Ihr Gespräch konzentrieren, und Sie müssen sich nicht von den Schmerzen im Nacken ablenken lassen.

Wer ruft an?

Wenn Sie aber doch ans Telefon gehen, müssen Sie auf zwei Fragen eine Antwort bekommen: »Wer ruft an?« und »Was wollen Sie?« (Sie können ruhig etwas taktvoller und weniger barsch sein. Aber Sie müssen herausfinden, wer der Anrufer ist und was der Grund seines Anrufes ist.)

Wenn der Anrufer sich nicht zu erkennen gibt oder den Grund seines Anrufes nicht genau sagt, dann ist es in Ordnung, wenn Sie »Auf Wiedersehen« sagen und auflegen.

Wenn Sie mit dem Anrufer sprechen wollen, sollten Sie fragen: »Wie lange wird es ungefähr dauern?« Wenn das Gespräch nur kurz sein wird, können Sie es sofort erledigen. Anderenfalls vereinbaren Sie einen Termin. Wichtig ist, daß Sie Gespräche über 30 Minuten vermeiden, wenn Sie gerade bei einer wichtigen Arbeit sind.

Wimmeln Sie lästige Anrufer ab

Manchmal habe ich das Gefühl, daß bei jedem Anruf am anderen Ende der Leitung immer jemand ist, der mir eine Krankenversicherung, Kleinanlagen an der Vancouver-Börse, einen neuen Telefonservice oder irgend etwas anderes verkaufen will, was ich nicht brauche oder nicht haben will. Sie können diese Leute recht schnell erkennen, weil sie ihre Gespräche immer auf die gleiche Art anfangen:

Anrufer: *Ist Herr Mayer da?*

Ich: *Ja, am Apparat.*

Anrufer: *Wie geht es Ihnen?*

Wenn der Anrufer fragt: »Wie geht es Ihnen?«, dann wissen Sie, daß er Ihnen etwas verkaufen will.

Wenn Sie jetzt zulassen, daß der Vertreter seine Verkaufsnummer ableiert, wird es schwierig, ihn abzuwimmeln – es sei denn, Sie werden grob. Vertreter stellen nämlich in aller Regel Fragen, die man unmöglich mit »Nein« beantworten kann, wie beispielsweise: »Wie würde Ihnen eine Anlage gefallen, die eine hohe Rendite ohne Risiko bringt?« Am besten schneiden Sie Ihnen einfach das Wort ab, sagen kurz: »Ich bin nicht interessiert!«, und legen dann den Hörer auf.

Die zwei oder drei Minuten, die ein ungefragtes Telefonat dauert, hören sich nicht nach viel an. Wenn Sie diese Zeit aber mit einigen Dutzend Anrufen pro Tag multiplizieren, geht Ihnen eine Menge Zeit verloren, die Sie für Ihre wichtigen Projekte brauchen. (Und Sie wundern sich, warum Sie nie etwas geschafft bekommen.)

Versuchen Sie nächstes Mal folgendes, wenn Sie einen ungefragten Anruf erhalten: Legen Sie das Gespräch in die Warteschleife, und beobachten Sie, wie lange der Vertreter braucht, um zu merken, daß Sie nicht mehr am Apparat sind.

Sagen Sie nie zu einem Vertreter: »Ich habe jetzt keine Zeit, schicken Sie mir Ihre Unterlagen.« Erstens brauchen Sie keine zusätzliche Werbepost, die Sie doch nur wegwerfen, und zweitens wird er Sie noch einmal anrufen, wenn Sie die Unterlagen erhalten haben. Dann wird er Sie fragen, ob Sie schon Zeit gehabt haben, sich die Unterlagen anzusehen.

Schneiden Sie langatmigen Anrufern das Wort ab

Bestimmt bekommen auch Sie manchmal Anrufe von Leuten, die furchtbar gerne lange reden. (Haben die nichts anderes zu tun?) Hier also ein paar Tips, wie Sie das Gespräch wieder in den Griff bekommen können:

- ✔ Hören Sie der Person zu, und warten Sie geduldig auf die erste Gelegenheit, das Gespräch an sich zu ziehen. Wenn der Anrufer eine Pause macht, um Luft zu holen, ergreifen Sie die Gelegenheit und sagen Sie: »Was kann ich für Sie tun?«
- ✔ Sagen Sie dem Anrufer zu Beginn des Gespräches, daß Sie gerade aus dem Büro gehen wollten und nur eine Minute Zeit haben.
- ✔ Sagen Sie, daß Sie jemanden im Büro haben und sich kurz fassen müssen.
- ✔ Sagen Sie, daß Sie ein Ferngespräch auf der anderen Leitung haben.
- ✔ Wenn sich das Gespräch in die Länge zieht, sagen Sie dem Anrufer, er solle einen Moment in der Leitung bleiben. Wenn Sie das Gespräch wieder fortsetzen, sagen Sie ihm, daß Sie auf der anderen Leitung ein Ferngespräch führen müssen.

Führen Sie nicht zu viele Privatgespräche

Ich weiß, daß es nett ist, mit Freunden zu plauschen. Wenn Sie das jedoch während der Arbeitszeit machen, geht Ihnen eine Menge Zeit verloren. Wenn Sie sich pro Gespräch auch nur fünf Minuten über Privates unterhalten, können Sie leicht an einem Tag eine oder zwei Stunden verlieren. Und vergessen Sie nicht diese 5-Minuten-Gespräche, die dann schließlich doch eine Stunde dauern. Beschränken Sie also Ihre Privatgespräche auf ein vernünftiges Maß, und behalten Sie beim Telefonieren immer die Zeit im Auge!

Es gibt wohl niemanden, der an einem normalen Arbeitstag Zeit im Überfluß hätte. Eine der Möglichkeiten, Zeit für sich zu gewinnen, besteht darin, die Anzahl und die Länge der Privatgespräche zu reduzieren. Als Alternative zu einem Telefonat sollten Sie sich zum Mittag- oder Abendessen verabreden.

So gehen Sie mit verärgerten Anrufern um

Hin und wieder werden Sie mit jemandem telefonieren müssen, der sehr wütend oder aufgeregt ist. Wenn nicht Sie selbst der Grund für den Ärger des Anrufers sind, sollten Sie sich vor Augen halten, daß sich Ihr Gesprächspartner wegen einer Situation oder eines Problems aufregt. Nehmen Sie es also nicht persönlich, was die Person über Sie, Ihre Firma oder Ihre Produkte sagt.

Erlauben Sie solchen Anrufern, ihren Gefühlen freien Lauf zu geben und etwas Dampf abzulassen. Nach ein paar Minuten werden sie sich beruhigt und ihre Fassung wiedergefunden haben. Hat sich der Anrufer wieder beruhigt, sollten Sie versuchen, sein Problem zu lösen.

Wenn ein Anrufer sich gar nicht wieder beruhigen will, könnten Sie folgendermaßen reagieren: »Ich kann verstehen, wie Sie sich fühlen ...« oder »Ich verstehe, daß Sie verärgert sind ...« (Diese Bemerkung bedeutet nicht, daß Sie dem zustimmen, was der andere sagt.) Tun Sie Ihr Möglichstes, sich nicht auf einen Streit einzulassen, denn das wird Sie nur aufregen und eine ohnehin schon gespannte Situation zum Explodieren bringen.

Danken Sie dem Anrufer für seine Beschwerde

Wenn sich jemand die Zeit für eine Beschwerde nimmt, heißt das nur, daß er weiterhin Geschäfte mit Ihnen machen möchte. Mit ihren Beschwerden teilen Ihnen die Leute mit, was sie von Ihnen wollen oder brauchen.

Wenn jemand wegen einer Beschwerde anruft, verteidigen Sie sich nicht, und fangen Sie nicht an zu diskutieren. Danken Sie dem Anrufer dafür, daß er Ihnen sagt, womit er nicht zufrieden ist. Folgende Formulierung wäre doch ganz nett: »Ich danke Ihnen, daß Sie sich die Zeit genommen haben, mich anzurufen. Ich bin froh, daß Sie mich darauf aufmerksam gemacht haben. Wir werden unser Bestes tun, um dieses Problem zu lösen.«

Gehen Sie nicht an das Telefon von Kollegen

Sind Sie schon einmal an ein fremdes Telefon gegangen, weil Sie ein netter Kollege sein wollten, und haben sich mit dieser freundlichen Geste eine Menge Ärger und Kopfschmerzen eingehandelt.

Der Anrufer hatte nämlich ein Problem, bei dem Sie ihm helfen sollten. (Tja, da sind Sie selbst Schuld. Sie haben den Hörer abgenommen!) Oder der Anrufer wollte eine detaillierte Nachricht hinterlassen, aber Sie konnten keinen Stift oder kein Blatt finden. Also haben Sie versucht, sich die Nachricht zu merken, dann aber doch leider vergessen, sie weiterzuleiten.

Wenn Sie also mal wieder das Telefon eines Kollegen klingeln hören, lassen Sie es einfach klingeln und arbeiten Sie weiter. Nach mehrmaligem Klingeln wird der Anruf mit der Mailbox oder der Telefonzentrale verbunden. Und wenn niemand ans Telefon geht, legt der Anrufer ohnehin wieder auf.

Schwere Beleidigungen oder gar obszöne Angriffe müssen Sie sich nicht bieten lassen. Wenn ein Anrufer ausfallend wird, ist es vollkommen in Ordnung, wenn Sie sagen: »Herr/Frau Ungehobelt, ich will mich ja gerne um Ihre Beschwerde kümmern, aber ich bin nicht bereit, mich hier beleidigen zu lassen. Wenn Sie nicht damit aufhören, muß ich das Gespräch beenden.« Wenn der Anrufer dann nicht sofort aufhört, legen Sie auf.

So werden Sie mit schwierigen Gesprächen fertig

Ich weiß nicht, wie es Ihnen geht, aber hin und wieder verwickele ich mich derart in ein schwieriges Telefonat, daß ich nicht mehr herausfinden kann. Manchmal laufen die Dinge einfach nicht so, wie ich es möchte, und in meinem Kopf herrscht vollkommene Leere. Hier ein paar Tips, wie Sie mit einer solchen Situation fertig werden können:

- ✔ **Legen Sie das Gespräch in die Warteschleife.** Wenn Sie einen Moment brauchen, um zu sich selbst zurückzufinden oder damit die andere Person sich wieder beruhigen kann, schalten Sie das Gespräch einfach für ein paar Sekunden in die Warteschleife. Wenn Sie sich dann wieder einschalten, können Sie Ihr Wortgefecht mit frischer Munition weiterzuführen.

- ✔ **Legen Sie auf.** Wenn bei einem Gespräch alles schief läuft, hängen Sie mitten in einem Ihrer Sätze auf. Die andere Person wird dann meinen, daß die Leitung zusammengebrochen ist. Gehen Sie dazu folgendermaßen vor: Während Sie selber etwas Wichtiges sagen, legen Sie auf – mitten im Satz. Wenn Sie dann später das Gespräch fortsetzen, hatten Sie ein paar Minuten Zeit, um über das Thema des Gespräches nachzudenken. (Je nachdem, wie die Situation ist, müssen Sie entscheiden, ob Sie sofort zurückrufen, erst einige Minuten warten und dann zurückrufen oder warten, bis die andere Person Sie anruft.)

Das richtige Handy für Ihre Zwecke

Fast alle meine Bekannten haben ein Handy. Wie sieht es bei Ihnen aus? Kommt es Ihnen nicht auch so vor, als wenn ständig irgendwelche Menschen um Sie herum gerade ein Handy am Ohr haben?

In unserer schnellebigen Welt ist das Mobiltelefon ein wichtiges Kommunikationsmittel für Vertreter und Geschäftsleute geworden. Mit ihm können Sie ständig Kontakt zu Ihren Kunden und ihrem Büro halten. Es erspart Ihnen eine Menge Zeit und macht Sie produktiver. Wenn Sie sich mit dem Gedanken tragen, ein Mobiltelefon zu kaufen, hier einige Tips:

Fragen Sie nach der Garantiedauer für das Telefon. Erkundigen Sie sich nach Herstellern, die eine überdurchschnittliche lange Garantie gewähren.

Die richtige Größe

Sie haben die Auswahl unter einer Menge unterschiedlicher Marken und Modelle. Bevor Sie sich für ein Modell entscheiden, sollten Sie überlegen, für welchen Zweck Sie das Handy brauchen.

Wenn Sie das Handy in Ihrer Aktenmappe oder Handtasche mit sich herumtragen wollen, werden Sie den Größen- und Gewichtsunterschied zwischen einem 150 Gramm schweren Federgewicht und einem normalgewichtigen Mobiltelefon nicht bemerken. Wenn Sie jedoch vorhaben, das Handy am Gürtel oder in der Hemdentasche zu tragen, wird die Größe und das Gewicht zu einem kaufentscheidenden Faktor.

Je kleiner und leichter ein Handy ist, desto mehr kostet es.

Entscheiden Sie sich immer für ein Handy mit einer Teleskopantenne – es läßt sich einfach leichter unterbringen.

Wie liegt das Handy in der Hand?

Jedes Mobiltelefon hat ein bestimmtes ergonomisches Profil. Wenn Sie große Hände haben, werden Sie mit einem zu kleinen Handy Probleme bekommen. Umgekehrt wird Ihnen ein größeres und schwereres Handy unbequem sein, wenn Sie kleine Hände haben.

Die Größe und die Form ist bei jedem Handy anders. Die meisten Menschen sind an die konkaven Hörer gewöhnt, die immer noch bei den meisten traditionellen Telefonen die Regel sind und die sich zwischen Schulter und Ohr einklemmen lassen. Viele Handys sind genauso gestylt, manche haben aber auch eine konvexe oder ganz gerade Form.

Probieren Sie das Gerät. Halten Sie es ans Ohr und überprüfen Sie, ob das Handy gut in der Hand liegt und auch am Ohr bequem ist.

Die richtige Lautstärke einstellen

Wichtig ist auch die Möglichkeit, die Lautstärke des Hörers regulieren zu können. Überprüfen Sie, ob der Regelbereich für die Lautstärke Ihren Bedürfnissen entspricht. Viele Menschen mögen lieber getrennte Tasten, um den Hörer leiser beziehungsweise lauter zu stellen. Bei einer einzigen Taste für beide Funktionen muß man die betreffende Taste meistens in einer bestimmten Sequenz drücken, um den Hörer leiser beziehungsweise lauter zu stellen.

An der Seite des Handys angebrachte Tasten zur Lautstärkenregulierung sind zu empfehlen, weil sie sich während eines Gesprächs besser bedienen lassen. Sind die betreffenden Tasten an der Vorderseite des Gerätes angebracht, müssen Sie es zum Einstellen der Lautstärke immer erst vom Ohr nehmen.

Ein Anschluß für ein Headset, den manche Modelle haben, bietet zusätzliche Flexibilität. Mit einem Headset können Sie Gespräche führen, ohne das Telefon ans Ohr halten zu müssen.

Tastatur und Display müssen stimmen

Sehen Sie sich die Tastatur genau an, bevor Sie sich für ein Telefon entscheiden. Zur bequemen Bedienung sollten die Tasten einen ausreichenden Abstand voneinander haben. Es sollte einfach sein, zwischen numerischen (1, 2, 3, ...) und alphabetischen (A bis Z) Eingaben hin- und herzuschalten. Das Handy sollte außerdem über eine Tastatursperre verfügen. (Die Möglichkeit, trotz Sperre eine Notfallnummer anrufen zu können, wäre ein Pluspunkt.)

Wählen Sie einige Nummern und überprüfen Sie, welche Nummern Sie tatsächlich gewählt haben. Denken Sie daran: Die Tasten sollten groß genug sein und in einem ausreichenden Abstand voneinander stehen.

Sie sollten aber nicht nur die Tastatur genau untersuchen, sondern auch die verschiedenen Features des Telefons ausprobieren, um zu sehen, welche Informationen auf dem Display angezeigt werden. So sollte zum Beispiel die gesamte Telefonnummer, einschließlich Vorwahl, angezeigt werden. Überprüfen Sie, ob sich das Display auch im hellsten Sonnenschein noch vernünftig ablesen läßt.

Leichter Zugriff auf die wichtigsten Funktionen

Auf die am häufigsten gebrauchten Funktionen sollte sehr einfach zugegriffen werden können. Menügesteuerte Handys erleichtern die Auswahl der verschiedenen Features, weil Sie sich keine Befehle merken müssen.

Versuchen Sie, die verschiedenen Funktionen zu aktivieren, ohne die Gebrauchsanleitung zu Rate zu ziehen.

Auf den richtigen Ton kommt es an

Wenn Sie regelmäßig viel Zeit in Umgebungen verbringen, in denen es vor Menschen nur so wimmelt, wie beispielsweise in Flughafenterminals oder auf Bahnhöfen, sollten Sie ein Mobiltelefon wählen, das unterschiedliche Ruftöne bietet. Mit Hilfe dieses Features können Sie das »Klingeln« Ihres Handys von dem anderer Mobiltelefone unterscheidbar machen.

Wählen Sie ein Telefon mit einem Vibrationsalarm, wenn Sie auch erreichbar sein wollen, während Sie in einer Besprechung sind und den Tonalarm abgeschaltet haben.

Welcher Akku ist der beste?

Bei den Akkus gibt es die unterschiedlichsten Ausführungen. Sie sollten bei der Wahl des richtigen Akkus genausoviel Sorgfalt walten lassen wie bei der Auswahl des eigentlichen Handys. Manche Akkutypen halten ihre Ladung länger als andere, und manche Akkus wiegen mehr als das Telefon selbst.

Die Leistungsfähigkeit des Akkus wird nach Gesprächszeit und Standby-Zeit angegeben. Als Standby-Zeit gilt die Zeit, die ein Akku das Telefon in Bereitschaft halten kann. Gesprächszeit ist die Zeit, die tatsächlich mit einem anderen Teilnehmer gesprochen werden kann. Wenn Sie Gesprächszeit verbrauchen, verringert sich auch die Standby-Zeit und umgekehrt.

Hier eine Aufstellung der gängigen Akkutypen:

- ✔ **Nickel-Cadmium-Akkus (NiCd):** Diese Akkus sind die billgsten. Sie sind aber sehr anfällig für den sogenannten Memory-Effekt, der auftritt, wenn ein Akku geladen wird, bevor er vollständig entladen ist. Dieser Effekt verkürzt die Lebensdauer des Akkus erheblich. Diese Akkus sind zwar okay, haben aber auch eine kürzere Lebensdauer als andere Akkutypen.
- ✔ **Nickel-Metall-Hybrid-Akkus (NiMH):** Bezogen auf ihr Gewicht halten diese Akkus ihre Ladung länger als NiCd-Akkus. Sie sind jedoch teurer und brauchen mehr Zeit zum Aufladen. NiMH-Akkus zeigen keinen Memory-Effekt. Sie erlauben auch eine längere Gesprächszeit als NiCd-Akkus derselben Größe und sind deshalb die bessere Wahl.
- ✔ **Lithium-Ionen-Akkus (Li-Ion):** Diese Akkus bieten eine sehr lange Gesprächs- und Standby-Zeit, sind unempfindlich gegen den Memory-Effekt und leichter als andere Akkus. Li-Ion-Akkus sind die beste Wahl, dafür aber auch erheblich teurer als andere Akkutypen.

Schauen Sie bei der Auswahl eines Handys nicht nur auf den Akku, der zur Grundausstattung des Gerätes gehört. Erkundigen Sie sich auch, welche Akkutypen als Ersatzakkus verwendet werden können. Eine breite Auswahl an optionalen Akkus kann die Möglichkeiten des Telefons beträchtlich erweitern.

So halten Ihre Akkus länger

Sind Sie schon einmal im Gespräch unterbrochen worden, weil der Akku Ihres Handys keinen Strom mehr hatte? Wenn ja, stehen Sie damit nicht allein da. Dieser Ärger steht auf der Skala der Handy-Frustrationen an oberster Stelle. Hier einige Tips, wie Sie das beste aus Ihrem Akku herausholen können:

- ✔ Ziehen Sie die Antenne des Handys immer ganz heraus, um das Eingangssignal zu optimieren. Ein schwaches Signal schwächt Ihren Akku und verbraucht mehr Leistung als nötig.
- ✔ Drehen Sie die Lautstärke des Signalrufs so weit wie möglich herunter.
- ✔ Deaktivieren Sie das Tastendrucksignal.
- ✔ Programmieren Sie die Nummern, die Sie häufig anrufen, und nutzen Sie die Möglichkeit zum Wählen mit einem einzigen Tastendruck. Bedenken Sie: Je mehr Tasten gedrückt werden müssen, desto mehr Strom wird verbraucht.
- ✔ Bewahren Sie Ihr Handy an einem kühlen und schattigen Ort auf. Direktes Sonnenlicht ist schlecht für das Telefon und den Akku.
- ✔ Überladen Sie den Akku Ihres Handys nicht! Eine zu hohe Ladung kann zu Schäden am Telefon führen. Denken Sie daran: Wenn Ihr Gerät den Ladezustand des Akkus nicht anzeigt, schauen Sie in der Gebrauchsanleitung nach, wie lange der Akku höchstens geladen werden sollte.
- ✔ Nehmen Sie einen geladenen Reserveakku mit, wenn Sie auf Reisen sind oder damit rechnen müssen, daß der Akku bald leer sein wird.

Kann das Handy mit dem Computer zusammenarbeiten?

Wenn Sie Ihr Handy zusammen mit Ihrem Rechner oder einem Faxgerät verwenden wollen, müssen Sie überprüfen, ob das Handy datentauglich ist. Wenn Sie Ihr Notebook, ein Faxgerät oder ein anderes Peripheriegerät mit dem Telefon verbinden wollen, müssen Sie sich erkundigen, ob das Telefon Daten senden und empfangen kann.

Informieren Sie sich über die Kosten und Verfügbarkeit von Zubehörteilen, die Sie zur Verbindung Ihres Handys mit dem Computer benötigen.

So sichern Sie Ihr Handy gegen Diebstahl und Verlust

Es ist allgemein bekannt, daß Handys mit PIN-Codes gesichert sind. (PIN steht für Persönliche Identifikationsnummer). Nach dem Kauf eines neuen Handys sollten Sie die Standardeinstellung für den PIN-Code schnellstens ändern.

Weniger bekannt ist die Tatsache, daß jedes GSM-Handy mit einer eindeutigen ID-Nummer ausgestattet ist. Diese Nummer, *International Mobile Equipment Identity* (IMEI), befindet sich meistens an der Innenseite des Akkusfaches.

Wenn Sie diese Nummer zusammen mit dem PIN-Code bei Ihrer Telefongesellschaft angeben, können Sie Ihr Telefon bei Verlust oder Diebstahl deaktivieren lassen.

Behandeln Sie Ihre Telefon so vorsichtig wie Ihre Kreditkarte. Notieren Sie sich die IMEI-Nummer, und bewahren Sie sie an einem sicheren Platz auf.

So holen Sie das Beste aus Ihrem Telefon heraus

Da wir uns in diesem Kapitel damit beschäftigen, wie Sie sich das Telefon zu einem Freund machen können, hielt ich es für eine gute Idee, auch einige Informationen über die verschiedenen Dienstleitungen der Telefonunternehmen anzufügen. Mit diesen Diensten können Sie eine Menge Zeit sparen und sich das Leben erheblich leichter machen.

Erkundigen Sie sich bei Ihrem Telefonunternehmen nach den aktuell angebotenen Dienstleistungen.

Hier einige Leistungen, die Ihnen eine Menge Zeit ersparen können:

- ✔ **Mailbox-Dienst:** Als Alternative zu einem eigenen Anrufbeantworter können Sie sich auch der Mailbox-Dienste Ihrer Telefongesellschaft bedienen. In einer Mailbox können Sie Anrufe aufzeichnen lassen, während Sie selbst gerade telefonieren, ein Fax empfangen oder im Internet surfen.
- ✔ **Anklopfen:** Mit Hilfe dieser Funktion können Sie ein Gespräch annehmen und gleichzeitig die Verbindung mit dem ersten Anrufer weiter aufrechterhalten – so als hätten Sie zwei Telefonanschlüsse. Sie brauchen sich dann keine Sorgen mehr daüber zu machen, möglicherweise einen wichtigen Anruf oder einen Notruf zu verpassen. Sie können sogar zwischen beiden Gesprächen hin- und herschalten.

- **Identifikation des Anrufers:** Diese Funktion zeigt die Nummer (mit bestimmten Zusatzfunktionen auch den Namen) des anrufenden Teilnehmers an.
- **Anrufweiterleitung:** Mit der Anrufweiterleitung können Sie einen eingehenden Anruf an eine andere Telefonnummer weiterleiten. Sie können also immer erreichbar sein, auch wenn Sie nicht im Büro oder zu Hause sind.

Verbessern Sie Ihre Produktivität mit einem Voice-Mail-System

11

In diesem Kapitel

- So verwenden Sie Voice-Mail
- So umgehen Sie die Voice-Mail-Falle
- So nehmen Sie Ihre Ansage auf
- Tips, wie Sie effektive Voice-Mail-Nachrichten hinterlassen
- So gehen Sie mit einer übervollen Mailbox um

Manchmal sehne ich mich nach den guten alten Zeiten zurück, als jeder noch eine Sekretärin hatte, die immer da war und Nachrichten entgegennahm. Aber die Zeiten haben sich geändert. Die Sekretärinnen gibt es nicht mehr, wir schreiben alle unsere Briefe selbst, und irgendwelche Apparate nehmen unsere Anrufe entgegen, wenn wir nicht da sind.

Setzt man diese Apparate richtig ein, können sie unsere Produktivität wirklich verbessern. Werden sie aber nicht richtig eingesetzt, können Sie zum Alptraum werden.

Warum sollte man mit Voice-Mail arbeiten?

Das Telefon hat einen schrecklichen Nachteil: Beide Personen, der Anrufer und der Angerufene müssen am Apparat sein, um ein Gespräch zu führen. Laut Statistik können fast 80 Prozent aller geschäftlichen Anrufe nicht beim ersten Versuch erledigt werden.

Bei mindestens 50 Prozent dieser Anrufe sollen Informationen nur in eine einzige Richtung übermittelt werden, und fast zwei Drittel aller Anrufe sind unwichtiger als die Arbeit, die sie unterbrechen. Hier sind also einige Gründe, warum Sie Voice-Mail benutzen sollten:

- ✔ Mit Hilfe von Voice-Mail können Sie Informationen austauschen, ohne mit der anderen Person persönlich zu sprechen.
- ✔ Mit Hilfe von Voice-Mail können Sie ohne Rücksicht auf die Uhrzeit Informationen austauschen. Sie müssen nicht bis Mittag warten, um 6 Uhr aufstehen oder bis Mitternacht aufbleiben, um jemanden in Asien oder Amerika anzurufen.
- ✔ Voice-Mail Nachrichten sind meistens kürzer als ein Telefonat.

- ✔ Die Voice-Mail ist 24 Stunden lang an sieben Tagen in der Woche erreichbar. (Einige Systeme rufen den Empfänger einer Voice-Mail-Nachricht sogar zu Hause an, wenn eine Nachricht nach den üblichen Bürostunden oder am Wochenende eingeht.)
- ✔ Mit Hilfe von Voice-Mail läßt sich die Zeit reduzieren, die man in der Warteschlange verbringen muß.

Würden Sie eine Nachricht lieber bei einer Sekretärin oder auf einem Anrufbeantworter hinterlassen?

Eine kürzlich vom Voice Messaging Educational Committee of Morris Plains, New Jersey, durchgeführte Untersuchung ergab, daß 58 Prozent der befragten Anrufer eine Nachricht lieber auf dem Anrufbeantworter hinterlassen als bei der Sekretärin oder der Telefonzentrale:

- ✔ Fast die Hälfte befürchtet, daß die Sekretärin oder die Zentrale bei der Aufnahme der Nachricht Einzelheiten vergißt.
- ✔ 18 Prozent waren der Meinung, daß sie auf einem Anrufbeantworter mehr Einzelheiten hinterlassen können.
- ✔ 16 Prozent möchten, daß die Nachricht mit ihren eigenen Worten übermittelt wird.

Lassen Sie Ihre Anrufer nicht in die Voice-Mail-Falle tappen

Ist es Ihnen schon einmal passiert, daß Sie jemanden angerufen haben und die folgende oder eine ähnliche Voice-Mail-Ansage hörten: »Der Teilnehmer mit der Nummer 1234 ist zur Zeit nicht erreichbar. Bitte hinterlassen Sie Ihre Nachricht nach dem Tonsignal.« Und Ihnen wurde keine Alternative geboten?

Sie wußten nicht, wie Sie die Telefonzentrale erreichen konnten. Sie wußten nicht, wie Sie den Assistenten des gewünschten Gesprächspartners erreichen konnten! Sie zögerten, eine Nachricht zu hinterlassen, weil Sie sich nicht sicher waren, ob der Teilnehmer mit der Durchwahl 1234 auch tatsächlich der gewünschte Gesprächspartner war.

Also legten Sie auf, waren wütend und frustriert, und als Sie auf den Timer Ihres Telefons schauten, sahen Sie, daß 58 Sekunden vergangen waren, ohne daß etwas passiert war. Sie waren in die Voice-Mail-Falle getappt.

Vielleicht haben Sie auch schon mal jemanden angerufen und hörten folgende Ansage: »Hallo, hier spricht Franziska Scholl, ich bin zur Zeit nicht im Büro. Wenn Sie mit meinem Assistenten sprechen wollen, wählen Sie die 0. Sie können auch nach dem Tonsignal eine Nachricht hinterlassen.«

Also wählten Sie die 0 und waren ein paar Sekunden später mit dem Anschluß von Frau Scholls Assistenten, Herrn Reger, verbunden. Dessen Nachricht lautete: »Hallo, hier ist Tim Reger, ich bin zur Zeit nicht erreichbar. Wenn Sie mir eine Nachricht hinterlassen, rufe ich Sie zurück, sobald ich wieder da bin. Wenn Sie mit der Zentrale sprechen wollen, wählen Sie die 0.«

Als Sie dann die 0 wählten, wurden Sie mit der Zentrale verbunden, aber niemand nahm den Hörer ab. Also legten Sie auf, waren wütend und frustriert, und als Sie dann auf die Uhr sahen, stellten Sie fest, daß dieser Anruf Sie 2 Minuten und 25 Sekunden für nichts gekostet hat. Wieder einmal hatte die Voice-Mail-Falle zugeschnappt.

Beim ersten Beispiel hat die Person, die die Nachricht aufgenommen hat, Ihnen keine Möglichkeit genannt, aus dem Voice-Mail-System herauszukommen. Dafür gibt es keine Entschuldigung.

Im zweiten Beispiel wurden Ihnen zwar detaillierte Instruktionen gegeben, aber leider war niemand da, der Ihren Anruf entgegennehmen konnte.

Die häufigsten Beschwerden über Voice-Mail-Systeme beziehen sich darauf, daß die Anrufer mit niemandem direkt sprechen können.

Hier sind einige Tips, welche Informationen Ihre Ansage auf dem Anrufbeantworter liefern sollte:

- ✔ Geben Sie Anweisungen dazu, wie der Anrufer jemand anderen erreichen kann. (»Wählen Sie 48, und Sie werden mit meinem Assistenten Tim Reger verbunden. Wenn Sie die 0 wählen, werden Sie mit der Telefonzentrale verbunden.«)
- ✔ Geben Sie Anweisungen dazu, wie Anrufer ihre Nachrichten hinterlassen können, ohne sich bei jedem Anruf Ihre Ansage wieder anhören zu müssen. (»Wenn Sie diese Ansage beim nächsten Mal überspringen wollen, wählen Sie die 1.«)

So nehmen Sie Ihre Ansage auf

Viele Leute nehmen ihre Ansage einmal auf und ändern sie nie. Andere ändern Ihre Ansage täglich und geben dem Anrufer genaue Informationen darüber, was sie zur Zeit machen.

Täglich aktualisierte Ansagen sind sowohl für den Anrufer als auch für den Angerufenen sehr hilfreich, weil sie die Chancen erhöhen, sich gegenseitig zu erreichen. Der Anrufer erfährt darin, wann der Angerufene voraussichtlich wieder an seinem Schreibtisch sein wird.

Ihre Ansage sollte informativ, freundlich und kurz sein und den Anrufer auffordern, eine Nachricht zu hinterlassen. Wenn Sie wissen, daß Sie wahrscheinlich den ganzen Tag außer Haus sein werden, sollte Ihre Ansage nicht den Eindruck vermitteln, Sie seien nur kurzfristig nicht zu erreichen.

Lassen Sie mich Ihnen ein paar Beispiele für gute Voice-Mail-Ansagen geben:

- ✔ Hallo, hier ist Fred Reith. Es ist Freitag, der 20. Januar, und ich werde heute und am Montag nicht im Büro sein. Bitte hinterlassen Sie mir Ihren Namen, Ihre Telefonnummer und eine kurze Nachricht. Ich werde über Tag meine Voice-Mail abhören. Wenn Sie sofort mit jemandem sprechen wollen, wählen Sie die 0.
- ✔ Hallo, hier ist Carolin Ziegler. Heute ist Dienstag, der 22. August. Es tut mir leid, daß ich Ihren Anruf nicht entgegennehmen kann. Ich bin heute nicht im Büro. Wenn Sie wegen der Erstellung des Industriegutachtens anrufen und dafür noch etwas Zeit benötigen, hinterlassen Sie mir bitte eine Nachricht, und sagen Sie mir, wann Sie mir das Gutachten voraussichtlich schicken können. Wenn Sie Fragen haben, die Sie sofort beantwortet haben wollen, rufen Sie bitte Kerstin Krause in Kassel an. Ihre Nummer ist 123-456-7890. Wenn Sie aus einem anderen Grund anrufen, hinterlassen Sie bitte eine Nachricht, und ich werde Sie so bald wie möglich zurückrufen. Wenn Sie eine Auskunft brauchen, wählen Sie bitte die 0.
- ✔ Hallo, hier spricht Sabine Heinen. Heute ist Montag, der 17. Oktober, und ich bin den ganzen Tag in Besprechungen. Ich werde später alle Nachrichten abhören. Hinterlassen Sie mir bitte eine Nachricht, und ich werde Sie so bald wie möglich zurückrufen. Wenn Sie sofort Auskunft brauchen, wählen Sie bitte die 0.

Hier einige Tips, die Sie beachten sollten, wenn Sie Ihre Voice-Mail-Ansage aufnehmen:

- ✔ Lächeln Sie, bevor Sie anfangen zu sprechen, denn Ihr Lächeln wird sich auch auf Ihre Stimme übertragen. So wird Ihre Begrüßung freundlicher.
- ✔ Um Ihre Voice-Mail-Ansage lebendiger und energischer wirken zu lassen, erheben Sie sich von Ihrem Stuhl, dehnen Sie sich, bringen Sie Ihren Kreislauf auf Trab, und nehmen Sie dann die Ansage auf. Sie möchten doch sicher nicht, daß Ihre Ansage klingt, als hätten Sie sie aufgenommen, bevor Sie zu einer Beerdigung gingen.
- ✔ Wenn Sie Ihre Voice-Mail-Ansage aufnehmen, halten Sie die Sprechmuschel nicht zu nahe am Mund, und sprechen Sie langsam, klar und deutlich. Seien Sie locker und entspannt. Versuchen Sie auch, die Ansage nicht monoton herunterzuleiern.
- ✔ Wenn Sie Leute bitten, Ihnen eine Nachricht zu hinterlassen, müssen Sie die Nachrichten während des Tages abhören und die Anrufer auch zurückrufen.
- ✔ Hören Sie sich Ihre Voice-Mail-Ansage nach der Aufnahme noch einmal an, um zu überprüfen, wie sie sich anhört. Ist sie lebendig genug? Ist sie kurz und knapp? Gibt sie wieder, was Sie sagen wollen? Wenn nicht, nehmen Sie sie noch einmal auf.

Ist Ihr Telefonsystem anruferfreundlich?

Viele Firmen haben Telefonsysteme, mit denen man nur schwer umgehen kann. Wie sieht es mit Ihrem eigenen System aus? Die beste Möglichkeit, das herauszufinden, besteht darin, sich selbst einmal anzurufen.

Zur Beurteilung des Telefonsystems Ihrer Firma sollten Sie sich folgende Fragen beantworten:

- ✔ Wie lange klingelt das Telefon, bis das Voivce-Mail-System den Anruf annimmt?
- ✔ Wie einfach ist es für einen Anrufer, sich zu dem gewünschten Gesprächspartner durchstellen zu lassen?
- ✔ Kann ein Anrufer die Telefonzentrale erreichen?
- ✔ Ist in der Telefonzentrale ständig jemand erreichbar?
- ✔ Wenn Sie dem Anrufer die Möglichkeit geben, eine Auswahl aus einem Menü zu treffen, wie lange dauert es, bis er seine Auswahl getroffen hat und weiter verbunden wird?

- Wie viele Menüs muß ein Anrufer abarbeiten, bevor er zu dem entscheidenden Menü gelangt? Wieviel Zeit braucht es dazu?
- Wie lange dauert es noch, bis der Anrufer den gewünschten Gesprächspartner am Apparat hat, nachdem er seine Menüauswahl getroffen hat?
- Nachdem Sie Ihr eigenes System getestet haben, rufen Sie auch bei Ihren Konkurrenten an, um deren Telefonsysteme zu testen.
- Was hören Ihre Anrufer, während sie auf die Verbindung warten? Warum nehmen Sie nicht eine Werbeansage für Ihre Produkte oder Dienstleitungen auf und spielen sie als Pausenfüller ab? Die Aufmerksamkeit Ihrer Zuhörer ist Ihnen sicher!

Tips, wie man eine Voice-Mail-Nachricht hinterläßt

Eine Voice-Mail-Ansage aufzunehmen ist eine Sache, aber Nachrichten zu hinterlassen ist eine andere, wesentlich wichtigere Angelegenheit. In der modernen Geschäftswelt hat fast jeder eine Voice-Mailbox. Wann immer Sie also einen Anruf tätigen, sollten Sie darauf vorbereitet sein, eine Nachricht hinterlassen zu müssen.

Hier sind einige Tips, wie Sie bessere Voice-Mail-Nachrichten hinterlassen:

- Sprechen Sie erst nach dem Signalton. (Ich weiß, daß fast jeder dies wissen sollte, aber Sie wären erstaunt, wie viele Leute ihre Nachricht beginnen, bevor die Ansage beendet ist.)
- Bevor Sie anfangen zu sprechen, holen Sie tief Luft, damit sich Ihre Lungen mit Luft füllen. So hört sich Ihre Stimme tiefer und imposanter an.
- Sprechen Sie langsam, klar und deutlich, damit die andere Person verstehen kann, was Sie sagen. Verschlucken Sie nichts.
- Machen Sie Ihre Stimme interessant. Legen Sie Enthusiasmus in Ihre Stimme. Legen Sie Energie in Ihre Stimme.
- Wenn Sie Ihren Namen hinterlassen, sollten Sie ihn zusätzlich buchstabieren. (»Hier spricht Jeffrey Mayer, M-A-Y-E-R.«)
- Nennen Sie Ihre Telefonnummer zweimal. Einmal am Anfang und einmal am Ende. Auch wenn viele der Leute, die Sie anrufen, Ihre Nummer bereits haben, hören sie die Nachrichten vielleicht von unterwegs ab und haben Ihre Nummer gerade nicht bei sich.
- Wenn Sie Ihre Nachricht hinterlassen, nennen Sie die wichtigsten Punkte zu Anfang und die weniger wichtigen zum Schluß.

- ✔ Wenn Sie Ihre Postanschrift hinterlassen, sprechen Sie langsam, und buchstabieren Sie den Namen Ihrer Straße und Stadt, nachdem Sie die Adresse genannt haben. (»Schloßstraße 15, 12345 Burgstadt, B-U-R-G-S-T-A-D-T.«)
- ✔ Hinterlassen Sie einen bestimmten Zeitpunkt oder einen Zeitrahmen, zu dem Sie einen Rückruf entgegennehmen können. Zum Beispiel: »Ich werde morgen früh in meinem Büro sein.« Oder: »Ich bin nach 14.00 Uhr immer in meinem Büro zu erreichen.«
- ✔ Wenn eine bestimmte Information wollen, formulieren Sie Ihren Wunsch knapp und deutlich.

Seien Sie energisch und enthusiastisch. Der Anrufer soll am Glanz Ihrer Persönlichkeit teilhaben.

Wenn Sie jemandem schon mehrmals eine Nachricht hinterlassen haben und nicht zurückgerufen wurden, versuchen Sie, seinen Assistenten oder jemand anderen in der Abteilung zu erreichen. Finden Sie heraus, ob und gegebenenfalls wann der gewünschte Gesprächspartner erreichbar ist. Versuchen Sie auch, jemand anderen an seiner Stelle zu sprechen. Seien Sie aktiv! Warten Sie nicht ewig auf einen Rückruf, der nie kommen wird.

Hilfe! Ich bekomme zu viele Nachrichten

Die häufigsten Klagen, die ich bezüglich der Voice-Mail zu hören bekomme, beziehen sich darauf, daß die Leute zu viele Nachrichten erhalten und sie zu lange zum Abhören brauchen. Hier sind einige Tips, wie Sie mit diesem Problem fertig werden können:

- ✔ **Erhöhen Sie die Wiedergabegeschwindigkeit Ihrer Nachrichten.** Wenn Sie Ihre Nachrichten abhören, lassen Sie sie schneller laufen, damit Sie schneller durch sind. (Diese Funktion haben nicht alle Voice-Mail-Systeme oder Anrufbeantworter.)
- ✔ **Begrenzen Sie die Aufnahmezeit für eine Nachricht.** Wenn sich Ihre Anrufer nicht kurz fassen können, begrenzen Sie die Aufnahmezeit auf 60, 90 oder 120 Sekunden. (Wenn Sie Ihre Ansage aufnehmen, teilen Sie Ihren Anrufern mit, daß ihnen nur 60 Sekunden für ihre Nachricht zur Verfügung stehen.)
- ✔ **Begrenzen Sie die Aufnahmekapazität Ihrer Voice-Mailbox.** Ich weiß, daß dieser Tip eigentlich nicht im Sinne der Erfinder der Voice-Mail ist. Aber wenn Sie zu viele Anrufe erhalten, begrenzen Sie die Aufnahmekapazität Ihrer Voice-Mailbox. Wenn Ihre Mailbox voll ist, sollte folgende Ansage zu hören sein: »Die Mailbox ist voll.« Der Anrufer kann dann jemand anderen anrufen, sich später noch einmal melden oder einen Brief oder eine E-Mail schicken.

- **Weiterleiten an den richtigen Adressaten.** Wenn Sie eine Nachricht erhalten, die nicht Ihr Aufgabengebiet betrifft, leiten Sie sie an die zuständigen Kollegen weiter.
- **Löschen Sie alle Nachrichten, nachdem Sie sie abgehört haben.** Wenn sich aus den Nachrichten eine Aufgabe ergeben hat, notieren Sie sie auf Ihrer Master-Liste oder in ACT!. Wenn eine Information besonders wichtig ist, sollten Sie sie auf einem großen Blatt Papier – eine Notiz pro Seite – notieren und in den entsprechenden Akten ablegen. (Vergessen Sie das Datum nicht!)

Sie können die Anzahl der eingegangenen Voice-Mail-Nachrichten auch dadurch reduzieren, daß Sie von vornherein auf dem Anrufbeantworter des anderen die *richtige* Nachricht hinterlassen.

Effektivere Korrespondenz – bessere Geschäfte

12

In diesem Kapitel

- Wer sind Ihre Leser?
- So verbessern Sie Ihren Schreibstil
- So schreiben Sie bessere Briefe

Vor noch gar nicht so langer Zeit waren Computer eine Neuheit, und wir arbeiteten noch mit Rechenmaschinen und Taschenrechnern. Aber die Zeiten haben sich geändert. Heute hat fast jeder einen Computer auf dem Schreibtisch stehen, einen Notebook-Rechner in der Aktentasche und einen Palmtop-Rechner in der Hosentasche. Jedenfalls kommt es einem so vor.

Und was machen wir mit dieser Hochleistungshardware? Wir schreiben Briefe, Memos und Berichte, bereiten Präsentationen vor, senden und beantworten E-Mail-Nachrichten. Ich hielt es deshalb für durchaus sinnvoll, in einem eigenen Kapitel zu zeigen, wie Sie Ihre Schreibfähigkeiten verbessern können. Schließlich findet ein Großteil unserer Kommunikation in schriftlicher Form statt.

Wer ist Ihre Leserschaft?

Mit einem gut geschriebenen Text ist es einfach, anderen Menschen seine Ideen mitzuteilen und ihnen zu helfen, bessere Geschäftsentscheidungen zu treffen. Sie machen allen das Leben leichter, wenn Sie Ihre Gedanken und Ideen klar zu Papier bringen können, Wörter benutzen, die der Leser versteht, und Informationen in einer präzisen und gründlichen Form zusammenstellen, die leicht verständlich ist.

Denken Sie beim Schreiben eines Briefes, eines Memos oder Berichtes immer daran, an wen das Dokument gerichtet ist. Wenn der Bericht zum Beispiel für den Direktor Ihrer Gesellschaft, den Vorsitzenden oder den Vorstand ist, sollte er anders geschrieben sein als ein wöchentlicher Lagebericht für Ihre Gruppen- oder Abteilungsleiter. Ebenso sollte ein Brief an einen Kunden nicht im Stil einer E-Mail-Nachricht abgefaßt sein.

Ihr Ziel ist nicht nur, anderen Leuten Informationen zu geben, sondern auch, eine vernünftige Antwort von ihnen zu erhalten.

Gut schreiben ist nicht leicht

Gutes Schreiben ist harte Arbeit. Es ist ein mühsamer und langwieriger Prozeß, weil wir wesentlich schneller denken, als wir schreiben. Und deswegen ist heute das Schreiben mit unseren superschnellen Computern und extrem leistungsfähigen Textverarbeitungssystemen wesentlich einfacher als vor einem Jahrhundert, als man noch Tinte und Feder benutzte, oder vor 20 Jahren, als man mit elektrischen IBM-Schreibmaschinen arbeitete, oder vor zehn Jahren, als man seine Texte mit speziellen Textverarbeitungsgeräten oder einem 386er-Rechner mit WordPerfect oder Word zu Papier brachte.

Mit den modernen Rechnern können Sie sich voll auf den Inhalt des Textes konzentrieren und müssen sich keine Gedanken um die korrekte Schreibweise eines bestimmten Wortes machen. Die modernen Textverarbeitungsprogramme wie Word oder WordPerfect machen die Textformatierung oder das Umstellen von Wörtern, Sätzen, Absätzen oder ganzen Seiten innerhalb eines Dokuments zu einem Kinderspiel.

Untersuchungen haben ergeben, daß die meisten Computerbenutzer weniger als 15 Prozent der Funktionen der jeweils verwendeten Software nutzen. Versuchen Sie, immer das Beste aus Ihrer Textverarbeitung, ihrer Tabellenkalkulation oder einem anderen Programm herauszuholen. Sie können dadurch eine Menge Zeit gewinnen und mehr Arbeit in weniger Zeit bewältigen.

Nehmen Sie sich viel Zeit

Nehmen Sie sich zum Schreiben ausreichend Zeit. Nachdem Sie etwas geschrieben haben, sollten Sie es immer kurz beiseite legen und später noch einmal lesen. Wenn Sie sich den Text noch einmal vornehmen, werden Sie neue Möglichkeiten sehen, wie Sie ihn noch weiter verbessern können.

Wenn Sie einen Brief, ein Memo oder einen Bericht schreiben, vergewissern Sie sich, daß das Dokument so formuliert ist, daß es genau das ausdrückt, was Sie sagen wollen. Ihr Ziel besteht darin, ein gutes Schriftstück zu verfassen. Schnelligkeit ist dabei nicht wichtig.

Hier noch einige weitere Schreibtips:

- ✔ Wenn Sie etwas schreiben, auch wenn es nur ein kurzer Brief, ein Fax oder Memo ist, drucken Sie es aus, lesen Sie es sich durch, und legen Sie es dann für eine Zeit beiseite. Wenn Sie sich den Text später noch einmal durchlesen, werden Sie meistens feststellen, daß es nicht genau das ausdrückt, was Sie sagen wollten. Überarbeiten Sie den Text, und schicken Sie ihn erst dann weg.
- ✔ Wenn Sie etwas schreiben und einfach nicht weiterkommen, legen Sie den Text für einen Moment beiseite und arbeiten Sie später daran weiter. Wenn Sie eine Pause machen und sich ein bißchen Zeit nehmen, über Ihr Problem nachzudenken, können Sie es meistens ohne größere Anstrengung lösen.
- ✔ Drucken Sie Ihr Dokument aus. Ein Text sieht als Ausdruck häufig anders aus als auf dem Bildschirm und liest sich anders. Wenn Sie also ein Dokument bearbeiten wollen, sollten Sie dazu den Ausdruck verwenden. Sie werden dann wahrscheinlich Fehler feststellen, die Sie auf dem Bildschirm nicht bemerkt haben.

Verwenden Sie geläufige Wörter und Ausdrücke

Hatten Sie schon mal nach der Lektüre eines Briefes nicht die geringste Ahnung, was er Ihnen sagen sollte? Selbst nach dem zweiten und dritten Durchlesen sehen Sie immer noch keinen Sinn. Ziemlich frustrierend, oder?

Wenn Sie Briefe, Memos oder Berichte schreiben, sollten Sie es Ihrem Leser einfach machen, Sie zu verstehen. Schreiben Sie daher kurze Sätze und Absätze, und benutzen Sie Wörter, die Ihrem Leser geläufig sind.

In unserer heutigen, schnellebigen und hektischen Welt haben die meisten von uns keine Zeit, die Bedeutung unbekannter Wörter im Wörterbuch nachzuschlagen.

Stellen Sie bei der Formulierung Ihrer Sätze die höchsten Ansprüche. Benutzen Sie ein Synonym-Wörterbuch oder einen Duden, um Wörter zu finden, die Ihre Gedanken und Ideen besser ausdrücken können. Verwenden Sie aber keinesfalls Wörter, die Sie vorher noch nie gesehen haben und die Ihr Leser wahrscheinlich auch nicht kennt.

Schreiben Sie im Gesprächsstil

Schreiben ist eigentlich nicht mehr, als das gesprochene Wort zu Papier zu bringen. Sie können es sich wesentlich einfacher machen, wenn Sie sich vorstellen, Sie würden mit dem Adressaten Ihres Briefes ein persönliches Gespräch führen – wie zwei Freunde, die in einem Café sitzen und sich nett unterhalten. Hier einige Tips:

- ✔ Bevor Sie anfangen zu schreiben, sollten Sie sich fragen: »Welches ist die wichtigste Information, die ich dem Leser geben will?«
- ✔ Kommen Sie schnell zu den wichtigen Punkten. Nennen Sie den Grund Ihres Briefes, Memos oder Berichts im ersten Satz des ersten Absatzes. Der Leser hat nicht die Zeit, sich durch drei Absätze oder drei Seiten Text zu kämpfen, um in Erfahrung zu bringen, warum Sie den Brief überhaupt schreiben.
- ✔ Kurze Sätze sind einfacher zu lesen. Geben Sie Ihre Gedanken und Ideen in kurzen Salven wieder, und achten Sie darauf, daß Ihre Sätze nicht mehr als 15 bis 20 Wörter lang sind. Denken Sie aber daran, auch etwas Abwechslung in den Text zu bringen. Setzen Sie zwischen die kurzen Sätze ab und zu einen längeren.
- ✔ Verknüpfen Sie Ihre Gedanken richtig. Schreiben Sie klar und verständlich, und bringen Sie die Sache auf den Punkt.
- ✔ Um Abwechslung in Ihre Briefe, Memos oder Berichte zu bringen, bauen Sie Tabellen, Graphiken, Illustrationen oder Bilder ein. Derlei visuelle Hilfen können meistens einen langen Text ersetzen.
- ✔ Wenn Sie Schwierigkeiten haben, Ihre Gedanken zu Papier zu bringen, lesen Sie sich die Sätze laut vor. Wenn Sie dann zu der Stelle kommen, an der Sie Schwierigkeiten haben, stellen Sie sich einfach vor, Sie würden mit jemandem reden und fragen Sie sich: »Was würde ich als nächstes sagen?«
- ✔ Wenn Sie Abkürzungen verwenden, z.B. für die Eigenschaften des neuesten Produkts Ihrer Firma, erklären Sie dem Leser, was diese Abkürzungen bedeuten.
- ✔ Wenn Sie Abkürzungen für die Namen von Organisationen verwenden, sollten Sie den Namen erst ausschreiben und die Abkürzung in Klammern beifügen. Danach können Sie die Initiale der Organisation ohne weitere Erläuterungen verwenden. (Um das Einfügen von langen Namen in ein Dokument zu erleichtern, benutzen Sie die Suchen/Ersetzen-Funktion Ihres Textverarbeitungsprogramms. Schreiben Sie in Ihrem Text eine Abkürzung für den langen Namen, und wenn Sie fertig sind, lassen Sie die Abkürzungen suchen und durch die langen Namen ersetzen.)
- ✔ Je mehr leere Fläche desto besser: Je mehr Platz Sie auf einer gedruckten Seite frei lassen, desto besser läßt sie sich lesen. Ihr Ziel solle immer darin liegen, dem Leser so viele Informationen mit so wenig Worten wie möglich zu geben. Und das ist Arbeit. Wie Abraham Lincoln es einmal sagte: »Ich hätte einen kürzeren Brief geschrieben, aber ich hatte keine Zeit.«

Bearbeiten Sie Ihre Texte mit der Rechtschreibprüfung

Lassen Sie Ihr Rechtschreib- und Grammatikprogramm über den Text laufen, bevor Sie die Endversion Ihres Dokuments ausdrucken. Angesichts der Leistungsfähigkeit moderner Textverarbeitungsprogramme gibt es keine Entschuldigung für Rechtschreib- fehler. Fehler zeugen von Schlampigkeit und machen es dem Leser unnötig schwer, den Text zu verstehen. Verlassen Sie sich aber nicht zu sehr auf diese Hilfsmittel. Ihre Rechtschreibung mag perfekt sein, aber es kann immer wieder passieren, daß Sie einfach nur das falsche Wort benutzen (z.B. *mein* statt *dein*, *mich* statt *mir*). Ein Grammatikprogramm nutzt Ihnen gar nichts, wenn Sie keine Ahnung von Grammatikregeln haben. Es gibt keinen Ersatz dafür, alles noch einmal durchzulesen, bevor Sie es dem Leser vorlegen.

- ✔ Lassen Sie jemand anderen Ihre Dokumente lesen. Manchmal sind wir blind für Rechtschreib-, Interpunktions- oder Grammatikfehler – Fehler, die jemand anderes beim Korrekturlesen leicht entdeckt.
- ✔ Hören Sie sich den Klang Ihrer geschriebenen Worte an. Was sich gut anhört, liest sich auch gut. Um Ihrem Text den letzten Schliff zu geben, sollten Sie ihn sich laut durchlesen.
- ✔ Setzen Sie sich selber einen Abgabetermin. Wenn ein Bericht am 15. des Monats fällig ist, setzen Sie sich selbst einen Termin für den 10. Das wird Sie motivieren, früh genug anzufangen, und Sie werden genügend Zeit haben, über Ihre Arbeit nachzudenken und sie zu überarbeiten. Ihr Ziel sollte immer ein ausgezeichnetes Endprodukt sein – nicht nur ein guter erster Entwurf.

Bearbeiten Sie Ihre Briefe, Präsentationen und Berichte

Einen Text noch einmal zu lesen, zu ändern oder zu kürzen, gehört zum guten Schreiben. Gutes Schreiben bedeutet, laufend nach unnötigen Wörter und Sätzen zu suchen und sie zu streichen. Stellen Sie sich bei der Bearbeitung Ihrer Arbeit immer folgende Fragen:

- ✔ Sind meine Sätze vollständig?
- ✔ Sind meine Absätze vollständig?
- ✔ Ist jeder Abschnitt vollständig?
- ✔ Ist meine Interpunktion richtig?
- ✔ Läßt sich mein Text flüssig lesen?
- ✔ Habe ich meine Argumente, Ideen und Beziehungen gut erläutert?
- ✔ Habe ich die Namen von Personen und Organisationen richtig geschrieben? (Mein Herausgeber ist der Meinung, daß dies ein besonders wichtiger Punkt ist.)
- ✔ Habe ich alle Telefonnummern und Website-Adressen korrekt angegeben? (Rufen Sie die Nummern an und besuchen Sie die Websites.)

Fesseln Sie den Leser

Niemand hat Zeit, lange Briefe, Memos, Berichte oder andere Dokumente zu lesen. Dafür sind wir alle viel zu beschäftigt. Wenn Sie also wollen, daß jemand auch wirklich liest, was Sie schreiben, müssen Sie es ihm leicht machen. Erleichtern können Sie dem Leser die Lektüre zum Beispiel dadurch, daß Sie die wichtigsten Informationen an den Anfang Ihres Dokuments setzen.

Schon mit dem ersten Wort des ersten Satzes im ersten Absatz müssen Sie das Interesse des Lesers wecken. Wenn Sie das nicht schaffen, wird Ihr Schriftstück beiseite gelegt und nie wieder in die Hand genommen.

Setzen Sie Ihre wichtigsten Informationen an den Anfang, und bringen Sie alle zusätzlichen Fakten und Informationen in den folgenden Sätzen und Absätzen unter. So können Sie die Lesezeit verkürzen, weil der Leser nicht erst alle Absätze durchlesen muß, um herauszufinden, was Sie sagen wollen.

Beim ersten Entwurf Ihres Dokuments werden Ihre wichtigsten Punkte wahrscheinlich am Ende und Ihre Zusatzinformationen am Anfang stehen. Wenn Sie Ihren Text überarbeiten, verschieben Sie deshalb die Hauptpunkte und Schlußfolgerungen vom Ende des Dokuments an den Anfang.

Wenn Sie ein langes Dokument verschicken, schreiben Sie einen einseitigen Begleitbrief, in dem Sie die Informationen des Dokuments zusammenfassen.

Hassen Sie es auch, im Postamt in der Schlange zu stehen, um Briefmarken zu kaufen? Erkundigen Sie sich am Schalter, ob Sie die Briefmarken auch per Post beziehen können.

Schreiben Sie bessere Briefe

Jeden Tag schreiben wir Briefe. Das gehört zu unserem Berufsleben. Im folgenden Teil werde ich Ihnen einige Tips geben, wie Sie die Chancen verbessern können, daß Ihre Briefe geöffnet und gelesen werden.

So erreichen Sie, daß Ihre Briefe geöffnet werden

Wenn Sie einen Brief verschicken, dann möchten Sie, daß der Empfänger nicht nur den Umschlag öffnet, sondern sich auch die Zeit nimmt, den Brief zu lesen und zu beantworten. Hier sind einige Tips, wie Sie den Empfänger dazu bringen, Ihre Briefe zu öffnen:

- ✔ Tippen Sie Ihren Absender direkt auf den Umschlag. Verwenden Sie keine Klebeadressen. Schreiben Sie nach Möglichkeit Namen und Adresse des Empfängers mit der Hand. Eine handgeschriebene Adresse fällt immer auf. (Wenn ein Umschlag mit einem fast unleserlichen Gekritzel auf meinem Schreibtisch erscheint, öffne ich ihn immer zuerst.)
- ✔ Benutzen Sie Sondermarken für Ihre Briefe. Große, bunte Sondermarken lassen Ihre Post interessanter aussehen.
- ✔ Schreiben Sie auf die linke Seite des Umschlags mit großen Buchstaben »Persönlich« an Stelle des unauffälligen »z. Hd.« in der Adresse. (Das mache ich bereits seit Jahren, und es klappt gut!)

So erreichen Sie, daß Ihre Briefe gelesen werden

Wenn Sie es geschafft haben, daß jemand Ihren Brief öffnet, möchten Sie natürlich auch, daß Ihr Brief gelesen wird. Hier einige Tips:

- ✔ Der erste Satz Ihres Briefes sollte ins Auge fallen und das Interesse des Lesers auf den Rest des Briefes wecken.
- ✔ Fügen Sie ein Postskriptum hinzu. Das Postskriptum ist normalerweise das erste oder zweite, was eine Person liest. Formulieren Sie Ihr Postskriptum deshalb so, daß der Leser daran interessiert ist, den ganzen Brief zu lesen.
- ✔ Fangen Sie einen Brief immer mit dem Wort »Sie« an. So erreichen Sie, daß der Leser weiterlesen will.
- ✔ Erwähnen Sie den Namen der Person und des Unternehmens an verschiedenen Stellen des Briefes. So wird Ihr Brief persönlicher und freundlicher. Auch das ist ein wirksames Mittel, um die Aufmerksamkeit des Lesers zu wecken.
- ✔ Betonen Sie die Vorteile, die der Leser hat, wenn er Ihren Brief liest. Sagen Sie, was für den Leser drin ist. »Sie erhalten dies ...«, »Sie erhalten das ...«
- ✔ Streichen Sie das Wort »Ich« aus Ihren Briefen. »Ich« ist das uninteressanteste Wort in jedem Brief.

Machen Sie Ihre Briefe übersichtlich und leicht lesbar

Nachdem Sie den Empfänger dazu gebracht haben, den Umschlag zu öffnen, den Eingangssatz und das Postskriptum zu lesen, möchten Sie auch, daß er auch noch den Rest des Briefes liest. Hier einige Tips:

- ✔ Rücken Sie Ihre Absätze ein. So sind sie leichter zu lesen. Lassen Sie zwischen zwei Absätzen eine Zeile frei.
- ✔ Verwenden Sie eine Serifenschrift. Die Schrift sollte einen Schriftgrad von mindestens 12 Punkt haben. So wird sie leichter lesbar.
- ✔ Schreiben Sie linksbündig, und verwenden Sie keinen Blocksatz.
- ✔ Halten Sie Ihre Briefe kurz und knapp, und schreiben Sie nicht mehr als eine Seite. (Wenn Sie eine handschriftliche Notiz schicken, schreiben Sie nicht mehr als drei Sätze. Denken Sie darüber nach, was Sie sagen wollen, schreiben Sie es auf, und setzen Sie Ihre Unterschrift darunter.)
- ✔ Erwähnen Sie am Ende des Briefes, was der Leser von Ihnen zu erwarten hat: »Ich werde Sie in ein paar Tagen anrufen, um Ihre Meinung zu hören.«
- ✔ Unterschreiben Sie Ihre Briefe.

Wie sieht Ihr Dokument im Ausdruck aus?

Wenn Sie interessant aussehende Briefe, Memos, Präsentationen und Berichte schreiben wollen, die das Interesse des Lesers wecken sollen, warum versuchen Sie es nicht einmal mit einer besonderen Schriftart? Natürlich haben Sie schon Dutzende Schriftarten auf Ihrem Rechner installiert. Das sind aber genau die Schriftarten, die auch Millionen anderer Computerbenutzer verwenden. Versuchen Sie deshalb einmal etwas anders. Im *Internet Type Foundry Index* von Chris McGregor (ITFI) – `www.typeindex.com` – finden Sie Links zu fast jeder Computerschriftart, die Sie jemals gesehen haben, und viele, die Sie noch nie gesehen haben.

Alles über E-Mail

13

In diesem Kapitel

- So schreiben Sie gute E-Mail-Nachrichten
- Was tun, wenn der Posteingang überquillt?
- Über die Freiheit von E-Mail
- Schutz gegen E-Mail-Diebstahl
- Wichtige Informationen speichern
- Der richtige Umgang mit E-Mail-Programmen
- So greifen Sie von fremden Computern auf Ihre E-Mail-Nachrichten zu
- Hier bekommen Sie ein Gratis-E-Mail-Konto
- Massen-E-Mails versenden
- Was tun gegen E-Mail-Werbung?

E-Mail ist ein elektronisches Medium, das Millionen von Menschen auf dem ganzen Globus zum Austausch von Informationen verwenden. In der Geschäftswelt erfreut sich dieses Medium großer Beliebtheit, weil es effizienter als das Telefon, informeller als ein Brief und natürlich wesentlich schneller als die gute alte Schneckenpost ist. Wenn Sie E-Mail richtig nutzen, können Sie viel Zeit sparen, denn Sie können in Sekundenschnelle mit jemandem Informationen austauschen, egal ob sich dieser Jemand im Stockwerk unter Ihnen oder auf der anderen Erdhalbkugel befindet. Wenn Sie allerdings eine, zwei oder sogar drei Stunden am Tag damit verbringen, Ihre E-Mail-Nachrichten zu beantworten, dann vergeuden Sie kostbare Zeit, die Sie anderen Arbeiten widmen sollten.

Wie kommt das @-Symbol in die E-Mail-Adresse?

Heutzutage ist das @-Symbol ein unerläßlicher Bestandteil einer jeden E-Mail-Adresse. Das war jedoch nicht immer so. Im Jahr 1972 hatte ein Computertechniker bei BBN namens Ray Tomlinson ein Problem: Er wollte eine E-Mail-Nachricht senden, wußte aber zunächst nicht, wie er seinen Computer anweisen könnte, zwischen dem Namen des Empfängers und der Adresse des empfangenen Rechners zu unterscheiden. Er kam schließlich zu dem Schluß, daß er zwischen dem Empfängernamen und der Computeradresse etwas einfügen mußte – ein Satzzeichen oder ein Symbol. Er schaute auf seine Tastatur, sah das @-Symbol, und schon war ein neuer Internet-Standard geboren.

Gute E-Mail-Nachrichten schreiben

In den folgenden Abschnitten finden Sie einige Empfehlungen, wie Sie bessere E-Mail-Nachrichten schreiben können.

Auch E-Mail verlangt einen guten Schreibstil

Die meisten Menschen verwenden E-Mail als ein sehr formloses Kommunikationsmedium. Der Sinn und Zweck von E-Mail ist ja auch die schnelle, kurze und bequeme Kommunikation. Die meisten Nachrichten, die sie empfangen, enthalten wahrscheinlich eine Menge Rechtschreib-, Zeichensetzungs- und grammatikalische Fehler, die Sie in einem normalen Brief niemals sehen würden.

Für die meisten ist das okay. Aber bei jeder E-Mail-Nachricht, die Sie selber verfassen, sollten Sie sich folgende Frage stellen: Möchten Sie Ihre E-Mail-Nachricht wirklich derartig formlos schreiben?

Sie sollten sich bei jeder E-Mail-Nachricht, die Sie verfassen, überlegen, wie der Empfänger auf sie reagieren soll. Ich empfehle deshalb, die Nachricht kurz mit der Rechtschreibprüfung auf Fehler untersuchen zu lassen und auch auf korrekte Zeichensetzung und grammatikalische Fehler zu achten, bevor Sie auf die Schaltfläche *Senden* klicken.

Lesen Sie Ihre E-Mail-Nachrichten immer noch einmal durch, bevor Sie sie versenden. Manchmal werden Sie feststellen, daß Sie mit wenigen Änderungen besser ausdrücken können, was Sie eigentlich mitteilen wollten.

Nutzen Sie die Betreff-Zeile

Die Betreff-Zeile ist der wichtigste Teil einer E-Mail-Nachricht. Sie ist das erste, was der Empfänger liest, wenn er seinen Posteingang öffnet. Hier einige Tips:

✔ Geben Sie einen kurzen, präzisen und aussagekräftigen Betreff an.

✔ Wenn Sie vom Leser eine Aktion erwarten, geben Sie dies im Betreff an. Beispiel: »Mit Bitte um Teilnahme an Besprechung am Dienstag« oder »Erwarte Antwort bis Donnerstagmorgen«.

Gestalten Sie Ihren Betreff so interessant, daß er die Aufmerksamkeit des Lesers erregt – dann liest er Ihre Nachricht vielleicht zuerst.

Meistens stehen 60 bis 80 Zeichen für den Betreff zur Verfügung – machen Sie das Beste daraus!

Das Wichtigste gehört an den Anfang

Die meisten Menschen erhalten heutzutage so viele E-Mail-Nachrichten, daß Sie es gar nicht schaffen, alle zu lesen. Wie Sie es fertigbringen, daß Ihre Nachrichten trotzdem gelesen werden, erfahren Sie in folgenden Tips:

✔ Geben Sie die wichtigsten Informationen im ersten Satz des ersten Absatzes. Zusatzinformationen und Erläuterungen gehören in die folgenden Absätze.

✔ Beschränken Sie die Länge einer E-Mail-Nachricht möglichst auf weniger als drei Absätze.

✔ Nachrichten, die mehr als drei Absätze lang sind, sollten lieber als Anlage verschickt werden. Schreiben Sie in der eigentlichen E-Mail eine kurze Zusammenfassung der Anlage. Noch besser wäre es, wenn Sie die lange Nachricht so weit einkürzen würden, daß sie weniger als drei Absätze lang ist.

Schreiben Sie einfache Nachrichten

Schreiben Sie kurze und verständliche Sätze und übersichtliche Absätze. Setzen Sie die wichtigsten Informationen in den ersten Satz des ersten Absatzes. Hier einige Tips:

✔ Versuchen Sie, Ihre E-Mail-Nachrichten auf eine einzige Bildschirmseite zu beschränken, damit die Empfänger keine umständlichen Bildläufe durchführen müssen, um das ganze Dokument zu lesen. Wenn eine Nachricht länger als eine Bildschirmseite ist, kürzen Sie sie!

- Wenn Sie eine Liste mit verschiedenen Punkten in Ihrer E-Mail-Nachricht haben, sollten Sie die einzelnen Punkte numerieren oder mit Aufzählungszeichen versehen (wie bei der Liste, die Sie gerade lesen).
- Wenn Sie eine lange Nachricht verschicken müssen, fügen Sie die Nachricht als Anlage bei. Schreiben Sie als Betreff eine kurze Zusammenfassung der Anlage. Die eigentliche E-Mail-Nachricht sollte eine etwas ausführlichere Zusammenfassung der Anlagedatei enthalten.

Schreiben Sie E-Mail-Nachrichten, auf die man leicht antworten kann

Machen Sie es den Leuten leicht, Ihre E-Mail-Nachrichten zu beantworten. Achten Sie darauf, daß die Nachricht ausreichende Informationen enthält, damit die Empfänger Ihnen schnell antworten können. Formulieren Sie Ihre Nachrichten so, daß die Leser mit einem einfachen »Ja« oder »Nein« antworten können. Wenn Sie um eine Antwort bitten, erwähnen Sie dies im Betreff.

Dokumente als Anlage beifügen

Wenn Sie einer E-Mail-Nachricht ein Dokument als Anlage beifügen wollen, gehen Sie folgendermaßen vor:

- Geben Sie eine kurze, aber genaue Beschreibung des Dokuments in der Anlage.
- Erklären Sie, warum Sie die Anlage beigefügt haben.
- Geben Sie dem Empfänger detaillierte Anweisungen für den Umgang mit dem Anlagedokument.
- Geben Sie einen Termin an, zu dem Sie eine Antwort erwarten.

Danach sollten Sie diesen Vorgang in Ihrer Master-Liste festhalten oder als Aktivität in ACT! aufnehmen.

Die E-Mail-Netiquette

Es gibt einige Regeln, die Sie bei E-Mail-Nachrichten an Kollegen und Mitarbeiter beachten sollten:

- ✔ Achten Sie auf die richtige Wortwahl. E-Mail-Nachrichten lassen sich sehr leicht falsch interpretieren. (Siehe auch den Kasten über Smileys weiter unten.)
- ✔ Verschicken Sie keine Kopie (Cc) Ihrer Nachrichten an Leute, die Ihre Nachricht nicht unbedingt brauchen.
- ✔ Verschicken Sie nicht unbedacht Blindkopien (Bcc); man könnte Ihnen unterstellen, daß Sie jemanden hintergehen wollen.
- ✔ Verlangen Sie keine Empfangsbetätigung, wenn diese nicht unbedingt notwendig ist. Sie könnten damit den Empfänger beleidigen, weil Sie ihm unterstellen, daß er Ihre Nachrichten nicht liest.
- ✔ Verbreiten Sie keine Panik! Benutzen Sie den Vermerk »Dringende Mitteilung« nur sehr selten. Wenn Sie ihn zu häufig verwenden, könnten Ihre Nachrichten in Zukunft ignoriert werden.
- ✔ Gehen Sie sparsam mit Großbuchstaben um! WENN SIE IHRE NACHRICHTEN IN GROSSBUCHSTABEN SCHREIBEN, DANN IST DAS, ALS WÜRDEN SIE IHRE NACHRICHT IN DIE E-MAIL-WELT HINAUSSCHREIEN, und niemand läßt sich gerne anschreien. Benutzen Sie Groß- und Kleinbuchstaben so, wie Sie es in einem traditionellen Brief tun würden.
- ✔ Geben Sie die Adressen in die Zeilen »An:«, »Kopie (Cc):« und »Blindkopie (Bcc):« in alphabetischer Reihenfolge ein. So können Sie niemanden, z.B. Ihren Chef oder Vorgesetzten, versehentlich beleidigen, weil Sie ihn an der falschen Stelle aufgeführt haben. (Wenn Sie schon jemanden beleidigen, dann tun Sie es wenigstens absichtlich!)
- ✔ Strapazieren Sie Ihren Verteiler nicht allzusehr. Schicken Sie Ihre Nachrichten nur an diejenigen, die sie wirklich brauchen.
- ✔ Sie gewinnen an Glaubwürdigkeit, wenn Sie Ihren Verteiler kürzen. Je weniger Nachrichten Sie verschicken, desto größere Aufmerksamkeit wird ihnen geschenkt.
- ✔ Schicken Sie Ihren Kollegen und Mitarbeitern nur Nachrichten, die mit Ihrer Arbeit zu tun haben.

- Seien Sie vorsichtig mit Scherzen und sarkastischen Bemerkungen. Was Sie für lustig halten, wird von anderen möglicherweise als unmöglich oder beleidigend aufgefasst. Feiner Sarkasmus läßt sich in einer E-Mail-Nachricht fast gar nicht vermitteln und wird meistens als störend empfunden. Nachrichten mit Witzen oder Einladungen zu privaten Veranstaltungen geben Sie besser außerhalb des E-Mail-Systems weiter.
- Schreiben Sie positive Nachrichten, damit Ihre Leser sie gerne lesen.
- Auch wenn Sie etwas Negatives mitteilen müssen, tun Sie alles, um es positiv auszudrücken. Noch besser: Nehmen Sie das Telefon, und verabreden Sie ein persönliches Treffen.
- Wenn eine Nachricht sehr wichtig, kontrovers oder vertraulich ist oder leicht mißverstanden werden kann, benutzen Sie lieber das Telefon, oder vereinbaren Sie einen Termin zu einem persönlichen Gespräch.
- Und noch ein wichtiger Punkt zum Schluß: Löschen Sie alle E-Mail-Nachrichten, die Sie nicht mehr benötigen.

Hilfe, ich bekomme zu viele E-Mails!

Wenn Sie zu viele E-Mail-Nachrichten bekommen oder Sie zu viele Stunden am Tag benötigen, um Sie zu beantworten, dann könnte das daran liegen, daß da jemand das E-Mail-System nicht so nutzt wie eigentlich vorgesehen. Ich stelle Ihnen deshalb einfach mal folgende Frage: Wieviel Zeit würden Sie investieren, um diese Nachrichten zu lesen und sie zu beantworten, wenn Sie Ihnen auf altmodische Weise auf Papier zugeschickt worden wären?

Würden Sie sich dann auch derart beeilen, um sie zu beantworten und vom Tisch zu haben? Würden Sie alles stehen- und liegenlassen und sie sofort bearbeiten? Natürlich nicht! Früher schmorten diese Papiermemos tage-, wenn nicht wochenlang in Ihrem Eingangskorb, bevor Sie sich mit ihnen befaßten, und die Welt ist trotzdem nicht untergegangen.

Aber da die gleiche Nachricht Sie nun auf dem elektronischen Weg erreicht, verspüren Sie den Drang, sie sofort zu lesen und zu beantworten. Beeilen Sie sich so, Ihre E-Mail-Nachrichten zu lesen, weil sie so furchtbar wichtig sind oder weil Sie wissen, daß sie Ihnen über den Kopf wachsen oder Sie sogar unter sich begraben, wenn Sie sie nicht regelmäßig durchforsten?

Hier einige Tips, wie Sie mit dem E-Mail-Ansturm fertig werden können:

- Reservieren Sie bestimmte Zeiten am Tag für die Lektüre Ihrer E-Mail-Nachrichten, damit Sie wissen, was alles angekommen und was davon wichtig ist. Unterbrechen Sie nicht jedes Mal Ihre Arbeit, wenn eine E-Mail-Nachricht ankommt.
- Wenn es nicht nötig ist, daß Sie auf jede einzelne eingegangene E-Mail-Nachricht antworten, dann lassen Sie es einfach sein!

- Wenn Sie auf eine E-Mail-Nachricht antworten müssen, antworten Sie kurz und bündig. Antworten Sie wenn möglich mit »Ja« oder »Nein«. Wenn Sie in ein paar Sätzen oder Absätzen antworten müssen, halten Sie diese kurz, und bringen Sie die Sache schnell auf den Punkt.
- Wenn Sie eine Kopie (Cc) oder eine Blindkopie (Bcc) von E-Mail-Nachrichten erhalten, die nicht Ihre Arbeit betrifft oder in Ihre Zuständigkeit fällt, bitten Sie die Absender dieser Nachrichten, Sie von ihrem Verteiler zu streichen.
- Löschen Sie unnötige E-Mail-Nachrichten sofort nach Eingang.
- Wenn sich aus einer E-Mail-Nachricht eine Aufgabe ergibt, nehmen Sie diese sofort in Ihre Master-Liste auf.

Lassen Sie sich durch das Eintreffen von E-Mail nicht bei einer wichtigen Arbeit unterbrechen. Wenn Ihr Computer den Eingang jeder neuen Nachricht mit einem dezenten Piepton oder einem Trompetenstoß verkündet, sollten Sie die diese Funktion abstellen. Und falls es Sie stört, daß die Festplatte Ihres Computers beim Eingang von E-Mail-Nachrichten anfängt zu surren, dann dürfen Sie ruhig auch Ihre E-Mail-Funktion ganz deaktivieren.

Sehen Sie Ihren E-Mail-Posteingang regelmäßig durch. Anderenfalls geht Ihnen der Vorteil, den die elektronische Post gegenüber der Schneckenpost bietet, verloren.

Gehen Sie sorgsam mit der Freiheit der E-Mail um

Nur weil E-Mail ein unkontrolliertes Medium ohne feste Regeln ist, sollten Sie sich nicht gehen lassen. Es ist ein großer Unterschied, ob Sie Ihrem Chef, Ihren Kollegen oder Ihren Mitarbeitern eine E-Mail-Nachricht schreiben oder eine anonyme Nachricht im Internet verschicken.

Wenn Sie innerhalb Ihrer Firma oder Organisation E-Mail-Nachrichten verschicken, dann sollten Sie die gleiche Diktion verwenden wie bei einem traditionellen Brief, in einem Telefonat oder einer persönlichen Unterredung.

Rasten Sie nicht aus

Wenn Sie sich verletzt oder beleidigt fühlen oder verärgert sind, dann verschicken Sie Ihre Gedanken nicht als E-Mail-Nachricht – vor allem dann nicht, wenn Sie sich über Ihren Chef oder Vorgesetzten ärgern. Im E-Mail-Fachjargon wird eine derartige Reaktion als »Flame« bezeichnet.

Wenn Sie Ihren Gefühlen freien Lauf lassen und dementsprechend heftige E-Mail-Nachrichten verschicken, haben Sie sozusagen einen elektronischen Wutausbruch. Und wenn der Empfänger dieser Nachricht eine ebenso leidenschaftliche Anwort abfeuert, dann haben Sie sich selbst in einen E-Mail-Krieg verstrickt. (In der Schule trugen wir solche Auseinandersetzungen mit nassen Schwämmen aus, aber jetzt leben wir in den 90ern und sind etwas zivilisierter geworden.)

Halten Sie sich vor allem im Büro möglichst aus einem E-Mail-Krieg heraus. Sie haben mit Sicherheit weitaus Wichtigeres zu tun! Meistens ist es ohnehin so, daß der Absender (vielleicht Sie selber) nur eine mißverständliche Nachricht verschickt hat, oder er hat vielleicht einfach nur etwas Dummes geschrieben. Wenn Sie mit jemandem ein Problem haben, dann greifen Sie zum Telefon, oder vereinbaren Sie einen Termin für ein persönliches Gespräch, damit Sie sich aussprechen können.

Wenn Sie selbst eine E-Mail-Nachricht empfangen, die Sie beleidigt oder verärgert, sollten Sie der Versuchung widerstehen, sofort zu antworten. Schreiben Sie die Antwort, aber warten Sie dann lieber noch ein oder zwei Tage, bevor Sie die Antwort tatsächlich abschicken. Lesen Sie sie vorher alls noch einmal durch, und entscheiden Sie dann, ob sie in der ursprünglichen Form verschickt werden kann oder lieber noch einmal überarbeitet werden sollte.

Emoticons verbessern die E-Mail-Kommunikation :-)

Weil E-Mail-Nachrichten leicht mißverstanden oder falsch ausgelegt werden können, benutzen E-Mail-Junkies oft sogenannte Emoticons, um Gefühle oder Stimmungen auszudrücken.

Emoticons werden folgendermaßen gelesen: Legen Sie Ihr linkes Ohr auf Ihre linke Schulter, so daß Sie seitlich auf den Monitor schauen. Es gibt mittlerweile Hunderte von Emoticons. Hier sind ein paar von ihnen mit ihrer Bedeutung:

Emoticon	**Bedeutung**	**Emoticon**	**Bedeutung**
:-)	glücklich	X-(	geistig abgetreten
:-(	traurig	:-D	lachen
:-||	wütend	:-}	grinsen
%-)	glücklich, aber verwirrt	:-/	unentschlossen
8-0	schokkiert	:->	sarkastisches Grinsen
;-)	zwinkern	>:-)	teuflisches Grinsen

Weil E-Mail-Nachrichten leicht mißverstanden oder falsch ausgelegt werden können, benutzen E-Mail-Junkies oft sogenannte Emoticons, um Gefühle oder Stimmungen auszudrücken.

Emoticons werden folgendermaßen gelesen: Legen Sie Ihr linkes Ohr auf Ihre linke Schulter, so daß Sie seitlich auf den Monitor schauen. Es gibt mittlerweile Hunderte von Emoticons. Hier sind ein paar von ihnen mit ihrer Bedeutung:

:'-(	weinen
:-*	Kuß
:-P	herausgestreckte Zunge

Ist eine E-Mail-Nachricht einmal abgeschickt, gibt es keine Möglichkeit, sie wieder zurückzunehmen.

Schützen Sie sich vor E-Mail-Diebstahl

Wenn Sie Ihren Computer unbeaufsichtigt lassen, sorgen Sie dafür, daß in Ihrer Abwesenheit niemand Ihr E-Mail-Programm benutzen kann. Sie werden sicher nicht wollen, daß jemand anders Ihrem Chef schreibt, was Sie von ihm denken. Und geben Sie niemals Ihren E-Mail-Benutzernamen und Ihr Kennwort an andere weiter.

Wenn Sie mit einem Laptop-oder Palmtop-Rechner auf Reisen sind, sollten Sie Ihre E-Mail-Software mit einem Kennwort schützen.

Manche Angelegenheiten lassen sich nur in einem persönlichen Gespräch vernünftig regeln. Anstatt einem Mitarbeiter per E-Mail eine Frage zu stellen, sollten Sie hin und wieder von Ihrem Stuhl hochkommen und sich in das Büro des anderen begeben. Dabei verschaffen Sie sich erstens ein wenig Bewegung und können sich zweitens eine Pause gönnen, die Sie sonst wahrscheinlich nicht gemacht hätten.

Sichern Sie wichtige Informationen

Wenn Sie wichtige Informationen per E-Mail verschicken oder erhalten, speichern Sie die Datei auf Ihrer Festplatte, oder drucken Sie die Nachricht aus, und heften Sie sie in einem entsprechenden Ordner ab, damit Sie sie zu gegebener Zeit wiederfinden können.

Ergibt sich aus der E-Mail-Nachricht eine Aufgabe für Sie, notieren Sie sie in Ihrer Master-Liste.

Der richtige Umgang mit der E-Mail-Software

Die meisten E-Mail-Programme enthalten eine Fülle von Funktionen. In diesem Abschnitt möchte ich Ihnen erklären, wie Sie sie optimal nutzen und mit ihnen Zeit sparen und Ihre Arbeitsproduktivität steigern können.

Verwenden Sie das E-Mail-Adreßbuch

Mit einem E-Mail-Adreßbuch können Sie sämtliche E-Mail-Adressen in übersichtlicher Form speichern. In dieses Verzeichnis können Sie neben der E-Mail-Adresse auch Namen, Postadressen, Telefon- und Faxnummern, Internet-Adressen und viele andere Daten aufnehmen.

Wenn Sie eine E-Mail-Nachricht erhalten, sollten Sie den Absender sofort in Ihr E-Mail-Adreßbuch aufnehmen.

Adreßbucheinträge lassen sich zur Verwendung in anderen Programmen auch exportieren.

Dokumente und andere Dateien als Anlage beifügen

Wenn Sie ein Dokument, eine Tabelle oder eine andere Datei verschicken wollen, können Sie sie Ihrer E-Mail-Nachricht einfach als Anlage beifügen. Es ist nicht mehr nötig, die Datei erst auf eine Diskette zu kopieren und dann mit der Gelben Post zu verschicken. Das wäre reine Zeitverschwendung.

Sie müssen lediglich eine E-Mail-Nachricht erstellen, auf den Befehl ANLAGE BEIFÜGEN (oder so ähnlich) klicken, die Datei auf der Festplatte markieren, dann auf OK klicken, und schon haben Sie die Datei als Anlage an Ihre Nachricht angehängt. Klicken Sie danach auf die Schaltfläche *Senden*. Mehr ist nicht zu tun.

Sie können auch in diesem Fall die Drag&Drop-Möglichkeiten von Windows 95/98 nutzen. Öffnen Sie den Windows-Explorer, suchen Sie die Datei, und ziehen Sie sie einfach auf die E-Mail-Nachricht.

Komprimieren Sie Ihre Anlagedateien

Wenn Sie eine sehr große Datei haben oder mehrere Dateien verschicken wollen, sollten Sie sie »zusammenzippen« oder komprimieren. Hier eine kurze Beschreibung zweier sehr populärer Zip-Programme:

- ✔ **E-mailZIP DeLuxe.** E-mailZIP DeLuxe macht die Komprimierung von Dateien zu einem Kinderspiel. Durchsuchen Sie einfach Ihre Verzeichnisse und markieren Sie die Dateien, die Sie verschicken wollen. (Sie können auch mit Drag&Drop arbeiten.) Geben Sie eine E-Mail-Adresse ein, und klicken Sie dann auf SENDEN. Ihre Dateien werden automatisch komprimiert und als E-Mail-Anlage verschickt. Weitere Informationen finden Sie unter der Adresse www.jesoftware.com.
- ✔ **WinZip.** Mit WinZip können Sie die benutzerfreundlichen Funktionen von Windows auch für ZIP-Dateien und andere Archiv- und Komprimierungsformate nutzen. Die optionale Wizard-Oberfläche macht die Dekomprimierung einfacher als je zuvor. WinZip bietet Unterstützung für die bekannten Internet-Dateiformate, einschließlich TAR, gzip, UNIX-Komprimierung, UUencode und BinHex. MIME-, ARJ-, LZH- und ATC-Dateien werden über externe Programme unterstützt. WinZip kann mit den meisten Anti-Virus-Programmen zusammenarbeiten. Weitere Informationen finden Sie unter der Adresse www.winzip.com.

Web-Seiten als E-Mail versenden

Da wir uns hier gerade mit E-Mail-Anlagen beschäftigen, will ich Ihnen noch einen Tip zum Versenden von Webseiten geben, da dieser Vorgang dem Beifügen einer Anlage zu einer E-Mail-Nachricht ähnelt.

Manchmal werden Sie beim Surfen im Web eine Seite finden, die Sie jemand anderem oder vielleicht auch nur sich selbst gerne zusenden würden Gehen Sie dazu folgendermaßen vor.

Microsoft Internet Explorer

Wählen Sie im Internet Explorer den Befehl Datei|Senden und anschließend Seite durch E-Mail, Link durch E-Mail oder Verknüpfung auf Desktop.

Seite durch E-Mail. Wenn Sie auf diesen Befehl klicken, öffnet der Internet Explorer Ihre E-Mail-Software und macht die Webseite zu einer E-Mail-Nachricht. Markieren Sie den oder die Empfänger, und klicken Sie dann auf die Schaltfläche Senden. Die Webseite wird daraufhin an den oder die markierten Empfänger gesendet.

Link durch E-Mail. Wenn Sie diesen Befehl wählen, öffnet der Internet Explorer Ihre E-Mail-Software und fügt die Adresse der Webseite in die E-Mail-Nachricht ein. Markieren Sie den oder die Empfänger, und klicken Sie dann auf die Schaltfläche Senden. Die Webseite wird daraufhin an den oder die markierten Empfänger gesendet.

Verknüpfung auf dem Desktop. Wenn Sie diesen Befehl wählen, wird ein Verknüpfungssymbol auf dem Windows-Desktop angelegt. Mit einem Klick auf dieses Symbol können Sie Ihren Browser starten und anschließend die markierte Seite anzeigen.

Netscape Navigator

Wählen Sie im Netscape Navigator den Befehl Datei|Senden. Der Navigator öffnet daraufhin Ihre E-Mail-Software und fügt die Adresse der Webseite in Ihre E-Mail-Nachricht ein. Markieren Sie den oder die Empfänger, und klicken Sie dann auf die Schaltfläche Senden. Die Webseite wird daraufhin an den oder die markierten Empfänger gesendet.

Erstellen Sie eine Signaturdatei

Wenn Sie häufig Ihren Namen, Ihre Firma, die Adresse, E-Mail-Adresse und andere Informationen am Ende jeder E-Mail-Nachricht eingeben, können Sie sich mit einer Signaturdatei eine Menge Zeit sparen.

Die meisten E-Mail-Programme verfügen über eine Funktion, mit deren Hilfe Sie automatisch einen Text am Ende Ihrer E-Mail-Nachrichten einfügen lassen können. Stellen Sie sich eine Signaturdatei einfach als eine Art Fußzeile vor, die Sie von Ihrer Textverarbeitung schon kennen.

Filtern Sie Ihre E-Mail-Nachrichten

Die meisten E-Mail-Programme bieten die Möglichkeit, eingehende E-Mail-Nachrichten zu filtern. Mit Hilfe der Filteroption können Sie Nachrichten, die bestimmten Kriterien entsprechen, sofort nach Eingang automatisch an die dazu bestimmten Ordner weiterleiten lassen. Sie könnten beispielsweise folgende Filterkriterien einrichten:

✔ **E-Mail-Adresse des Empfängers:** Sie könnten beispielsweise unterschiedliche Posteingänge für den Verkauf (z.B. Verkauf@MeineFirma.de) oder den Kundendienst (z.B. Kundendienst@MeineFirma.de) einrichten.

✔ **Absender der E-Mail-Nachricht:** Bestimmte Nachrichten (z.B. von Ihrem Chef oder einem wichtigen Kunden) sollten Sie herausfiltern und in einem Ordner mit dem Namen WICHTIG ablegen lassen.

✔ **Schlüsselwörter im Betreff:** Alle Nachrichten mit den Schlüsselwörtern FREI oder GRATIS im Betreff werden sofort gelöscht.

Sobald eine Nachricht eingegangen ist, die bestimmten Kriterien entspricht, können Sie Ihr E-Mail-Programm eine der folgenden Aktionen durchführen lassen:

✔ **Verschieben:** Diese Aktion verschiebt die Nachricht aus dem Posteingang in einen ausgewählten Ordner.

- **Kopieren:** Diese Aktion kopiert die Nachricht aus dem Posteingang in einen ausgewählten Ordner.
- **Weiterleiten:** Diese Aktion leitet die Nachricht an einen bestimmten Empfänger weiter.
- **Senden:** Diese Aktion sendet eine automatische Antwort.
- **Löschen:** Diese Aktion löscht die Nachricht aus dem Posteingang.

In Outlook Express von Microsoft können Sie die Filterkriterien als E-Mail-Regeln definieren. Klicken Sie dazu auf EXTRAS|REGELN. Im Netscape Navigator können Sie den Filter definieren, indem Sie den Befehl BEARBEITEN|MAIL-FILTER auswählen. In Eudora Pro von Qualcomm erreichen Sie die Filterfunktion über die Auswahl des Befehls EXTRAS|FILTER.

Internet-Adressen herausfinden

Da wir uns gerade mit E-Mail beschäfigen, will ich Ihnen hier einige Websites vorstellen, auf denen Sie das Internet nach E-Mail-Adressen durchsuchen können. Versuchen Sie es einmal im Verzeichnis von Bigfoot unter www.bigfoot.com oder im Verzeichnis von WhoWhere unter www.whowhere.com.

Wo die E-Mail nichts kostet

Viele der bekannteren Websites bieten Gratis-E-Mail-Konten an, um Besucher regelmäßig auf ihre Seiten zu ziehen. Je mehr Besucher eine Website hat, desto mehr kann man den Anzeigenkunden in Rechnung stellen.

Die folgenden Sites bieten gegenwärtig Gratis-Konten an:

Website	Name	Adresse
Yahoo!	Yahoo Mail	www.yahoo.com
Excite	MailExcite	www.mailexcite.com
Hotmail	Hotmail	www.hotmail.com
Lycos	Lycosmail	www.lycos.com
Net@address	Net@address	www.netaddress.com
WhoWhere	WhoWhere	www.whowhere.com

Massensendungen per E-Mail verschicken

E-Mail-Nachrichten bieten viele Möglichkeiten, für sich selbst oder Ihr Geschäft zu werben. Natürlich sollten Sie nur den Leuten Nachrichten schicken, die sie auch wirklich wollen. Ich will Sie hier nicht dazu ermuntern, die E-Mail-Gemeinde mit unerwünschten Werbesendungen zu überschwemmen.

Die meisten Internet-Dienstanbieter begrenzen die Anzahl der E-Mail-Nachrichten, die gleichzeitig versendet werden können, auf 50 Einheiten. Damit soll der Werbeflut Einhalt geboten werden. Es gibt allerdings auch einige Dienstanbieter, die Massensendungen von Tausenden E-Mail-Nachrichten gegen eine erhebliche Gebühr verschicken. Als Alternative können Sie sich auch einen eigenen E-Mail-Server einrichten. Nähere Einzelheiten dazu finden Sie in Kapitel 15.

So gehen Sie mit Werbesendungen um

So wie Ihr Briefkasten durch die tägliche Flut von Werbesendungen verstopft wird, kann auch Ihr E-Mail-Posteingang von Werbung überquellen. Was machen Sie mit den Werbesendungen, die Ihnen mit der Post ins Haus flattern? Sie werfen Sie weg! Dasselbe sollten Sie auch mit E-Mail-Werbung machen!

Die beste Maßnahme gegen unerwünschte E-Mail-Werbung besteht darin, sich von den Verteilern der Werbetreibenden fernzuhalten.

Leider ist das aber leichter gesagt als getan! Findige Marketingstrategen infiltrieren mit Suchprogrammen die Chat-Foren und Bulletin Boards, um die Adressen der Teilnehmer herauszufinden. Danach senden die Programme Ihnen automatisch Angebote für den Kauf von No-Name-Aktien, die mit Sicherheit gewaltig steigen werden, Vorschläge, wie Sie mit wenig Arbeit binnen Monatsfrist zum Millionär werden können, und eine Menge Porno-Links zu.

Es gibt jedoch einige Möglichkeiten, sich vor Werbung zu schützen. Hier sind einige Beispiele:

- ✔ Antworten Sie niemals auf Werbesendungen! Damit teilen Sie dem Absender nur mit, daß er einen echten Adressaten gefunden hat, was Sie zu einem noch wertvolleren Ziel macht.
- ✔ Seien Sie mißtrauisch, wenn Sie auf einer Webseite aufgefordert werden, Ihre E-Mail-Adresse anzugeben.
- ✔ Sie müssen nicht Ihre tatsächliche Adresse eingeben, sondern können einfach eine Phantasieadresse erfinden.
- ✔ Seien Sie mißtrauisch, wenn Sie aufgefordert werden, ein Online-Formular auszufüllen, besonders wenn Sie in diesem Formular nach Hobbies und Interessen gefragt werden.
- ✔ Seien Sie mißtrauisch, wenn Sie ein Online-Formular zur Registrierung von Hardware oder Software ausfüllen und um Angabe Ihrer E-Mail-Adresse gebeten werden.
- ✔ Unterscheiden Sie sorgfältig zwischen den E-Mail-Nachrichten von seriösen Unternehmen, die ihre Produkte und Dienstleitungen bewerben, und den Angeboten von windigen Händlern, die Sie angeblich über Nacht zum Millionär machen können.
- ✔ Unternehmen Sie von sich aus nichts, um in das Mitgliederverzeichnis Ihres Online-Dienstes aufgenommen zu werden.
- ✔ Bitten Sie Ihre Freunde, Ihre E-Mail-Adresse nicht an andere weiterzugeben.
- ✔ Wenn Sie sich an Newsgroups und Online-Diskussionen beteiligen und keine Antwort auf Ihre Beiträge erwarten, sollten Sie einen Online-Aliasnamen verwenden. Verwenden Sie in einem solchen Fall niemals Ihre echte E-Mail-Adresse.
- ✔ Je mehr Nachrichten Sie in Internet-Newsgroups ablegen, desto höher wird die Wahrscheinlichkeit, von Werbesendungen überschwemmt zu werden.
- ✔ Wenn Sie sich an Newsgroups und Online-Diskussionen beteiligen und eine Antwort auf Ihre Beiträge erwarten, sollten Sie eine E-Mail-Adresse angeben, mit der ein anderer Leser etwas anfangen, die das Suchprogramm aber nicht verstehen kann. Beispiel: Geben Sie statt `Fritz@MeineFirma.de` die verwirrende Adresse `FritzKeineWerbung@KeineWerbung.MeineFirma.de` ein.

- ✔ Es gibt mittlerweile zahlreiche Programme zum Schutz gegen Werbung. Lassen Sie Ihre Lieblings-Suchmaschine mal ein bißchen arbeiten. Sie werden eine Menge Programme zum Herausfiltern unerwünschter Werbesendungen finden.

Teil IV

Der Weg zur Spitze

The 5th Wave By Rich Tennant

"Auf Ihr drahtloses E-Mail-System bin ich wirklich gespannt, Meier."

In diesem Teil ...

Angesichts des gegenwärtigen Stellenabbaus muß jeder im Berufsleben zusehen, wie er vorwärtskommt. Die Zeiten der lebenslangen Beschäftigung in einer einzigen Firma sind vorbei. Es gibt keine mildtätigen Arbeitgeber mehr, die ein Leben lang für uns sorgen. Wenn wir uns nicht selbst um unsere Karriere kümmern, wer soll es sonst tun?

In Kapitel 14 zeige ich Ihnen, wie Sie die Fähigkeit, Ihre Ideen einer Gruppe von Leuten mitzuteilen, verbessern können. Ich weiß, daß die meisten von uns, mich selbst eingeschlossen, Todesängste ausstehen, wenn Sie eine Präsentation vor einem Publikum durchführen sollen. Wenn Sie aber Ihre Angst überwinden, können Sie die Leute von Ihrer Meinung überzeugen. Diese Fähigkeit wird Ihnen helfen, Ihre Ideen, die Produkte und Leistungen Ihres Unternehmens und natürlich sich selbst zu fördern.

In Kapitel 15 zeige ich Ihnen, wie Sie für sich selbst werben können. Sie fangen damit an, Empfehlungsschreiben von zufriedenen Kunden und Mitarbeitern zu sammeln. Um als Experte auf Ihrem Gebiet anerkannt zu werden, versuchen Sie, in der Lokalzeitung zitiert zu werden. Schreiben Sie selber Artikel für Zeitungen und Fachzeitschriften und schließlich das ultimative Buch. Vorträge sind eine weitere Möglichkeit, die Werbetrommel für sich selbst zu rühren. Am Ende gebe ich Ihnen einige Tips, wie Sie Ihre Visitenkarten als Werbeinstrument nutzen können.

Danach stelle ich Ihnen einige neue Möglichkeiten zur Eigenwerbung vor: eine eigene Website und Werbung per E-Mail. Auf einer eigenen Website können Sie an sieben Tagen in der Woche 24 Stunden lang Werbung für Ihre Firma machen. Wenn Sie auf Ihrem Computer einen E-Mail-Server einrichten, können Sie bequem und preisgünstig mit Ihren aktuellen und zukünftigen Kunden kommunizieren.

In Kapitel 16 zeige ich Ihnen, wie Sie mit den richtigen Maßnahmen zu den gewünschten Ergebnissen gelangen. Sich ein Ziel zu setzen, kann eine befriedigende und herausfordernde Erfahrung sein. Setzen Sie sich selbst vernünftige Ziele, verwirklichen Sie sie, und machen Sie sich danach an die Umsetzung der nächsten Ziele.

In Kapitel 17 zeige ich Ihnen den Schlüssel zum Erfolg: ein gewinnendes Auftreten und eine gute Arbeitsmoral. Sie müssen sich selbst herausfordern, die Verantwortung für Ihre Aktivitäten übernehmen, sich mit erfolgreichen Leuten umgeben und das Beste aus Ihrer Zeit machen, um mehr Zeit mit Ihrer Familie und Ihren Freunden verbringen zu können.

Halten Sie überzeugende Präsentationen

14

In diesem Kapitel

- So werden Sie mit Ihrem Lampenfieber fertig
- So wärmen Sie Ihre Zuhörer auf
- So stellen Sie eine Beziehung zu Ihrem Auditorium her
- So klingt Ihre Stimme besser
- So verbessern Sie Ihre Präsentationen
- So gestalten Sie das Besprechungszimmer rednerfreundlich
- So ordnen Sie die Tische und Stühle an

Die meisten von uns haben noch nie darüber nachgedacht, wie wichtig die Kunst ist, ein Publikum mit einer gelungenen Präsentation zu verblüffen.

Ich weiß, daß Sie sich wahrscheinlich nicht für einen Redner halten. Aber sobald Sie beim Reden ein Publikum haben, sind Sie ein Redner. So einfach ist das! Wenn Sie Ihrem Chef, Ihren Kollegen oder Mitarbeitern Bericht erstatten, halten Sie eine Rede.

Wenn Sie in einer Besprechung sitzen und nach Ihrer Meinung gefragt werden, werden Sie zu einem Redner. Nehmen Sie an einem Brainstorming teil und ergreifen das Wort, dann sind Sie kein Beobachter mehr, sondern ein aktiver Teilnehmer – und ein öffentlicher Redner.

Eine Präsentation ist eine Show

Sobald Sie anfangen zu sprechen, sind Sie das Zentrum der Aufmerksamkeit. Alle Augen sind auf Sie gerichtet, alle beugen sich vor, um zu hören, was Sie zu sagen haben. Ich weiß, das ist beängstigend. Wahrscheinlich sind Sie unsicher, weil das Licht auf Sie gerichtet ist. Aber dies ist Ihre Chance, Ihre Gedanken, Ihre Ideen und sich selbst zu verkaufen. Betrachten Sie daher die Möglichkeit, zu reden und Informationen zu präsentieren, als eine Vorführung, als eine Show.

Ob Sie es nun wollen oder nicht, aber für die kurze Zeit, in der Sie eine Präsentation vor einem oder einigen hundert Menschen halten, sind Sie ein Schauspieler. Sie stehen im Zentrum der Buhne, Sie sind der Star. Die Regeln für den Erfolg einer Bühnen- oder Leinwandvorstellung gelten auch für eine Präsentation. Sie müssen sie spannend und unterhaltsam vorbringen, nützliche Informationen liefern und Ihr Auditorium dazu bringen, »Ja« zu sagen.

So werden Sie die Schmetterlinge im Bauch los

Es ist vollkommen natürlich, daß Sie Schmetterlinge im Bauch haben, wenn Sie aufstehen, um vor einem Publikum zu sprechen, oder wenn Sie sich an einer Diskussion mit Ihren Kollegen und Mitarbeitern beteiligen. Viele professionelle Sportler, Schauspieler, Sänger und Musiker brechen vor ihrem Auftritt regelrecht in Panik aus. Warum sollte es Ihnen also anders gehen? Aber sobald Sie angefangen haben, ebbt Ihre Angst ab. Wenn Sie nicht nervös, angespannt oder ängstlich wären, wären Sie kein Mensch.

Mit etwas Übung können Sie die Schmetterlinge loswerden und die nervöse Energie dazu nutzen, die Qualität Ihrer Präsentation zu verbessern. Hier sind einige Tips:

- ✔ Während Sie darauf warten, daß Sie Ihre Präsentation halten können, sollten Sie sich »aufwärmen«. Denken Sie über Ihre Eingangsbemerkung oder Einleitung nach, und gehen Sie Ihre Unterlagen oder Notizen noch einmal durch.
- ✔ Wenn Sie vor einer Gruppe sprechen sollen und darauf warten, daß Sie vorgestellt werden, lesen Sie sich die erste Seite (oder auch noch die zweite) Ihrer Präsentation durch.
- ✔ Achten Sie darauf, viel Energie und Begeisterung an den Tag zu legen. Lächeln Sie! Denken Sie daran, daß diese Leute Ihre Freunde sind.
- ✔ Beruhigen Sie sich durch kontrolliertes Atmen. Eine kontrollierte Atemtechnik ist ein gutes Mittel, um sich zu entspannen. Atmen Sie tief durch die Nase ein und mit gespitzten Lippen durch den Mund langsam wieder aus – so, als wollten Sie Geburtstagskerzen mit einem Atemzug auspusten. Beim Ausatmen fühlen Sie, wie sich Ihr Zwerchfell (der Muskel, der die Luft in die Lunge zieht und sie wieder herausdrückt) zusammenzieht und straffer wird. Je nervöser Sie sind, desto stärker sollten Sie ausatmen und Ihr Zwerchfell zusammenziehen. Diese Technik wird Ihnen helfen, Nervosität abzubauen.
- ✔ Stecken Sie einen Groschen oder ein Markstück in Ihre Tasche. Wenn Sie nervös werden, können Sie mit der Münze herumspielen.

Wie möchten Sie vorgestellt werden?

Wenn Sie vor einer Gruppe sprechen sollen, werden Sie normalerweise Ihrem Auditorium vorgestellt. Eine richtig formulierte Vorstellung kann sofort eine Beziehung zwischen Ihnen und Ihrem Publikum herstellen, das Sie dann unter Umständen schon für sich gewonnen haben, bevor Sie überhaupt angefangen haben zu sprechen. Hier sind einige Tips, mit deren Hilfe Sie dafür sorgen können, richtig vorgestellt zu werden:

- ✔ Schreiben Sie die Einführung selbst, damit derjenige, der Sie vorstellt, nicht einfach drauflosredet.
- ✔ Die Einführung sollte mit einem doppelten Zeilenabstand und in einem Schriftgrad von mindestens 18 Punkt geschrieben sein (so kann man sie einfacher lesen) und nicht länger als 90 Sekunden dauern.
- ✔ Wörter und Sätze, die besonders betont werden müssen, sollten kursiv oder in Anführungszeichen geschrieben sein.
- ✔ Bitten Sie den Menschen, der Sie vorstellen soll, Ihre Einführung vorher mindestens zweimal laut zu lesen.
- ✔ Vergewissern Sie sich, daß Sie beide wissen, wie man den Namen des anderen richtig ausspricht.
- ✔ Testen Sie das Mikrophon, bevor Sie ans Rednerpult treten.

Wärmen Sie Ihr Publikum auf

Wenn Sie vor einem größeren Publikum sprechen, sollten Sie versuchen, Ihre Zuhörer und sich selbst vor dem eigentlichen Vortrag aufzulockern. Dies gibt den Zuhörern Zeit, sich zu sammeln, und bietet Ihnen die Möglichkeit, nervöse Energie loszuwerden.

Eröffnen Sie mit einem Knall

Sie müssen die Einleitung genauso methodisch planen wie den Rest Ihrer Präsentation. Danken Sie dem Kollegen, der Sie gerade *mit so treffenden Worten* vorgestellt hat. Sagen Sie, wenn möglich irgend etwas Lustiges. Damit geben Sie Ihrem Publikum die Möglichkeit, sich zu sammeln und sich auf Sie einzustellen.

Versuchen Sie dann, bereits mit dem Einleitungssatz die Aufmerksamkeit Ihrer Zuhörer zu wecken und eine Beziehung zu ihnen aufzubauen.

Wenn Sie irgendwelche besonderen Talente haben, nutzen Sie sie. Können Sie tanzen? Singen? Zeichnen? Geschichten erzählen? Witze erzählen? Humor kann für eine gelungene Präsentation sehr wichtig sein. Lustige Geschichten, die auf persönlichen Erfahrungen oder einer wahren Begebenheit beruhen, können wichtige Punkte illustrieren und es Ihren Zuhörern erleichtern, diese Punkte zu behalten.

Denken Sie daran, Sie selbst zu sein, wenn Sie vor einer Gruppe sprechen. Versuchen Sie nicht, sich zu verstellen.

Achten Sie auf die Länge Ihrer Einleitung! Wenn sie zu kurz ist, wird Ihre Zuhörerschaft noch nicht bereit zum Zuhören sein. Ist sie zu lang, werden die Zuhörer denken, Sie vergeuden ihre Zeit.

Das Ziel Ihres Vortages besteht darin, Ihre Zuhörer zum Nachdenken anzuregen. Reden Sie intelligent, überzeugend und logisch. Denken Sie daran: Das Wichtigste an einem Vortrag ist dessen Logik.

Vorträge und Reden sind Führungsinstrumente. Reden Sie von großen Dingen. Tragen Sie bedeutende Ideen vor. Und vermitteln Sie sie auf seriöse Weise.

Setzen Sie auch Körpersprache ein

Egal wie gut Sie vorbereitet sind, letztendlich ist es immer Ihre nonverbale Haltung – Ihr Auftreten vor dem Publikum –, die Sie glaubwürdig wirken läßt.

Achten Sie deshalb von Anfang an darauf, wie Sie sich einer Gruppe präsentieren. Hier ein paar Tips:

- ✔ Stehen Sie gerade, nehmen Sie die Schultern zurück, strecken Sie die Brust heraus, heben Sie die Schultern und halten Sie den Kopf hoch.
- ✔ Um Ausgewogenheit und Standfestigkeit – und Stärke – zu vermitteln, stellen Sie Ihre Füße fest auf den Boden. Setzen Sie dazu Ihre Füße ein paar Zentimeter weiter auseinander, als Sie es normalerweise tun, gehen Sie leicht in die Knie und schaukeln kurz vor und zurück, damit Sie den Kontakt Ihrer Absätze, Füße und Zehen mit dem Boden spüren. Auf diese Weise verteilen Sie Ihr Gewicht gleichmäßig auf beide Füße.
- ✔ Wenn Sie sich bewegen, machen Sie lange, gezielte Schritte in die Richtung, in die Sie gehen wollen, und dann stellen Sie die Füße wieder fest auf den Boden.

55 Prozent Ihrer Botschaft werden durch Körpersprache vermittelt, 38 Prozent durch Ihre Tonfall und nur 7 Prozent durch Ihre Worte.

Sie haben zwei Hände, also benutzen Sie sie!

Da mehr als die Hälfte Ihrer Botschaft durch Körpersprache vermittelt wird, sollten Sie Ihre Hände und Ihren Gesichtsausdruck unterstützend einsetzen. Lassen Sie Ihre Zuhörer Augen und Ohren benutzen, um zu erfahren, was Sie zu sagen haben. Hier einige Tips:

- ✔ Verstecken Sie Ihre Hände nicht in Ihren Taschen oder hinter dem Rücken.
- ✔ Lassen Sie Ihre Gesten natürlich fließen. Sprechen Sie mit Händen und Armen. Üben Sie die Gesten vor einem Spiegel, damit Sie sich so sehen, wie andere Leute Sie sehen.
- ✔ Wenn Sie eine Aufzählung machen, halten Sie Ihre Hand hoch, und zählen Sie mit Ihren Fingern, damit Ihre Zuhörer wissen, daß Sie für sie zählen.
- ✔ Damit Sie nicht klimpern, wenn Sie umhergehen, holen Sie Schlüssel, Kleingeld und andere klimpernde Gegenstände aus Ihren Taschen.

Lächeln Sie! Mit einem offenen Lächeln können Sie Ihre Zuhörer für sich gewinnen.

Bleiben Sie in Bewegung

Damit die Aufmerksamkeit Ihrer Zuhörer nicht erlahmt, bleiben Sie nicht zu lange an einem Platz oder hinter Ihrem Rednerpult stehen. Bewegen Sie sich ruhig, aber bringen Sie Ihre Bewegungen mit Ihren Worten in Einklang. Wen Sie aufgeregt sind und schneller sprechen, sollten Sie sich auch schneller bewegen und so Ihre Zuhörer fesseln. Wenn Sie sich wieder beruhigen und langsamer sprechen, sollten Sie auch Ihre Stimme wieder senken und sich langsamer bewegen. So bleiben Ihre Zuhörer weiterhin aufmerksam.

- ✔ Wenn Sie Ihren Zuhörern eine Aufzählung geben wollen, gehen Sie folgendermaßen vor: Nennen Sie einen Punkt, machen Sie einen Schritt, halten Sie an, nennen Sie den nächsten Punkt und wiederholen Sie diese Bewegungen bis zum Ende Ihrer Liste.
- ✔ Wenn Sie verschiedene Punkte betonen wollen, drehen Sie sich bei jedem Punkt in eine andere Richtung – links, rechts, vorne, hinten.
- ✔ Wenn Sie etwas »Vertrauliches« sagen wollen, lehnen Sie sich vor, und senken Sie Ihre Stimme.

- Wenn Sie überzeugender wirken wollen, gehen Sie einen Schritt zurück, und sprechen Sie lauter.
- Sprechen Sie alle Leute an, die Ihnen zuhören: die Leute, die vorne sitzen, die in den hinteren Reihen sitzen, die Leute in der Mitte und die Zuhörer links und rechts außen.
- Wenn jemand eine Frage stellt, gehen Sie auf die Person zu.

Wenn Sie eine Frage beantworten sollen, hören Sie sich erst die Frage an, und wiederholen Sie sie dann für die anderen Zuhörer, bevor Sie antworten.

Schauen Sie Ihre Zuhörer an

Wenn Sie mit jemandem sprechen, schauen Sie ihn oder sie an. Blickkontakt ist sehr wichtig, um eine Beziehung zwischen Menschen herzustellen. Meistens können Sie erkennen, wie ein Mensch zu Ihnen steht, wenn Sie ihm in die Augen sehen.

Wenn Sie zu einer Gruppe sprechen, sollten Sie zu jedem einzelnen eine Beziehung aufbauen. Ihre Zuhörer sollen sich mit Ihnen verbunden fühlen und Ihnen einen Teil ihrer Energie geben, die Ihnen wiederum mehr Selbstvertrauen gibt.

Versuchen Sie, jeden einzelnen für sich zu gewinnen. Tun Sie alles, damit Ihr Publikum sich in Ihrer Gegenwart wohlfühlt.

- Wenn Sie vor einer kleinen Gruppe sprechen, versuchen Sie, zu möglichst vielen Zuhörern Blickkontakt herzustellen, besonders zu denen, die nicht lächeln oder zustimmend nicken. Suchen Sie sich eine Reihe aus, und schauen Sie die dort Sitzenden der Reihe nach von links nach rechts an. Wenn Sie jeden in der Reihe angeschaut haben, gehen Sie die nächste Reihe durch, von rechts nach links, bis Sie sich durch das ganze Auditorium gearbeitet haben. Setzen Sie anschließend das Spiel in der ersten Reihe fort. Geben Sie allen Zuhörern das Gefühl, direkt angesprochen zu werden.
- Wenn Sie vor einem großen Auditorium sprechen, ist es Ihnen vielleicht nicht möglich, jeden einzelnen anzusehen. Sie sollten dann versuchen, nach dem oben beschriebenen Muster Blickkontakt mit verschiedenen Abschnitten des Raumes herzustellen. Fangen Sie vorne an und schauen Sie von links nach rechts, dann den nächsten Abschnitt von rechts nach links, bis Sie alle durch haben und wieder vorne anfangen.
- Um ein bißchen Abwechslung zu haben, können Sie mit sich selbst ein Spielchen spielen. Sie können zum Beispiel zuerst alle Zuhörer mit einem kräftigen Haarwuchs ansehen, danach alle Zuhörer mit kurzem Haar und schließlich die Glatzenträger. Schauen Sie dann alle Zuhörer an, die in grün, rot oder schwarz gekleidet sind, oder diejenigen,

die jeweils in der Mitte eines Abschnittes sitzen. (Wenn Sie Leute mit gelbem, grünem, orangefarbenem oder rotem Haar sehen, dann starren Sie sie nicht an, sonst vergessen Sie, daß Sie gerade mitten in einer Präsentation sind.)

- ✔ Wenn Sie die Aufmerksamkeit einiger Zuhörer verlieren – sie fangen an zu dösen, scheinen zu träumen oder sprechen mit ihrem Nachbarn – dann müssen Sie sie wieder zurückgewinnen. Gehen Sie auf sie zu, verstärken Sie den Blickkontakt und schenken Sie ihnen verstärkte Aufmerksamkeit.

Wenn Sie die Aufmerksamkeit der Zuhörer auf Ihre Augen ziehen wollen, hellen Sie die Partie um die Augen mit einem sehr leichten Puder auf. Um die Aufmerksamkeit auf Ihren Mund zu ziehen, tragen Sie Vaseline oder Lip-Gloss auf die Lippen auf.

Wo war ich stehengeblieben?

Für die meisten Menschen ist es eine echte Herausforderung, gleichzeitig ihre Vortragsnotizen festzuhalten, die Zuhörer anzusehen und die ganze Zeit die gleiche Stellung beizubehalten. Hier sind ein paar Gedanken dazu:

- ✔ Wenn Sie Ihren Vortrag skizzieren, notieren Sie sich nur die wichtigsten Wörter oder Sätze. Schreiben Sie keine vollständigen Sätze.
- ✔ Schreiben Sie Ihre Notizen so, daß Sie sie leicht lesen können. Drucken Sie sie auf Papier oder Karteikarten aus, und benutzen Sie eine große, leicht leserliche Schrift, z.B. Times New Roman, 18 Punkt. (Sie können zum Schreiben Ihrer Vortragsnotizen auch eine Präsentationssoftware benutzen. Informationen über die unterschiedlichen Präsentationsprogramme finden Sie im Abschnitt »Erstellen Sie Dias, Folien und Listen mit dem Computer«.
- ✔ Halten Sie die Notizen in Ihrer linken Hand, und rutschen Sie mit Ihrem Daumen, Zeile für Zeile nach unten, damit er immer den nächsten Stichpunkt Ihrer Präsentation anzeigt. Wenn Sie Ihre Augen von Ihren Notizen nehmen, schauen Sie Ihre Zuhörer an, dann auf Ihren Daumen und Sie wissen genau, an welcher Stelle in Ihrer Präsentation Sie gerade sind.

Wenn Sie jemandem in die Augen sehen wollen, versuchen Sie nicht, in beide Augen gleichzeitig zu sehen. Dadurch springt Ihr Blick nur von einem Auge zum anderen, und die andere Person sieht Ihren Blick unstet hin- und herwandern. Schauen Sie immer nur in ein Auge, damit Ihr Blick ruhig bleibt.

Lassen Sie Ihre Stimme interessant klingen

Die meisten Leute treffen ihre Entscheidungen nicht aufgrund dessen, was ihr Gegenüber sagt, sondern wie er es sagt. Wenn Sie vor einer Gruppe sprechen und Ihre Vortragsweise spannend ist, dann wird auch die Präsentation spannend, und Ihr Auditorium hört Ihnen zu. Wenn Sie also Ihre Stimme interessanter klingen lassen, indem Sie zum Beispiel die Lautstärke, die Tonlage und den Tonfall variieren, wird es viel leichter, Ihre Zuhörer mitzureißen. Die nächsten Absätze bieten Ihnen einige Tips, wie Sie Ihre Stimme effektiv einsetzen können.

Achten Sie auf Ihr Sprechtempo

Sprechen Sie nicht zu langsam, sonst langweilen Sie Ihre Zuhörer zu Tode. Aber sprechen Sie auch nicht zu schnell, sonst bekommt man nicht alles mit, was Sie sagen. Versuchen Sie einfach genauso schnell wie bei einem Telefongespräch mit einem guten Freund zu reden – mit ungefähr 150 bis 200 Wörtern pro Minute.

Legen Sie zur zusätzlichen Betonung Sprechpausen ein

Bei jeder Präsentation besteht die Gefahr, die Zuhörer mit Informationen zu erschlagen. Sie geben ihnen so viele verschiedene Dinge an die Hand, über die sie nachdenken müssen, daß es ihnen fast unmöglich ist, alles zu verarbeiten. Eine Möglichkeit, wie Sie Ihren Zuhörern helfen können, Ihre Informationen zu verdauen, besteht darin, einfach zu schweigen.

- ✔ Wenn Sie einen bestimmten Punkt betonen wollen, machen Sie vor und nach dem Punkt einen Herzschlag lang Pause. (Ein Herzschlag dauert – wenn Sie sich in Ruheposition befinden, nicht wenn Sie vor einem Auditorium stehen – ungefähr eine Sekunde.)
- ✔ Wenn Sie den Übergang von einem Gedanken zu einem anderen besonders betonen wollen, machen Sie zwei Herzschläge lang eine Pause.
- ✔ Um Ihren Zuhörern Zeit zu geben, über einen ungewöhnlichen, komplexen, wichtigen, provokanten oder beziehungsreichen Satz nachzudenken, machen Sie eine Pause von vier Herzschlägen.
- ✔ Wenn Sie etwas Dramatisches hervorheben wollen, nennen Sie den Punkt und hören Sie dann auf zu sprechen. Nach ein paar Sekunden wird sich eine Spannung aufbauen, an deren Höhepunkt Sie mit Ihrem Vortrag fortfahren sollten.

Um zu verhindern, daß sich Ihre Präsentation wie aus der Konserve anhört, weil Sie sie schon so oft gehalten haben, sollten Sie gelegentlich eine Pause von drei oder vier Herzschlägen einlegen, an die Decke sehen und Ihr Kinn mit der Hand reiben, so, als ob Sie versuchten, sich an etwas zu erinnern oder einfach nur das richtige Wort zu finden. Diese Technik ist besonders wirkungsvoll, wenn jemand eine Frage stellt, die Sie schon tausendmal beantwortet haben.

Variieren Sie Ihr Sprechtempo

Variieren Sie Ihr Sprechtempo, und passen Sie es dem Inhalt oder der Stimmung dessen an, was Sie sagen. Wenn Sie über etwas sprechen, das spannend ist, lassen Sie es auch spannend klingen, und sprechen Sie etwas schneller. Und wenn Sie über etwas sehr Ernstes sprechen, lassen Sie es ernst klingen und sprechen Sie langsamer.

Heben und senken Sie Ihre Stimme

Damit die Zuhörer das Interesse an Ihrem Vortrag nicht verlieren, sollten Sie die Lautstärke variieren, mit der Sie sprechen. Wenn Sie über etwas Aufregendes reden, können Sie etwas lauter und schneller sprechen. Wenn Sie etwas Wichtiges betonen wollen, sprechen Sie leise. Wenn Sie Ihre Stimme bis zu einem Flüstern senken, wird sich jeder im Saal aufmerksam vorlehnen, um nicht zu verpassen, was Sie zu sagen haben.

Sprechen Sie klar und deutlich

Versuchen Sie, alle Wörter sauber und klar auszusprechen. Achten Sie darauf, mit Ihrem Atemluftvorrat immer bis zum Ende eines Satzes zu kommen, damit Sie auch die letzte Silbe des letzten Wortes noch richtig betonen können. Versuchen Sie, immer kraftvoll und überzeugend zu sprechen.

Holen Sie immer tief Luft, bevor Sie anfangen zu reden. Zu Beginn ihres Vortrages bekommen die meisten Redner einen Adrenalinstoß und sprechen deshalb schneller und schneller und schneller. Und wie bei einem Güterzug ist es dann schwierig, die Geschwindigkeit zu drosseln, wenn man einmal in Fahrt ist. Holen Sie also immer tief Luft, bevor Sie einen neuen Satz beginnen, und atmen Sie vor jedem neuen Absatz tief durch. Dieser kurze Moment gibt Ihnen Gelegenheit, Ihre Gedanken zu sammeln, und verhindert, daß Sie zu schnell sprechen. Denken Sie daran: Wenn Ihre Lungen voller Luft sind, hört sich Ihre Stimme tiefer an und ist kraftvoller.

So lassen Sie Ihre Stimme kraftvoll klingen

Hier sind ein paar einfache Übungen, die Ihnen helfen werden, Ihre Stimme tiefer und kraftvoller klingen zu lassen:

- ✔ **Summen Sie.** Um die normale Tonhöhe Ihrer Stimme zu senken, summen Sie die Tonleiter bis zur tiefsten Note, die Sie erreichen können, hinunter, und halten Sie diesen Ton so lange wie möglich. Machen Sie das täglich drei- bis viermal. Innerhalb weniger Wochen werden Sie merken, daß Ihre Stimme tiefer geworden ist.

- ✔ **Machen Sie Ihre Stimme interessanter.** Damit Ihre Stimme interessanter wird, sollten Sie regelmäßig laut zählen. Zählen Sie immer wieder von 1 bis 10 (und dann von 1 bis 20 und von 1 bis 30). Lassen Sie jede Zahl anders klingen als die vorherige. Sagen Sie einige Zahlen lauter, andere leiser, einige mit hoher Stimme und andere mit tiefer Stimme. Versuchen Sie, jede einzelne Zahl interessant klingen zu lassen. Machen Sie das ein paar

Wochen lang, und Ihre Zuhörer werden voll Interesse auf den Kanten Ihrer Stühle hin- und herrutschen, wenn Sie aus dem Telefonbuch vorlesen.

- ✔ **Steigern Sie Ihre Lungenkapazität.** Wenn Ihre Lunge leer ist, enthält sie ungefähr einen Liter Luft, wenn sie gefüllt ist, ungefähr fünf Liter. Und wenn Sie ruhig vor dem Fernseher sitzen, haben Sie ungefähr zweieinhalb Liter Luft in der Lunge. Je mehr Luft Sie in Ihrer Lunge haben, desto sonorer und tiefer klingt Ihrer Stimme.

Enthusiasmus bringt Energie

Wie ein Lachen ist auch Enthusiasmus ansteckend. Lassen Sie also die Begeisterung für Ihre Arbeit, Karriere, Produkte, Dienstleistungen oder Ihr Geschäft in Ihrer Stimme, Ihren Gesten und Ihrer Energie erkennen, wenn Sie vor Ihrem Auditorium stehen. Wenn Sie selber offensichtlich erfreut und begeistert vom Gegenstand Ihrer Präsentation sind, werden Ihnen die Zuhörer interessiert zuhören.

Erstellen Sie Dias, Folien und Listen mit dem Computer

Heutzutage können Sie professionell aussehende Dias, Folien oder Listen auch mit einer Präsentationssoftware erstellen, ohne das Büro verlassen zu müssen. Sie können Listen, Graphiken, Zeichnungen und Illustrationen anfertigen und professionelle Diashows, Overhead-Folien, Begleitmaterial für Besprechungen und andere Informationen erstellen und ausdrucken lassen. In kürzester Zeit lassen sich so beeindruckende und erfolgreiche Präsentationen zusammenstellen. Hier eine kurze Zusammenstellung der bekanntesten Präsentationsprogramme:

- ✔ **Corel WordPerfect Presentations:** Corel WordPerfect Presentations gehört zur Corel WordPerfect Office Suite. Nähere Einzelheiten finden Sie unter *www.corel.com*.
- ✔ **Harvard Graphics:** Nähere Einzelheiten zu Harvard Graphics finden Sie unter *www.spco.com*. Den Umgang mit diesem Präsentationsprogramm können Sie sehr schnell erlernen. Besorgen Sie sich dazu die neuste Ausgabe von *Harvard Grahics für Dummies* von Roger C. Parker.
- ✔ **Freelance Graphics:** Nähere Einzelheiten zu diesem Präsentationsprogramm finden Sie unter *www.lotus.com*.
- ✔ **PowerPoint:** Nähere Einzelheiten zu diesem Präsentationsprogramm von Microsoft finden Sie unter *www.microsoft.com*.

Um die Kapazität Ihrer Lunge zu erhöhen, atmen Sie tief ein, und fangen Sie dann langsam an, im Flüsterton zu zählen. Bei Ihrem ersten Atemzug können Sie vielleicht bis 6, 7 oder 8 zählen. Atmen Sie erneut ein, und Sie sollten bis 10, 12 oder 13 zählen können. Beim dritten Atemzug kommen Sie bis 15 oder 16. Mit Ihrem fünften oder sechsten Atemzug müßten Sie bis 20 kommen. Machen Sie das zwei Wochen lang zweimal täglich, und Sie kommen bald mit einem einzigen Atemzug bis 30, 35, 40 oder sogar noch weiter.

Mit diesen einfachen Übungen können Sie Ihre Lungenkapazität steigern und Ihre Stimme tiefer und kräftiger klingen lassen.

Verbessern Sie Ihre Präsentationen mit Bildern, Graphiken und Listen

Wenn Sie eine Präsentation planen, sollten Sie sich immer fragen: »Mit welchen visuellen Mitteln kann ich meine Präsentation verbessern?« Vielleicht sollten Sie zusätzlich zu Ihren Handzetteln auch Dias, Folien oder Flip Charts einsetzen?

Visuelle Hilfen verbessern Ihre Präsentation und sprechen mehr Sinne der Zuhörer an, weil sie ein Bild von dem, was Sie beschreiben, vor sich haben. Mit Hilfe von Bildern oder Graphiken können Sie mit Ihren Zuhörern die Einzelheiten Ihrer Präsentation Schritt für Schritt abarbeiten. Hier einige Tips, wie Sie visuelle Mittel für sich arbeiten lassen können:

- ✔ Bevor Sie Ihre Präsentation beginnen, gehen Sie Ihre Dias oder Folien durch, und vergewissern Sie sich, daß sie in der richtigen Reihenfolge und richtigherum liegen.
- ✔ Sprechen Sie mit Ihren Zuhörern. Sprechen Sie nicht mit der Leinwand, dem Overhead-Projektor oder der Flip Chart. Schauen Sie nur kurz auf die Leinwand, um zu überprüfen, ob Sie die richtige Folie aufgelegt haben, und anschließend wieder auf Ihr Publikum, und sprechen Sie dann weiter.

Wollen Sie Begleitmaterial verteilen?

Wenn Sie vor einer Gruppe sprechen, sollten Sie immer etwas Begleitmaterial für die Zuschauer vorbereiten. Es muß nicht sehr detailliert oder kompliziert sein. Meistens reicht ein kurzer Abriß des Vortrages, eine Aufzählung der wichtigsten Punkte oder ein Vordruck, der ausgefüllt werden kann. Erinnern Sie auf diesen Handouts an die wichtigsten Punkte Ihres Vortrages. Den Handout können Sie auch als Werbemittel einsetzen. Hier einige Tips:

- ✔ Wenn Ihr Begleitmaterial mehrere Seiten umfaßt, sollten Ihr Name, das Firmenlogo und der Titel Ihrer Präsentation deutlich auf der ersten Seite hervorgehoben werden. Auf den folgenden Seiten sollten Ihr Name, Adresse und Telefonnummer in der Kopf- oder Fußzeile stehen. Wenn Sie Werbung für Ihre Firma machen wollen, gehen Sie sehr behutsam vor.

- ✔ Die Blätter sollten numeriert sein, damit sie wieder in der richtigen Reihenfolge zusammengelegt werden können, wenn sie durcheinander geraten.
- ✔ Wenn Sie einzelne Blätter verteilen, schreiben Sie Ihren Namen, den Namen Ihrer Firma, die Geschäftsadresse und Telefonnummer oben oder unten auf jedes Blatt. So können die Leute anschließend einfacher mit Ihnen in Verbindung treten.
- ✔ Wenn Sie Autor eines Buches sind, geben Sie auch den Titel Ihres Buches auf einer Seite an. (Auch wenn das Buch nichts mit dem Thema zu tun hat, sollten Sie es erwähnen. Es verstärkt Ihre Glaubwürdigkeit.)

Gestalten Sie den Besprechungsraum rednerfreundlich

Für die meisten von uns ist die Einrichtung eines Besprechungsraumes wohl eine Angelegenheit, mit der sie sich eher selten auseinandersetzen müssen. Aber da »Zeitmanagement für Dummies« ein Nachschlagewerk ist, das jetzt für die nächsten Jahre in Ihrem Regal stehen wird, könnte dieser Abschnitt sehr wichtig für Sie werden, wenn Sie gebeten werden, vor einem Publikum zu sprechen. (Es kann auch hilfreich sein, wenn Ihnen einmal die Aufgabe zuteil wird, einen Besprechungsraum für einen anderen Redner einzurichten.)

Wenn Sie eine Besprechung in einem Konferenzzimmer leiten oder eine Präsentation vor mehreren hundert Leuten in einem Auditorium halten sollen, müssen Sie dafür sorgen, daß der Raum Ihren Anforderungen entspricht. Gehen Sie nicht davon aus, daß der Raum schon in einer für eine Präsentation optimalen Weise eingerichtet ist.

Die Anordnung der Sitzgelegenheiten und der Lichtquellen und die Akustik eines Raumes können eine bedeutende Rolle spielen, wenn es darum geht, eine Beziehung zu Ihren Zuhörern aufzubauen. Wenn alles gut angeordnet ist, wird eine gute Präsentation ausgezeichnet, eine ausgezeichnete Präsentation großartig und eine nicht so gute Präsentation wird immer noch ganz OK sein. Wenn allerdings alles falsch angeordnet ist, kann selbst die beste Präsentation zu einem Flop werden.

Arbeiten Sie mit den Leuten zusammen, die Ihren Besprechungsraum einrichten

Sagen Sie demjenigen, der die Besprechung vorbereitet oder der für die Einrichtung des Besprechungszimmers verantwortlich ist, einige Wochen vor Ihrer Präsentation, wie Sie den Raum eingerichtet haben wollen. Fertigen Sie eine Zeichnung mit der gewünschten Tisch- und Stuhlanordnung an. Stellen Sie eine Liste der benötigten Audio- und Videohilfsmittel zusammen. Bestätigen Sie nach dem ersten Gespräch alles Besprochene schriftlich und fügen Sie Zeichnungen oder Diagramme zur Erläuterung der Tisch- und Stuhlanordnung hinzu.

Die folgende Checkliste enthält alle die Punkte, an die Sie wahrscheinlich noch nie gedacht haben, die Sie aber vor Ihrer Präsentation abklären sollten:

- ✔ Wie groß ist der Raum? Sie sollten immer möglichst nahe bei Ihren Zuhörern stehen. Das bedeutet: Je kleiner der Raum, desto besser. Die Nähe zu Ihren Zuhörern macht es wesentlich einfacher, Energie, Enthusiasmus und Spannung zu erzeugen.
- ✔ Wie viele Stühle sollen aufgestellt werden? Sie wissen nie genau, wie viele Leute zu Ihrer Präsentation erscheinen werden, aber als allgemeine Regel gilt: Sie sollten 30 Prozent weniger an Stühlen aufstellen, als Sie Teilnehmer erwarten. So können Sie sicher sein, daß der vordere Teil des Raumes zuerst voll ist und die Zuhörer in Ihrer Nähe sitzen.
- ✔ Stellen Sie zusätzliche Stühle bereit. Stapeln Sie sie irgendwo im hinteren Teil des Raumes, damit sie bei Bedarf aufgestellt werden können. Wenn zusätzliche Stühle aufgestellt werden, werden Sie merken, daß diese Aufregung in letzter Minute eine Energie und Spannung im Raum erzeugt, die jedem den Eindruck vermittelt, daß die Veranstaltung wirklich wichtig sein muß. Schließlich ist ja die Beteiligung so überwältigend groß ist, daß in letzter Minute noch zusätzliche Stühle aufgestellt werden müssen.

  Wenn Sie feststellen, daß mehr Stühle als Leute vorhanden sind, weisen Sie die für die Präsentation Verantwortlichen an, die Teilnehmer gleich beim Hereinkommen zu bitten, möglichst weit vorne Platz zu nehmen.
- ✔ Wie hell ist der Raum? Sorgen Sie dafür, daß der Raum hell erleuchtet ist, damit Sie Ihre Zuhörer und Ihre Zuhörer Sie gut sehen können.
- ✔ Hat der Raum einen Dimmer? Wenn Sie Dias zeigen oder anderes audiovisuelles Material benutzen, sollten Sie einen Dimmer verwenden können, damit die Zuhörer ihre Notizen nicht im Dunkeln machen müssen.
- ✔ Suchen Sie sich jemanden, der sich um das Licht kümmert. Damit Sie Ihre Präsentation nicht unterbrechen müssen, sollte jemand anderes das Licht dimmen, wenn Sie Ihre Dias oder Folien vorführen.
- ✔ Wenn Sie etwas auf eine Flip Chart schreiben wollen, bitten Sie jemanden aus dem Publikum, zu Ihnen zu kommen und die von Ihnen genannten Punkte aufzuschreiben. So können Sie sich weiter auf Ihre Zuhörer konzentrieren. Wenn Sie selbst schreiben wollen oder müssen, schreiben Sie schnell und deutlich. Und denken Sie daran, Ihre eigenen Marker einzupacken.

- Sorgen Sie dafür, daß Ihre Graphiken und Diagramme groß genug sind, so daß jeder sie deutlich sehen kann.
- Wenn Sie Poster oder andere Dinge an die Wand hängen wollen, bringen Sie eine eigene Rolle Klebeband mit. Um ein Poster aufzuhängen, nehmen Sie vier 30 Zentimeter lange Streifen Klebeband und formen Sie aus jedem eine Rolle, mit der Klebeseite nach außen. Kleben Sie dann in jede der vier Ecken des Posters eine Rolle, und befestigen Sie es dann an der Wand.
- Sorgen Sie dafür, daß es im Besprechungszimmer kühl ist. Die Temperatur des Raumes ist äußerst wichtig. Wenn Sie viele Leute erwarten, halten Sie den Raum lieber etwas zu kühl, ungefähr bei 20 bis 21° C. Lassen Sie es aber nicht so kalt werden, daß Ihre Zuhörer ihre Mäntel, Schals und Fausthandschuhe anziehen müssen. Wenn es andererseits zu warm im Raum wird, können sich die Zuhörer nicht mehr konzentrieren und fangen vielleicht sogar an zu dösen. (Die Temperatur wird um so wichtiger, wenn Sie Ihre Präsentation nach dem Essen halten.)
- Was sehen Sie, wenn Sie aus dem Fenster schauen? Wenn der Besprechungsraum eine wundervolle Aussicht hat, z. B. auf den Swimmingpool des Hotels, müssen Sie etwas dagegen unternehmen. Wenn Sie die Vorhänge nicht schließen können, versuchen Sie, einen anderen Raum zu bekommen, oder stellen Sie die Tische und Stühle anders hin.
- Überprüfen Sie die technische Ausstattung. Vergewissern Sie sich, daß alles funktioniert und Ersatzglühbirnen für Ihren Overhead- und Diaprojektor vorhanden sind. Wenn Sie nicht Ihren eigenen Diaprojektor benutzen, bringen Sie Ihr eigenes Verlängerungskabel für die Fernbedienung mit. Wenn Sie auf wirklich alles vorbereitet sein wollen, können Sie auch noch ein 30 Meter langes Stromkabel mitbringen.
- Wenn Sie ein Mikrophon benutzen wollen, überprüfen Sie vor der Präsentation die Klangqualität und die Raumakustik.
- Wenn Sie ein schnurloses Mikrophon benutzen sollen, bitten Sie einen der Verantwortlichen, vorher frische Batterien einzulegen.

Die Anordnung der Tische (und Stühle)

Je näher Sie an Ihrem Publikum sind, desto besser überträgt sich Ihre Energie auf die Zuhörer und umgekehrt. Traditionsgemäß werden die Sitzgelegenheiten wie in einem Klassenzimmer in Reihen angeordnet, manchmal mit einem Gang in der Mitte. Aber denken Sie mal kurz über diese Anordnung nach: Sie ist nachteilig für den Redner.

Wenn die Stühle in Reihen stehen, können die Zuhörer keinen Blickkontakt mit anderen Zuhörern aufnehmen oder die Leute sehen, die Fragen stellen. Und ein Gang durch die Mitte des Raumes teilt das Publikum in zwei Teile. Wenn Sie von Ihrer Position in der Mitte des Raumes genau geradeaus schauen, sehen Sie nur die rückwärtige Wand des Raumes.

Stellen Sie die Stühle in einem Halbkreis auf

Als Alternative zur Anordnung in geraden Reihen könnten Sie die Stühle in einem Halbkreis aufstellen, in dessen Mittelpunkt Sie als Redner stehen. In dieser Anordnung können die Zuhörer nicht nur den Redner sehen, sondern auch die anderen Teilnehmer. Auch diejenigen, die am Ende des Mittelganges sitzen, kommen so näher an den Redner heran. Diese Anordnung ist wesentlich intimer und persönlicher.

Ich kann nicht ruhig stehen bleiben!

Stehen Sie lieber am Rednerpult, oder gehen Sie während Ihres Vortrags lieber herum? Wenn Sie gerne am Rednerpult stehen, ist das dort befestigte Mikrophon vollkommen ausreichend. Ist es Ihnen jedoch lieber, beim Reden auf und ab zugehen, sollten Sie sich ein tragbares Mikrophon mit einem langen Kabel oder ein schnurloses Mikrophon umhängen. Wenn Sie ein schnurloses Mikrophon benutzen, sollten Sie immer eines mit Kabel in Reserve haben – nur für den Fall, daß die Übertragung durch den Taxifunk oder die Landeinstruktionen des nahegelegenen Flughafens gestört wird.

Und vergessen Sie nicht: Wenn Sie ein schnurloses Mikrophon benutzen wollen oder müssen, bitten Sie den Tontechniker, vorher eine neue Batterie einzulegen.

Ordnen Sie die Tische winkelförmig an

Wenn sowohl Stühle als auch Tische aufgestellt werden müssen, sollten sie nicht in geraden Reihen, sondern in einem bestimmten Winkel zum Redner angeordnet werden. So können die Zuhörer sowohl den Redner als auch die anderen Teilnehmer sehen. Wenn Sie die Tische so aufstellen, daß sie sich an den Ecken berühren, vermeiden Sie den störenden Mittelgang.

Variationen zum Thema

Es gibt verschiedene Möglichkeiten, einen Raum für einen Vortrag einzurichten, die ich hier nicht alle aufzählen will. Ich möchte nur, daß Sie einmal über die zahlreichen Möglichkeiten nachdenken, mit denen sich die Interaktion zwischen Publikum und Sprecher verbessern läßt.

Einige andere Dinge, über die Sie nachdenken sollten

Falls ich Ihnen bis jetzt noch nicht genügend Denkanstöße gegeben habe, sind hier noch ein paar weitere Tips:

- ✔ Wenn im Raum Telefone installiert sind, lassen Sie sie abschalten.
- ✔ Lassen Sie die Musikberieselung abschalten.
- ✔ Wenn es eine Lautsprecheranlage für innerbetriebliche Durchsagen gibt, sorgen Sie dafür, daß während Ihrer Präsentation keine Durchsagen gemacht werden.
- ✔ Wenn Ihre Präsentation nach einem Essen stattfinden soll, sorgen Sie dafür, daß die Kellner und Kellnerinnen während des Vortrages kein Geschirr abräumen.
- ✔ Überprüfen Sie, ob aus den Nachbarräumen, der Eingangshalle oder von draußen Geräusche eindringen können.
- ✔ Stellen Sie Wasser, Snacks, Erfrischungen und Ansichtsmaterial im hinteren Teil des Raumes bereit.

Wenn eine Mahlzeit, kalte Getränke, Kaffee oder Brötchen serviert werden sollen, müssen Sie damit rechnen, daß etwas schiefgehen kann. Sie könnten z.B. das falsche Essen zur falschen Zeit im falschen Raum bekommen. Gehen Sie deshalb am Tag vor der Besprechung und am Tage der Besprechung selbst mit dem für das Catering verantwortlichen Mitarbeiter noch einmal alles durch. Wenn die Besprechung für 8 Uhr angesetzt ist, vergewissern Sie sich, daß der Catering-Service weiß, daß Sie Brötchen und Kaffee spätestens um 7.30 Uhr haben wollen.

Ich weiß, daß ich Ihnen hier eine Menge Hinweise und Tips gegeben habe – vielleicht sogar mehr, als Sie eigentlich wollten. Aber vieles, was eine erfolgreiche Rede oder Präsentation stören kann, läßt sich mit ganz einfachen Mitteln vermeiden. Und hier ist noch ein letzter Tip: Kommen Sie immer mindestens eine Stunde vor Beginn Ihrer Rede. So können Sie in Ruhe überprüfen, ob der Raum richtig eingerichtet wurde und die technische Ausstattung funktioniert.

Wie gut waren Sie?

Nach jeder Präsentation sollten Sie sich selbstkritisch prüfen, damit Sie Ihre Sache das nächste Mal noch besser machen können. Stellen Sie folgende Fragen: War mein Vortrag energisch genug? War ich mit Begeisterung bei der Sache? Wie gut habe ich meine Informationen präsentiert? Habe ich die Zuhörer beteiligt? Was hätte ich besser machen können?

Werben Sie für sich selbst

15

In diesem Kapitel

- Sammeln Sie Empfehlungsschreiben!
- Lassen Sie sich in einer Zeitung zitieren!
- Schreiben Sie Artikel für Zeitungen oder Zeitschriften – und ein Buch!
- Halten Sie öffentliche Vorträge!
- Nutzen Sie Ihre Visitenkarten!
- Die Kunst der Kontaktpflege
- Werben Sie für sich im Internet und mit E-Mail!

Wenn Sie in Ihrem Beruf und im Leben weiterkommen wollen, dann müssen Sie sich selbst gut verkaufen können und viel Eigenwerbung betreiben. Stoßen Sie kräftig in Ihr Horn. Sie müssen Ihren Kollegen, Mitarbeitern und auch Ihrem Chef sagen, wenn Sie etwas Wichtiges oder Bemerkenswertes tun. Und Sie müssen Ihre Kunden, Freunde und Familie wissen lassen, wenn Ihnen etwas Gutes widerfährt.

Hart zu arbeiten und die richtigen Entscheidungen zu treffen, sind die Grundpfeiler einer erfolgreichen Karriere. Wenn Sie einmal den Grundstein gelegt haben, sollten Sie andere auch wissen lassen, daß bei Ihnen alles wunderbar läuft.

Sammeln Sie Empfehlungsschreiben

Wann immer Sie eine Sache gut gemacht haben, bitten Sie den Kunden, für den Sie gearbeitet haben, Ihnen eine kurze Notiz darüber zukommen zu lassen, die Sie dann abheften können. Wenn Sie Ihre Kunden oder Klienten besonders zufriedengestellt haben, bitten Sie sie um ein Empfehlungsschreiben. Wenn Sie ein Projekt besonders gut bearbeitet haben oder für einen Kunden oder Mandanten Ihrer Firma eine Aufgabe besonders gut erledigt haben, bitten Sie einen Ihrer Kollegen, Mitarbeiter oder auch Ihren Chef, Ihnen in einem Brief zu bestätigen, welch großartige Arbeit Sie geleistet haben. (Und vergessen Sie nicht zu fragen, ob Sie den Brief als Referenz verwenden dürfen.)

Sie können nie wissen, ob Ihnen diese Briefe nicht eines Tages helfen können, wenn Sie mit einem neuen Kunden ein Riesengeschäft abschließen wollen oder sich Ihnen die Möglichkeit für einen Traumjob bietet. Um es kurz und ergreifend zu sagen: Empfehlungsschreiben und

Zeugnisse von zufriedenen Kunden – geschrieben auf deren Geschäftsbriefpapier – sind eine großartige Möglichkeit, Eigenwerbung zu treiben.

Als ich mein Beratungsbüro für Zeitmanagement aufmachte, bat ich meine ersten zufriedenen Kunden, mir ihre Zufriedenheit in einem Brief zu bestätigen. Diese Briefe wollte ich den Leuten zeigen, die beabsichtigen, mich für meine Dienste zu engagieren. Einige dieser Briefe waren so gut, daß ich sie heute immer noch verwende, obwohl sie sechs oder sieben Jahre alt sind.

Zeugnisse oder Empfehlungsschreiben können aus vielen Quellen stammen – nicht nur von zufriedenen Kunden, Mandanten, Kollegen und Mitarbeitern. Es können auch Briefe von Kollegen in einer anderen Firma Ihrer Branche oder Mitgliedern des Berufsverbandes sein, dem Sie angehören. Je höher die Stellung desjenigen, der den Brief schreibt (Titel im Briefkopf!!!), desto besser für Ihre Glaubwürdigkeit. Auch wenn der Mensch, dem Sie den Brief zeigen, den Briefschreiber nicht kennt, wird er sicher das Unternehmen kennen und von dem Titel des Schreibers oder dessen Stellung innerhalb des Unternehmens beeindruckt sein.

Vor vielen Jahren wurde John D. Rockefeller von einem Mann gefragt, ob er ihm eine bestimmte Summe leihen könnte. Rockefeller dachte ein wenig darüber nach und beschloß dann, ihm keinen Kredit zu gewähren. Statt dessen tat er etwas wesentlich Besseres: Er nahm den Mann mit in die New Yorker Börse und legte ihm freundschaftlich den Arm auf die Schulter, während sie beide durch den Börsensaal schlenderten. Danach konnte der Mann sich das benötigte Geld von jedem anderen leihen. Die Kreditgeber dachten, daß ein Mann mit einem Freund wie John D. Rockefeller bestimmt kreditwürdig sein müßte.

Kennen Sie Prominente, Kommunalpolitiker oder andere bekannte und wichtige Personen? Wenn ja, versuchen Sie, von ihnen einen Brief oder ein Foto mit Autogramm zu bekommen oder vielleicht sogar ein gemeinsames Foto von Ihnen beiden. Damit vermitteln Sie Ihren zukünftigen Kunden, Mandanten und anderen Leuten den Eindruck, daß Sie selbst auch wichtig seien.

Hier einige Tips, wie Sie Empfehlungsschreiben bekommen und einsetzen können:

- ✔ Bitten Sie die Leute einfach, Ihnen ein Zeugnis, ein Empfehlungsschreiben oder einen Dankesbrief als Anerkennung dafür zu schicken, daß Sie für sie gute Arbeit geleistet haben. Wahrscheinlich wird sich niemand weigern. Viele Leute sind sogar stolz darauf, um ein Empfehlungsschreiben gebeten zu werden.
- ✔ Wenn sich jemand bereit erklärt, Ihnen ein Zeugnis zu schreiben, machen Sie sich eine Notiz, und fragen Sie nach einer oder zwei Wochen noch einmal nach. Wenn Sie dann nämlich das Schreiben noch nicht erhalten haben, hat der Kunde es wahrscheinlich vergessen und muß vorsichtig daran erinnert werden.

- ✔ Wenn der Briefschreiber sehr beschäftigt ist, bieten Sie ihm an, selber einen Musterbrief zu schreiben, den er dann auf sein eigenes Briefpapier übertragen kann. Damit erleichtern Sie dem zufriedenen Auftraggeber das Schreiben des Briefes, und außerdem kann Ihnen niemand so gute Zeugnisse schreiben wie Sie selbst. (Wenn es Ihnen etwas unangenehm ist, in Ihr eigenes Horn zu stoßen, ist das vollkommen natürlich. Den meisten Menschen ist das unangenehm. Lassen Sie sich aber dadurch nicht davon abhalten, jemanden um ein nettes Empfehlungsschreiben zu bitten.)
- ✔ Wenn Sie einige gute Briefe haben, diese aber etwas alt sind, kleben Sie einfach das Datum ab, wenn Sie den Brief kopieren.
- ✔ Wenn Sie eine Broschüre oder einen Reklamezettel erstellen, zitieren Sie aus einigen Ihrer Empfehlungsschreiben.
- ✔ Haben Sie schon einmal daran gedacht, ein Zeugnis auf Band aufzunehmen? Vielleicht erlaubt Ihnen ein zufriedener Kunde, eine Bandaufnahme von seiner Empfehlung zu machen. Sie können dann verschiedene Gespräche zu einer Kollektion zusammenschneiden, die Sie dann zukünftigen Kunden oder Klienten geben können.

Wenn Sie nächstes Mal eine Broschüre oder einen anderen Werbebrief verschicken, gestalten Sie die Unterlagen persönlicher. Benutzen Sie einen bunten Textmarker, um Schlüsselsätze zu markieren, schreiben Sie handschriftliche Notizen an den Rand oder weisen Sie den Leser mit Klebenotizen auf spezielle Seiten hin.

Empfehlungsschreiben sollten ein unverzichtbarer Teil Ihrer Marketing- und Werbestrategie werden. Nach einiger Zeit werden Sie eine Sammlung von Briefen haben, die alle zeigen, daß Sie verschiedene Arbeiten gut gemacht haben und Ihren Kunden und Klienten bei der Lösung der unterschiedlichsten Probleme helfen konnten.

Wurden Sie schon in einer Zeitung oder einer Zeitschrift erwähnt?

Wenn Sie in einer Zeitung zitiert werden oder wenn über Sie ein Artikel in einer Zeitschrift geschrieben wurde, gewinnen Sie dadurch natürlich an Glaubwürdigkeit. Werden Sie nur oft genug zitiert oder interviewt, sind Sie bald als Experte auf Ihrem Gebiet anerkannt.

Hier einige Tips, wie Sie das Beste aus Ihren Zeitungs- und Zeitschrifteninterviews herausholen können:

- ✔ Um eine professionell aussehende Kopie eines Artikels zu machen, schneiden Sie das Logo der Zeitung oder Zeitschrift von der Titelseite aus, und kleben Sie es in die obere Mitte eines weißen Blattes Papier. Schneiden Sie den Artikel aus und kleben Sie ihn mittig unter das Logo. Photokopieren Sie das Blatt anschließend. (Wenn nach einer Weile das Datum des Artikels veraltet ist, kleben Sie es beim nächsten Kopieren einfach ab.)

- Um größeren Eindruck zu schinden, lassen Sie den Artikel professionell setzen und dann auf Hochglanzpapier drucken. (Wenn Sie noch einen Schritt weiter gehen wollen, lassen Sie das Logo der Zeitung oder Zeitschrift in einer zweiten Farbe drucken.)
- Um ein Radio- oder Fernsehinterview auch für die Presse nutzen zu können, nehmen Sie eine Fotokamera mit, und bitten Sie darum, daß jemand Sie und Ihren Gastgeber fotografiert. Vergessen Sie nicht, den Gastgeber um ein Schreiben zu bitten, in dem er Ihnen dankt, Sie als Gast in seinem Programm gehabt zu haben. (Bitten Sie immer um eine Bandaufnahme Ihres Radiointerviews bzw. um ein Videoband Ihres Fernsehauftrittes. Dies könnte für Sie nützlich sein, wenn Sie später einmal beschließen, einen Werbefilm zu drehen. Sie können Ihre Zitate auch für Drucksachen verwenden.)

Eigenwerbung funktioniert wirklich!

Im Jahr 1988 beschloß ich, ein Buch über Zeitmanagement zu schreiben. Als ich mich mit dem Projekt etwas näher beschäftigte, stellte ich fest, daß ich erst etwas Publicity für mich und mein Beratungsbüro für Zeitmanagement brauchte, bevor ein größerer Verleger mich ernst nehmen würde. Ich brauchte mehrere Monate, bevor ich schließlich Bill Gruber, einen Wirtschaftsredakteur der Chicago Tribune, überreden konnte, einen kurzen Artikel über mich zu schreiben. Einige Wochen später rief mich Jim Warren – ebenfalls von der Tribune – an und wollte ein längeres Interview mit mir machen.

Ich stellte fest, daß ich meinen Namen sehr gerne gedruckt sah, und meinem Geschäft war es auch zuträglich. Also entschloß ich mich zu versuchen, auch eine große, nationale Zeitung wie das Wall Street Journal, die New York Times und USA Today dazu zu bewegen, eine Geschichte über mich zu bringen. Ich rief alle Chefredakteure an und geriet schließlich an eine Ressortleiterin von USA Today, die mich fragte: »Sind Sie der Typ aus Chicago, der für 1.000 Dollar einen Schreibtisch aufräumt?« Als ich mit »Ja« antwortete, sagte sie: »Heute nachmittag wird Sie einer unserer Reporter anrufen.«

Am 18. Januar 1989 erschien in USA Today ein großer Artikel über mich, mit Bildern und allem Drum und Dran, unter dem Titel: »Mr. Neat, the Clutterbuster«, was soviel bedeutet wie »Mr. Saubermann räumt auf«. In den folgenden Wochen wurde ich von Newsweek und einigen anderen Magazinen interviewt, und innerhalb von drei Monaten hatte ich einen Buchvertrag mit Simon & Schuster für meinen ersten Bestseller: *If You Haven't Got the Time to Do It Right, When Will You Find the Time to Do It Over?*

Mittlerweile wurde ich von fast jedem großen Magazin und jeder großen Zeitung des Landes interviewt und habe mehr als tausend Radio- und Fernsehinterviews gegeben. Diese Publicity und die von mir geschriebenen Bestseller haben mir dazu verholfen, eine der führenden Autoritäten des Landes zum Thema »Zeitmanagement« zu werden.

Schreiben Sie ein Buch

Sie können Ihre Glaubwürdigkeit steigern und sich selbst als eine der führenden Autoritäten auf Ihrem Gebiet etablieren, wenn Sie Artikel für Zeitungen, Magazine und Fachzeitschriften schreiben. (Das wird zwar nicht besonders gut bezahlt, vielleicht müssen Sie es sogar kostenlos machen, aber der Nutzen ist phänomenal.) Danach können Sie Ihre gedruckten Artikel nehmen und als Werbematerial nutzen.

Artikel zu schreiben, ist eine gute Sache, aber wenn Sie sich wirklich aus der Masse herausheben wollen, müssen Sie ein Buch schreiben. Wenn Sie ein Buch geschrieben haben, sind Sie auf dem besten Wege, sich als führende Autorität auf Ihrem Fachgebiet zu etablieren. Als Autor eines Buches wird Ihnen großer Respekt von Ihren Kollegen entgegengebracht, und Ihre Glaubwürdigkeit steigt ins Unermeßliche. Wenn Sie mehrere Bücher schreiben, werden Sie nach einiger Zeit als »höchste Instanz« auf Ihrem Gebiet behandelt.

Werden Sie Ihr eigener Verleger

Viele Autoren geben Ihre Bücher im Eigenverlag heraus, anstatt mit den großen Verlagen zusammenzuarbeiten. Der große Vorteil dabei ist, daß man sehr viel mehr dabei verdienen kann – vorausgesetzt, man verfügt über die richtigen Vertriebskanäle.

Viele der Autoren, die ihre Bücher selbst verlegen, sind auch professionelle Vortragsredner. Ihre Vorträge nutzen Sie zum Verkauf ihrer Bücher, Audiokassetten und Videofilme.

Viele dieser Autoren haben mittlerweile auch das Internet als kostengünstige Gelegenheit zur Vermarktung ihrer Bücher entdeckt.

Hier einige Gründe, warum Sie sich einmal überlegen sollten, Ihre Bücher im Eigenverlag herauszugeben:

- ✔ Sie haben vollständige Kontrolle über den Inhalt Ihrer Bücher.
- ✔ Sie können Ihr Manuskript wahrscheinlich in einem Bruchteil der zeit zu einem Buch verarbeiten, die ein Verlag dazu benötigen würde.

Geben Sie eine eigene Broschüre heraus

Das Schreiben von Zeitungsartikeln und Büchern ist eine gute Methode zur Werbung für die eigenen Dienstleitungen. Daneben sollten Sie sich aber auch einmal überlegen, eine eigene Broschüre herauszugeben.

Eine eigene Broschüre ist ein großartiges Werbemedium und eine gute Gelegenheit, eine Menge Geld zu verdienen.

Sie haben wichtige Dinge zu sagen. Nutzen Sie deshalb eine Broschüre als kostengünstige Möglichkeit zur Verbreitung Ihrer Botschaft.

Einen Teil Ihrer Produktionskosten können Sie durch den Verkauf von Anzeigen wieder hereinbekommen. Vielleicht finden Sie einige Firmen, die ihre eigenen Produkte oder Dienstleistungen gerne den Empfängern Ihrer Broschüre nahebringen wollen.

Meine eigene Broschüre: ACT! in ACTion

Als ich im Jahr 1995 mein erstes ACT!-Buch, *ACT! for Windows for Dummies*, schrieb, stellte ich fest, daß es mehr als eine Million ACT!-Benutzer gab, von denen viele Interesse an aktuellen Informationen über ACT! hatten. Ich überlegte mir also, wie ich diesen Menschen diese Informationen, die man nur schlecht in einem Buch verbreiten kann, zur Verfügung stellen könnte. Meine Idee: Gib eine ACT!-Broschüre heraus.

Zu jener Zeit hatte ich keine Ahnung davon, wie man eine Broschüre herstellt. Ich besorgte mir deshalb erst einmal einige Bücher und fragte Freunde, die schon Erfahrungen mit der Herausgabe einer eigenen Broschüre gesammelt hatten. Dabei fand ich heraus, daß die Herstellung einer Broschüre mit dem PageMaker von Adobe wirklich sehr einfach ist. (PageMaker ist das führende Desktop-Publishing-Programm für den professionellen Einsatz. Sie können eine Broschüre allerdings auch mit Textverarbeitungsprogrammen wie Corel WordPerfect oder Microsoft Word erstellen.)

Ich besorgte mir also PageMaker und machte mich mit den zahlreichen Features vertraut, wobei ich mir von *PageMaker for Dummies* von Galen Truman helfen ließ.

In kürzester Zeit hatte ich das Format für meine Broschüre fertig, und vier Monate später war die erste Ausgabe auf dem Markt.

Heutzutage erstelle ich sämtliche Werbematerialien mit PageMaker. Dieses Programm ist schnell, benutzerfreundlich und sehr leistungsfähig.

Alles, was man mit dem gedruckten Wort oder einer Graphik anstellen kann, ist in PageMaker möglich.

Sie können mit PageMaker jede Art von Publikation erstellen – sei es eine Anzeige, eine zweiseitige Broschüre, ein 500-Seiten-Buch oder ein Vierfarbmagazin.

Mit PageMaker lassen sich außerdem Webseiten und PDF-Dokumente erstellen. (PDF ist die Abkürzung für das Adobe-Format *Portable Documents Format.* PDF-Dokumente sind vollständig formatierte Dokumente, die sich im Acrobat Reader lesen lassen. Dieses Programm können Sie von der Adobe-Website unter `www.adobe.com` gratis herunterladen.

Nähere Informationen über PageMaker und die anderen Desktop-Publishing-Produkte von Adobe finden Sie unter der Adresse `www.adobe.com`.

Wenn ich Ihnen einmal ein Probeexemplar meiner ACT!-Broschüre zuschicken soll, füllen Sie einfach das Online-Formukar auf meiner Website `www.ACTnews.com` aus.

Werben Sie für sich mit öffentlichen Vorträgen

Vorträge sind ist ein wunderbares Mittel, sich selbst zu verkaufen und Eigenwerbung zu betreiben. Bei Vorträgen lernen Sie potentielle Kunden und Mandanten kennen. Mit Vorträgen schaffen Sie Glaubwürdigkeit, und wenn Sie erst ein paarmal vor einem Publikum gesprochen haben, werden Sie vielleicht feststellen, daß die Leute dazu bereit sind, Sie für eine Präsentation zu bezahlen.

Hier einige Tips für öffentliche Auftritte:

- ✔ **Übung, Übung, Übung.** Wenn Sie noch nicht oft vor Publikum gesprochen haben, suchen Sie nach Gelegenheiten, wo Sie hingehen und üben können. Je öfter Sie vor Publikum sprechen, desto einfacher wird es für Sie.
- ✔ **Halten Sie Ihre ersten Vorträge vor Leuten, von denen keiner ein Kunde oder zukünftiger Kunde ist.** Das gibt Ihnen die Möglichkeit, vor einem Publikum zu sprechen und die Mucken Ihrer Präsentation herauszufinden. Und wenn Sie Fehler machen, dann ist das nicht weiter schlimm, weil Sie ohnehin keine Geschäfte abschließen wollen.
- ✔ **Beobachten Sie, wie Sie sprechen.** Wenn Sie sich auf Ihre Präsentationen vorbereiten, üben Sie vor einem Spiegel, und versuchen Sie sich vorzustellen, daß Sie vor einem Publikum sprechen. So können Sie Ihren Gesichtsausdruck und Ihre Bewegungen beobachten.
- ✔ **Hören Sie sich beim Sprechen zu.** Nehmen Sie Ihre Übungen auf, damit Sie sich anschließend anhören können, was Sie sagen und wie Sie es sagen.
- ✔ **Hören Sie sich so, wie es Ihre Zuhörer tun.** Nehmen Sie einen Kassettenrecorder oder eine Videokamera mit zu Ihren Präsentationen, und nehmen Sie alles auf. Sich anschließend die Kassette anzuhören oder das Video anzusehen, ist eine gute Möglichkeit, Ihre

Präsentationen zu verbessern, weil Sie hören oder sehen können, was Sie gesagt haben und wie Sie es gesagt haben.

- **Nehmen Sie Schauspielunterricht.** Wenn Sie gerne etwas mehr Übung darin hätten, vor einem Publikum aufzutreten, sollten Sie versuchen, eine kleine Rolle bei einer Laienspielgruppe zu bekommen, oder sich bei Ihrer Volkshochschule für einen für Schauspielkurs einschreiben.
- **Beobachten Sie professionelle Redner bei Ihren Auftritten.** Sie können viel lernen, wenn Sie einen Profi bei einer Rede beobachten. Wenn möglich, nehmen Sie an einem Seminar teil, leihen, mieten oder kaufen Sie sich einige Videofilme. Beobachten Sie, wie die Profis sich auf der Bühne bewegen, ihre Stimme einsetzen und den Blickkontakt zu ihren Zuhörern herstellen.
- **Engagieren Sie einen Trainer.** Wenn Sie ernsthaft Ihre Reden verbessern wollen, sollten Sie einen Trainer engagieren, der Ihnen hilft, Ihren Präsentationsstil zu verbessern. Ein guter Trainer kann sehen, was Sie tun und Ihnen bei Ihrer Ausdrucksweise, Ihren Körperbewegungen, der Lautstärke und Tonlage Ihrer Stimme sowie Ihrer Zeiteinteilung helfen. Sie werden merken, wie nützlich diese Techniken für eine Präsentation sind – egal ob diese im Büro des Kunden oder beim Vorstand Ihres Unternehmens stattfindet. Um einen solchen Trainer zu finden, wenden Sie sich an die Volkshochschule, eine Fachhochschule, Universität oder vielleicht an die Theater in Ihrer Region.

Suchen Sie sich einen guten Trainer

Eines Tages rief mich meine Lektorin bei Simon & Schuster an und sagte mir, daß man mich gerne auf eine Promotion-Tour schicken wolle. Wir redeten ein paar Minuten und mir wurde bewußt, daß ich nicht die geringste Ahnung hatte, wie ich mich bei einem Radio-, Fernseh- oder Zeitungsinterview verhalten sollte. Also suchte ich mir eine Hilfe.

Fast ein Jahr lang übte ich einmal wöchentlich mit Leslie Holland, einer Schauspielerin. Das war eine der besten Ideen, die ich jemals hatte. Ich lernte, richtig zu sprechen, meine Worte richtig zu betonen, und vor allem, wie ich mich vor einer Fernsehkamera verhalten muß. Das Wundervolle an diesem Training war, daß es mir auch in anderen Bereichen meines Berufs- und Privatlebens sehr geholfen hat.

Vergessen Sie nicht, Visitenkarten großzügig zu verteilen

Wenn Sie in Ihrem Beruf weiterkommen wollen, müssen Sie Eigenwerbung treiben. Eine der besten Arten, dies zu tun, besteht in der großzügigen Verteilung von Visitenkarten.

Eine Visitenkarte bietet Ihnen verschiede Möglichkeiten, für sich zu werben. Wenn Sie jemandem eine Karte geben, haben Sie die Möglichkeit, über sich selbst zu sprechen, ihm zu erzählen, womit Sie Ihren Lebensunterhalt verdienen oder über die Waren, Produkte oder Dienstleistungen zu sprechen, die Ihr Unternehmen verkauft.

Seien Sie nicht zurückhaltend, wenn es darum geht, Ihre Visitenkarte zu verteilen: Seien Sie großzügig. Wenn Sie an einem Abendessen oder einem Geschäftsessen teilnehmen, geben Sie Ihrem Nachbarn Ihre Visitenkarten, und erwähnen Sie, womit Sie Ihr Geld verdienen. Teilen Sie Ihre Visitenkarten aus, wenn Sie in einer Warteschlange stehen. Wie oft stehen Sie in einer Schlange vor einem Bankschalter oder einem Geldautomaten oder warten an der Fleischtheke im Supermarkt, wollen eine Kinokarte kaufen, warten darauf, daß die Tore des Fußballstadions geöffnet werden, oder stehen am Ticketschalter im Flughafen. Sie werden nie erfahren, wer die Person neben Ihnen ist, wenn Sie nicht die Chance zu einem Gespräch nutzen, sich vorstellen, Ihre Visitenkarte überreichen und Werbung für sich und Ihr Unternehmen machen.

Hier einige weitere Tips zum Thema »Visitenkarten«:

- ✔ Geben Sie einem potentiellen Kunden nicht nur eine einzige Visitenkarte: Geben Sie ihm zwei oder drei, damit er eine für sich behalten kann und die anderen an seine Freunde oder Kollegen weitergeben kann. Visitenkarten sind billig. Verteilen Sie sie also bei jeder Gelegenheit.
- ✔ Wenn Sie selber etwas kaufen, sollten Sie nicht die Gelegenheit verpassen, dem Verkäufer eine Karte zu geben und zu erwähnen, was Sie beruflich machen. Geben Sie ruhig Ihrer Reinigung, Ihrem Kundenberater bei der Bank, Ihrem Friseur, dem Metzger, dem Bäcker und dem Kerzenverkäufer Ihre Karte.

Machen Sie es den Leuten möglichst einfach, Sie zu erreichen: Geben Sie auf Ihrer Visitenkarte auch Ihre Handy-Nummer, die Nummer Ihres Autotelefons und Ihre E-Mail- oder Internet-Adresse an.

Sammeln Sie die Visitenkarten anderer Leute

So wichtig es ist, seine Visitenkarte zu überreichen, so wichtig ist es auch, die Karten anderer Leute zu sammeln. Aus Erfahrung kann ich sagen, daß eine Menge Leute mich für meine Dienste engagieren wollte, sie haben mich jedoch nie anrufen können, weil Sie meine Visitenkarte verloren oder in irgendeinem Stapel auf ihrem Schreibtisch vergraben hatten. Glücklicherweise hatte ich aber ihre Karte und konnte mich deshalb mit ihnen in Verbindung setzen.

Wenn Sie mit irgend etwas Geld verdienen wollen, müssen Sie die Initiative ergreifen. Sie können nicht einfach herumsitzen und warten, daß die Leute Sie anrufen, weil sie Sie nicht anrufen werden! Wenn Sie also Leute treffen, geben Sie ihnen Ihre Visitenkarte, und nehmen Sie deren Karte, damit Sie mit ihnen in Kontakt treten können.

Denken Sie daran, immer einen Stift und eine paar Visitenkarten bei sich zu haben, damit Sie die Namen und Nummern Ihrer neuen Bekanntschaften notieren können, falls diese ihre Karten nicht dabei haben. Wenn Sie wieder im Büro sind, tragen Sie die Namen in Ihre Telefonliste ein. (Wenn Sie die Karte mit den Namen und Nummern auf einen Stapel legen, könnte es Wochen dauern, bevor Sie sie wiedersehen.)

Auch hier kann ACT! Ihnen helfen, Ihre tägliche Produktivität zu steigern. Anstatt noch mehr kleine Zettel oder Visitenkarten auf dem Schreibtisch herumfliegen zu haben, tragen Sie den Namen einfach in die Datenbank von ACT! ein, und werfen Sie den Zettel weg. Öffnen Sie danach den Notizblock von ACT!, und notieren Sie, wer die neue Bekanntschaft ist, was sie beruflich macht, wo Sie sie getroffen haben und warum Sie sie in zwei Wochen anrufen wollen. Tragen Sie diesen Menschen anschließend in die Liste mit den Leuten ein, die Sie noch anrufen müssen. Wenn Sie nach diesem System vorgehen, ist es unmöglich, jemanden aus den Augen zu verlieren.

Was machen Sie mit Ihren Visitenkarten?

Wie viele Visitenkarten haben Sie in Ihrer Schreibtischschublade? Fünfzig? Hundert? Zweihundert? Mehr? Wenn es Ihnen wie den meisten Leuten geht, hat es Sie einige Mühe gekostet, all diese Leute zu treffen und ihre Visitenkarten zu sammeln, weil Sie dachten, diese Leute könnten Ihnen hilfreich sein. Aber was nützen die besten Karten, wenn Sie sich nicht mehr an die Leute erinnern können, daran, was Sie tun, wo Sie sie getroffen haben oder warum Sie die Karte überhaupt aufgehoben haben?

Auch hier hilft Ihnen ACT!, produktiver zu werden. Mit Hilfe von ACT! können Sie all die Informationen Ihrer gesammelten Visitenkarten speichern. Bei Bedarf lassen sich Name und

Nummer eines geschäftlichen Kontakts mit Hilfe der Suchfunktionen schnellstens ermitteln.

Wenn Sie Visitenkarten sammeln, aber keine Lust haben, die Namen, Adressen und Telefonnummern von Hunderten oder Tausenden von Visitenkarten manuell in ACT! zu übernehmen, können Sie Ihre Visitenkarten auch direkt in Ihren Computer einscannen und die Informationen dann in ACT! übertragen.

Als ich eines Tages mit einem Kunden in einem Restaurant beim Mittagessen saß, kam ein Mann an unseren Tisch und fragte, ob ich Jeff Mayer sei. Ich sagte ja, und er fragte, ob ich immer noch anderen Leuten bei der Organisation Ihrer Arbeit helfe. Ich sagte ja, und er bat mich, ihn anzurufen. Er hatte keine Visitenkarte bei sich, deshalb schrieb ich seinen Namen und seine Adresse auf die Rückseite meiner Visitenkarte.

Als ich wieder in meinem Büro war, trug ich seinen Namen in ACT! ein und setzte ihn auf meine Telefonliste. Ich brauchte fast drei Wochen, bis ich ihn endlich am Telefon hatte und wir einen Termin vereinbaren konnten. Aber dank ACT! ist mir dieses Geschäft nicht durch die Lappen gegangen.

Die Kunst der Kontaktpflege

Im Laufe des Lebens treffen Sie eine Menge Menschen. Sie treffen Menschen bei Geschäftsbesprechungen, bei Tagungen und Seminaren und bei vielen anderen Veranstaltungen. Und Sie treffen Menschen bei privaten Anlässen. Sie unterhalten sich mit einem Menschen im Flugzeug, beim Training im Fitneßstudio oder in Ihrem Lieblingsrestaurant am Samstagabend, während Sie auf einen Tisch warten.

Und hin und wieder treffen Sie jemanden, der Ihr Geschäftsfreund werden oder Ihnen bei Ihrer Karriere behilflich sein könnte. Mit diesen Leuten sollten Sie in Verbindung bleiben und sie besser kennenlernen. Und nach einiger Zeit werden Sie vielleicht feststellen, daß Sie vieles gemeinsam haben. Vielleicht werden Sie sogar Freunde.

Sie sollten sich alle Mühe geben, diese Beziehungen zu pflegen. Nehmen Sie sich Zeit, und versuchen Sie herauszufinden, was diesen Menschen wichtig ist. Vielleicht wissen Sie dann bald mehr über diese Leute, als sie es selbst tun. Das ist das Geheimnis für enge Beziehungen und Freundschaften. Das ganze Geschäftsleben basiert auf Beziehungen.

Mit ACT! können Sie Ihre geschäftlichen Beziehungen vertiefen

ACT! kann Ihnen helfen, Ihre Beziehungen zu den wichtigen Menschen in Ihrem Leben zu vertiefen. Wenn Sie andere Menschen besser kennenlernen, werden Sie Freunde. Und die beste Möglichkeit, Leute besser kennenzulernen, besteht darin, ihnen Fragen zu stellen.

Nach einiger Zeit werden Sie alles über sie wissen.

Sie werden Antworten bekommen auf Fragen wie: Womit verdienen sie ihr Geld? Wie sind sie zu diesem Beruf gekommen? Was sind ihre langfristigen Ziele, ihre Wünsche? Wo leben sie? Sind sie ledig, verheiratet oder geschieden? Wenn sie verheiratet sind, wie ist der Name ihres Ehepartners? Was macht der Partner beruflich? Wo oder wie haben sie sich kennengelernt? Haben sie Kinder? Wie alt sind die Kinder? Wann haben sie Geburtstag? Wann ist ihr Hochzeitstag? Was machen sie am Wochenende? Was sind ihre Hobbys? Welche Hobbys haben die Kinder? Wo gingen sie zur Schule? Wie verbringen sie ihren Urlaub?

Jedesmal, wenn Sie einen Menschen treffen oder mit im telefonieren und wieder etwas mehr über dessen Leben erfahren, müssen Sie sich eine Notiz auf dem Notizblock von ACT! machen. Dieser Notizblock macht Ihnen das Leben leichter, weil Sie in ihm sehr einfach und bequem alle möglichen Informationen speichern können.

Während einer geschäftlichen Besprechung mit einem potentiellen Kunden fragte ich ihn plötzlich, wie es seiner Frau ginge. Er sagte, es ginge ihr wesentlich besser und dankte für die Nachfrage. Dann fragte er mich, woher ich wüßte, daß seine Frau gewesen sei. Ich erzählte ihm, daß seine Sekretärin beim letzten Telefonat erwähnt hätte, daß sie im Krankenhaus sei. Was ich ihm nicht sagte, war, daß ich diese Information in ACT! gespeichert hatte und sie vor der Besprechung durchgelesen hatte. ACT! hat mich daran erinnert, mich nach dem Befinden seiner Frau zu kundigen.

Verbringen Sie Ihre Zeit mit Menschen, die Ihnen wichtig sind

Es gibt ein altes Verkaufs- und Marketingsprichwort – die sogenannte 80/20 Regel. Sie besagt, daß man 80 Prozent aller Geschäfte mit 20 Prozent seiner Kunden macht. Damit ist gemeint: Die meisten Unternehmen machen den größten Teil des Umsatzes und der Gewinne mit einer kleinen Anzahl von Kunden.

Seit Jahren höre ich die Leute über die 80/20-Regel sprechen, und sicher haben Sie sie auch schon gehört. Aber da gibt es etwas, was mich schon lange beschäftigt: Wenn tatsächlich 80 Prozent der Geschäfte eines Unternehmens mit nur 20 Prozent der Kunden gemacht wird, wäre es dann nicht sinnvoll, diese Leute besser kennenzulernen und weniger Zeit mit anderen zu verbringen? Und wenn Sie die Kunden besser kennenlernen, stellt sich vielleicht heraus, daß diese wiederum andere Leute kennen, die Sie über diese Beziehung als Kunden gewinnen könnten.

Lernen Sie Ihre Geschäftsfreunde besser kennen

Wir haben alle gute Freunde – Menschen, die uns wichtig sind. Aber weil das Leben und die Arbeit so hektisch sind, haben wir einfach nicht genug Zeit, um öfter mit ihnen zusammensein zu können. In der heutigen schnellebigen Welt mit ihrem Leistungsdruck müssen wir mehr Zeit mit den Menschen verbringen, die uns aufbauen und unsere kreativen Energien stimulieren können. Deshalb schlage ich vor, daß Sie sich jetzt einmal ruhig hinsetzen und eine Liste der 10 Geschäftsfreunde anfertigen, mit denen Sie am liebsten zusammen sind. In Abbildung 15.2 sehen Sie ein Beispiel.

Meine 10 besten Geschäftsfreunde

1. ____________________
2. ____________________
3. ____________________
4. ____________________
5. ____________________
6. ____________________
7. ____________________
8. ____________________
9. ____________________
10. ____________________

Abbildung 15.1: Erstellen Sie eine Liste der zehn Geschäftsfreunde, die Sie am meisten mögen.

Wenn Sie diese Liste erstellt haben, rufen Sie jeden einzelnen an, und vereinbaren Sie einen Termin zum Mittag- oder Abendessen. Für die Zukunft sollten Sie einplanen, mindestens einmal pro Woche mit einer dieser Geschäftspartner das Brot zu teilen. Wenn Ihnen mehr Personen einfallen, erweitern Sie die Liste.

Auch hier kann ACT! Ihnen bei der Organisation Ihres Arbeitstages helfen. Eine Aktivität wie zum Beispiel »Frank Müller für einen Termin zum Mittagessen anrufen« – Sie kennen Müller vielleicht noch aus Kapitel 4 – könnten Sie als Terminserie eintragen lassen. Mit einem Mausklick können Sie die Erinnerung, Müller anzurufen, z.B. einmal im Monat für die nächsten zwei Jahre eintragen lassen. So können Sie die wichtigen Leute in Ihrem Leben nicht aus den Augen verlieren.

Ein Kunde erzählte mir einmal, daß er vergessen hatte, einen engen Freund, der ausgerechnet auch noch einer seiner wichtigsten Kunden war, zu seinem 50. Geburtstag anzurufen. Ich schlug ihm vor, ACT! zu installieren, damit so etwas nicht noch einmal passieren würde. Mit der Einstellung für wiederkehrende Tätigkeiten von ACT! konnten wir den Geburtstag dieses Freundes für die nächsten Jahre eintragen und außerdem eine Vorlaufzeit von 14 Tagen festlegen, damit die Erinnerung rechtzeitig vor dem großen Tag angezeigt würde.

Werben Sie mit einer eigenen Website

Auf einer eigenen Website können Sie an sieben Tagen der Woche 24 Stunden lang für sich selbst oder Ihr Geschäft werben. Mit einer Website können Sie außerdem mehr Leute in kürzerer Zeit ansprechen, als es offline möglich wäre.

Dadurch können Sie eine Menge Zeit und Kosten für Geschäftsreisen sparen. Außerdem ersparen Sie es sich, dieselbe Präsentation immer und immer wieder zu halten, weil jeder sie auf Ihrer Website abrufen kann.

(Wenn Sie Ihre Kenntnisse über das Internet und das World Wide Web auffrischen möchten, lesen Sie *Internet für Dummies* von John R Levine, Carol Baroudi und Margaret Young Levine.)

In den folgenden Abschnitten finden Sie Hinweise zur optimalen Nutzung einer Website.

Werben Sie für Ihr Unternehmen

Sie können eine Liste all Ihrer Produkte oder Dienstleitungen – komplett mit Beschreibungen und Abbildungen – auf Ihrer Website anbieten. Außerdem können Sie alle möglichen Medien, einschließlich Sound und Video, zur Werbung für Ihre Produkte einsetzen. Sie können den Online-Katalog so oft aktualisieren, wie Sie wollen. Und Sie können detaillierte und optisch ansprechende Präsentationen für einen Bruchteil der Kosten erstellen, die Sie für Offline-Präsentationen ausgeben müßten.

Sie können Ihre Website so einrichten, daß Besucher Ihrer Site, die sich für ein bestimmtes Produkt interessieren,

- ✔ das Produkt mit einer Kreditkarte kaufen können.
- ✔ zusätzliche Informationen anfordern können. Sie müssen dazu nur ein Online-Formular ausfüllen, das Sie dann als E-Mail-Nachricht zugeschickt bekommen oder das in einer Datenbank auf Ihrer Website abgelegt wird.

Sammeln Sie die Namen möglicher Kunden

Wenn jemand Ihre Website besucht, können Sie über diesen Besuch an den Namen, die Adresse und andere Daten des Besuchers gelangen, die für Ihre Zwecke interessant sein könnten.

Sie könnten die Besucher zum Beispiel fragen, ob sie gerne in Ihre Verteilerliste aufgenommen werden möchten. Zeigen sie Interesse, lassen Sie sie ein Online-Formular ausfüllen, mit dessen Hilfe deren Daten in einer Website-Datenbank aufgenommen werden. Sie selbst können anschließend diese Namensliste mit einem Tabellenkalkulations- oder einem Datenbankprogramm laden und bearbeiten.

Erstellen Sie eine Verteilerliste für E-Mail-Nachrichten. Bitten Sie alle Besucher Ihrer Website, sich in Ihre Verteilerliste aufnehmen zu lassen. Auf diese Art und Weise können Sie die Adressaten auf der Verteilerliste immer wieder an Ihre Firma und Ihren Namen erinnern. (Nähere Einzelheiten dazu finden Sie weiter hinten in diesem Kapitel.)

Werben Sie für sich selbst

Alle Werbemittel, die Sie traditionell für Ihr Unternehmen einsetzen, sollten auch auf Ihrer Website zur Verfügung stehen. Dazu gehören unter anderem folgende:

- ✔ **Empfehlungs- und Zeugnisschreiben.** Zeugnisse von zufriedenen Kunden. (Denken Sie daran, sich die Veröffentlichung genehmigen zu lassen!) Hierzu gehören auch die Postadresse des Absenders, die Telefonnummer, E-Mail-Adresse und/oderWebsite der jeweiligen Person.

Sie können auf Ihrer Website auch einen Hyperlink zur Website oder E-Mail-Adresse des Absenders einrichten. Wenn der Besucher dann auf diesen Link klickt, wird er direkt zur Website oder E-Mail-Adresse des Absenders weitergeleitet.

- ✔ **E-Mail-Nachrichten von zufriedenen Kunden.** Wenn Sie eine E-Mail-Nachricht von einem zufriedenen Kunden erhalten, kopieren Sie diese Nachricht auf eine Webseite mit dem Namen »E-Mail von zufriedenen Kunden«.
- ✔ **Zeitungsartikel über Sie.** Wenn Sie in einem Zeitungsartikel erwähnt oder zitiert werden, nehmen Sie auch diesen Artikel in Ihre Website auf.

Wenn die Zeitung oder das Magazin auch in einer Online-Version erscheint, können Sie den Artikel einfach auf Ihre Website kopieren. Denken Sie aber daran, auf der Seite einen Hinweis auf das Copyright unterzubringen. Sie sollten sich außerdem bei der Zeitung erkundigen, ob Sie eine besondere Genehmigung brauchen, wenn Sie eine Kopie des Artikels in Ihre Website aufnehmen wollen.

- ✔ **Artikel, die Sie selbst geschrieben haben.** Nehmen Sie auch Artikel, die Sie selbst geschrieben haben, in Ihre Website auf.
- ✔ **Werben Sie für Ihre Bücher.** Wenn Sie ein Buch geschrieben haben, können Sie es auf Ihrer Website bewerben und verkaufen. Sie könnten außerdem Beispieltexte zusammen mit Hyperlinks zu Online-Buchhandlungen wie etwa Amazon.de oder Bol.de auf einer Webseite anbieten. Mit den entsprechenden Einrichtungen könnten Sie Ihre Bücher auch selbst verkaufen und den Rechnungsbetrag vom Kreditkartenkonto des Bestellers abrufen.

So erstellen Sie eine Website

Nachdem Sie beschlossen haben, auf einer Website für sich und Ihr Unternehmen zu werben, müssen Sie noch entscheiden, welche Art von Website Sie wollen und ob Sie die Website selber erstellen oder lieber einen professionellen Web-Designer damit beauftragen wollen.

Wie soll die Website aussehen?

Wenn Sie sich mit dem Design Ihrer Website beschäftigen, müssen Sie sich über folgende Fragen klar werden:

- ✔ Möchten Sie eine Menge schicker Graphiken?
- ✔ Möchten Sie lieber viel Text auf den Seiten?
- ✔ Möchten Sie ausgefallene Schriftarten oder lieber einfache und gut lesbare Schriftarten?
- ✔ Welchen Hintergrund wollen Sie?
- ✔ Wie sollen sich die Besucher Ihrer Website von einer Seite zur anderen bewegen? Wollen Sie graphische Schaltflächen, Bilder und andere Grafiken als Schaltflächen oder lieber einfache Textlinks?
- ✔ Möchten Sie Audio- oder Videoclips und Multimedia-Präsentationen auf Ihren Seiten anbieten?

Achten Sie darauf, daß Ihre Seiten funktionell sind und dem Besucher die Navigation so leicht wie möglich machen.

Achten Sie auf das Design der Webseiten, die Sie selber besuchen. Notieren Sie sich immer sofort die Dinge, die Ihnen an einer bestimmten Website gefallen beziehungsweise mißfallen.

Je einfacher die Seite, desto schneller erscheint sie auf dem Bildschirm

Überlegen Sie, welche Leute Ihre Website besuchen werden. Welche Online-Verbindungen werden Ihre Besucher haben? Werden Sie mit 56K-Modems arbeiten? (Viele Websurfer arbeiten immer noch mit langsamen 28.8-Modems.) Oder verfügen Ihre Besucher schon über schnelle ISDN-Verbindungen?

Eine schicke Webseite mit mehreren Grafiken und einer Menge Schaltflächen läßt sich sehr viel langsamer herunterladen als eine einfache Textseite. Die Besucher mit einem 28.8-Modem werden dann sehr lange warten müssen, bis die gesamte Seite heruntergeladen ist. Wenn aber eine Seite zu lange zum Herunterladen braucht, verliert der Besucher die Geduld und wendet sich lieber einer anderen Site zu.

Beobachten Sie die Konkurrenz

Besuchen Sie auch die Websites Ihrer Konkurrenten. Schauen Sie nach, was sie machen und wie sie es machen. Legen Sie sich eine einfache Liste mit den Dingen an, die Sie an deren Sites mögen, und eine detaillierte Liste mit den Maßnahmen, mit denen Sie selbst diese Sites noch verbessern würden.

Implementieren Sie anschließend die Verbesserungen auf Ihrer Website.

Legen Sie Lesezeichen (Bookmarks) für die Seiten an, die Ihre Aufmerksamkeit erregt haben, damit Sie sie später schneller wiederfinden. Sie können die Webseite auch ausdrucken und in einem Ordner zur späteren Verwendung abheften.

Welche Informationen sollen auf die Seite?

Welche anderen Informationen wären neben den Produkt- und Verkaufsinformationen sinnvoll und nützlich für einen Besucher Ihrer Site? In der folgenden Zusammenstellung finden Sie Informationen, die Sie auf Ihrer Website anbieten könnten:

- ✔ Links zu anderen Sites
- ✔ Informative Artikel über Ihr Geschäft oder Ihre Branche
- ✔ Umfrageergebnisse oder Vergleichstests, die zeigen, daß Ihre Produkte weit besser als die der Konkurrenz sind
- ✔ Technische Informationen, die Ihre Besucher nur schwer an anderer Stelle finden könnten

Befolgen Sie die folgenden Hinweise, wenn Sie die Inhalte für Ihre Website vorbereiten:

- ✔ Setzen Sie sich mit Ihren Mitarbeitern und Kollegen zusammen, um auch deren Gedanken und Ideen zum Inhalt Ihrer Website zu erfahren.
- ✔ Fragen Sie Ihre Kunden, welche Informationen sie auf Ihrer Website gerne sehen würden. Richten Sie Links von diesen Informationen zu einem Online-Bestellformular ein, um den Kunden eine schnelle und problemlose Bestellung zu ermöglichen.
- ✔ Machen Sie es den Besuchern Ihrer Website einfach, Sie zu kontaktieren. Setzen Sie Ihre E-Mail-Adresse und Telefonnummer an das Ende der Seite, um den Besuchern zu ermöglichen, Ihnen schnellstens eine Nachricht zukommen zu lassen.

Eine Website wird niemals ganz fertig sein. Nachdem Sie Ihre Site veröffentlicht haben, werden Sie wahrscheinlich feststellen, daß Sie noch einige Änderungen am Layout oder am Inhalt vornehmen sollten. Und das ist das Schöne an einer Website: Sie nehmen die Änderungen vor, veröffentlichen sie wieder auf dem Webserver und schon sind Sie fertig – bis Sie die nächste großartige Idee haben, die Ihre Site noch besser machen wird.

Wollen Sie Ihre Site selbst erstellen?

Die modernen Web-Authoring-Programme sind äußerst benutzerfreundlich. Wenn Sie ein Textdokument erstellen und formatieren können, können Sie auch eine Webseite erstellen.

Um bei der Wahrheit zu bleiben: Der Entwurf einer Webseite und der dazugehörigen Website ist gar nicht so einfach. Wenn Sie aber an einer Herausforderung interessiert sind, können Sie eine attraktive Seite mit diversen Funktionen ohne *allzu* große Mühe selbst erstellen. (Ich weiß es, weil ich es selbst versucht habe.)

Wenn Sie Ihre Site selbst erstellen, haben Sie folgende Vorteile:

- ✔ Sie können von Anfang bis Ende selbst bestimmen, wie die Seite aussieht.
- ✔ Wenn Sie Änderungen an der Site vornehmen wollen, können Sie sofort damit beginnen.
- ✔ Sie müssen dem Web-Designer nicht erst lange erklären, was Sie wollen, und dann wochenlang warten, bis Sie schließlich doch nicht das Richtige zurückbekommen.
- ✔ Sie können Geld sparen – sogar eine ganze Menge.

Nachdem ich meine Site – `www.actnews.com` – ins Internet gestellt hatte, teilten mir Besucher regelmäßig mit, welche Links nicht richtig funktionierten, welche Schreib-, Grammatik- und Kommafehler ich gemacht hatte, und welche anderen Fehler ihnen aufgefallen waren.(Websurfer nehmen es ziemlich genau.) Wann immer ich eine derartige Nachricht bekam, startete ich FrontPage, meine Web-Publishing-Software, nahm die Änderungen vor, veröffentlichte die Seite wieder und ging dann zurück an die Arbeit. Ich habe mich schon oft gefragt, wie lange es wohl gedauert hätte, wenn ich mich für jede dieser kleinen Änderungen an einen *professionellen* Web-Designer hätte wenden müssen.

Wenn Sie Ihre Site selbst erstellen, haben Sie folgende Nachteile:

- ✔ Sie allein sind für das Design der Site verantwortlich.
- ✔ Sie allein sind dafür verantwortlich, die Site auf dem letzten Stand zu halten.
- ✔ Sie müssen selber alles korrigieren, was auf der Site nicht funktioniert – wie zum Beispiel unterbrochene Links, Rechtschreib-, Zeichensetzungs- und grammatikalische Fehler.

Sie sollten Ihre Website auch immer mit einem Blick auf die wichtigen Internet-Suchmaschinen entwickeln. Diese Web-Tools sorgen später dafür, daß Ihre Site auch von den richtigen Leuten gefunden werden können. Suchmaschinen werden weiter hinten in diesem Kapitel behandelt.

Wenn Sie sich dazu entschließen, diese Aufgabe selber in Angriff zu nehmen, können Sie mit einer Reihe benutzerfreundlicher Tools zur Webseitenerstellung arbeiten. Schauen Sie sich einmal die folgenden vier Beispiele an:

- ✔ **Microsoft FrontPage.** Microsoft FrontPage macht die Erstellung ansprechender Webseiten sehr einfach. Mit Hilfe seiner benutzerfreundlichen Features können Sie professionell aussehende Webseiten erstellen, ohne programmieren zu müssen. Nähere Informationen über FrontPage finden Sie unter der Web-Adresse `www.microsoft.de`.
- ✔ **Corel WebMaster Suite.** Die Corel WebMaster Suite bietet Ihnen alle Tools, die Sie zur Erstellung und Verwaltung Ihrer Website benötigen. Sie enthält ein Web-Authoring-Tool nach dem letzten Stand, bietet Funktionen zum Site-Management, raffinierte Graphiken, Animationen und vieles mehr. Nähere Informationen über die Suite finden Sie unter der Web-Adresse `www.corel.com`.
- ✔ **Adobe PageMill.** Die Arbeit mit Adobe PageMill ist so einfach wie die Arbeit mit Ihrer Textverarbeitung. Mit Adobe PageMill können Sie eine attraktive und informative Website erstellen, ohne etwas über HTML oder andere komplexe Anwendungen wissen zu müssen. Nähere Informationen über Adobe PageMill finden Sie unter der Web-Adresse `www.adobe.com`.
- ✔ **Symantec Visual Page.** VisualPage macht es Ihnen einfach, professionell aussehende Webseiten zu erstellen. Dieses Tool hat einen WYSIWYG-Entwurfsmodus, in dem Sie mit Drag&Drop Objekte plazieren können, eine Rechtschreibprüfung und eine übersichtliche Oberfläche. Nähere Informationen über Visual Page finden Sie unter der Web-Adresse `www.symantec.com/vpage`.

Web-Authoring-Tools sind außerdem im Netscape Communicator 4 und dem Microsoft Internet Explorer 4 enthalten. Beide Web-Browser können Sie gratis herunterladen. Gratis sind außerdem die Webseiten-Editoren *Netscape Composer* und *Microsoft FrontPage Express*.

Schauen Sie sich auch einmal in Ihrem Stammbuchladen um. Dort werden Sie eine Vielzahl von Büchern mit Anweisungen zur Entwicklung von Webseiten finden.

Wenden Sie sich an einen professionellen Web-Designer

Anstatt Ihre Website selbst zu entwickeln, könnten Sie auch einen professionellen Web-Designer damit beauftragen.

Hier einige der Dinge, die ein Profi für Sie erledigen kann:

- ✔ Er entwirft Ihre Website.

- Er erstellt benutzerdefinierte Graphiken.
- Er kann Ihr Firmenlogo einscannen und auf die Webseite setzen.
- Er kann Photos Ihrer Mitarbeiter einscannen. (Ihres natürlich auch.)
- Er kann Photos Ihrer Produkte einscannen.
- Er kann professionelle Graphiken und Schaltflächen erstellen.
- Er erstellt Web-Formulare und Java-Skripts.
- Er kann Multimedia-Features einsetzen – wie beispielsweise Animationen, Audio- und Video-Clips.
- Er kann eine Datenbank in Ihre Website integrieren.
- Er läßt den Namen Ihrer Domäne registrieren.
- Er bereitet Ihre Website für die Abwicklung von Kreditkartentransaktionen vor.
- Er kann einen Online-Katalog erstellen.
- Er kann eine Online-Marketing- und Werbekampagne durchführen.
- Er kann Ihre Site bei den wichtigsten Suchmaschinenbetreibern registrieren lassen.

Wenn Sie wollen, kann ein Web-Designer Ihnen auch mit der Entwicklung einer Banner-Verkaufsaktion helfen, Werbeflächen auf Ihrer Site zu verkaufen. (Banner sind diese kleinen Graphiken mit Firmenwerbung, die auf fast jeder Webseite zu finden sind.)

Es gibt tausende professioneller Web-Designer, von denen manche gut, andere aber nicht so gut sind. Was also sollen Sie machen?

Ich schlage Ihnen vor, erst einmal mit Freunden zu sprechen, die schon eine eigene Website eingerichtet haben. Fragen Sie sie nach ihren Erfahrungen. Schauen Sie sich deren Sites an. Wenn Ihnen das Design einer bestimmten Site gefällt, fragen Sie nach dem Namen des betreffenden Designers.

Unternehmen Sie einen Ausflug ins Web. Besuchen Sie verschiedene Websites. Wenn Sie eine Site finden, deren Design Ihnen gefällt, bitten Sie den Designer der Site in einer E-Mail, Sie zu kontaktieren. (Bei fast jeder Website ist der Designer am Ende der Homepage angegeben.)

Besuchen Sie die Sites der Web-Designer. Schauen Sie nach, ob er Links zu den von ihm entwickelten Sites eingerichtet hat. Wenn Sie einen Designer gefunden haben, dessen Seiten Ihnen gefallen, rufen Sie die entsprechenden Firmen an und sprechen Sie mit den Mitarbeitern, die mit dem Designer zusammengearbeitet haben. Von diesen Leuten können Sie nähere Einzelheiten über die Qualität, Pünktlichkeit und die Kosten des Designers erfahren.

Wenn Sie sich wegen einer möglichen Zusammenarbeit an einen professionellen Web-Designer wenden, sollten Sie ihm die folgenden wichtigen Fragen stellen:

- Was kostet die Entwicklung der Website?
- Wie lange wird die Entwicklung dauern?
- Wieviel kostet die Verwaltung und Pflege der Website? (Wie oft wird sie aktualisiert? Täglich? Wöchentlich? Monatlich?)
- Wie lange dauert es, bis eventuell gewünschte Änderungen durchgeführt werden?

Suchen Sie sich einen Host für Ihre Site

Der Betrieb einer Website besteht aus zwei Teilen: Der erste Teil ist die Erstellung der Website, wofür normalerweise ein Desktop-Rechner genügt. Nach Entwicklung der Site muß sie aber auch auf einem Webserver – dem sogenannten Host-Rechner – veröffentlicht werden.

Wenn Sie einen Web-Designer beauftragt haben, wird er sich wahrscheinlich auch um diesen Schritt kümmern.

Haben Sie jedoch Ihre Website selbst entwickelt, müssen Sie ein Unternehmen finden, das einen Host-Rechner für Ihre Site anbietet. Bitten Sie auch in diesem Fall zunächst einmal Ihre Freunde um deren Empfehlungen. Sie sollten dabei folgende Fragen stellen:

- Ist in dem Unternehmen ständig jemand erreichbar, um eventuelle Notfälle zu bearbeiten?
- Wie werden Notfälle am Wochenende oder im Urlaub bearbeitet? Gibt es eine Nummer, die ich anrufen kann, falls sich an einem Wochenende ein Problem an meiner Site ergibt?

Wenn nötig, sollten Sie sich einen Web-Host auswählen, der Ihnen auch einige oder vielleicht alle der Dienste anbietet, die ein Web-Designer leistet (siehe weiter oben).

Die Kosten sind sicherlich ein entscheidender Faktor, wenn es um die Auswahl des richtigen Hosts für Ihre Website geht. Die meisten berechnen eine einmalige Einrichtungsgebühr und eine regelmäßige Monatsgebühr. Eine Reihe von Firmen bieten jedoch auch einen Gratisbetrieb von Websites an:

- **Geocities:** `www.geocities.com`
- **Tripod:** `www.tripod.com/build`
- **Angelfire:** `www.angelfire.com`
- **InfoSeek:** `www.infoseek.com`

Eine aktuelle Liste von Sites, die einen Gratisbetrieb von Websites anbieten, finden Sie unter der Adresse `www.altavista.digital.com`. Suchen Sie auch mit Ihrer Lieblings-Suchmodul nach solchen Anbietern.

Lassen Sie Ihren Domänennamen registrieren

Nachdem Sie sich entschlossen haben, eine Website einzurichten, müssen Sie noch über etwas anderes nachdenken: Sie müssen sich jetzt nämlich einen Domänennamen zulegen.

Was ist ein Domänenname? Stellen Sie sich den Domänennamen als eine Art Nummernschild vor. Wie beim Nummernschild Ihres Autos sind Sie der einzige mit dieser Registrierung. Niemand anders kann den Namen verwenden. Er gehört einzig und allein Ihnen. Der Domänenname für meine ACT!-Website lautet zum Beispiel `www.ACTnews.com`.

Um herauszufinden, ob ein Domänenname schon besetzt ist, besuchen Sie sie die InterNIC Registration Services-Website unter `www.internic.net`. Dort können Sie feststellen, ob ein bestimmter Name bereits vergeben ist. Geben Sie einfach den Namen ein. (Lassen Sie bei der Eingabe den Zusatz `http://www.` oder `www.` weg!) Die Suchmaschine von InterNIC teilt Ihnen daraufhin den Namen und die Adresse des Besitzers mit. Gibt es keinen Besitzer, gehört der Name Ihnen.

Falls Sie jemanden mit der Registrierung Ihres Domänennamens beauftragen wollen, erkundigen Sie vorher eingehend nach den Gebühren. (Der Typ, den ich mit der Registrierung meines Domänennamen betraut hatte, schickte mir anschließend eine Rechnung über 100 Dollar. Ganz schön heftig, oder?)

Lassen Sie Ihre Website registrieren

Nachdem Sie Ihre Website erstellt haben, müssen Sie sie bei allen wichtigen Suchmaschinen registrieren lassen. Anderenfalls werden die Leute Sie nie finden.

Was ist eine Suchmaschine? Einfach ausgedrückt: Eine Suchmaschine ist ein Internet-Programm, mit dessen Hilfe Sie Informationen finden können. Sie geben einfach einige Schlüsselbegriffe ein und klicken anschließend auf die Schaltfläche *Suchen* oder *Search*. Das wunderbare Wirken moderner Technologie erlaubt es der Suchmaschine, danach eine Liste mit Links auszugeben, auf denen Sie die gewünschten Informationen finden können. Ein Verzeichnisdienst erledigt im Grunde genommen dieselbe Aufgabe: das Suchen nach Websites, die mit bestimmten Suchkriterien übereinstimmen.

Eine Vielzahl von Suchmaschinen und Verzeichnisdiensten steht im Internet zur Verfügung. In der folgenden Liste sehen Sie die bekanntesten Dienste. Unter den dort angegebenen Adressen finden Sie auch Hinweise zum Registrieren Ihrer Website.

- ✔ **AltaVista (**`www.altavista.de`**):** Am Ende der Seite finden Sie einen Link mit dem Titel »Ihr URL-Eintrag«. Wenn Sie auf diesen Link klicken, wird eine Seite mit einer Beschreibung geöffnet, wie Scooter, »der Spürhund« von AltaVista, Ihre Site besucht und sie in die Website-Datenbank von AltaVista aufnimmt. Gehen Sie zum Ende der Seite und geben Sie Ihre Website-Adresse ein.

- **Excite** (`www.excite.de`)**:** Klicken Sie auf der Homepage auf den Link »URL hinzufügen«.
- **Hotbot** (`www.hotbot.com`)**:** Klicken Sie auf den Link »Add URL« am Ende der Seite.
- **Infoseek** (`www.infoseek.de`)**:** Klicken Sie auf den Link »Seite anmelden« am Anfang der Seite.
- **Lycos** (`www.lycos.de`)**:** Klicken Sie auf den Link »Seite anmelden« am Ende der Seite.
- **Yahoo** (`www.yahoo.de`)**:** Klicken Sie auf den Link »So schlagen Sie Ihre Web-Site vor« am Ende der Seite.

Verbessern Sie das Ranking Ihrer Site

Das Ranking – der Platz auf der Suchergebnisliste, an dem Ihre Site angezeigt wird – wird durch eine Menge Faktoren bestimmt:

- Die Wörter im Titel der Webseite
- Schlüsselwörter (META-Tags)
- die Wortfrequenz, d.h., wie oft bestimmte Wörter innerhalb der Seite auftauchen
- die Länge der Webseite, d.h., die Gesamtzahl der Wörter auf der Webseite

Der Titel einer Seite ist der Name, den Sie ihr beim Speichern geben. Gehen Sie folgendermaßen vor, um den Titel einer Seite zu finden:

- **Microsoft Internet Explorer:** Um im Microsoft Internet Explorer den Seitentitel anzuzeigen, wählen Sie DATEI|EIGENSCHAFTEN. Sie können den Seitentitel auch anzeigen, indem Sie ANSICHT|QUELLTEXT ANZEIGEN wählen. Der HTML-Text wird im Texteditor Ihres Rechners angezeigt. Suchen Sie im oberen Teil der Seite nach einer Zeile, die mit `<title>` beginnt.
- **Netscape Navigator:** Um im Netscape Navigator den Seitentitel anzuzeigen, wählen Sie DATEI|EIGENSCHAFTEN. Der Seitentitel wird daraufhin im Fenster DOKUMENTINFORMATIONEN angezeigt. Sie können den HTML-Quellcode der Seite auch anzeigen, indem Sie ANZEIGEN|DOKUMENTQUELLTEXT wählen. Suchen Sie im oberen Teil der Seite nach einer Zeile, die mit `<title>` beginnt.

Da viele Suchmaschinen den Titel in ihrem Index verwenden, sollten Sie einen sehr aussagekräftigen Titel für die Seite wählen. Sie sollten außerdem weitere Schlüsselwörter im Titel verwenden, mit denen die Leute möglicherweise nach Ihrer Site suchen werden. Verwenden Sie aussagefähige Seitentitel, und nehmen Sie Schlüsselwörter in alle Webseiten auf, die Sie auf Ihrer Website veröffentlichen.

Ein META-Tag gibt der Suchmaschine spezielle Informationen wie etwa Schlüsselwörter oder Übersichten über eine Site. Im Web-Jargon werden META-Tags auch als »Informationen über Informationen« bezeichnet.

Diese Tags sind Teil des HTML-Codes. Sie wirken aber im Verborgenen – der Besucher einer Site bekommt sie nicht zu sehen. Ein Web-Autor kann lange Sätze oder ganze Absätze innerhalb eines META-Tags unterbringen. Anhand der META-Tags können einige Suchmaschinen die gesuchten Seiten finden.

Manche Suchmaschinen wie beispielsweise AltaVista verwenden META-Tags in ihrem Index. Andere wie etwa Excite gehen anders vor. In AltaVista steuert das META-Tag zum Beispiel die Indizierung der Seite. Wenn keine anderen Informationen geliefert werden, werden alle Wörter eines Dokuments (bis auf die Kommentare) indiziert und die ersten Wörter des Dokuments als kurze Zusammenfassung verwendet.

Sie können jedoch mit META-Tags festlegen, wie Ihre Seite indiziert werden soll. Dabei lassen sich sowohl zusätzlich Wörter für den Index als auch eine kurze Beschreibung angeben. Sehen Sie sich folgendes Beispiel an:

```
<META name="description" content= "Jeffrey J.Mayer is a leading time management and Symantec ACT! expert.">

<META name="keywords" content= "Jeffrey J.Mayer, ACT!, SYMANTEC ACT!, time management, contact management, Chicago">
```

AltaVista indiziert die Beschreibung und die Schlüsselwörter bis zu einer Gesamtlänge von 1.024 Zeichen.

So zeigen Sie die META-Tags einer Webseite an:

- **Microsoft Internet Explorer:** Um im Microsoft Internet Explorer den META-Tags einer Seite anzuzeigen, wählen Sie ANSICHT|QUELLTEXT ANZEIGEN. Der HTML-Text wird im Texteditor Ihres Rechners angezeigt. Suchen Sie im oberen Teil der Seite nach Zeilen, die folgendermaßen beginnen:

  <meta name="description" content=

  <meta name="keywords" content=

- **Netscape Navigator:** Um im Netscape Navigator den Seitentitel anzuzeigen, wählen Sie ANZEIGEN|DOKUMENTQUELLE. Der HTML-Text der Seite wird daraufhin im Fenster DOKUMENTINFORMATIONEN angezeigt.

Die meisten Suchmaschinen verwenden zur Bestimmung der Reihenfolge, in der gesuchte Dokumente auf der Ergebnisseite ausgegeben werden, einen bestimmten Ranking-Algorithmus. Jedes Dokument bekommt dabei eine Einstufung, die darauf basiert, wie viele der Suchbegriffe es enthält, wo die Wörter sich im Dokument befinden und wie nahe beieinander sie stehen.

Besuchen Sie die Websites Ihrer Konkurrenten, und überprüfen Sie deren META-Tags und Seiteneigenschaften. Verwenden Sie dieselben Wörter und Sätze wie sie.

Überprüfen Sie Ihr Ranking

Nach der Registrierung Ihrer Website bei den verschiedenen Suchmaschinen müssen Sie diese nacheinander besuchen und überprüfen, an welcher Position Sie bei der Suche mit unterschiedlichen Schlüsselbegriffen stehen.

Die Websites am Anfang der Ergebnisliste haben in der Regel die meisten Besucher.

Geben Sie die Schlüsselwörter ein, die Ihrer Meinung nach jemand für die Suche nach Ihrem Unternehmen, Produkt oder Ihre Dienstleistung verwenden würde. Überprüfen Sie in der Ergebnisliste anschließend, an welcher Position Ihre Website angezeigt wird.

Falls die Site nicht auf den ersten zwei oder drei Seiten auftaucht, müssen Sie das Ranking verbessern, weil Sie sonst von niemandem gefunden werden. Hier einige Hinweise, wie Sie Ihr Position verbessern können:

- ✔ Besuchen Sie die Websites am Anfang der Liste und untersuchen Sie sie sorgfältig, Vielleicht können Sie einige gute Ideen übernehmen und dadurch Ihre Position verbessern. Überprüfen Sie deren Seitentitel, META-Tags und die Wörter, die auf der Seite verwendet werden. Notieren Sie alle Einzelheiten, von denen Sie annehmen, daß sie für die Position am Anfang der Liste verantwortlich sind.
- ✔ Bearbeiten Sie Ihre Seitentitel und META-Tags entsprechend den vorher gemachten Notizen.
- ✔ Registrieren Sie Ihre Website erneut bei der Suchmaschine.
- ✔ Überprüfen Sie nach einigen Wochen, ob sich Ihre Position auf der Ergebnisliste verbessert hat.

Verknüpfen Sie Ihre Site mit anderen Websites. Wenn die Websites, die am Anfang der Liste angezeigt werden, nicht unmittelbaren Konkurrenten von Ihnen gehören, fragen Sie deren Besitzer, ob sie einen Link von ihrer Site zu Ihrer Websites einrichten würden. Sie würden im Gegenzug dasselbe für die andere Seite tun.

Je mehr Links Sie haben, desto wichtiger wird Ihre Site.

Die meisten Suchmaschinen machen die Position auf der Ergebnisliste auch davon abhängig, wie oft eine Website geändert wird. Wenn Sie Ihre Website regelmäßig aktualisieren, werden Sie mehr Besucher bekommen, und die Site wird in der Ergebnisliste an eine höhere Position rücken.

Werben Sie mit E-Mail für sich

In längst vergangenen Zeiten machten wir Werbung für unser Unternehmen, indem wir haufenweise Briefe an unsere Kunden, mögliche Kunden und andere verschickten.

Mit dem Aufkommen der PCs sind wir fast ausgeflippt angesichts der Leistungen der Serienbrieffunktionen von WordPerfect und DOS. Endlich hatten wir die Möglichkeit, eine Namensliste in einer Datenbank oder Textverarbeitungsdatei mit einem Formbrief zu verknüpfen. Wir mußten dann lediglich die Briefe falten, in Umschläge stecken, Briefmarken aufkleben und waren fertig. Dieses Verfahren war eindeutig schneller und bequemer, als die Liste und die Briefe durch einen Schreib- und Briefversanddienst bearbeiten zu lassen.

Danach setzte sich das Fax langsam durch. Mit WinFax PRO konnte man einen Formbrief mit einer Namensliste verknüpfen und jedem Adressaten auf der Liste einen persönlichen Brief zufaxen. Dieses Verfahren ersparte Zeit und eine Menge Kosten.

Heutzutage können Sie mit sehr benutzerfreundlichen E-Mail-Programmen einen Formbrief mit einer E-Mail-Adressenliste zusammenführen und an Hunderte oder Tausende Empfänger gleichzeitig und zu geringen Kosten senden.

Ich muß an dieser Stelle einmal darauf hinweisen, daß Sie E-Mail-Nachrichten nur an Leute verschicken sollten, die sie auch empfangen möchten. Die meisten Leute hassen es, wenn eine Menge »Junk Mail« – unerwünschte Nachrichten, die in der Internet-Welt auch als »Spam« bezeichnet werden – ihren Posteingang füllt.

Hier einige Tips, wie Sie für Ihre E-Mail-Broschüren werben können:

- ✔ Nehmen Sie ein Online-Formular in Ihre Website auf, das Ihre Besucher ausfüllen können, wenn sie Ihre Broschüre abonnieren wollen.
- ✔ Setzen Sie einen Hinweis auf Ihre E-Mail-Werbebroschüren auch auf Ihre Visitenkarten.
- ✔ Fragen Sie all Ihre Gesprächspartner, ob Sie sie in Ihren Verteiler aufnehmen können.

Sie müssen außerdem darauf achten, wie viele Broschüren Sie gleichzeitig versenden. Die Unternehmen (d.h. Internet-Dienstanbieter), die einen E-Mail-Dienst anbieten, haben Einschränkungen, was die Anzahl der E-Mail-Nachrichten angeht, die Sie gleichzeitig versenden können. Erkundigen Sie sich bei Ihrem Internet-Dienstanbieter nach möglichen Beschränkungen, bevor Sie mit dem Versenden beginnen. Wenn Sie technisch versiert sind, können Sie auf Ihrem eigenen Rechner auch einen E-Mail-Server einrichten und Ihr eigenes E-Mail-Unternehmen werden.

Lohnt es sich, einen eigenen E-Mail-Server einzurichten?

Viele Internet-Dienstanbieter (ISPs) beschränken die Anzahl der E-Mail-Nachrichten, die gleichzeitig übermittelt werden können. Diese Beschränkungen bestehen deshalb, weil man dadurch das Versenden von Junk-Mail einschränken will. Und in diesem Punkt kann ich den ISPs nur Recht geben.

Was aber sollen Sie unternehmen, wenn Sie eine lange Liste mit Leuten haben, die alle gerne in Ihren Verteiler aufgenommen werden wollen. Kurze Antwort: Richten Sie einen eigenen E-Mail-Server ein. Mit einem eigenen E-Mail-Server senden und empfangen Sie alle E-Mail-Nachrichten mit Ihrem eigenen Rechner und müssen nicht auf das E-Mail-System Ihres ISPs zugreifen.

Ich selbst habe damit schon vor einiger Zeit angefangen. Ich versuchte einmal, mehrere Hundert E-Mail-Nachrichten gleichzeitig zu versenden. Mein ISP schickte mir daraufhin eine böse Nachricht und beschuldigte mich, Junk-Mail zu versenden. Auch die Versicherung, daß die Empfänger mich um die Aufnahme in meinen Verteiler gebeten hatten, half nicht weiter. Mein ISP erlaubte mir nicht, mehr als 50 Nachrichten gleichzeitig zu versenden. Ich könnte natürlich auch seinen Service für Massen-E-Mails in Anspruch nehmen, wobei er allerdings pro Übertragung mehrere Hundert Dollar berechnen würde.

Als ich diese Geschichte später einem Freund erzählte, schlug er mir vor, ich solle doch selber einen E-Mail-Server auf meinen Computer installieren. Mit diesem Feature könnte ich so viele E-Mail-Nachrichten verschicken, wie ich wollte – und das ohne viele Fragen.

Ich besuchte also wieder einmal AltaVista, meine Lieblings-Suchmaschine, und gab »E-Mail-Server« als Suchbegriff ein. Schließlich fand ich einen E-Mail-Server mit Namen MDaemon – `www.mdaemon.com` –, der von Deerfield.com herausgegeben wird. mit diesem Programm kann ein Unternehmen eine preisgünstiges und leistungsfähiges E-Mail-System implementieren. Mit MDaemon können Benutzer innerhalb eines Intranets und auch im Internet E-Mail-Nachrichten senden und empfangen. Man braucht keinerlei teure Gateways, Router oder gar Standleitungen.

Ich lud mir also die Gratis-30-Tage-Probeversion herunter und begann, ein wenig damit herumzuspielen. Ich muß gestehen, daß ich zunächst einige Schwierigkeiten hatte, weil in dem Programm viele Internet- und E-Mail-Begriffe verwendet wurden, die ich nicht kannte. Nach einige Anrufen beim technischen Support konnte ich das Programm aber sehr schnell zur Zusammenarbeit mit Eudora PRO, meinem E-Mail-Programm, konfigurieren. Je mehr ich mit dem Server arbeitete, desto mehr erstaunte mich seine Leistungsfähigkeit.

Mit MDaemon kann ich jetzt ungefähr 3.000 E-Mail-Nachrichten mit Informationen zu meinem Geschäft an die Empfänger auf meiner Verteilerliste versenden – mühelos oder doch wenigstens mit sehr wenig Aufwand von meinem eigenen Rechner. Ich muß dazu lediglich die E-Mail-Nachricht schreiben und diese Nachricht mit meiner E-Mail-Adressenliste verknüpfen. Und da ich eine monatliche Pauschalgebühr für meine Internetverbindung bezahle, entstehen keine weiteren Kosten. Ich verwende eine ISDN-Verbindung, die eine sehr hohe Übertragungsgeschwindigkeit erlaubt – ungefähr 128 Kbps (Kilobit pro Sekunde). Wenn Sie ein 56K-Modem verwenden, können Sie etwa 1.000 Nachrichten pro Stunde übertragen. (Die Übertragungsgeschwindigkeit ist allerdings immer auch von der Länge der Nachricht abhängig.)

Dank dieses Servers kann ich effizienter arbeiten. Er hat mein Leben leichter gemacht und mir zu höheren Einkünften verholfen. Versuchen Sie es auch einmal mit einem E-Mail-Server.

Tun Sie das Richtige, und Sie erzielen die richtigen Ergebnisse

16

In diesem Kapitel

- Der Teufel steckt im Detail
- So erkennen Sie, was wichtig ist
- So setzen Sie sich Ziele
- Teilen Sie Ihre Träume mit Ihren Freunden

Tagtäglich höre ich die Leute davon reden, welch wundervolle Dinge sie irgendwann einmal machen werden. Sie reden und reden und reden, aber wenn ich sie frage, wie sie vorhaben, diese Dinge zu erreichen, werfen sie mir einen dieser »Ich-kann-nicht-glauben-daß-Sie-mich-das-fragen-Blicke« zu. Ich bin mir ziemlich sicher, daß auch Ihnen das im letzten Monat mindestens einmal passiert.

Es besteht ein himmelweiter Unterschied zwischen reden und handeln und ein noch größerer zwischen täglichen Aktivitäten und den Gesamtergebnissen. Wenn Sie alle Ihre Energien auf Ihre Aktivitäten konzentrieren, können Sie den Großteil dessen, was Sie erledigen wollen, auch tatsächlich erledigen, weil Aktivitäten einfach zu planen sind.

Ergebnisse lassen sich jedoch nicht planen. Ergebnisse sind Endprodukte, der krönende Abschluß, der Eimer voll Gold am Ende des Regenbogens. Vor den Ergebnissen steht eine Menge harter Arbeit und viel Anstrengung. Den meisten Leuten fallen gute Ergebnisse nicht einfach in den Schoß, sondern sie müssen hart dafür arbeiten.

Anstatt sich also auf die Ergebnisse zu konzentrieren, ist es wesentlich wichtiger, sich hinzusetzen und herauszufinden, welche Aufgaben erledigt werden müssen und diese dann zu erledigen. Bevor Sie sich umsehen, haben Sie mehr geschafft, als Sie sich hätten träumen lassen.

Kümmern Sie sich um die Details

Die meisten Leute hassen Details. Sie kommen nicht gerne zur Sache. Sie begeben sich nicht gern auf alle Viere und machen sich die Finger schmutzig. Sie möchten nicht belästigt werden. Einzelheiten stören.

Aber wenn man sich um die Einzelheiten kümmert, erreicht man am Ende nicht nur die gewünschten Ergebnisse, sondern erzielt sie auch in kürzerer Zeit und mit weniger Aufwand.

Wenn Sie sich in der heutigen unnachgiebigen Geschäftswelt nicht die Zeit nehmen, Einzelheiten herauszuarbeiten, bevor Sie ein Projekt anfangen, werden Sie härter arbeiten müssen, als es eigentlich nötig wäre. Das Projekt wird mehr Zeit in Anspruch nehmen und mehr kosten, als ursprünglich geplant.

Seien Sie smarter als die anderen

Hartes Arbeiten reicht in der heutigen schnellebigen Welt nicht aus. Sie müssen smarter und kreativer sein als die anderen. Aber es ist fast unmöglich, kreativ zu sein, wenn Sie Ihre Zeit ständig damit verbringen, Brände zu löschen und nur wenig Zeit zum Nachdenken und Planen haben. Wenn Sie Ihr Denken und Planen von Ihrem Tun trennen können, wird das Tun wesentlich einfacher.

In der amerikanischen Geschäftswelt wird »Denken« nicht als »Arbeiten« betrachtet. Nur wenn ein Mensch etwas tut, arbeitet er . Dabei ist es vollkommen egal, ob die betreffende Aufgabe produktiv oder unproduktiv ist. Hauptsache, es wird gearbeitet!

Konzentrieren Sie sich auf die Dinge, die wichtig sind

Um bei dem heutigen Konkurrenzkampf erfolgreich zu sein, müssen Sie soviel Zeit wie möglich auf die wirklich wichtigen Angelegenheiten verwenden, Dinge, die Ihrem Unternehmen Geld bringen, und so wenig Zeit wie möglich an die Dinge verschwenden, die Sie lediglich beschäftigen und nichts bringen.

Eine Reise von 1.000 Kilometern beginnt mit einem ersten Schritt ... vorwärts

Wenn Sie mehr Zeit zum Nachdenken haben wollen, sollten Sie auf Ihre täglichen Aktivitäten schauen, nicht auf die erhofften Ergebnisse. Dabei sollten Sie an die chinesische Weisheit denken: »Eine Reise von 1.000 Kilometern beginnt mit dem ersten Schritt .«

Jahrelang habe ich über dieses Sprichwort nachgedacht, weil es mich irgendwie nicht so ganz befriedigte. Schließlich fand ich heraus, warum. Das Sprichwort sollte lauten: »Eine Reise von 1.000 Kilometern beginnt mit einem ersten Schritt ... vorwärts.«

Kleben Sie sich einen kleinen Zettel mit folgender Notiz an die Wand Ihres Büros: »Wieviel Geld bringt meine derzeitigen Arbeit ein?« Diese kleine Notiz wird Ihnen helfen, sich stets auf das Wesentliche zu konzentrieren. Man läßt sich einfach zu leicht ablenken. Wenn Sie merken, daß Sie sich mit etwas beschäftigen, das kein Geld bringt, hören Sie sofort damit auf. Beginnen Sie sofort mit einer Arbeit, mit der sich etwas verdienen läßt.

Aus diesen Gründen sind die Master-Liste und ACT! solch produktivitätssteigernde Hilfsmittel. Überprüfen Sie im Laufe des Tages immer wieder Ihre Master-Liste oder die ACT!-Aufgabenliste. Dabei können Sie schnell herausfinden, welche Aufgaben wichtig sind. Reservieren Sie sich die nötige Zeit, und erledigen Sie dann die Aufgabe.

Leben Sie im Hier und Jetzt

Es ist einfach, in die Zukunft zu blicken und davon zu träumen, was Sie tun und erreichen werden. Um aber Erfolg zu haben, müssen Sie sich auf das Hier und Jetzt konzentrieren. Wenn Sie morgens ins Büro kommen, müssen Sie bereits wissen, was Sie zu erledigen haben, bevor Sie sich an Ihren Schreibtisch setzen. Wenn Sie sich erst fragen müssen: »Was muß ich heute machen?«, haben Sie schon ein Problem. Wenn Sie jedoch Ihre täglichen Aktivitäten intelligent planen, werden sich die Ergebnisse von alleine einstellen.

Lassen Sie uns ein kleines Fragespiel spielen

Vor ein paar Jahren unterhielt ich mich einmal mit einigen erfolgreichen Verkäufern. (Falls Sie sich fragen, ob nur Männer an dem Gespräch teilnahmen: Wenn eine Frau in der Gruppe gewesen wäre, hätte ich das Wort Verkaufsleute benutzt, und wenn es nur Frauen gewesen wären, hätte ich Verkäuferinnen gesagt.) Ich fand ihre Unterhaltung sehr interessant, denn sie konzentrierte sich nur auf Ergebnisse. Es war Anfang Januar, und sie erzählten mir, wie viele Einheiten sie im laufenden Jahr verkaufen wollten.

Als ich Sie dann direkt fragte, wie sie planten, all diese Einheiten zu verkaufen, wurden sie recht ungeduldig. Sie wanden sich, als ich sie fragte: »Wie viele Termine mit zukünftigen Käufern haben Sie für diesen Monat abgemacht? Für diese Woche? Für heute?« »Wie viele Leute wollen Sie diese Woche wegen eines Termins anrufen? Heute? Heute morgen? Heute nachmittag?« »Was haben Sie für morgen um 9.00 Uhr vorgesehen?«

Und schließlich fragte ich: »Warum vergeuden Sie Ihre kostbare Zeit damit, sich mit mir zu unterhalten, wenn Sie doch eigentlich gerade eine Präsentation bei einem zukünftigen Käufer machen sollten?« Um es einmal milde auszudrücken: Nach dieser Frage waren die Verkäufer an meiner Gesellschaft nicht mehr interessiert, und das Gespräch war wenig später beendet.

Setzen Sie sich Ziele

Ich weiß nicht, wie es Ihnen geht, aber ich setze mir keine langfristigen Ziele, sondern immer nur kurzfristige. Alles wird einfacher, wenn Sie es in kleine Einheiten unterteilen. Nutzen Sie Ihre Zeit und Energie jeden Tag für das Richtige. Setzen Sie sich *Aufgabenziele* und nicht *Ergebnisziele.* Die Ergebnisse werden sich dann von alleine einstellen.

Setzen Sie sich vernünftige Ziele

Setzen Sie sich Ziele, die vernünftig und realisierbar sind. Wenn Sie etwas zu erreichen versuchen, das außerhalb Ihrer derzeitigen Möglichkeiten liegt, werden Sie wahrscheinlich sehr frühzeitig aufgeben. Natürlich sollten Sie große Träume und Ziele haben, aber wenn diese Träume wahr werden sollen, müssen Sie sich auf dem Weg dorthin erst einmal eine Menge kleiner Träume erfüllen. Setzen Sie sich also moderate Ziele, die im Rahmen Ihrer Möglichkeiten liegen, leicht erreichbare Ziele. Haben Sie Ihr erstes Ziel erreicht, setzen Sie sich ein neues Ziel, das etwas schwerer zu erreichen ist als das erste.

Gehen Sie Ihre Ziele so an wie ein Hochspringer den Versuch, über die Latte zu springen. Der steht auch nicht eines Morgens auf und beschließt, 2,10 Meter zu überspringen, wenn seine Bestmarke bei 1,75 Meter liegt.

Der Hochspringer mag zwar davon träumen, daß er eines Tages die 2,10 Meter überspringt, aber fürs erste ist es für ihn bereits ein Erfolg, wenn er 1,80 Meter schafft. Danach kann er die Latte Zentimeter für Zentimeter oder auch nur millimeterweise höher legen und es erneut versuchen. Nach jedem Erfolg wird der Hochspringer ein bißchen mehr wagen und die Latte ein Stückchen höher legen.

Wir sollten unsere Ziele genauso angehen. Wir sollten uns Ziele setzen, sie erreichen und uns dann ein neues Ziel setzen, eines, das etwas schwerer zu erreichen ist. Wir sollten nicht erwarten, unsere Fernziele über Nacht zu erreichen. Das ist absolut unrealistisch.

Aber wir sollten jeden Tag immer ein bißchen weiterkommen. Und wenn Sie nach einer Weile überprüfen, wo Sie gerade stehen, und das mit der Ausgangslage vergleichen, werden Sie feststellen, daß Sie mehr erreicht haben, als Sie sich hätten träumen lassen.

Die Siegeszeit beim Marathonlauf der Olympischen Spiele von 1948 würde heute gerade gut genug sein, um sich für den diesjährigen Boston-Marathon zu qualifizieren. In den letzten 50 Jahren sind die Läufer stärker, schneller und besser geworden. Aber das ist nicht von heute auf morgen passiert, sondern Stück für Stück und erst nach einer langen Zeit.

Räumen Sie sich genügend Zeit ein

Ein wichtiger Punkt bei der Zielsetzung – einer, den die meisten Leute oft übersehen – ist die Zeit. Die meisten Leute nehmen sich nicht genügend Zeit, um ihre Ziele zu erreichen. Sie denken, sie könnten ihre Ziele in unrealistisch kurzer Zeit erreichen. Und wenn Sie ihre selbst festgelegte Frist nicht einhalten können, glauben sie, sie hätten versagt.

Sie sind sich selbst gegenüber unfair, und das ist nicht gut. Hätten sie sich mehr Zeit eingeräumt, hätten sie ihre Ziele mit Leichtigkeit erreichen können. Aber weil sie es eilig haben, kürzen sie ihren Zeitrahmen und belasten sich nur unnötig. Irgendwie glauben sie, daß ein Ziel, das normalerweise in einer Woche erreicht werden kann, an einem Tag erreicht werden muß, und ein Ziel, für das man einen Monat braucht, sollte in einer Woche erfüllt werden.

Ich könnte ein paar Pfund abnehmen

Hier ein Beispiel für eine Zielsetzung, das wir alle nachvollziehen können: abnehmen. Ich weiß nicht, wie es Ihnen geht, aber ich könnte ein paar Pfund weniger vertragen – und das am liebsten sofort. Was würde passieren, wenn ich eine Woche lang hungern würde? Klar, ich würde meine 10 Pfund verlieren, aber ich würde sie wahrscheinlich auch innerhalb eines Monates ganz schnell wieder zunehmen.

Schauen wir uns einmal an, wie sich die Dynamik der Zielsetzung verändert, wenn wir unser großes Ziel in viele kleine Ziele unterteilen. Was würde passieren, wenn ich nicht versuchte, 10 Pfund so schnell wie möglich zu verlieren, sondern statt dessen versuchte, pro Woche ein Pfund abzunehmen? Wenn ich zehn Wochen lang ein Pfund pro Woche abnehme, habe ich auch zehn Pfund abgenommen. Um dieses Ziel noch einfacher zu gestalten, könnte ich versuchen, alle zwei Tage 150 Gramm abzunehmen. Ist das vernünftig? Ich denke ja! Glauben Sie, daß ich die verlorenen Pfunde anschließend wieder zunehmen würde? Mit Sicherheit nicht!

Setzen Sie sich viele kurzfristige Ziele

Je kleiner der Zeitrahmen für Ihr Teilziel ist, desto realistischer ist er auch. Es ist in Ordnung, sich langfristige oder jährliche Ziele zu setzen. Aber wenn Sie dieses große Ziel erreichen wollen, sollten Sie sich überlegen, wie Sie es in viele kleine Ziele unterteilen können. Jahresziele sollten in vierteljährliche Ziele, vierteljährliche Ziele in monatliche, monatliche in wöchentliche unterteilt werden.

Hören Sie nicht mit wöchentlichen Zielen auf. Unterteilen Sie weiter. Spielen Sie ein Spiel.

- ✔ Was ist Ihr Ziel für den heutigen Tag?
- ✔ Welches Ziel haben Sie für diesen Morgen?
- ✔ Welches Ziel haben Sie für den Nachmittag?
- ✔ Welches Ziel wollen Sie in den nächsten dreißig Minuten erreichen?

Wenn Sie Ihre größeren Ziele in sehr kleine Teilziele unterteilt haben, sollten diese für Sie zu erreichen sein. Ist das nicht der Fall, sollten Sie Ihren ganzen Plan überdenken und neu anfangen.

Wenn Sie ein kurzfristiges Ziel erreicht haben, nehmen Sie sich einen Moment Zeit, klopfen Sie sich auf die Schulter, gratulieren Sie sich selbst zu der guten Arbeit, und machen Sie dann weiter.

Schreiben Sie Ihre Ziele auf

Der wichtigste Teil der Arbeitsplanung besteht darin, Ihre Ziele auf Papier festzuhalten, damit Sie sie ständig vor Augen haben. Ziele zu definieren und zu Papier zu bringen, kostet einige Zeit, Mühe und Nachdenken. Aber wie ich bereits gesagt habe: Je mehr Zeit Sie mit dem Denken und Planen verbringen, desto leichter werden die Aufgaben für Sie werden.

Wenn Sie Ihre Ziele aufschreiben, denken Sie immer daran, das Blatt zu datieren.

Ihre Ziele auf Papier festzuhalten dient mehreren Zwecken: Erstens zeigt es, daß Sie sich ernsthaft mit diesen Ziele beschäftigen. Und zweitens haben Sie einen Bezugspunkt, an dem Sie Ihre Fortschritte jederzeit messen können.

Nachdem Sie Ihre allgemeinen Ziele festgelegt haben, sollten Sie eine Kopie davon dort aufhängen, wo Sie und andere – Ihre Familie, Freunde und Kollegen – sie sehen können. Kleben Sie die Liste Ihrer lang- und kurzfristigen Ziele an den Badezimmerspiegel, damit Sie sie jeden Abend und jeden Morgen sehen können. Und kleben Sie eine Kopie Ihrer Ziele an Ihre Bürowand.

Überprüfen Sie Ihre Ziele regelmäßig

Am Ende einer Woche sollten Sie einige Minuten damit verbringen, Ihre Fortschritte der letzten Woche durchzugehen und zu analysieren. Das kann Ihnen bei der Planung der Aktivitäten für die kommende Woche sehr nützlich sein.

Ich würde vorschlagen, daß Sie dies jeden Freitagnachmittag machen, wenn sich Ihre Arbeitswoche dem Ende zuneigt. Sie können sich dann am Freitag schon geistig auf die Herausforderungen der nächsten Woche vorbereiten. Wenn Sie dann am Montagmorgen wieder im Büro sind, wissen Sie bereits genau, was Sie tun müssen. Sie können sich dann einfach hinsetzen und sofort loslegen.

Teilen Sie Ihre Träume mit Ihren Freunden

Teilen Sie Ihre Ziele und Träume mit Ihren Freunden, Kollegen und Mitarbeitern. Diskutieren Sie mit ihnen, wie Sie Ihre Pläne erreichen können. Viele Ihrer Freunde werden Ihnen Denkanstöße geben oder Ideen haben, die Ihnen helfen können, Ihre Ziele zu erreichen, und würden sich von Ihnen sicher auch gerne über Ihre Fortschritte informieren lassen.

Halten Sie täglich Ihre Aktivitäten fest, und bewahren Sie die Liste der Aufgaben auf, die Sie an einem Tag erledigt haben. Diese Blätter sollten Sie in einem Aktenordner mit der Aufschrift »Erledigte Aufgaben« abheften. Wenn Sie sehen wollen, wie weit Sie wirklich gekommen sind, nehmen Sie einfach den Ordner heraus, und schauen Sie sich Ihre Listen an.

Eine positive Einstellung und gute Arbeitsgewohnheiten sind der Schlüssel zum Erfolg

17

In diesem Kapitel

- So wichtig sind gute Arbeitsgewohnheiten
- So fordern Sie sich selbst heraus
- So erweitern Sie Ihren Horizont
- So geben Sie Ihr Bestes
- So machen Sie das Beste aus Ihrer Zeit

Ich weiß, daß viele Leute nach dem Geheimnis des Erfolges suchen. In einem Buch, einem Vortrag oder einem Seminar werden sie es aber nicht finden. Den Schlüssel zum Erfolg können Sie nur in sich selbst finden. Es ist Ihre positive Einstellung, Ihre Sichtweise des Lebens, Ihre Bereitschaft, zu lernen und neue Dinge zu probieren, die Ihre Fähigkeiten bestimmen, die erträumten Ziele auch zu erreichen. Nur Sie selbst können sich motivieren. Andere Leute können Ihnen zeigen, wie man etwas macht, aber machen müssen Sie es dann selbst.

Sie brauchen gute Arbeitsgewohnheiten

Viele Ihrer Arbeitsgewohnheiten haben Sie schon zu Anfang Ihrer Laufbahn angenommen, aber die Tatsache, daß Sie daran lange nichts geändert haben, bedeutet nicht, daß Sie sie auch in Zukunft beibehalten müssten.

Überprüfen Sie alles, was Sie tun, und fragen Sie sich: »Warum mache ich das so?« »Was würde passieren, wenn ich es etwas anders machen würde?« »Ist es möglich, meine Aktivitäten zu rationalisieren und trotzdem die gleichen Ergebnisse in weniger Zeit und mit weniger Aufwand zu erreichen?«

Wenn wir im heutigen Konkurrenzkampf erfolgreich sein wollen, müssen wir uns diese Fragen wesentlich häufiger stellen. Und wenn Sie effizienter arbeiten, werden Sie außerdem in den Genuß eines weiteren Vorteils kommen: Sie können Ihr Büro zu einer vernünftigen Zeit verlassen und nach Hause gehen!

Probieren geht über Studieren

Am Anfang meiner Karriere bat mich eine enge Freundin zu sich und stellte mir eine sehr gezielte Frage. Sie sagte: »Jeff, was ist Dir lieber, gute Angewohnheiten oder gute Resultate?«

Ich dachte über ihre Frage nach, wurde unruhig und wand mich wie ein Wurm am Haken. Nach einer Ewigkeit sagte ich verlegen, daß ich gute Resultate bevorzuge.

Seitdem achtete ich mehr auf das, was ich mache, warum ich es mache und wie ich es mache.

Fordern Sie sich selbst heraus

Suchen Sie sich neue Berge, die Sie überwinden, und neue Flüsse, die Sie durchqueren müssen. Nur weil Sie etwas noch nie gemacht haben, bedeutet das nicht, daß Sie es nicht versuchen sollten. Auch wenn Sie bei einem Versuch nicht erfolgreich waren, muß das nicht heißen, daß Sie es nicht ein zweites oder drittes Mal versuchen sollten. Haben Sie keine Angst vor Fehlschlägen.

Auch erfolgreiche Menschen haben Rückschläge erleiden müssen. (Ich habe wesentlich mehr aus meinen Mißerfolgen gelernt als aus meinen Erfolgen.) Lernen Sie aus Ihren Fehlern, damit Sie sie nicht ein zweites Mal machen. Schätzen Sie Ihre Mißerfolge. Sie machen den Erfolg nur noch süßer und zu einer noch größeren Belohnung und Erfüllung.

Ich hatte mal einen wundervollen Tennistrainer, der eine sehr interessante Sichtweise vom Spiel und vom Leben hatte. Er gab mir folgenden Rat: »Wenn Du geschlagen wirst, Jeff, ändere Dein Spiel. Verlierst Du dann immer noch, ändere Dein Spiel wieder. Am Ende wirst Du vielleicht immer noch besiegt, aber Du hast wenigstens auf möglichst viele Arten verloren.«

Wenn Sie nie einen Mißerfolg hatten, haben Sie sich nicht genug angestrengt. Wenn Sie Erfolg hatten, genießen Sie die Früchte Ihrer harten Arbeit. Wenn Sie einen Mißerfolg erlitten haben, sehen Sie ihn nicht als das Ende an, sondern als Gelegenheit, etwas zu lernen. Er gibt Ihnen die Möglichkeit, zurückzublicken und zu analysieren, was passiert ist:

- ✔ Was habe ich richtig gemacht?
- ✔ Was habe ich falsch gemacht?
- ✔ Was hat geklappt?

- Was hat nicht geklappt?
- Warum hat es nicht geklappt?

Fangen Sie danach wieder von vorne an, und versuchen Sie es noch einmal.

Das einzige Mal, bei dem Sie nicht versagen dürfen, ist beim letzten Mal.

Erweitern Sie Ihren Horizont

Machen Sie Dinge, die Sie vorher nie gemacht haben.

- Suchen Sie sich eine neue Verantwortung, und fordern Sie sich selbst heraus.
- Suchen Sie nach neuen Möglichkeiten, und haben Sie keine Angst vor dem Risiko.
- Blicken Sie in die Zukunft, und erweitern Sie Ihren Horizont.
- Eignen Sie sich Wissen an, das über Ihr Fachgebiet hinausgeht.
- Fordern Sie Ihren Geist und Ihre Vorstellungskraft heraus.
- Treffen Sie Entscheidungen. Menschen, die zögern, kommen nicht vorwärts.

Übernehmen Sie die Verantwortung für das, was Sie tun

Wenn Sie sich selbst Ziele setzen, übernehmen Sie damit die Verantwortung für Ihre Aktionen und müssen sich darüber Rechenschaft ablegen. Wenn Sie die Verantwortung für Ihre Aktionen übernehmen, werden Sie schnell erkennen, wer Sie eigentlich sind. Sie werden herausfinden, aus welchem Holz Sie geschnitzt sind, und erfahren, was es ist, für das Sie einstehen.

- Wenn Sie ein Versprechen geben, halten Sie es!
- Wenn Sie sagen, daß Sie etwas machen werden, machen Sie es!
- Wenn Sie versprechen, etwas bis zu einem bestimmten Datum oder innerhalb einer bestimmten Zeit zu machen, liefern Sie es auch!

Umgeben Sie sich mit erfolgreichen Menschen

Wenn Sie erfolgreich sein wollen, müssen Sie wie ein Erfolgsmensch denken und handeln. Erfolg im Beruf und im Leben ist eine Grundhaltung. Erfolgreiche Leute setzen hohe Maßstäbe an sich selbst und fühlen sich in jeder Hinsicht zu Höchstleistungen verpflichtet.

Es gibt viele erfolgreiche Leute. Schauen Sie sich um und lernen Sie sie kennen. Umgeben Sie sich mit ihnen. Lassen Sie sich von deren Enthusiasmus anstecken und umgekehrt.

Arbeiten Sie hart, und versuchen Sie stets, Ihr Bestes zu geben. Versuchen Sie, sich immer selbst zu übertreffen, egal was Sie tun.

Geben Sie Ihr Bestes

Ihr größter Aktivposten ist Ihre Einmaligkeit. Sie sind mit wunderbaren Fertigkeiten, Talenten und Fähigkeiten gesegnet, die in dieser Form niemand anders hat. Deshalb ist es so ungeheuer wichtig, immer das Beste aus Ihren persönlichen Mitteln herauszuholen.

Nutzen Sie die Gelegenheit zum Erfolg!

Ich habe schon viele Tennisspiele gesehen, bei denen ein Spieler einen Punkt machte, der aber nicht viel bedeutete, weil das Spiel zu diesem Zeitpunkt eigentlich schon entschieden war. Aber was passiert, wenn es um den Matchball geht? Kann der Spieler ihn verwandeln? Nicht immer, oft landet der Ball im Aus.

Wer also, glauben Sie, ist der bessere Spieler: Derjenige, der schnell viele Punkte macht, den Matchball aber nicht verwandeln kann, oder der Spieler, der vorher zurücklag, aber das Match gewinnt?

Im Laufe Ihres Lebens begegnen Ihnen viele entscheidende Momente und wundervolle Gelegenheiten. Wenn einer dieser Momente kommt, holen Sie zum Schlag aus, treffen Sie den Ball, und machen Sie den Punkt.

Machen Sie das Beste aus Ihrer Zeit

Jetzt, da Sie »Zeitmanagement für Dummies« gelesen oder überflogen haben, ist es an der Zeit, all diese wundervollen Tips, Ideen, Techniken und Strategien zum Zeitmanagement anzuwenden. Weil dieses Buch ein Nachschlagewerk ist, sollten Sie es immer zur Hand haben und häufig darin blättern. Es enthält so viele nützliche Informationen, daß Sie alle paar Wochen nachsehen sollten, ob Sie nicht ein paar zusätzliche Tips finden, die Ihnen helfen können, bestimmte Aufgaben produktiver und effizienter zu bearbeiten.

Der Sinn einer effizienteren Nutzung Ihrer Zeit besteht darin, Ihre Arbeit pünktlich und gut zu erledigen. Wenn Sie Ihre Arbeit getan haben, können Sie nach Hause gehen.

Die Zeit, die Sie bei der Arbeit sparen, können Sie für sich nutzen. Sie haben mehr Zeit für Ihre Hobbys und Interessen und können mehr Zeit mit Ihrer Familie, Ihren Freunden und den Menschen verbringen, die wichtig für Sie sind. Sie können ins Kino oder Theater gehen oder sich ein Fußballspiel ansehen. Sie können ein Buch oder eine Zeitung lesen. Sie können Urlaub machen. Sie haben es sich verdient!

Teil V

Praktische Tips zum Zeitmanagement

"Es ist nicht so, daß er als Computer nichts taugen würde,
es ist nur so, daß er als Briefbeschwerer wesentlich mehr taugt."

In diesem Teil

In diesem Teil erfahren Sie, wie Sie Ihre Zeit mit einem eigenen Heimbüro oder auf einer Dienstreise optimal nutzen.

Richten Sie sich ein Heimbüro ein

18

In diesem Kapitel

- Was gehört zu einem Heimbüro?
- Genug Platz für alle Akten
- Die richtige Beleuchtung
- Welches Telefon ist das richtige?
- Anrufbeantworter oder Auftragsdienst?
- Die richtige Internet-Verbindung
- ... und was sonst noch alles zu einem Büro gehört

Wenn Sie zu Hause arbeiten, müssen Sie noch sorgfältiger mit Ihrer Zeit umgehen, weil Sie dort noch stärker abgelenkt und gestört werden können als in einem Firmenbüro. Denken Sie an folgendes:

- ✔ **Sie müssen sich und Ihre Arbeit gründlich durchorganisieren.** Dieses Thema behandele ich in Kapitel 2 dieses Buches. Wenn Sie es noch nicht gelesen haben, empfehle ich, noch einmal zurückzublättern und sich über die Arbeitsorganisation zu informieren.
- ✔ **Sie brauchen ein gutes Wiedervorlagesystem,** um die Übersicht über alle noch nicht erledigten Aufgaben und Projekte zu behalten. Ohne ein gutes Wiedervorlagesystem werden wichtige Aufgaben vergessen und führen zu zeitraubenden Problemen, die anders leicht hätten vermieden werden können. Wie Sie ein gutes Wiedervorlagesystem einrichten, erfahren Sie in Kapitel 3.

In diesem Kapitel werde ich Ihnen zeigen, wie ein effizientes und produktives Heimbüro eingerichtet sein sollte, mit dem Sie all die Vorteile der Heimarbeit optimal nutzen können.

Wo sollte ich mein Heimbüro einrichten?

Je nachdem, wie Sie Ihr Heimbüro nutzen wollen und wieviel Platz Ihnen im Haus oder in der Wohnung zur Verfügung steht, können Sie Ihr Heimbüro fast überall einrichten. Theoretisch können Sie also in der Küche, im Eßzimmer, im Schlafzimmer, im Kinderzimmer (wenn die Kinder aus dem Haus sind), auf dem Dachboden oder im Keller arbeiten.

Aber wo immer Sie sich Ihr Büro auch einrichten – Sie sollten es immer als einen vollwertigen Arbeitsplatz behandeln. Wenn möglich, sollten Sie sich in einen ruhigen Bereich zurückziehen. Und die Menschen, mit denen Sie zusammenleben – Ihre Familie, Ihr Lebensgefährte oder Ihre Mitbewohner – sollten sich der Tatsache bewußt sein, daß Sie arbeiten, wenn Sie sich in Ihrem Büro aufhalten. Sie sollten Ihre Privatsphäre berücksichtigen und Sie nicht stören.

Die Einrichtung des Heimbüros

Nachdem Sie festgelegt haben, wo Sie Ihr Büro einrichten wollen, geht es an die Einrichtung. Das bedeutet: Sie brauchen einen Tisch, einen Stuhl, ein Telefon, ein Faxgerät, Aktenschränke, einen Computer und viele andere Dinge. Wie Sie Ihr Büro genau einrichten, hängt davon ab, welche Art von Arbeit Sie dort erledigen wollen und wie lange Sie täglich dort verbringen werden. Hier einige Fragen, die Sie sich beantworten sollten:

- ✔ Werden Sie lange am Computer sitzen?
- ✔ Werden Sie viel mit der Hand anstatt mit dem Computer schreiben?
- ✔ Wie viele Stunden werden Sie täglich am Telefon verbringen?
- ✔ Werden Sie sich mit Kunden in Ihrem Büro treffen?

Sie brauchen einen Tisch und eine Aktenablage

Bei der Auswahl eines geeigneten Tisches müssen Sie als erstes einmal festlegen, welche Größe Sie benötigen. Sie sollten auch darüber nachdenken, ob Ihr neuer Schreibtisch mit mehr oder weniger großen Schubladen ausgestattet sein soll.

Bei Schreibtischen gibt es eine fast unendlich große Auswahl. Sie können Schreibtische mit vielen kleinen Schubladen, Schreibtische mit zwei großen Aktenschubladen und Schreibtische kaufen, in denen beide Formen kombiniert sind.

Sie brauchen einen bequemen Stuhl

Dem Schreibtischstuhl müssen Sie besondere Aufmerksamkeit schenken, weil Sie auf ihm viele Stunden lang ununterbrochen sitzen werden. Das Sitzen auf einem unbequemen Stuhl kann wie das Schlafen in einem unbequemen Bett zu ernsten Gesundheitsproblemen führen – insbesondere zu Rückenschmerzen. Ein schmerzender Rücken oder ein verspannter Nakken führt immer zu Produktivitätseinbußen.

Kaufen Sie einen Stuhl, der sich Ihrem Körper anpaßt

Ein vernünftiger Schreibtischstuhl paßt sich Ihrer Körperform an und erlaubt Ihnen eine bequeme Sitzhaltung. Wenn er richtig eingestellt ist, unterstützt er nicht nur Ihren Rücken, sondern lindert auch die Anspannung im Nacken und in den Schultern und entlastet Arme und Hände. Hier einige Einstellmöglichkeiten, die ein guter Schreibtischstuhl haben sollte:

Verstellbare Sitzhöhe: Die Sitzhöhe sollte leicht einstellbar sein. Wenn Sie am Computer sitzen, sollten Ihre Ellenbogen sich in derselben Höhe wie die Tastatur befinden. Wenn Sie die Tastatur auf dem Schreibtisch stehen haben, werden Sie den Stuhl wahrscheinlich höher als normal stellen müssen. In diesem Fall brauchen Sie eine Fußstütze, um die ungewohnte Sitzhöhe auszugleichen.

Verstellbare Rückenlehne: Die Rückenlehne sollte nach unten und oben verstellbar sein und sich der Form des unteren Rückenbereichs anpassen. Achten Sie darauf, daß Ihr Rücken immer so gestützt wird, daß Sie aufrecht und mit geraden Schultern sitzen können.

Verstellbare Sitzfläche: Der Sitz sollte leicht nach vorne geneigt sein. Dadurch wird der Druck auf Ihren Rücken verringert und in die Beine und Füße verlagert. Die Sitzkante sollte nicht in die Rückseite der Oberschenkel schneiden und dadurch die Blutzirkulation behindern.

Verstellbare Sitztiefe: Mit dieser Einstellung können Sie die Sitztiefe entsprechend Ihrer Beinlänge einstellen.

Verstellbare Armlehnen: Die Armlehnen sollten verstellbar sein, damit Sie auch Ihre Armhaltung im Laufe eines langen Arbeitstages verändern können.

Drehen, kippen und rollen: Ihr Schreibtischstuhl sollte sich nach links und rechts drehen, nach vorne und nach hinten kippen und hin- und herrollen lassen, damit Sie auch bequem an Gegenstände herankommen, die außerhalb Ihrer normalen Reichweite liegen.

Sie brauchen Aktenschränke

Nachdem Sie sich für einen passenden Tisch und einen bequemen Stuhl entschieden haben, müssen Sie sich auch überlegen, wie und wo Sie die Unterlagen, Akten und Ihren Vorrat an Büromaterial lagern wollen. Wenn Sie nicht einen traditionellen Aktenschrank kaufen wollen, zeige ich Ihnen hier ein paar Alternativen auf.

Sie können einen dieser kleinen Aktenschränke oder Schreibtischcontainer verwenden, den Sie auf Rollen unter Ihren Schreibtisch schieben können. Wenn Sie Ihrem Büro ein etwas wohnlicheres Aussehen geben wollen, könnten Sie auch einen kleinen Kleiderschrank als Aktenablage nehmen.

Wenn Sie sich Platz und die Ausgaben für einen Aktenschrank sparen wollen, können Sie auch einen nicht mehr benutzen Kleiderschrank nehmen und ihn mit einigen zusätzlich angebrachten Einlegeböden in einen geräumigen Aktenschrank verwandeln.

- ✔ **Besorgen Sie sich ein Sideboard:** Als Alternative zu einem regulären Aktenschrank könnten Sie auch ein Sideboard mit verstellbaren Einlegeböden kaufen, in dem Sie all Ihre Akten, Unterlagen und die anderen Dinge ablegen können, die Sie für Ihr Büro brauchen. Auf der Deckplatte dieses Sideboards könnten Sie Ihr Faxgerät oder einen Drucker abstellen.
- ✔ **Bringen Sie Regale an der Wand an:** Ordnung auf Ihrem Schreibtisch können Sie auch mit einigen einfachen Wandregalen halten. Schrauben Sie einige Regale an die Wand, und räumen Sie all die Bücher, Akten, Unterlagen, Software-Handbücher und Papiere vom Schreibtisch in die Regale.

Stapeln Sie nicht all Ihre Papiere und Unterlagen auf irgendwelchen Haufen. Wenn Sie so vorgehen, werden Sie nie eine Arbeit gut und pünktlich erledigen können. Wenn Sie immer noch Papierstapel auf dem Schreibtisch haben, wird es Zeit, das Kapitel 2 dieses Buches noch einmal zu lesen.

Gute Beleuchtung bringt mehr Produktivität

Viele Menschen widmen der richtigen Beleuchtung im Büro zu wenig Aufmerksamkeit. Sie werden feststellen, daß Ihre Arbeit mit einer für die jeweils anstehende Aufgabe richtigen Beleuchtung weitaus produktiver wird. Bei der Einrichtung Ihres Büros sollten Sie deshalb auch die Tatsache berücksichtigen, daß Sie zum Beispiel zum Lesen eine andere Beleuchtung als zur Arbeit am Computer brauchen.

Sie sollten sich einen Arbeitsplatz schaffen, an dem

- ✔ das Licht so hell ist, daß Sie Ihre Unterlagen und Dokumente lesen können, ohne die Augen zu überlasten.
- ✔ Sie genug indirektes Licht haben, um an Ihrem Rechner zu arbeiten, ohne dabei geblendet oder durch Reflexionen auf dem Bildschirm irritiert zu werden.

Um den Tageslichteinfall zu steuern, sollten Sie sich vielleicht verstellbare Jalousien zulegen. Mit diesen Jalousien können Sie das Tageslicht ganz abblocken, es filtern oder von Ihrem Arbeitsplatz weglenken.

Welches Telefon und welches Telefax brauchen Sie?

Auch wenn Sie Ihre Geschäfte von zu Hause aus betreiben, müssen Sie natürlich professionell vorgehen. Das bedeutet: Sie brauchen ein geeignetes Telefonsystem. In den folgenden Absätzen finden Sie ein paar nützliche Anregungen und Hinweise zu Telefonsystemen.

Sie brauchen zwei Anschlüsse

Wenn Sie Ihr Geschäft profitabel betreiben wollen, brauchen Sie mindestens zwei Telefonanschlüsse. Anderenfalls müßten Ihre Kunden und alle anderen Anrufer warten, wenn Sie gerade mit jemand anderem sprechen. Und Sie wollen doch bestimmt keinen Anruf von einem Ihrer wichtigsten Kunden verpassen, nicht wahr?

Braucht man einen eigenen Anschluß für das Faxgerät?

Faxgeräte spielen mittlerweile eine wichtige Rolle im modernen Geschäftsleben. Es ist fast unmöglich, sich ein Geschäft ohne Faxgerät vorzustellen. Wenn Sie regelmäßig eine Menge Faxe senden und erhalten, könnte sich die Ausgabe für einen separaten Faxanschluß lohnen. Die meisten Faxgeräte sind heutzutage jedoch ohnehin so ausgelegt, daß sie zwischen einen normalen Anruf und dem Eingang einer Faxnachricht unterscheiden können. Damit entfällt auch die Notwendigkeit, eine separate Faxweiche zu installieren, was früher meistens zu Problemen (und Kosten) geführt hat.

Zwei Geschäfte unter einem Dach

Meine Frau Mitzi und ich betreiben beide unsere Geschäfte von zu Hause aus – sie als Innenarchitektin und ich als Zeitmanagement-Consultant und Autor.

Als wir unser Telefonsystem installierten, ließen wir uns zwei Anschlüsse legen und beantragten gleichzeitig eine Anrufweiterleitung, die folgendermaßen funktioniert: Wenn jemand den einen, gerade besetzten Anschluß anruft, wird der Anruf automatisch an den zweiten Anschluß weitergeleitet.

Zehn Jahre lang funktionierte dieses System ausgezeichnet. Dann fing ich an, auch Kreditkartentransaktionen zu akzeptieren, und benötigte deshalb einen dritten Anschluß.

Schließlich hatte ich es satt, ständig lange auf die Anzeige von Webseiten in meinen Browser zu warten und ließ einen ISDN-Anschluß installieren, der mir endlich eine schnelle Internet-Verbindung ermöglichte. Wenn Sie einen ISDN-Anschluß haben, wird auf dem Telefondisplay angezeigt, wer Sie anruft. Das heißt, Sie brauchen nur Anrufe anzunehmen, die Sie auch annehmen wollen, und alle anderen an den Anrufbeantworter weiterleiten.

Faxnachrichten mit dem Computer senden und empfangen

Wenn Sie zu den Leuten gehören, die mit einer Fax-Software wie beispielsweise WinFax PRO von Symantec Faxnachrichten mit dem Computer senden und empfangen, brauchen Sie gar kein altmodisches Faxgerät mehr. In diesem Fall sollten Sie sich aber überlegen, einen separaten Telefonanschluß für Ihren Computer installieren zu lassen.

Wollen Sie Ihren normalen Telefonanschluß auch für den Rechner verwenden?

Wenn Ihr Computer und Ihr Telefon mit demselben Anschluß verbunden sind, können Sie dem Rechner die Aufgabe des Wählens übertragen. Das Wählfeature ist eine der nützlichsten Funktionen von ACT! und vielen anderen Kontaktmanagementprogrammen.

Mit einem TAPI-kompatiblen Telefon (TAPI= Telephony Application Programming Interface) können Sie Ihre eingehenden und ausgehenden Anrufe vom Computer aus steuern.

Braucht man einen separaten Telefonanschluß für den Internet-Zugang?

Wenn Sie häufig ins Internet gehen, sollten Sie sich eventuell einen eigenen Anschluß für den Computer installieren lassen. Mit einem für den Internet-Zugang reservierten Telefonanschluß können Sie durchs Web surfen und trotzdem weiterhin Ihr Telefon benutzen. Die Auswahl des richtigen Internet-Providers bespreche ich weiter hinten in diesem Kapitel.

Ohne Telefon läuft nichts!

Ein Telefon ist für uns eine Selbstverständlichkeit. Ein Unternehmen ohne ein ausgeklügeltes Telefonsystem ist für uns undenkbar. Aber wenn es um das Telefon im Heimbüro geht, denken wir meistens nicht daran, uns dieselben Bequemlichkeiten auch dort zu gönnen.

Wenn Sie sich also ein Telefon für Ihr Heimbüro kaufen, sollte es folgende Funktionen aufweisen:

- ✔ Schalter für zwei oder mehr Eingänge
- ✔ Konferenzschaltung
- ✔ Kurzwahl
- ✔ Freisprecheinrichtung
- ✔ Anzeige der Rufnummer des Anrufers

Und wer geht ans Telefon?

Wenn Sie Ihre Geschäfte von zu Hause aus betreiben, muß irgend jemand Ihre Anrufe auch zu den Zeiten entgegennehmen, zu denen Sie nicht am Schreibtisch sitzen. Je nach Geldbeutel und geschäftlichen Anforderungen bieten sich verschiedene Möglichkeiten.

Die einfachste Lösung ist ein Anrufbeantworter. Sie haben heutzutage die Auswahl unter Dutzenden Modellen. Sie können ein einfaches Gerät ohne viele Sonderfunktionen, ein Gerät, das Anrufe auf drei oder vier Eingängen beantworten kann, oder irgendeine Varianten dazwischen erwerben. Wenn Sie wollen, daß Ihre Kunden mit einem Menschen reden können, sollten Sie sich einen Antwortdienst mieten. Erkundigen Sie sich auch bei Ihrer Telefongesellschaft, ob Sie sich von ihr ein Voice Mail-System installieren lassen können.

Mit der richtigen Internet-Verbindung können Sie viel Zeit sparen

Beim Surfen im Internet können Sie eine Menge Zeit verbringen, um nicht zu sagen: verschwenden, wenn Sie mit einem normalen Modem arbeiten. Es dauert einfach zu lange, bis die Webseiten auf Ihren Rechner heruntergeladen sind und im Browser angezeigt werden. Mit einer anderen Internet-Verbindung können Sie jedoch viel Zeit sparen und Ihre Produktivität erheblich steigern.

Zur Zeit werden verschiedene Internetverbindungen angeboten. Wenn es Ihre Finanzen erlauben und es das Geschäft erfordert, sollten Sie sich für einen ISDN-Telefonanschluß entscheiden. (Ich muß hier jedoch auch einschränkend erwähnen, daß ein ISDN-Anschluß nicht überall möglich ist. Nähere Informationen erhalten Sie von Ihrer Telefongesellschaft.

Was ist Bandbreite?

Bevor ich die unterschiedlichen Internet-Verbindungstypen beschreibe, will ich an dieser Stelle einige Hinweise zur sogenannten Bandbreite geben,

Was ist Bandbreite? Dieser Begriff bezeichnet die Geschwindigkeit, mit der Daten in einer Internet-Verbindung übermittelt werden. Stellen Sie sich Bandbreite wie die Geschwindigkeit vor, mit der Wasser durch einen Schlauch fließt. Man bekommt mehr Wasser aus einem Feuerwehrschlauch als aus einem Gartenschlauch, weil das Wasser schneller fließt. Mit anderen Worten: er hat eine größere Bandbreite.

Wenn Sie ein 56K-Modem verwenden und über einen normalen Telefonanschluß (einer sogenannten analogen Verbindung) mit dem Internet verbunden sind, werden die Daten mit einer Geschwindigkeit von 56.000 Bit pro Sekunde (bps) übermittelt. Damit bekommen Sie Ihre Informationen zweimal so schnell wie ein Teilnehmer, der mit einem 28.8K-Modem arbeitet, aber nur halb so schnell wie jemand, der eine ISDN-Verbindung mit einer Übertragungsgeschwindigkeit von 128 Kbps hat.

Die neuesten Analog-Modems (56K-Modems) übermitteln Daten mit einer Geschwindigkeit von 56.000 Bit pro Sekunde. Falls Sie noch mit einem 28.8K-Modem oder einem noch älteren Modell arbeiten, sollten Sie sich unbedingt zu einem Upgrade entschließen. Sie verschwenden einfach zuviel Zeit mit dem Warten auf die Anzeige der Webseiten.

ISDN (Integrated Services Digital Network)

ISDN ist eine Technologie, mit deren Hilfe Sie Stimm- und Dateninformationen über normale Kupferkabel übermitteln können. Wenn Sie sich über einen ISDN-Anschluß mit dem Internet verbinden, werden Webseiten sehr schnell heruntergeladen. Die höchstmögliche Übertragungsgeschwindigkeit beträgt hier 128 Kilobit pro Sekunde.

Wenn Sie die Vorteile einer ISDN-Verbindung nutzen wollen, benötigen Sie ein spezielles ISDN-Modem. Sie müssen sich außerdem von der Telefongesellschaft einen ISDN-Anschluß installieren lassen.

High-Tech-Geräte für Ihr Heimbüro, mit denen Sie noch produktiver werden können

Wenn Sie Ihr Geschäft von zu Hause aus betreiben, brauchen Sie mehr als nur einen Computer und einen Telefonanschluß. Mit einem Faxgerät oder einer Fax-Software und einem guten Drucker können Sie eine Menge Zeit einsparen und produktiver werden. Wenn Sie sich dann auch noch einen Desktop-Scanner gönnen, können Sie noch mehr Aufgaben in noch kürzerer Zeit und mit weniger Aufwand erledigen.

Moderne Faxgeräte können mehr als nur Nachrichten senden und empfangen

Natürlich könnten Sie sich ein Thermo-Papier-Faxgerät oder ein Gerät zulegen, das mit Normalpapier arbeitet. Wenn Sie aber wirklich produktiv sein wollen, sollten Sie sich einmal näher mit den sogenannten Multifunktionsgeräten auseinandersetzen. Diese Apparate sind tatsächlich fünf Geräte in einem:

- ✔ Faxgerät
- ✔ Drucker
- ✔ Kopierer
- ✔ PC-Fax
- ✔ Scanner

Einige dieser Geräte verfügen über eine Funktion, die Ihnen sehr viel Zeit sparen kann, weil Sie nicht mehr so lange am Gerät warten müssen, bis das Fax gesendet ist. Bei diesen Faxgeräten wird das Originaldokument sofort eingescannt und gespeichert. Erst danach wird gewählt und gesendet. Sie sind also sehr viel schneller wieder zurück am Schreibtisch.

Sie brauchen einen guten Drucker

Einer der Gründe, warum Sie von zu Hause aus arbeiten und gleichzeitig sehr produktiv sein können, ist der PC. Dank der modernen superschnellen Rechner und der leistungsfähigen Software können Sie die Briefe, Dokumente, Präsentationen und Angebote in wenigen Stunden schreiben, für die früher ein ganzes Team einen ganzen Tag benötigte.

Aber mit der Erstellung der Dokumente im Rechner ist es nicht getan. Danach müssen Sie Ihre Arbeit auch zu Papier bringen. Und wenn Ihre Arbeit auf Papier genauso gut wie auf dem Bildschirm aussehen soll, brauchen Sie einen guten Drucker. Achten Sie beim Kauf eines Druckers auf folgende Einzelheiten:

- ✔ Er sollte mit einer Auflösung von 600x600 dpi bis zu 6 Seiten pro Minute drucken können.
- ✔ Er sollte ungefähr 8 MB Arbeitsspeicher haben, der sich erweitern läßt.
- ✔ Wenn Sie sich für einen Farblaserdrucker entscheiden, sollte das Gerät bis zu vier Seiten pro Minute drucken können.

- ✔ Achten Sie auch darauf, daß das Gerät auch ohne umständliche Umstellungen Adreß-etiketten drucken kann.

Scannen Sie Ihre Dokumente in den Computer

Wenn Sie wichtige Dokumente haben, die Sie gerne aufbewahren möchten, warum scannen Sie sie nicht einfach in den Rechner, anstatt sie in Ordnern abzuheften? Ebenso können Sie mit Visitenkarten verfahren: Scannen Sie sie in den Computer, anstatt jede Adresse einzeln einzugeben.

Moderne Flachbettscanner können (abhängig vom gewählten Scan-Modus und der Geschwindigkeit Ihres Rechners) bis zu 15 Seiten pro Minute einscannen.

Schaffen Sie sich eine gesunde Arbeitsumgebung

19

In diesem Kapitel

- Dehnübungen für Ihre Hände und Arme
- Dehnübungen für den Rest Ihres Körpers
- Ja, es gibt sie – die bessere Tastatur, die angenehmere Maus und den komfortableren Stuhl

Sind Sie auch ein »Schreibtisch-Hocker«? Kommen Sie auch zur Arbeit, setzen sich an Ihren Schreibtisch und bleiben da für den Rest des Tages sitzen? Verlassen Sie in der Mittagspause das Büro, oder essen Sie an Ihrem Schreibtisch? Wenn ja, dann ist es an der Zeit, wieder etwas Bewegung in Ihr Leben zu bringen.

Der menschliche Körper ist dazu geschaffen, sich zu bewegen. Aber leider verbringen wir zuviel Zeit im Sitzen und bewegen uns nicht genug. In diesem Kapitel finden Sie daher einige Dehnübungen, die die Muskeln Ihrer Finger und Hände sowie den Rest Ihres Körpers aufwärmen, dehnen und entspannen können. Und weil die meisten von uns gerne wüßten, wie sie ihr Leben einfacher machen können, habe ich einige Tips für Sie, wie Sie Ihre Tastatureingaben mit Makros automatisieren können. Außerdem sollten Sie die Ergonomie der Gegenstände beachten, mit denen Sie täglich zu tun haben: Tastatur, Maus und vor allem der Schreibtischstuhl.

Seien Sie nett zu Ihren Händen

Wahrscheinlich denken Sie nicht besonders viel über Ihre Hände und Finger nach, aber bedenken Sie mal, wie intensiv Sie sie an der Tastatur Ihres Computers trainieren. Wenn Sie zum Beispiel fünf Stunden am Tag mit einer Rate von 60 Wörtern pro Minute (360 Anschläge) tippen, dann sind das 100.000 Anschläge pro Tag, 500.000 Anschläge pro Woche und 25.000.000 Anschläge pro Jahr. Wenn wir von nur 40 Wörtern pro Minute ausgehen und nur drei Stunden pro Tag ansetzen, dann sind es immer noch mehr als 43.000 Anschläge pro Tag und 215.000 Anschläge pro Woche. Dazu kommt noch, daß Sie Ihren Körper nicht bewegen, weil Sie stundenlang auf demselben Stuhl sitzen.

Ich will damit sagen, daß unsere Fingerchen viel Arbeit erledigen. Wir benutzen unsere Griffel, um die Umschalt-, Strg-, Alt-, Eingabe-, Lösch- und Tab-Taste zu drücken und gedrückt zu halten. Wenn Sie stundenlang tippen, Tag für Tag, dann sind die Muskeln und Sehnen der Finger sehr anfällig für Verletzungen.

Hier ein paar einfache Übungen, wie Sie Ihre Hände, Arme und Finger gesund halten können. Nehmen Sie sich ein paarmal am Tag etwas Zeit für sie.

- ✔ **Massieren Sie Ihre Hände.** Massieren Sie sanft Ihre Handflächen und Finger jeweils 30 bis 60 Sekunden.
- ✔ **Dehnen Sie die Innenseite Ihrer Unterarme.** Um die Innenseite Ihrer Unterarme zu dehnen, drehen Sie Ihre Handflächen nach oben, und drücken Sie mit der anderen Hand Ihre Finger weg vom Körper, bis Sie eine Dehnung verspüren. Diese Dehnung fünf Sekunden halten und dann entspannen. Wiederholen Sie diese Übung drei- bis fünfmal.
- ✔ **Dehnen Sie die Außenseite Ihrer Unterarme.** Um die Außenseiten Ihrer Unterarme zu dehnen, machen Sie eine Faust, und drücken Sie sie mit der anderen Hand auf Ihren Oberarm, bis Sie eine Dehnung verspüren. Diese Dehnung fünf Sekunden halten und dann entspannen. Wiederholen Sie diese Übung drei- bis fünfmal.
- ✔ **Lassen Sie Ihre Handgelenke kreisen.** Strecken Sie Ihre Arme seitwärts aus, und lassen Sie dann beide Handgelenke jeweils zehnmal in jede Richtung kreisen, als ob Sie mit Ihren Fingerspitzen Kreise zeichnen würden.
- ✔ **Dehnen Sie Ihre Finger.** Spreizen Sie die Finger beider Hände, und halten Sie die Dehnung zwei Sekunden. Schließen Sie danach die Hände für zwei Sekunden zu einer Faust. Wiederholen Sie diese Übung drei- bis fünfmal.

Gönnen Sie Ihren Händen mindestens alle 30 Minuten eine Pause. Schütteln Sie sie kurz aus, damit das Blut wieder zirkuliert. Erledigen Sie vor dem Weitertippen erst eine andere Aufgabe, die die Hände anders belastet.

Bringen Sie Ihren Körper in Schwung

Der menschliche Körper ist auf Bewegung ausgelegt. Sie sollten deshalb nicht stundenlang in der gleichen Position auf Ihrem bequemen Schreibtischstuhl sitzen. Wenn Sie zu lange sitzen, werden Ihre Muskeln steif, Sie werden müde und Ihre Produktivität läßt nach. In den folgenden Absätzen finden Sie ein paar Übungen, mit denen Sie das Blut wieder zirkulieren lassen und Ihre müden Muskeln dehnen können. Innerhalb weniger Minuten fühlen Sie sich wieder frisch und gestärkt.

Machen Sie diese Übungen einmal am Morgen und einmal am Nachmittag. Und weil wir gerade beim Thema sind: Vergessen Sie nicht, ab und zu eine kleine Pause einzulegen. Stehen Sie von Ihrem Schreibtisch auf, und strecken Sie Ihre Beine mindestens einmal pro Stunde.

- ✔ **Dehnen Sie Ihren Körper.** Stehen Sie auf, strecken Sie Ihre Hände über den Kopf, und versuchen Sie, die Decke zu berühren. Als Variation können Sie auch einmal versuchen, die Decke abwechselnd mit der rechten und der linken Hand zu berühren. Halten Sie die Dehnung fünf bis zehn Sekunden. Wiederholen Sie die Übung mehrmals.
- ✔ **Dehnen Sie Ihren Rücken.** Strecken Sie Ihre Arme seitwärts aus, Handinnenflächen nach vorne, holen Sie tief Luft, und drücken Sie Ihre Hände sanft nach hinten. Halten Sie die Dehnung drei bis fünf Sekunden, und atmen Sie dann aus. Wiederholen Sie die Übung drei- bis fünfmal.
- ✔ **Kreisen Sie mit Ihren Schultern.** Um Ihre Schultern zu lockern, stellen Sie sich hin und machen mit den Armen die gleichen Bewegungen wie beim Rückenschwimmen. Kreisen Sie erst mit einem Arm rückwärts, dann mit dem anderen. Wiederholen Sie die Übung drei- bis fünfmal.
- ✔ **Zucken Sie mit Ihren Schultern.** Heben Sie langsam Ihre Schultern bis in Ohrenhöhe, drehen Sie sie dann nach hinten, und senken Sie sie dann wieder, so als würden Sie mit den Schultern einen Kreis beschreiben. Wiederholen Sie die Übung drei- bis fünfmal.
- ✔ **Drücken Sie Ihre Schulterblätter nach hinten.** Stellen Sie sich gerade hin, verschränken Sie Ihre Hände hinter dem Kopf, und drücken Sie Ihre Schulterblätter nach hinten. Holen Sie tief Luft, und entspannen Sie beim Ausatmen Ihre Muskeln.
- ✔ **Dehnen Sie Ihren Nacken.** Strecken und krümmen Sie erst Ihren Rücken, setzen Sie sich dann gerade hin, und heben Sie den Kopf. Versuchen Sie dann, mit Ihrem rechten Ohr Ihre rechte Schulter zu berühren. Dadurch werden die Muskeln auf der linken Seite des Halses gedehnt. Nehmen Sie den Kopf wieder in die Mitte. Ruhen Sie einen Moment aus, und heben Sie den Kopf anschließend wieder. Versuchen Sie nun, mit Ihrem linken Ohr Ihre linke Schulter zu berühren. Nehmen Sie den Kopf wieder in die Mitte, und heben Sie ihn dann wieder. Wiederholen Sie die Übung drei- bis fünfmal.

Automatisieren Sie Ihre Tastatureingaben mit Makros

Weil sich viele Tastatureingaben ständig wiederholen, können Sie mit dem Computer solche Kombinationen hervorragend automatisieren. Tastatur-Makros – sie sind so etwas wie die Wahlwiederholung beim Telefon – machen Sie produktiver, denn der Computer kann eine ganze Reihe eingegebener Kombinationen viel schneller wiedergeben, als Sie sie tippen können. Gleichzeitig reduzieren Sie die Belastung Ihrer Hände und Finger und somit auch die Verletzungsgefahr für Hände, Finger oder Arme. Schauen Sie im Handbuch Ihrer Software nach, wenn Sie mehr über die Makros erfahren wollen.

Schmerzen Ihre Hände? Dann probieren Sie doch mal eine andere Tastatur aus

Ich arbeite viel mit der Tastatur meines Computers – sechs bis acht Stunden am Tag, und das schon seit ungefähr zehn Jahren. Vor einigen Jahren taten mir nach einiger Zeit an der Tatstatur immer meine Hände, Finger und Unterarme weh. Irgendwie denke ich, daß der menschliche Körper nicht dazu geschaffen ist, stundenlang zu tippen.

Nachdem ich ein paarmal beim Masseur war, entschloß ich mich, eine dieser phantastischen ergonomischen Tastaturen auszuprobieren. Nach ein paar Tagen taten mir meine Hände nicht mehr weh. Jetzt habe ich schon zwei Bücher damit geschrieben und möchte sie nicht mehr missen.

Ein Beispiel für eine ergonomische Tastatur ist das Microsoft Natural Keyboard (siehe Abbildung 19.1).

Abbildung 19.1: Das Microsoft Natural Keyboard

Die Designer der Tastatur haben viel über die Position der Hände und des Körpers in Bezug auf die Tastatur nachgedacht und einige nette Veränderungen vorgenommen. Hier einige der Veränderungen:

- ✔ Der Buchstabenteil der Tastatur ist zweigeteilt.
- ✔ Die Teile stehen in einem bestimmten Winkel zueinander. Damit wird die Tatsache berücksichtigt, daß die Arme und Hände natürlicherweise in einem Winkel von außen nach innen auf die Tastatur zugreifen.
- ✔ Mit dieser »natürlicheren« Tastenanordnung läßt sich weitaus entspannter tippen.

Bringen Sie den Monitor in die richtige Position

Nachdem Sie für die Tastatur eine komfortablere Variante gefunden haben, sollten Sie sich auch einmal mit der richtigen Position Ihres Monitors beschäftigen. Hier einige Tips:

- ✔ Die Oberkante des Monitors sollte in Stirnhöhe liegen oder etwas darunter. Sie sollten auf den Bildschirm schauen können, ohne den Kopf heben oder neigen zu müssen.
- ✔ Mit Hilfe eines Monitorarmes können Sie Ihren Monitor auf die gewünschte Höhe bringen. Der Monitor läßt sich mit dieser Halterung auch oberhalb der Schreibtisch-oberfläche anbringen, was mehr Platz auf dem Schreibtisch schafft.
- ✔ Wenn Sie sich das Tippen erleichtern und gleichzeitig Ihre Nackenmuskulatur entlasten wollen, sollten Sie einen Vorlagenhalter neben dem Monitor anbringen. Mit diesem Halter direkt neben dem Bildschirm müssen Sie nicht ständig den Kopf hin- und herbewegen, was erstens die Augen anstrengt und zweitens die Nackenmuskulatur belastet.

Eine Fußstütze verbessert die Blutzirkulation

Eine Fußstütze ist ein wichtiges Büromöbel, dem aber meistens nicht genug Beachtung geschenkt wird. Sie kann den Druck auf die Rückseite der Oberschenkel und die Verspannung im unteren Teil des Rückens reduzieren sowie die Blutzirkulation im ganzen Körper verbessern. Was aber am wichtigsten ist: Eine Fußstütze gleicht die unterschiedliche Höhe der Sitzfläche in bezug auf die Haltung der Beine und Füße aus. Das bedeutet: Dank der Unterstützung Ihrer Beine und Füße können Sie höher sitzen, als es normalerweise für Sie bequem wäre.

Sind Sie Ihre Maus leid? Dann nehmen Sie einen Trackball!

Als Alternative zur Maus sollten Sie vielleicht mal einen Trackball ausprobieren. Abwechslung ist immer gut, und auch dies ist eine Möglichkeit, Ihre Hände zu schonen.

Tut Ihnen der Rücken weh? Dann besorgen Sie sich einen neuen Stuhl

Wenn Sie viele Stunden lang am Schreibtisch sitzen, brauchen Sie einen Stuhl, der Rücken, Hals, Schultern und Arme unterstützt. Mit einem guten Stuhl können Sie eine Menge für Ihre Gesundheit tun. In Kapitel 18 finden Sie die Funktionen, auf diese Sie beim Kauf eines Schreibtischstuhles achten sollten.

Geschäftsreisen vorbereiten

20

In diesem Kapitel

- Flugreisen und Hotels reservieren
- Kofferpacken – leicht gemacht
- Der Weg zum Flughafen
- Der schnellste Weg zum Gepäck
- Detaillierte Reisepläne erstellen
- Der Kontakt zur Heimat
- Mit dem Computer auf Reisen
- Reisen ins Ausland

In diesem Kapitel erfahren Sie alles, um auch auf Reisen Zeit sparen und effizient arbeiten zu können.

Schreiben Sie Ihre Reiseroute nieder

Zur Planung einer Geschäftsreise sollten Sie Ihre Reiseroute schriftlich niederlegen. In diesen Reiseplan sollten Sie die Namen, Adressen und Telefonnummern aller Kontaktpersonen aufnehmen, die Sie treffen wollen, sowie die Hotels, in denen Sie übernachten wollen. Sie sollten in den Plan außerdem die Anfangs- und Endzeiten Ihrer Besprechungen eintragen.

Senden Sie den Leuten, mit denen Sie sich treffen wollen, eine Kopie dieses Plans.

Rufen Sie Ihre Gesprächspartner noch einmal an, bevor Sie zum Flughafen fahren, um sich Ihren Termin bestätigen zu lassen. Sie wollen sicher nicht durch das ganze Land reisen, um dann festzustellen, daß Ihr Gesprächspartner selber auch gerade auf Geschäftsreise ist.

Das Ticket bestellen

Beim Kauf eines Flugtickets sollten Sie am besten mit Kreditkarte bezahlen. In manchen Fällen schließt diese Zahlungsweise eine Gepäck- oder Unfallversicherung über die Kreditkartengesellschaft mit ein.

Überprüfen Sie beim Empfang Ihres Tickets, ob alle Angaben korrekt sind. Die Flugpreise ändern sich sehr schnell. Schauen Sie also immer nach, ob Ihr Ticket seit der Bestellung vielleicht billiger geworden ist. Wenn Sie Glück haben, können Sie das alte Ticket zurückgeben und sich ein neues zu einem geringeren Preis ausstellen lassen.

Versuchen Sie, das Ticket und die Bordkarte schon zur Hand zu haben, wenn Sie zum Einchecken gehen. Damit können Sie den ganzen Vorgang erheblich beschleunigen. Und denken Sie auch daran, sich den Flug ein bis zwei Tage vor der angegeben Abflugzeit bestätigen zu lassen. Auch Flugzeiten ändern sich von Zeit zu Zeit.

Hotelzimmer reservieren

Wenn Sie Ihr Hotelzimmer reservieren, geben Sie genau an, welche Art von Zimmer Sie wünschen.

- Möchten Sie ein Raucher- oder ein Nichtraucherzimmer?
- Wie groß soll das Bett sein? Welche Art von Bett bevorzugen Sie?
- Versuchen Sie, ein Zimmer zu bekommen, das möglichst weit entfernt vom Fahrstuhl und den Getränkeautomaten liegt.

Wenn Sie bestimmte Wünsche oder Fragen haben, äußern Sie sie! Fragen Sie auch nach folgenden Einzelheiten:

- Welche Leistungen sind im Preis enthalten?
- Wieviel berechnet das Hotel für die Telefoneinheit bei Orts- beziehungsweise Ferngesprächen?
- Ist ein Zimmer mit einem reizvolleren Ausblick teurer?
- Wie verfährt das Hotel bei Abbestellungen? Wird eine Gebühr fällig, wenn Sie nicht so lange, wie in der Reservierung angegeben, bleiben?
- Verfügt das Hotel über ausreichende Parkplatzkapazitäten?

Nachdem Sie das Zimmer bestellt haben, notieren Sie sich die Bestätigungsnummer des Hotels, und bitten Sie um eine gefaxte Bestätigung.

- ✔ Wenn die gebührenfreie Nummer des Hotels nicht zu erreichen ist, versuchen Sie, die Rezeption des Hotels direkt anzurufen. Die Wahrscheinlichkeit, dort jemand zu erreichen, ist erheblich höher. Am besten erreichen Sie jemand, wenn Sie in den ruhigen Stunden zwischen 10 und 13 Uhr anrufen.
- ✔ Erkundigen Sie sich beim Hotel immer nach den besten Verbindungen vom Bahnhof oder vom Flughafen zum Hotel. Wenn Sie vorhaben, mit dem Taxi zu fahren, fragen Sie die Rezeption, wie hoch der Fahrpreis ungefähr sein wird.
- ✔ Bestätigen Sie Ihre Reservierungen immer einige Tage vor dem geplanten Anreisetermin.
- ✔ Legen Sie sich eine Datenbank mit den besten Hotels in den Städten an, die Sie regelmäßig besuchen. Suchen Sie sich dabei Hotels heraus, die mehrere Telefonnummern haben, deren Zimmer mit Anschlüssen für Fax und Internet ausgestattet sind. Achten Sie auch darauf, ob das Hotel einen Fitnessraum hat, ob es seinen Gästen Faxgeräte zur Verfügung stellen kann und so weiter. All diese Informationen können Sie in ACT! speichern.

Das Internet hilft bei den Reisevorbereitungen

Mit Hilfe des Internet können Sie viel Zeit sparen und jede Menge Informationen zu fast jedem Thema sammeln. Hier eine kurze Übersicht über die Möglichkeiten, mit denen Sie bei den Vorbereitungen für Dienst- und Privatreisen Zeit sparen können.

Besuchen Sie die Website Ihrer Lieblings-Fluggesellschaft

Möchten Sie die Reservierung bei Ihrem Lieblings-Carrier online vornehmen? In der folgenden Aufstellung finden Sie die Webadressen der größeren Fluggesellschaften:

- ✔ Air France: www.airfrance.de
- ✔ Continental: www.flycontinental.com
- ✔ Delta: www. Delta-air.com
- ✔ Lufthansa: www.lufthansa.de
- ✔ Northwest: www.nwa.com
- ✔ British Airways: http://www.british-airways.com/regional/germany/germany.shtml

- United: www.ual.com
- US Airways: www.usair.com

Unter diesen Adressen finden Sie auch die Abflug- und Ankunftszeiten und können sich über die die Anzahl Ihrer Bonusmeilen informieren, wenn Sie als Frequent Traveler registriert sind.

Denken Sie auch ans liebe Geld

Wenn Sie eine Dienstreise unternehmen, sollten Sie sich auch überlegen, wieviel Geld Sie voraussichtlich benötigen werden und die entsprechenden Beträge von der Bank abheben.

Wenn Sie Reiseschecks verwenden, sollten Sie sich die Seriennummern, die Scheckbeträge und das Datum und die Adresse der ausgebenden Bank oder Sparkasse notieren. Verwahren Sie eine Kopie dieser Liste an einem sicheren Ort zu Hause, und nehmen Sie eine zweite Kopie mit auf die Reise. (Stecken Sie diese Kopie aber nicht zu den Schecks!) Wenn Sie die Reiseschecks verlieren, bekommen Sie schnellstens Ersatz.

Für Einkäufe und Geldabhebungen können Sie unterwegs auch fast alle bekannten Kreditkarten verwenden. Notieren Sie sich auch die Kreditkartennummern, aber bewahren Sie sie an einem anderen Platz als die Kreditkarten auf.

Falls Ihnen Ihre Kreditkarte durch Verlust oder Diebstahl abhanden kommt, unterrichten Sie sofort die Kreditkartengesellschaft(en) und die Polizei.

So kommen Sie auch im Notfall an Geld

Notieren Sie sich für die Reise die Telefonnummer Ihrer Bank oder Sparkasse. In der allergrößten Not können Sie sich immer noch Geld über Blitz-Giro überweisen lassen.

Devisengeschäfte

Wenn die Dienstreise Sie ins Ausland führt, müssen Sie zusätzlich überlegen, wieviel ausländisches Geld Sie benötigen werden.

Versuchen Sie, möglichst viel schon zu Hause im voraus zu bezahlen. Damit ersparen Sie sich viel Rechnerei mit unbekannten Währungen. So könnten Sie zum Beispiel das Hotel und Veranstaltungen wie beispielsweise Museumsbesuche und Stadtrundfahren schon im voraus buchen und bezahlen.

Hier noch einige weitere Überlegungen zum Thema »Geldwechsel«:

- ✔ Tauschen Sie vor der Abreise schon einen bestimmte Betrag in die ausländische Währung um, damit Sie Geld für das Taxi, zum Telefonieren und für Trinkgeld haben, wenn Sie am Ziel angekommen sind. Die Wechselstuben auf den Flughäfen oder Bahnhöfen sind möglicherweise gerade geschlossen, wenn Sie ankommen.
- ✔ Tauschen Sie am Zielort kein Geld in den vielen kleinen Wechselstuben. Die kleinen Geldwechsler haben höchstwahrscheinlich nicht die besten Tauschkurse.
- ✔ Gehen Sie lieber zu einer Bank. Fragen Sie aber vorher andere Besucher oder an der Hotelrezeption, welche Banken die geringsten Wechselgebühren verlangen.
- ✔ Wechseln Sie kein Geld, das bereits einmal in eine andere Währung gewechselt wurde. Wenn Ihre Reise Sie zum Beispiel nach England, Frankreich und Italien führt, tauschen Sie nicht Deutsche Mark in Englische Pfund und diese wiederum in französische Francs um. Wenn Sie von einer Fremdwährung in die nächste wechseln, müssen Sie bei jeder dieser Transaktionen mit einem Kaufkraftverlust von zehn Prozent rechnen. Versuchen Sie, schon vor der Reise möglichst genau zu schätzen, wieviel Geld Sie wahrscheinlich in jedem der besuchten Ländern brauchen werden.

Im Foreign Currency Converter (`www.xe.net/currency`) können Sie interaktiv Währungstransaktionen berechnen lassen. Geben Sie einen Betrag in der Ausgangswährung ein, wählen Sie dann die Ausgangs- und Zielwährung, und klicken Sie danach auf die Schaltfläche *Perform Currency Conversion*.

Koffer packen – aber richtig!

Wie oft haben Sie schon irgendein Kleidungsstück oder wichtige Unterlagen zu Hause oder im Büro vergessen? In den folgenden Abschnitten will ich Ihnen ein paar wichtige Tips geben, wie Sie mit der richtigen Planung und Vorbereitung Ihrer Dienst- und Privatreisen nichts Wichtiges mehr vergessen können.

Erstellen Sie eine Liste mit alle den Aufgaben, die Sie zur Vorbereitung Ihrer Reise erledigen müssen. In diese Liste gehören zum Beispiel die Dinge, die Sie noch kaufen müssen, und die Leute, die Sie noch anrufen müssen. Nachdem Sie eine bestimmte Aufgabe erledigt haben, haken Sie sie ab.

Legen Sie alles, was Sie Ihrer Meinung nach unbedingt mitnehmen *müssen,* vor dem eigentlichen Packen aufs Bett. Gehen Sie anschließend nacheinander alle Gegenstände durch, und legen Sie alle Sachen, die Sie mit Sicherheit *nicht* benötigen, zurück in den Schrank.

Wenn Sie in Deutschland bleiben, werden Sie höchstwahrscheinlich alles, was Sie vergessen haben, problemlos ersetzen können. Wenn Sie aber ins Ausland reisen, *müssen* Sie alles Notwendige mitbringen. Manchmal lassen sich selbst die kleinsten Dinge, die wir für selbstverständlich halten, in fremden Ländern einfach nicht beschaffen.

Die richtige Kleidung

Wenn Sie auf Reisen gehen wollen, müssen Sie sich auch überlegen, welche Art von Kleidung Sie mitnehmen sollen. Hier einige Bekleidungstips:

- ✔ Packen Sie genügend Unterwäsche, Socken beziehungsweise Strumpfhosen ein.
- ✔ Packen Sie nur Sachen in neutralen Farben ein, auf denen Schmutz nicht so leicht zu sehen ist und die nur wenig knittern.
- ✔ Nehmen Sie Kleidungsstücke mit, die sich gut miteinander kombinieren lassen.
- ✔ Packen Sie ein Reservepaar Schuhe in den Koffer.
- ✔ Reisen Sie niemals in *neuen* Schuhen.
- ✔ Nehmen Sie bequeme Kleidung mit, die Sie im Hotel tragen können.
- ✔ Wenn Sie zwei Anzüge mitnehmen wollen, ziehen Sie einen an und packen Sie den zweiten in den Koffer.

Tips für Frauen

- ✔ Wenn Sie Ihre Kostüme auf dem Bett bereitlegen, bedenken Sie all die Accessoires, die zu einem bestimmten Kostüm dazugehören: passende Schuhe, passender Gürtel, Strumpfhosen, Unterrock, Halskette, Ohrringe und so weiter.
- ✔ Um nicht bei jedem Treffen gleich auszusehen, packen Sie verschiedene Halstücher zum Kombinieren und zwei passende Blusen ein.
- ✔ Neben genügend Unterwäsche sollten Sie auch mehrere Paar Socken und Strumpfhosen einpacken.
- ✔ Für die Freizeit sind Leggings am besten geeignet. Sie sind bequem und lassen sich überall dazwischenquetschen. Packen Sie keine Jeans ein: Jeans nehmen zuviel Platz im Koffer weg.
- ✔ Ziehen Sie formelle Schuhe zur Reise an oder packen Sie ein Paar ein. (Schwarz paßt zu allem.) Planen Sie Ihre Garderobe so, daß alle Einzelteile zusammenpassen.
- ✔ Nehmen Sie ein Paar bequemer Schuhe mit niedrigen Absätzen (höchstens 4 Zentimeter) mit. Ihre Füße sollen es bequem haben.

- ✔ Nehmen Sie niemals Ihren ganzen Schmuck mit. Suchen Sie sich ein paar Stücke aus, die zu den mitgenommenen Kleidungsstücken passen.

Tips für Männer

- ✔ Nehmen Sie ein Paar Anzugschuhe (schwarz) mit und packen Sie auch ein Paar bequeme Laufschuhe ein.
- ✔ Nehmen Sie Freizeitkleidung mit – für die wenigen Stunden in Ihrem Hotelzimmer.
- ✔ Packen Sie einen Anzug ein, und ziehen Sie den anderen für die Reise an – natürlich nur, wenn Ihre Dienstreise lang genug ist, um zwei Anzüge zu rechtfertigen.

- ✔ Hängen Sie Ihre Anzüge im Hotel so schnell wie möglich auf den Kleiderbügel. Knitterfalten verschwinden schnell, wenn Sie die Anzüge im Badezimmer aufhängen und die heiße Dusche und den Heißwasserhahn zehn bis 15 Minuten voll aufdrehen.

- Wenn Sie keine Lust haben, mehrere Anzüge, Hemden, Socken und so weiter einzupacken, lassen Sie die Sachen vom Hotelservice waschen beziehungsweise reinigen. Vergewissern Sie sich aber vorher, daß Ihre Firma Ihnen die Ausgaben ersetzt, denn die Leistungen des Hotelservice sind in der Regel nicht gerade billig.
- Wenn Sie sich jeden Tag mit einem anderen Gesprächspartner treffen, merkt keiner, daß Sie nur zwei Krawatten eingepackt haben.

Hygieneartikel – so klein wie möglich

Hier einige Anmerkungen über die notwendigen Hygieneartikel:

- Nehmen jeden Ihrer Toiletteartikel (Rasierapparat, Rasiercreme, Zahnbürste, Zahnpasta, Nagelknipser, Deodorant, Lotion usw.) in der kleinstmöglichen Größe mit. Wenn es den betreffenden Artikel nicht in der kleinen Größe gibt, kaufen Sie sich kleine Fläschchen und füllen Sie die entsprechende Menge ab.
- Packen Sie die wichtigsten Artikel (und Kosmetika) auch in das Bordgepäck, damit Sie sich frisch machen können, wenn Ihr Gepäck auf dem Flug irgendwie verlorengeht.
- Packen Sie alle Flaschen in einen wasserdichten Beutel, damit sie bei einem Leck nicht Ihre Anzüge verschmutzen.
- Packen Sie auch eine Reiseapotheke mit Pflaster, Kopfschmerztabletten und Pillen gegen Magenverstimmung ein.
- Nehmen ein paar wasserdichte Plastikbeutel mit. Sie eignen sich hervorragend als Behälter für nasse Badehosen und alle möglichen anderen kleinen Dinge.

Denken Sie an die wichtigen Extras!

Hier eine Liste mit Artikeln, die sich auf einer Reise als sehr wertvoll erweisen können:

- ✔ Batteriebetriebener Wecker und/oder Uhrenradio
- ✔ Reisebügeleisen mit einklappbarem Handgriff. (Wenn Sie selber kein Bügeleisen mitnehmen wollen, können Sie sich in den meisten Hotels Bügeleisen und Bügelbrett leihen.)
- ✔ Haartrockner und Lockenstab. (Denken Sie daran, einen 220/110-Volt-Adapter einzupakken, wenn Sie in die USA reisen.)
- ✔ Für Männer: elektrischer Reiserasierapparat mit eingebauter 220/110-Volt-Anpassung.

- ✔ Denken Sie bei Reisen in die entsprechenden Länder daran, einen 220/110-Volt-Adapter und Steckeradapter einzupacken.
- ✔ Ein Schweizer Armeemesser – mit jeder Menge Funktionen – sollte auf keiner Reise fehlen.
- ✔ Tragbares Radio oder Walkman
- ✔ Regenschirm
- ✔ Wenn Sie sofort nach dem Aufstehen einen Kaffee brauchen, packen Sie einige Tütchen Instant-Kaffee, Zucker und Kaffeeweißer und einem kleinen Reisetauchsieder in Ihren Koffer.

- ✔ Wenn der Wert Ihrer persönlichen Gegenstände den Höchstbetrag übersteigt, der von der Fluggesellschaft bei Verlust oder Beschädigung ersetzt wird, sollten Sie sich vor der Reise einmal mit Ihrem Versicherungsvertreter unterhalten.

Die wichtigsten Gegenstände fürs Handgepäck

Hier eine Liste der Gegenstände, die Sie im Handgepäck mit ins Flugzeug nehmen sollten:

- ✔ Wertsachen: Bargeld, Kreditkarten, Reiseschecks und Schmuck
- ✔ Flugticket, Reisepaß und Hotelgutscheine
- ✔ Medikamente, Haus- und Autoschlüssel, Brillen
- ✔ Wichtige persönliche Papiere und Geschäftsunterlagen und alle Gegenstände mit ideellem Wert

- Empfindliche und zerbrechliche Gegenstände, wie etwa Kameras, Brillen, Kontaktlinsen (mit Behälter und Reinigungslösung), Hörgerät mit Ersatzbatterien und alle Glasbehälter
- Name, Adresse und Telefonnummer des Hotels am Zielort sowie die entsprechenden Daten Ihrer Gesprächspartner und/oder Verwandten
- Bekleidung für den ersten Tag am Reiseziel – für den Fall, daß Sie dann bereits etwas Wichtiges zu erledigen haben
- Hygieneartikel und Unterwäsche. Falls die Luftgesellschaft Ihr Gepäck an den falschen Ort befördert, kann es ein paar Tage dauern, bis es wiedergefunden und Ihnen zugestellt wird.
- Zahnbürste und Zahnpasta in einem wasserdichten Beutel
- Pastillen für frischen Atem
- Kamm und Bürste
- Makeup, Haarspray, Styling Gel, Ersatz-Ohrringe
- Für Männer: Rasierzeug
- Packen Sie Ihre Medikamente, Ihren Schmuck und andere Wertsachen in einen kleinen Beutel, und legen Sie ihn zuoberst auf Ihr Bordgepäck. Falls Sie aus irgendeinem Grund Ihr Bordgepäck auch einckecken müssen, können Sie die Wertsachen schnell herausnehmen und in die Manteltasche stecken.

Packen Sie keine Gegenstände in Ihr Bordgepäck, die für eine Waffe gehalten werden könnten (Schere, Messer etc.).

- Räumen Sie Ihre Brief- oder Handtasche auf. Lassen Sie alle Dinge, die Sie auf der Reise nicht benötigen zu Hause – z.B. Ihre Büchereikarte, die alten Kreditkartenquittungen und den Mitgliedsausweis Ihres Fitness-Studios. Bevor Sie das Haus verlassen und sich auf den Weg zum Flughafen machen, **schauen Sie nach, ob Sie das Flugticket eingesteckt haben!**

Schauen Sie ruhig mehrmals in Ihre Aktentasche, Ihre Brieftasche und Ihre Jackentaschen. bevor Sie das Haus verlassen. Kontrollieren Sie noch ein letztes Mal vor der Abfahrt des Taxis, ob Sie alles eingesteckt haben, was Sie für die Reise brauchen.

Hier noch einige weitere Reisetips:

- ✔ Besorgen Sie sich Koffer mit eingebauten Rollen oder, wenn Sie auf Ihren alten Reisekoffer nicht verzichten wollen, einen Wheelie, den Sie für die Reise auf den Koffer und zum Transport auf dem Flughafen oder Bahnhof unter das Gepäckstück schnallen können.
- ✔ Nehmen Sie eine größere Tasche mit, die Sie notfalls auch als Aktenkoffer verwenden können.
- ✔ Nehmen Sie ein aufblasbares Nackenkissen mit. Dieses Kissen stützt Ihren Nacken, wenn Sie im Flugzeug einnicken.
- ✔ Wenn Sie leicht ins Schwitzen kommen, sollten Sie ein Hemd beziehungsweise eine Bluse und ein Deodorant ins Handgepäck legen.
- ✔ Kaufen Sie sich einen Handgepäckkoffer mit großen Außentaschen, in die Sie Ihr Lesematerial für den Flug stecken können. Legen Sie Ihr Bordgepäck in die Ablage über den Sitzen mit der Außentasche nach oben. Auf diese Weise kommen Sie immer leicht an Ihre Reiselektüre oder Ihre geschäftlichen Unterlagen heran.
- ✔ Verstauen Sie alle Dinge, die Sie während des Fluges gerne in Ihrer Nähe haben, in einer kleinen Extratasche. Stecken Sie diese Tasche in die große Außentasche Ihres Handgepäckkoffers. Wenn Sie an Bord des Flugzeugs sind, nehmen Sie diese kleine Extratasche aus dem Handgepäckkoffer und legen Sie das Handgepäck in die Ablage über Ihrem Sitz.
- ✔ Wenn Sie Kontaktlinsen tragen, sollten Sie sie während des Fluges lieber herausnehmen und eine Brille aufsetzen.
- ✔ Wenn Sie für den Flug Freizeitkleidung tragen und gleich nach der Landung oder am darauf folgenden Morgen zu einer wichtigen Besprechung müssen, sollten Sie sicherheitshalber Ihren Anzug als Handgepäck mit ins Flugzeug nehmen.
- ✔ Ihre Zeitschriften, Bücher und geschäftlichen Unterlagen können Sie in einem Aktenkoffer oder einem kleinen Handgepäckkoffer mitnehmen, den Sie unter dem Sitz ablegen können.
- ✔ Ich weiß, ich wiederhole mich: Aber wenn Sie das Haus oder Ihr Büro verlassen, um zum Flughafen zu fahren, überprüfen Sie noch einmal, ob Sie das Flugticket, Ihren Reisepaß – wenn Sie ins Ausland reisen – und Ihr Geld eingesteckt haben.

- ✔ Packen Sie die Koffer, die Sie für den Flug einchecken, nicht zu voll. Dadurch werden die Scharniere und Schlösser nur unnötig belastet. Das Resultat: Die Schlösser könnten leicht von allein aufspringen.
- ✔ Wenn Ihr Handgepäckkoffer, der eigentlich in die Ablage passen würde, das Gewichtslimit für Kabinengepäck übersteigt, müssen Sie auch den einchecken.
- ✔ Verschließen Sie Ihre Koffer und Reisetaschen. Schlösser bieten zwar keinen Schutz gegen Diebe, verhindern aber das versehentliche Aufspringen der Verschlüsse.
- ✔ Kleben Sie einen hellen und farblich auffälligen Adreßaufkleber mit Namen, Adresse, privaten und dienstlichen Telefon- und Faxnummern auf Ihre Gepäckstücke. An diesen Aufklebern können Sie Ihr Gepäck schneller erkennen, wenn es aufs Laufband poltert.
- ✔ Legen Sie in jedes Gepäckstück einen Zettel mit Ihrem Namen, Ihrer Adresse und Ihrer Telefonnummer sowie eine Adresse und Telefonnummer, unter denen Sie an Ihrem Reiseziel zu erreichen sind.
- ✔ Nehmen Sie immer etwas mit, womit Sie sich während der Reise beschäftigen können: ein oder zwei gute Bücher (vorzugsweise Taschenbücher), einige Zeitschriften, einen Walkman oder einen tragbaren CD-Spieler.
- ✔ Vergessen Sie nicht, alle wichtigen Unterlagen für die Dienstreise einzustecken.
- ✔ Nehmen Sie Spesenabrechungsformulare, einen Notizblock, Schreibgeräte, ein Taschendiktiergerät und Ihren detaillierten Reiseplan (einschließlich Namen, Adressen, Telefonnummern und der genauen Zeiten Ihrer Besprechungen) mit. Nehmen Sie auch eine Liste der Hotels und Autoverleiher sowie eine Liste mit den Telefonnummern der wichtigen Leute mit, die Sie während Ihrer Dienstreise anrufen müssen.
- ✔ Dokumentieren Sie alle Ausgaben. Notieren Sie alle Aktivitäten und sammeln Sie Quittungen.
- ✔ Geben Sie eine Kopie Ihres Reiseplans Ihrer Sekretärin oder Ihrem Vorgesetzten, einem Familienmitglied oder Nachbarn und all den Gesprächspartnern, die Sie auf der Dienstreise treffen.
- ✔ Machen Sie ein Photo von Ihrem Koffer, und legen Sie es in Ihr Handgepäck. Dieses Photo kann für den Fall wichtig sein, daß Ihr Koffer verlorengeht.

Der Weg zum Flughafen

Der Verkehr auf dem Weg zum Flughafen ist immer ein Ärgernis, besonders, wenn man ohnehin schon spät dran ist. Planen Sie für diese Strecke deshalb immer etwas mehr Zeit als eigentlich erforderlich ein. Wenn Sie mit dem eigenen Auto zum Flughafen fahren und die Strecke nicht genau kennen, sollten Sie eine längere Fahrzeit einplanen. Sie könnten sich unterwegs womöglich verfahren.

- ✔ Wenn Sie Ihren Wagen auf dem Parkplatz am Flughafen abstellen wollen, müssen Sie damit rechnen, daß Sie auch für die Suche nach einem freien Stellplatz noch einige Zeit brauchen. (An den meisten Flughäfen sind die Parkplätze sehr knapp.) U- und S-Bahnen, Taxis oder ein Limo-Service sind die mehr oder weniger attraktiven Alternativen. Als guter Kunde einer Mietwagenfirma können Sie Ihren Wagen unter Umständen auch auf deren Firmenparkplatz abstellen und den firmeneigenen Busservice zum und vom Flughafen nutzen.

- ✔ Im Flughafengebäude müssen Sie immer mit ungeplanten Verzögerungen am Check-In-Schalter und bei den Personenkontrollen rechnen. Passagiere, die zum ersten Mal in Ihrem Leben in ein Flugzeug steigen, können zu erheblicher Schlangenbildung führen.

Check-In-Prozeduren am Flughafen

Wenn Sie am Flughafen sind, müssen Sie sich selbst und Ihr Gepäck einchecken.

Hier einige Tips zum Einchecken Ihres Gepäcks:

- ✔ Kommen Sie nicht auf die letzte Minute. Selbst wenn Sie den Flug noch erwischen, muß Ihr Gepäck vielleicht auf den nächsten warten.
- ✔ Achten Sie darauf, daß die Dame oder der Herr am Check-In-Schalter jedes Gepäckstück mit einem Gepäckzettel für den Zielflughafen versieht.
- ✔ Fragen Sie, bis zu welchem Flughafen Ihr Gepäck eingecheckt wird. (Falls Sie vor Erreichen Ihres Zieles schon einmal durch den Zoll müssen oder wenn Sie zwischendurch auf eine andere Gesellschaft umsteigen müssen, die kein Gepäckbeförderungsabkommen mit der ersten Gesellschaft hat, wird das Gepäck nicht bis zum eigentlichen Zielflughafen durchgecheckt.)

- ✔ Lassen Sie sich für jedes Gepäckstück einen Gepäckzettel geben. Werfen Sie diese Zettel erst weg, wenn Sie Ihr Gepäck abgeholt und die Gepäckabholung des Flughafens verlassen haben.
- ✔ Entfernen Sie vor einem Flug immer die Aufkleber, die vom letzten Flug noch auf dem Gepäckstück kleben.

Hier einige Tips zum Einchecken für den Flug:

- ✔ Melden Sie sich spätestens 30 Minuten vor der Anflugzeit am Check-In-Schalter. Die Fluggesellschaft kann Ihren reservierten Sitz an jemand anderen vergeben, auch wenn Sie bereits eine Bordkarte haben.

- ✔ Wenn Sie nicht früh genug einchecken, kann die Fluggesellschaft Sie auf den nächsten Flug umbuchen.
- ✔ Bringen Sie zum Einchecken einen Lichtbildausweis mit.
- ✔ Schauen Sie nach dem Einchecken nach, ob die Mitarbeiterin am Schalter nicht versehentlich zwei Coupons aus dem Ticketheft gerissen hat.
- ✔ Seien Sie freundlich und geduldig mit dem Mitarbeiter am Check-In-Schalter. Er oder sie ist der Mensch, der Ihnen bei eventuellen Problemen helfen kann.
- ✔ Falls Sie Hilfe brauchen, weil Sie vielleicht Rückenschmerzen oder Gehprobleme haben und nicht ohne Hilfe zum Abflug-Gate kommen, bitten Sie einen Mitarbeiter der Fluggesellschaft, Sie im Rollstuhl zum Gate fahren zu lassen.

- ✔ Wenn Sie zusammen mit Ihren Kindern reisen, stecken Sie sich Farbbilder der Kinder in die Brieftasche. Mit Hilfe dieses Photos können Sie Ihr Kind suchen lassen, falls es im Gedränge verlorengeht.

So vermeiden Sie Streß auf dem Flug

Reisen kann heutzutage ziemlich auf die Nerven gehen. Egal, was die Fluggesellschaften behaupten, aber den größten Teil der Reisezeit verbringt man mit Warten, Warten und nochmals Warten. Wir warten darauf, an Bord zu gehen. Wir warten darauf, daß die Maschine auf die Startbahn rollt. Wir warten, daß die Maschine abhebt. Wir warten darauf, daß die Maschine landet. Und wenn wir mehr als nur Handgepäck mitführen, müssen wir zum Schluß auch noch auf unser Gepäck warten.

Diese Wartezeiten lassen sich aber mit einigen Tricks verkürzen. Hier einige Tips zur Streßvermeidung:

- ✔ Buchen Sie immer den frühesten Flug, den Sie bekommen können. Bei frühen Flügen ist die Wahrscheinlichkeit für eine Verspätung geringer als bei den folgenden Flügen.
- ✔ Fliegen Sie möglichst immer in der Zeit zwischen Dienstag und Donnerstag oder am Sonntag.
- ✔ Versuchen Sie, möglichst nicht zur Rush-hour zum Flughafen zu fahren.
- ✔ Versuchen Sie, schon im Reisebüro einen Sitzplatz für den Flug reservieren zu lassen.
- ✔ Reservieren Sie immer einen Platz für den gesamten Flug, d.h., für den ersten und alle Anschlußflüge.
- ✔ Lassen Sie sich nicht einen Platz direkt an den Zwischenwänden geben. Sie haben dann nämlich keinen Sitz vor sich, unter den Sie Ihren Aktenkoffer schieben können. Außerdem sitzen auf diesen Plätzen immer Eltern mit Kindern. Ein Platz an einem der Ausgänge ist die bessere Alternative, weil Sie dort in der Regel mehr Beinfreiheit haben.
- ✔ Seien Sie immer einer der ersten an Bord, damit Sie Ihr Handgepäck garantiert noch in einem der Gepäckfächer unterbringen können. Dann können Sie sich auf Ihren Platz setzen und anfangen zu arbeiten, während die, die später kommen, mühsam versuchen müssen, einen Platz für ihre Taschen zu finden.
- ✔ Wenn Sie hungrig sind, bringen Sie sich etwas zu essen und zu trinken mit. Die meisten Fluggesellschaften sparen an den Mahlzeiten (die ohnehin nicht besonders gut sind) und bieten nur noch Erdnüsse und Erfrischungsgetränke an. (Wenn Sie sich einen Spaß gönnen wollen, kaufen Sie sich auf dem Weg zum Flughafen ein dickes Sandwich und freuen Sie über die neidischen Blicke der Flugbegleiter.

- ✔ Bereiten Sie immer einen Ausweichplan für den Fall vor, daß Ihr Flug verspätet ist oder ganz ausfällt.

- ✔ Wenn Sie sich die exakte Ankunfts- oder Abflugzeit bestätigen lassen wollen, rufen Sie die automatisierten Servicenummern Ihrer Fluglinie an, und warten Sie nicht, bis Sie mit einem Angestellten verbunden werden.

- ✔ Rechnen Sie bei jeder Flugreise mit Verspätungen. Flugzeuge haben immer Verspätungen – wegen mechanischer Probleme, wegen des Wetters oder wegen irgendwelcher Sachen, über die Ihnen die Fluggesellschaften bestimmt nichts erzählen werden. Bereiten Sie sich auf diese Fälle immer mit bestimmten Aufgaben vor, die Sie während des Fluges oder beim Warten auf dem Flughafen erledigen können. Wenn Sie sich etwas Entspannung gönnen wollen, packen Sie genügend Zeitschriften, ein Buch, einen Walkman oder einige Ihrer Lieblings-CDs ein, die Sie auf dem CD-Laufwerk Ihres Laptops abspielen können.

So haben Sie es auf dem Flug bequem

Während eines Fluges – egal, ob lang oder kurz – wird der Körper steif und unbeweglich. In kürzester Zeit fühlen Sie sich unbehaglich, weil Sie auf dem schmalen Flugzeugsitz in Ihrer Bewegungsfreiheit erheblich eingeschränkt sind.

- ✔ Die engen Sitze, die Ihre Bewegungsmöglichkeiten einschränken, und der ständige Druck auf die Oberschenkel schränkt die Blutzirkulation in den Beinen ein. Das Ergebnis sind oft geschwollene Füße oder Knöchel.

Hier deshalb einige Tips, wie Sie es sich auf einem Flug bequem machen können:

- ✔ Ziehen Sie bequeme Kleidung an, die Sie nicht einschnürt.
- ✔ Legen Sie sich ein kleines Kissen in den Nacken.
- ✔ Nehmen Sie ein aufblasbares Nackenkissen mit auf die Reise. Dieses Kissen unterstützt Kopf und Nacken und ermöglicht Ihnen ein entspannendes Nickerchen.

- ✔ Stehen Sie mindestens jede Stunde auf und machen Sie einen kleinen Spaziergang durch das Flugzeug. (Lassen Sie sich deshalb immer einen Sitz am Gang geben.) Wenn Sie im Flughafen auf einen Anschlußflug warten, nutzen Sie die Gelegenheit zu einem forschen Gang durch das Gebäude.
- ✔ Trinken Sie viel Wasser (bringen Sie Ihre eigene Flasche mit) oder koffein- und alkoholfreie Getränke. Ein Drittel Liter pro Stunde wäre ein gutes Maß. (Vermeiden Sie kohlensäurehaltige Getränke.)

Kleine Lockerungsübungen für den Flug

Hier noch einige Tips für Lockerungsübungen, die Sie auf Ihrem Sitz durchführen können. Wiederholen Sie sie einmal pro Stunde, und Sie werden während des ganzen Fluges locker und fit bleiben:

- ✔ Recken Sie Ihre Arme über den Kopf.
- ✔ Strecken Sie Ihre Beine aus.
- ✔ Lassen Sie den Kopf kreisen.
- ✔ Lassen Sie Ihre Hände kreisen.
- ✔ Machen Sie dasselbe auch mit den Füßen.
- ✔ Strecken Sie Ihre Finger kräftig aus, und bewegen Sie Ihre Zehen.
- ✔ Rollen Sie mit den Schultern.
- ✔ Ziehen Sie den Bauch ein, und beugen Sie sich nach vorne. Damit strecken Sie Ihre untere Rückenpartie.
- ✔ Spannen und entspannen Sie ein paarmal Ihre Bauchmuskeln.
- ✔ Spannen und entspannen Sie ein paarmal Ihre Gesäßmuskeln.
- ✔ Heben Sie das linke Knie bis zum rechten Ellenbogen, dann das rechte Knie zum linken Ellenbogen. Wiederholen Sie diese Übung einige Male.

Schützen Sie Ihre Ohren

Viele Flugpassagiere leiden während des Fluges unter Ohrenschmerzen. Wenn das Flugzeug an Höhe verliert, wird die Eustachische Röhre im Mittelohr durch den Luftdruckanstieg zusammengedrückt.

Das Mittelohr kann sich sogar mit Flüssigkeit füllen und völlig verschlossen werden. In schlimmen Fällen kann das Mittelohr sogar platzen.

Im dieses Risiko zu verringern, sollten Sie vor dem Start und eine Stunde vor der Landung ein schleimhautlösendes Mittel nehmen.

- ✔ Dauert der Flug länger als vier Stunden, versuchen Sie es mit einem Nasenspray. Wenden Sie das Spray eine halbe bis eine Stunde vor der Landung an und dann noch einmal, wenn das Flugzeug zur Landung ansetzt und in den Sinkflug übergeht.

Wenn Ihre Ohren nicht von selbst wieder frei werden, versuchen Sie folgende Übung:

1. Schließen Sie den Mund.
2. Halten Sie sich die Nase zu.
3. Drücken Sie die Luft aus der Lunge durch die Nase in die Ohren.

Am Knacken im Ohr merken Sie, wenn das Mittelohr sich wieder öffnet.

Mit dieser Übung können Sie sich vorübergehend Erleichterung verschaffen. Wiederholen Sie die Übung zum Druckausgleich während des Landeanfluges so oft wie nötig.

Sie können sich auch dadurch Erleichterung verschaffen, daß Sie während des Sinkfluges einen Kaugummi kauen.

Der schnelle Weg zum Gepäck

Nachdem Sie am Ziel angekommen sind, müssen Sie Ihr Gepäck abholen. Hier einige Tips:

- ✔ Überprüfen Sie die Gepäckanhänger, um sicherzugehen, daß es sich bei dem Gepäckstück auch um Ihres handelt. (Viele Koffer sehen gleich aus.)
- ✔ Wenn Ihr Gepäck offen, mit geöffneten Schlössern oder sichtbar beschädigt ankommt, überprüfen Sie sofort, ob etwas fehlt oder der Inhalt beschädigt ist. Ist das der Fall, melden Sie den Verlust oder den Schaden bei den zuständigen Mitarbeitern der Fluggesellschaft an.
- ✔ Melden Sie der Fluggesellschaft alle Probleme mit dem Gepäck, bevor Sie den Flughafen verlassen.

- ✔ Wenn Sie die langen Warteschlangen vor den Taxiständen an den großen internationalen Flughäfen umgehen wollen, nehmen Sie sich einen Gepäckträger – auch wenn Sie nur einen Aktenkoffer oder eine Handtasche zu tragen haben. Diese Leute haben normalerweise eine Sondervereinbarung mit dem Taxi-Dispatcher, der Ihnen schnellstens einen Wagen besorgen wird.

Ab und zu passiert es, daß Sie zwar sicher am Ziel angekommen, das Gepäck aber auf der Strecke bleibt. (Tatsächlich passiert das sogar gar nicht so selten.)

Hier einige Tips für den Umgang mit den Mitarbeitern der Fluggesellschaft, wenn Sie plötzlich ohne Gepäck dastehen.

- ✔ Versuchen Sie, den Mitarbeitern eine genaue Beschreibung Ihres Gepäcks zu geben, um ihnen die Suche zu erleichtern. (Weiter vorne habe ich empfohlen, ein Photo von Ihren Koffern usw. zu machen.)
- ✔ Bestehen Sie darauf, daß der Mitarbeiter der Fluggesellschaft ein Verlustformular ausfüllt und Ihnen eine Kopie gibt – auch wenn er Ihnen versichert, daß das Gepäck mit dem nächsten Flug ankommen wird. Lassen Sie sich den Namen des Mitarbeiters und seine Durchwahlnummer geben, um die Angelegenheit weiter verfolgen zu können.
- ✔ Wenn der Mitarbeiter Ihre Gepäckabholzettel behalten muß, überprüfen Sie, ob die Nummern auf Ihrer Kopie der Verlustmeldung verzeichnet sind. Am besten notieren Sie sich die Nummern immer gleich nach jedem Check-In.
- ✔ Bitten Sie den Mitarbeiter, daß man Ihnen das Gepäck ins Hotel oder nach Hause (kostenfrei) nachschickt.
- ✔ Fragen Sie den Mitarbeiter, ob Sie einen Vorschuß bekommen oder ob die Fluggesellschaft alle Ausgaben ersetzt, falls Sie etwas kaufen müssen, weil Ihr Gepäck verlorengegangen ist.
- ✔ Nachdem Ihr Gepäck im Hotel angekommen ist, öffnen Sie es sofort und überprüfen Sie, ob irgend etwas fehlt. Wenn etwas fehlt oder beschädigt ist, rufen Sie sofort die Fluggesellschaft an. Notieren Sie sich den Namen und die Position des Mitarbeiters, mit dem Sie sprechen, sowie Datum und Uhrzeit des Gesprächs. Fragen Sie den Mitarbeiter, was Sie als nächstes unternehmen sollen. Bestätigen Sie dieses Gespräch in einem Brief an die Fluggesellschaft.

Schadensersatz bei Verlust oder Beschädigung

Wenn Ihr Gepäck auf einem Flug verloren geht oder beschädigt wird, müssen Sie sich wegen des Schadensersatzes zunächst einmal an die Fluggesellschaft wenden. Schreiben Sie innerhalb von sieben Tagen nach dem Datum, an dem Sie Ihr Gepäck eigentlich hätten haben sollen. Sie sollten diesem Brief außerdem Quittungen über die Ausgaben beifügen, die Ihnen durch den Verlust oder die Beschädigung des Gepäcks entstanden sind. (Adressieren Sie Ihren Brief an die Filiale am Zielort, und schicken Sie eine Kopie an die Hauptgeschäftsstelle.)

Schreiben Sie einen freundlichen Brief. Geben Sie in diesem Brief Ihre Vielflieger-Nummer an (wenn vorhanden), und schildern Sie ausführlich, welche Unannehmlichkeiten Ihnen durch den Verlust Ihres Gepäcks entstanden sind. Fügen Sie eine detaillierte Liste all der Gegenstände bei, die Sie sich als Ersatz haben beschaffen müssen.

Fragen Sie auch bei Ihrer Hausratversicherung nach, inwieweit sie für Verlust oder Beschädigung Ihres Reisegepäcks aufkommt. Viele Wertsachen wie etwa Schmuck, Kameras, Pelze und Edelmetalle werden von einer normalen Hausratversicherungen meistens nicht abgedeckt.

Einen Wagen mieten

Die Prozedur beim Anmieten eines Leihwagens kann sehr viel Zeit in Anspruch nehmen, was besonders unangenehm ist, wenn Sie wegen eines in Kürze stattfindenden Termins in Eile sind. Wenn Sie die folgenden Tips beachten, können Sie den ganzen Vorgang ein bißchen beschleunigen:

- ✔ Wenn Sie vorher wissen, daß Sie einen Leihwagen brauchen werden, sollten Sie immer im voraus reservieren.
- ✔ Wenn Sie wissen, dass Sie verspätet am Ziel ankommen werden, informieren Sie die Autovermietung – wenn nötig vom Flugzeugtelefon aus –, daß Sie später kommen.
- ✔ Verschwenden Sie am Schalter der Autovermietung Ihre Zeit nicht mit Fragen über die Mietbedingungen etc. Die Fragen sollten Sie klären, wenn Sie die Reservierung machen. Wenn Sie Anspruch auf einen bestimmten Rabatt haben, sollten Sie das schon bei der Reservierung erwähnen.
- ✔ Wenn Sie erst einmal am Schalter stehen, sollten Sie keine Änderungen an Ihrer Reservierung vornehmen.
- ✔ Erkundigen Sie sich bei der Reservierung nach den Versicherungsoptionen und -leistungen.

- Reservieren Sie sich Ihren Mietwagen bei verschiedenen Autovermietern. Wenn Sie dann am Ziel angekommen sind, suchen Sie sich einfach den Vermieter mit der kürzesten Warteschlange aus. (Informieren Sie sich aber vorher darüber, ob eine Gebühr fällig wird, wenn Sie den reservierten Wagen nicht abholen.)

- Werden Sie Mitglied im Express-Programm Ihres bevorzugten Autovermieters. Damit können Sie lange Wartezeiten vermeiden und sofort nach der Ankunft am Zielflughafen zu Ihrem Wagen eilen. (Die meisten Autovermieter berechnen eine jährliche Gebühr für dieses Programm, auf die aber oft verzichtet wird, wenn Sie Vielflieger sind.)

Der Kontakt zur Heimat

Bevor Sie auf Reisen gehen, sollten Sie jemanden in Ihrer Heimatstadt als Kontaktperson bestimmen. Diese Kontaktperson übermittelt Ihnen alle wichtigen Mitteilungen. Bitten Sie Ihre Familie, sich an diesen Menschen zu wenden, wenn sie mit Ihnen in Kontakt treten will. Wie oft Sie diese Kontaktperson anrufen sollten, hängt immer von der Art und Dauer der Reise ab.

Ihre Kontaktperson sollte eine Kopie Ihres Termin- und Reiseplans haben – komplett mit Hotels, Telefon- und Faxnummern. Fax und E-Mail sind ideale Kommunikationsmedien, wenn Ihre Reise Sie einige Zeitzonen von Ihrer Heimat fortführt.

- Sorgen Sie für eine Kontaktperson, die immer genau weiß, wo Sie sich gerade aufhalten. (Das ist bei einer Vergnügungsreise vielleicht sogar wichtiger als bei einer Dienstreise.)

Wenn Sie Geld sparen wollen, sollten Sie nicht vom Hotelzimmer aus telefonieren. Hotels erheben meistens einen beträchtlichen Aufschlag zu den normalen Gebühren.

Sie können den Kontakt zur Heimat auch über E-Mail-Nachrichten halten. Wahrscheinlich nehmen Sie ja Ihren Laptop ohnehin mit auf die Reise. Zum Laptop gibt es aber noch einige kleinere Alternativen wie beispielsweise den PalmPilot oder den Mobilon von Sharp, die ich in Kapitel 22 kurz beschreibe.

Reisen mit dem Rechner

Computer sind eine großartige Erfindung, und man kann sich mit diesen nur zwei, drei oder vier Pfund schweren Geräten eine Menge Arbeit ersparen. Sie sind allerdings nicht viel wert, wenn der Strom fehlt oder Sie die Geräte nicht ans Hoteltelefon anschließen können. Wenn Sie mit einem Computer auf Reisen gehen, sollten Sie sich deshalb vorher über einige Kommunikationsvoraussetzungen klar werden. Hier einige Tips:

- ✔ Fragen Sie bei der Zimmerreservierung nach einem Zimmer mit Modemanschluß. (Die meisten großen Hotelketten haben Ihre Zimmer mit Modemanschlüssen ausgestattet.)
- ✔ Überprüfen Sie vor der Abreise, ob Ihre Laptop-Akkus voll geladen sind. Die Sicherheitsleute am Flughafen werden Sie wahrscheinlich bitten, das Gerät einzuschalten, um zu überprüfen, ob es sich auch wirklich um einen Rechner handelt.
- ✔ Nehmen Sie immer einen vollen Reserveakku mit, damit Sie weiterarbeiten können, wenn der erste Akku leer ist.
- ✔ Nehmen Sie immer folgende Verlängerungskabel mit auf die Reise, damit Sie in Ihrem Zimmer auch bequem mit dem Rechner arbeiten können: Strom-Verlängerungskabel, Telefonanschlußverlängerung, Zwillingsstecker für Telefonanschluß. (Vergessen Sie aber nicht, alles wieder mitzunehmen, wenn Sie das Hotel verlassen.)
- ✔ Nehmen Sie immer einen Schraubenzieher und ein Taschenmesser mit, um eventuell die Blenden von Steckdosen entfernen und Kabel abisolieren zu können. Wenn Sie wirklich auf alles vorbereitet sein wollen, packen Sie auch einen Akustik-Koppler, Krokodilklemmen zur Verbindung Ihres Modem mit der Telefonleitung und einen Spannungsprüfer zum Aufspüren der stromführenden Telefonleitungen ein.
- ✔ Nehmen Sie einige leere Disketten mit, um Ihre wichtigen Daten zu sichern.
- ✔ Packen Sie alle Zusatzgeräte für den Laptop in den Koffer, um sie nicht ständig mit sich herumtragen zu müssen.

Hier noch ein paar Tips für Reisen ins Ausland:

- ✔ Wenn Sie ins Ausland reisen, überprüfen Sie den Stromadapter Ihres Laptop-Rechners. Vergewissern Sie sich, daß der Rechner auf 110/120 Volt beziehungsweise 220/240 Volt umschaltbar ist. Wenn nicht, kaufen Sie sich einen Stromkonverter.
- ✔ Packen Sie Steckeradapter für die im Ausland verwendeten Steckdosen ein. In den meisten Computerläden finden Sie ein breites Sortiment unterschiedlicher Adapter.
- ✔ Denken Sie auch an Adapter für die unterschiedlichen Telefonanschlüsse.

Schützen Sie Ihre Daten mit einem Kennwort

Schützen Sie Ihre Daten immer mit einem Kennwort. Am besten aktivieren Sie den Kennwortschutz Ihres Rechners so, daß der Rechner von niemandem eingeschaltet werden kann. Aktivieren Sie daneben aber auch noch den Kennwortschutz für die einzelnen Anwendungen.

Wählen Sie ein Kennwort, das sich nicht so leicht knacken läßt. Nehmen Sie bloß nicht den Namen Ihrer Frau oder Ihrer Tochter. Andererseits sollten Sie auch kein so kompliziertes Kennwort wählen, daß Sie es sich irgendwo notieren müßten.

So schützen Sie den Rechner während der Reise

Wenn Sie die folgenden Tips zum Schutz Ihres Rechners befolgen, werden Sie ihn gesund und unbeschädigt wieder nach Hause zurückbringen:

- ✔ Wenn Sie einen brandneuen Super-Laptop mit den neuesten technischen Features haben, sollten Sie ihn ein bißchen tarnen. Tragen Sie ihn in einem einfachen, aber robusten Aktenkoffer, der für Diebe nicht attraktiv genug aussieht. Gehen Sie niemals mit einem speziellen Laptop-Koffer auf Reisen. Diese Koffer tragen die nur für Diebe sichtbare Aufschrift: Klau mich!
- ✔ Wenn Sie nicht gerade mit ihm arbeiten, halten Sie den Rechner auf dem Flughafen oder im Flugzeug immer so, daß er nicht allzusehr auffällt.
- ✔ Tragen Sie den Rechner immer mit sich herum – auch wenn Sie sich nur kurz die Hände waschen gehen.
- ✔ Schützen Sie den Rechner mit einem Kennwort, so daß er sich nicht hochfahren läßt.
- ✔ Kleben Sie Ihren Namen und Ihre Adresse auf den Rechner.
- ✔ Geben Sie Ihren Laptop niemals zusammen mit dem Gepäck auf.
- ✔ Wenn Ihr Hotelzimmer einen ausreichend großen Safe hat, bewahren Sie den Rechner dort auf. Anderenfalls sollten Sie an der Rezeption nach dem Hotelsafe fragen.
- ✔ Fragen Sie Ihren Versicherungsvertreter oder Ihre Firma, ob Ihr Rechner auf Reisen versichert ist.

Denken Sie auch an den eigenen Schutz

Auf Reisen sollten Sie immer wachsam sein und Ihre Umgebung ständig im Auge haben.

Seien Sie wachsam

Seien Sie mißtrauisch, wenn Sie jemand anspricht und Sie auf einen Fussel auf der Jacke aufmerksam machen will oder Ihnen irgendeine belanglose Frage stellt. Das könnte ein Ablenkungsmanöver sein! Es könnte gut sein, daß dieser Mensch Teil eines Teams ist und Sie nur ablenken will, während sein Kumpan Ihre Brieftasche entwendet.

Wen Sie mit öffentlichen Verkehrsmitteln fahren, sollten Sie ein wachsames Auge auf die direkt neben Ihnen Stehenden haben.

Hier noch einige weitere Sicherheitshinweise:

- ✔ Vorsicht vor Motorradfahrern, die von hinten auf Sie zugefahren kommen! Tragen Sie Ihre Handtasche immer auf der der Straße abgewandten Seite, und halten Sie sie gut fest, wenn der Motorradfahrer näherkommt. Lassen Sie sie niemals locker über der Schulter hängen.
- ✔ Wenn Sie sich im dichten Menschengewühl auf der Straße bewegen, sollten Sie Ihre Handtasche fest unter den Arm klemmen. Anstatt Ihr Geld in der Brieftasche zu verwahren, sollten Sie es lieber in einen Geldgürtel stecken.
- ✔ Stecken Sie Ihr Geld in einen Brustbeutel, den Sie unter dem Hemd tragen können.
- ✔ Stecken Sie Ihr Portemonnaie nicht in die Gesäßtasche. Sie machen sich keine Vorstellung davon, wie schnell ein versierter Taschendieb Ihnen das Portemonnaie dort stehlen kann.
- ✔ Lassen Sie nichts – nicht einmal einen Regenschirm – sichtbar in Ihrem Leihwagen liegen.
- ✔ Wenn Sie Ihr Gepäck im Auto haben, lassen Sie den Wagen niemals aus den Augen.

- ✔ Seien Sie besonders vorsichtig beim Besuch touristischer Sehenswürdigkeiten. Dort passieren die meisten Diebstähle.
- ✔ Begeben Sie sich nicht selber in Gefahr. Seien Sie besonders bei folgenden Gelegenheiten vorsichtig:

- ✔ Machen Sie einen großen Bogen um die kleinen Gruppen herumlungernder Menschen auf dunklen Parkplätzen, auf Hinterhöfen und an anderen dunklen Ecken.
- ✔ Achten Sie auf die Leute, die Sie beim Gang in die Bank oder am Geldautomaten beobachten.
- ✔ Achten Sie auf Leute in geparkten Autos, die so aussehen, als beobachteten sie Sie.
- ✔ Achten Sie auf Leute, die Ihnen ständig folgen.
- ✔ Seien Sie vorsichtig bei Leuten, die Ihnen an unübersichtlichen Orten begegnen, wie beispielsweise in U-Bahn-Stationen oder in Tiefgaragen.
- ✔ Seien Sie mißtrauisch bei Fremden, die Sie nach der Uhrzeit oder nach dem Weg fragen. Sie sind eventuell nur eine Ablenkung.
- ✔ Seien Sie vorsichtig bei Leuten, die Sie in der U-Bahn oder im Bus anrempeln.

- ✔ Wenn Sie sich in Gegenden aufhalten, in denen Raub und Diebstahl zur Tagesordnung gehören, tragen Sie immer zwei Portemonnaies: eines für Sie und eines für den Räuber.

Vermeiden Sie gefährliche Situationen

Um Situationen zu vermeiden, die zu einem persönlichen Angriff führen können, halten Sie sich am besten fern von:

- ✔ Gebüschen, dunklen Hauseingängen und anderen Orten, an denen man Ihnen auflauern könnte.
- ✔ einsamen Straßen und Parkplätzen, bei Nacht auch von Fahrstühlen, öffentlichen Toiletten oder Wasch-Centern.
- ✔ schlecht beleuchteten oder einsam stehenden Geldautomaten.

So schützen Sie sich gegen Car-Jacking

Hier einige Tips, wie Sie sich gegen Überfälle auf sich und Ihren Wagen schützen können:

- ✔ Schauen Sie sich in der Tiefgarage oder auf dem Parkplatz gründlich um, bevor Sie ins Auto steigen.
- ✔ Halten Sie Ihre Autoschlüssel bereit, wenn Sie das Parkhaus oder die Tiefgarage betreten.
- ✔ Schauen Sie auf den Rücksitz, bevor Sie sich ins Auto setzen.
- ✔ Verriegeln Sie nach dem Einsteigen sofort alle Türen.
- ✔ Wenn Sie vor einer roten Ampel bremsen müssen, halten Sie genug Abstand zum Vordermann, um bei Gefahr schnell losbrausen zu können.
- ✔ Wenn sich jemand Ihrem Auto nähert, seien Sie darauf vorbereitet, auf die Hupe zu drücken, den Warnblinker einzuschalten und aufs Gas zu drükken.
- ✔ Lassen Sie keine Wertsachen im Auto liegen.

Sicherheit im Hotel

Gute Hotels geben die Zimmernummer und andere Informationen über ihre Gäste niemals weiter. Wenn Sie Ihren Schlüssel an der Rezeption abholen, wird wirklich gutes Empfangspersonal niemals Ihre Zimmernummer erwähnen, wenn andere Leute in der Nähe sind, und Ihnen den Schlüssel immer so überreichen, daß die Zimmernummer für andere nicht zu sehen ist.

Hier einige Tips, wie Sie sich im Hotel zusätzlich schützen können:

- ✔ Schauen Sie immer erst durch den Spion, bevor Sie Ihre Zimmertür öffnen. Wenn Sie den Menschen vor der Tür nicht kennen, oder wenn er behauptet, zum Hotel zu gehören, Sie aber nichts bestellt haben, fragen Sie bei der Rezeption nach.
- ✔ Laden Sie niemals Fremde – Leute, die Sie gerade erst kennengelernt haben – in Ihr Hotelzimmer ein.
- ✔ Ziehen Sie den Zimmerschlüssel sofort ab, nachdem Sie die Tür geöffnet haben. Wenn Sie Angst haben, den Zimmerschlüssel zu verlieren, geben Sie ihn beim Verlassen des Hotels an der Rezeption ab.
- ✔ Lassen Sie Feuertüren niemals offenstehen. Diese Türen dienen Ihrer Sicherheit.

- ✔ Entfernen Sie niemals die Batterien aus dem Rauch-Detektor.
- ✔ Lassen Sie Ihren Laptop nicht im Zimmer herumliegen, sondern schließen Sie ihn in Ihrem Aktenkoffer ein. (Als zusätzliche Sicherung können Sie einen kleinen Bewegungsmelder im Aktenkoffer installieren.) In manchen Hotels können Sie Ihren Rechner auch an der Rezeption abgeben.
- ✔ Kleine Kinder sollten nur in Begleitung eines Erwachsenen an den Hotel-Pool gelassen werden, auch wenn ein Bademeister anwesend ist.
- ✔ Erledigen Sie Ihre geschäftlichen Angelegenheiten nicht im Hotelzimmer. Treffen Sie sich mit Ihren Gesprächspartner lieber in der Lobby oder im Restaurant.
- ✔ Zimmer in der Nähe der Notausgänge und Feuerschutztüren sind für Diebe besonders leicht zu erreichen.

Schützen Sie Ihr Haus während Ihrer Abwesenheit

Wenn Sie auf eine Dienstreise gehen, sollten Sie dafür sorgen, daß auch Ihr Haus geschützt ist. Hier einige Tips:

- ✔ Installieren Sie ein Alarmsystem – am besten eines, das sich von außen aktivieren beziehungsweise deaktivieren läßt. Die Ausgaben für diesen Schutz sind ein kleiner Preis im Vergleich zu dem Gefühl, Ihre Familie und Ihre Besitztümer in Sicherheit zu wissen.
- ✔ Überprüfen Sie die Schlösser an den Türen und Fenstern. Wechseln Sie alle Schlösser aus, die nicht ordnungsgemäß funktionieren.
- ✔ Sichern Sie Ihre Schiebetüren durch einen kleinen Stift in der Schiene.
- ✔ Nehmen Sie alle Schlüssel an sich. Lassen Sie keine Schlüssel bei der Reinmachefrau, unter Fußabtretern oder im Briefkasten.
- ✔ Sichern Sie alle Fenster mit Schlössern.
- ✔ Strahlen Sie Haus mit Scheinwerfern an, und leuchten Sie auch die dunklen Ecken aus.
- ✔ Aktivieren Sie die Alarmanlage, bevor Sie das Haus verlassen.
- ✔ Installieren Sie automatische helligkeits- oder bewegungsempfindliche Sensoren für die Außenleuchten.
- ✔ Bestellen Sie die Zeitung ab, und bitten Sie einen Nachbarn, Ihren Briefkasten regelmäßig zu leeren.
- ✔ Schließen Sie ein paar Lampen in verschiedenen Zimmern an einen Timer an.
- ✔ Schließen Sie nicht alle Fenster und Rolläden. Damit weisen Sie Diebe nur darauf hin, daß Sie verreist sind.

- ✔ Wenn Sie einen Pool haben, denken Sie daran, ihn abzudecken. Verschließen Sie alle Zugänge zu Ihrem Grundstück. Installieren Sie einen Pool-Alarm. Diese Schutzmaßnahme wird Ihre Nachbarn alarmieren, wenn jemand während Ihrer Abwesenheit den Pool benutzt.
- ✔ Schließen Sie den Hauptwasserhahn. Damit stellen Sie sicher, daß Ihr Haus bei einem Wasserrohrbruch nicht vollständig unter Wasser gesetzt wird.
- ✔ Lassen Sie einen Schlüssel und Ihren Reiseplan bei einem vertrauenswürdigen Nachbarn.

Hier noch einige abschließende Hinweise:

- ✔ Sie sollten sich überlegen, ob Sie nicht für die Zeit Ihrer Abwesenheit einen Haus-Sitter engagieren, der Ihren Hund füttert, den Blumen Wasser gibt und das Haus bewohnt aussehen läßt.
- ✔ Lassen Sie sich von der Polizei beraten, welche Stellen Ihres Hauses besonders einbruchgefährdet sind. Informieren Sie sich bei der Feuerwehr, wie Sie Ihr Haus am besten gegen einen Brand schützen können.

Was Sie bei Reisen ins Ausland beachten sollten

Wenn Sie ins Ausland reisen, benötigen Sie bestimmte Reisedokumente. Für die meisten Länder innerhalb Europas brauchen Sie lediglich einen Personalausweis. Einen Reisepaß (und ein Visum) brauchen Sie eigentlich nur für Länder außerhalb Europas. Wenn Sie wissen wollen, welche Reisedokumente für Ihr Reiseziel erforderlich sind, erkundigen Sie sich beim Generalkonsulat oder der Botschaft des betreffenden Landes. Bei diesen Stellen erfahren Sie außerdem, ob ein Visum erforderlich ist und wie Sie es beantragen können. Ein Visum ist ein Schriftstück oder ein Stempel in Ihrem Reisepaß, in oder mit dem die fremde Regierung bestätigt, daß Sie das Land für eine bestimmte Zeit besuchen können. Auskünfte über Visa und Reisepaß erteilen außerdem die meisten Reisebüros.

Denken Sie an eine Reise-Krankenversicherung

Wenn Sie auf einer Auslandsreise ernsthaft krank werden, können die Arzt- oder Krankenhauskosten schnell in die Tausende gehen. Erkundigen Sie sich vor der Reise bei Ihrer Krankenversicherung, welche Kosten bei Reisen ins Ausland übernommen werden, und bei welchen Ländern es sich lohnt, einen Auslands-Krankenschein mitzunehmen.

Wenn Sie auf Nummer sicher gehen wollen, sollten Sie eine zusätzliche private Reise-Krankenversicherung abschließen. In diesem Fall werden auch die Kosten für einen eventuell erforderlichen Rücktransport in die Heimat übernommen. Einzelheiten über die Kosten und

Bedingungen einer Reise-Krankenversicherung erfahren Sie bei Ihrer Versicherung oder im Reisebüro.

Wenn Sie während einer Urlaubsreise ernsthaft krank oder verletzt werden, wenden Sie sich an das nächste deutsche Konsulat. Dort bekommen Sie eine Liste der Ärzte, Zahnärzte, Fachärzte und Krankenhäuser in der Region.

Auslandsreisen – die wichtigsten Tips in aller Kürze

Hier noch ein paar abschließende Bemerkungen zu Auslandsreisen:

- ✔ **Geben Sie Verwandten, Freunden oder Kollegen einen Reiseplan:** Dieser Reiseplan sollte die Namen, Adressen und Telefonnummern Ihrer Gesprächspartner sowie der Hotels enthalten, in denen Sie absteigen werden. Legen Sie dem Reiseplan auch eine Kopie der wichtigen Seiten Ihres Reisepasses bei.
- ✔ Erstellen Sie eine Liste der wichtigsten Nummern: Reisepaßnummer, Kreditkartennummern, Nummern der Reiseschecks und des Flugtickets. Lassen Sie eine Kopie zu Hause, und stecken Sie eine Kopie in Ihr Gepäck – jedoch nicht zu den Wertsachen.
- ✔ **Lassen Sie Ihre Wertgegenstände zu Hause.** Nehmen Sie keine Gegenstände auf die Reise mit, die Sie nur ungern verlieren würden. Lassen Sie teuren Schmuck und alle Gegenstände von ideellem Wert immer zu Hause.
- ✔ **Besorgen Sie sich einen internationalen Führerschein.** Für viele Länder brauchen Sie einen internationalen Führerschein. Erkundigen Sie sich vor der Reise bei der Botschaft oder dem Konsulat, ob Sie für das betreffende Land einen internationalen Führersein brauchen und welche Versicherungen erforderlich sind.
- ✔ **Bestätigen Sie Ihre Flugreservierung.** Bestätigen Sie bei Flügen ins Ausland Ihren Rückflug mindestens 72 Stunden vor dem geplanten Abflugtermin. Wenn Ihr Name nicht auf der Reservierungsliste erscheint, besteht die Gefahr, bei Überbuchung des gewünschten Fluges auf den nächsten Flug gebucht zu werden. Wenn Sie sich die Reservierung in einer Filiale der Fluggesellschaft persönlich bestätigen lassen, bitten Sie um einen schriftlichen Nachweis. Wenn Sie die Reservierung telefonisch bestätigen lassen, notieren Sie sich den Namen und die Telefonnummer Ihres Gesprächspartners sowie das Datum und die Uhrzeit des Gesprächs.

Teil VI

Zeitmanagement und technischer Fortschritt

The 5th Wave **By Rich Tennant**

"Frau Leisten, ich speichere die Gemeindedaten unter 'Seelen', meine Predigten unter 'Gnade' und die Spenden unter 'Amen' ab."

In diesem Teil ...

Ihre Zeitmanagementtechniken müssen sich am technischen Fortschritt orientieren. In diesem Teil erfahren Sie, wie Sie moderne Tools zum Zeitmanagement optimal einsetzen können.

So holen Sie das Beste aus Ihrem Rechner heraus

21

In diesem Kapitel

- Was tun, wenn nicht genug Platz auf der Festplatte ist?
- Mehr Speed für den Rechner
- Zusätzlichen Arbeitsspeicher aufnehmen
- Die Software aktualisieren
- Ein schnelleres Modem anschließen
- Wie sollte der nächste Rechner ausgestattet sein?

Wenn Sie morgens die Zeitung aufschlagen, wundern Sie sich dann auch jedesmal über die ständig sinkenden Preise für Computer? Könnten Sie sich auch selber treten, wenn Sie daran denken, wieviel Sie für Ihren aktuellen Rechner gezahlt haben? Mir ging es früher genauso. Aber Sie sollten wirklich aufhören, sich jeden Tag aufs Neue zu ärgern.

Betrachten Sie Ihren Rechner als Gebrauchsgegenstand. Wenn Sie ihn zwei oder drei Jahre ausgiebig genutzt haben, hat sich die Ausgabe gelohnt. Die 2.000 oder 3.000 Mark, die Sie vielleicht für den Rechner ausgegeben haben, haben sich in Form höherer Produktivität mehr als bezahlt gemacht.

Und wenn Sie Ihren nächsten Rechner kaufen, werden Sie wieder feststellen, daß Sie mit dessen höherer Geschwindigkeit und Performance zusätzlich Zeit sparen können und mehr Arbeit in weniger Zeit und mit weniger Mühe erledigen und gleichzeitig mehr Geld verdienen können.

Als ich mein erstes Textverarbeitungssystem kaufte, ein wirklich zuverlässiges, bezahlte ich umgerechnet fast 4.000 DM dafür, plus weitere 1.000 DM für einen Papiereinzug (Ja, wirklich!). Das war 1988. 1990 habe ich meinen ersten Computer gekauft – einen 386er-Rechner mit 16 MHz, einem 14-Zoll-Monitor und einem 300-dpi-Drucker. Heute können Sie einen Pentium-Computer mit Monitor und Drucker für weniger als 3.000 DM bekommen.

Jetzt werden Sie aber nicht nervös! Ich schreibe dieses Kapitel nicht, weil ich denke, daß Sie jetzt losrennen und einen neuen Computer kaufen sollten.

Ich schreibe dieses Kapitel, weil Sie die Leistung Ihres derzeitigen Rechners mit einer ganzen Reihe von Maßnahmen steigern können. Irgendwann müssen Sie Ihren Rechner ersctzen, aber vielleicht können Sie den Kauf noch ein Jahr hinauszögern, und bis dahin werden die Computer noch billiger geworden sein.

(Weiter hinten in diesem Kapitel werde ich Ihnen sagen, wie Ihr neuer Computer ausgestattet sein sollte.)

Wenn Sie sich wundern, was ein Kapitel über Computer in ein Buch über Zeitmanagement zu suchen hat, hier die einfache Antwort: Wenn Sie an Ihrem Computer sitzen und nichts passiert, dann vergeuden Sie Zeit. Und da Zeit Geld ist, sollten Sie das Beste aus Ihrem Computer herausholen.

Einige der Anmerkungen auf den nächsten Seiten sind ein bißchen technisch. Wenn Sie nicht mit den inneren Vorgängen Ihres Computers vertraut sind, versuchen Sie nicht, die Vorschläge allein in die Tat umzusetzen. Laden Sie einen Computerfachmann zum Abendessen ein, und fragen Sie ihn beiläufig, ob er Ihnen bei einer kleinen Sache helfen kann.

Wenn Sie immer noch mit einem 486er oder einem der ersten Pentiums arbeiten, ist es an der Zeit, einen neuen zu kaufen!

OK, ich habe gelogen. Sie sollten doch nervös werden, denn wenn Sie immer noch mit einem alten 486er oder einem der ersten Pentium-Computer arbeiten und obendrein kein Windows 95/98 haben, hat es keinen Sinn, noch weiterzulesen. Dann ist Ihr Computer für jeden Rettungsversuch zu alt. Er hat einfach nicht genügend PS, um Sie ins nächste Jahrtausend zu bringen. Es ist wie bei einem alten Auto. Er mag Sie zwar noch an das gewünschte Ziel bringen, allerdings nur sehr l-a-n-g-s-a-m. Und vielleicht gibt er auf dem Weg ans Ziel sogar seinen Geist auf.

Wenn Zeit Geld ist, warum dann viel Zeit mit Warten verschwenden, bis eine Seite sich auf dem Bildschirm neu aufgebaut hat oder aus dem Internet heruntergeladen ist? Ich schlage vor, Sie blättern in diesem Fall ein paar Seiten weiter und informieren sich, womit Ihr nächster Computer ausgestattet sein sollte.

Wenn Sie mehr Speicherkapazität brauchen, kaufen Sie eine neue Festplatte

Wenn Sie mit der Speicherkapazität Ihrer Festplatte nicht mehr auskommen – die modernen Programme haben so viele Funktionen und Spielereien, daß sie leicht 100 bis 150 MB auf der Festplatte einnehmen können – sollten Sie Ihre alte Festplatte durch eine dieser neuen 6-, 10- oder 15-Gigabyte-Festplatten ersetzen.

Sie könnten natürlich auch zusätzlich eine zweite Festplatte in Ihren Rechner einbauen, obwohl ich eher zum Ersatz des alten Laufwerks raten würde. Abgesehen von der Tatsache, daß die neuen Festplatten so viel größer sind, können sie auch Daten sehr viel schneller schreiben und lesen. Im Ergebnis wird dadurch Ihr ganzes System schneller.

Schauen Sie sich einmal an, was in wenigen Jahren passiert ist: Die Festplattenkapazität hat sich verzehnfacht, die Geschwindigkeit, mit der Daten von der Festplatte an den Rechner übertragen werden, hat sich verdoppelt. Im Jahr 1995, als ich die erste Auflage von *Zeitmanagement für Dummies* schrieb, hatte meine Festplatte eine Kapazität von 850 MB und übertrug Daten mit einer Geschwindigkeit von 16 MB/Sekunde an den Prozessor. Heutzutage haben die gängigen Festplatten eine Größe von mindestens 8 Gigabyte und übertragen die Daten an den Prozessor mit einer eine Geschwindigkeit von 33,5 MB/Sekunde.

Einfaches Kopieren des alten Festplatteninhalts mit Norton Ghost

Norton Ghost ist ein Programm, mit dem Sie den gesamten Inhalt Ihrer alten Festplatte – einschließlich Partitionstabellen, Betriebssystem, Programme und aller Dateien – innerhalb weniger Minuten auf Ihre neue Festplatte kopieren können.

Norton Ghost kümmert sich automatisch um einige der zeitaufwendigen Aspekte der Installation und Konfiguration einer neuen Festplatte. Dazu gehört die automatische Erstellung der FAT12-, FAT16-, FAT32- und NTFS-Partitionen in der benötigten Größe. (NTFS ist eine Dateisystem, das Microsoft für Windows NT entwickelt hat.)

Auch die Formatierung der Partitionen wird von Norton Ghost erledigt. Die mühsame Arbeit mit den DOS-Befehlen FORMAT und FDISK gehört der Vergangenheit an. Und da das Quell- und das Ziellaufwerk unterschiedlich groß sind, paßt Norton Ghost die Position und Größe der Partitionstabellen automatisch an.

Nähere Informationen über Norton Ghost finden Sie unter der Adresse `www.symantec.com/ghost`.

Die Installation eines neuen Festplattenlaufwerks ist im Grunde genommen sehr einfach. Wenn Sie allerdings mit dem Innenleben Ihres Rechners nicht so vertraut sind, sollten Sie diese Arbeit lieber dem Computerfachmann überlassen.

Wenn Sie die neue Festplatte erst einmal installiert haben, werden Sie feststellen, daß viele Ihrer Programme – Textverarbeitung, Tabellenkalkulation, Grafik- und Layoutprogramme – wegen der kürzeren Zugriffszeit schneller laufen.

Je schneller eine Festplatte Daten an den Prozessor Ihres Computers senden kann, desto produktiver werden Sie.

Besserer Durchblick mit einer schnelleren Grafikkarte

Wenn Sie das Gefühl haben, daß alle Ihre Programme etwas zu langsam laufen, ober wenn Sie gerade in die Multimedia- und CD-ROM-Welt eingetreten sind und alles auf Ihrem Bildschirm in Zeitlupe abläuft, dann muß nicht unbedingt Ihr Rechner schuld sein. Es kann auch an Ihrer Videokarte liegen. Auch wenn Sie sich gerade erst einen superschnellen Rechner gekauft haben, hat der Computerhersteller vielleicht eine veraltete Videokarte mit nur 2 MByte Kapazität installiert, um den Preis niedrig zu halten.

Die neue Generation von Videokarten lassen Ihren Computer regelrecht fliegen. Ich habe meine alte Videokarte durch eine Karte mit 8 MByte Speicher ersetzt. Als ich meinen Computer danach einschaltete, konnte ich gar nicht fassen, um wieviel schneller er geworden war. Bei der Textverarbeitung war kein großer Unterschied zu merken, weil sich das Bild nicht so oft neu aufbaut. Aber als ich dann meine Grafikprogramme benutzte, bauten sich die Bilder mit 16 Millionen Farben im Bruchteil einer Sekunde neu auf – so schnell, daß ich tatsächlich in Echtzeit arbeiten konnte.

Ich würde mal schätzen, daß meine Grafikprogramme jetzt fünf- bis zehnmal schneller laufen als vorher. Auch viele meiner CD-ROMs laufen schneller. Und wenn Sie gerne Computerspiele spielen, werden Sie einen himmelweiten Unterschied feststellen.

Schonen Sie Ihre Augen mit einem neuen Bildschirm

Wenn Sie einen alten Monitor benutzen oder Ihr Monitor kleiner als 17 Zoll ist, sollten Sie sich lieber einen neuen kaufen. Ein neuer Monitor kann einen himmelweiten Unterschied in Ihrer täglichen Produktivität ausmachen. Wenn Sie sich anstrengen müssen, um die Wörter auf Ihrem Bildschirm zu lesen, weil Sie entweder eine zu geringe Auflösung oder einen zu kleinen Bildschirm haben, verspannt sich Ihre Nackenmuskulatur, und Sie werden müde. Mit einem neuen 17- oder 21-Zoll-Monitor wird sich Ihre Produktivität derart steigern, daß sich der Bildschirm in wenigen Wochen bezahlt gemacht hat.

Als ich vor kurzem meinen Computer auf den neuesten Stand gebracht habe, habe ich unter anderem meinen alten Monitor durch einen 17-Zoll-Farbmonitor ersetzt. Ich wußte gar nicht, was mir bisher alles entgangen war, bis ich ihn einschaltete. Das erste, was mir auffiel, war die Größe, Klarheit und Helligkeit. Und dank des flachen, matten Bildschirms brauchte ich keine Sonnenblende mehr im Büro, um diese lästigen Reflexionen zu vermeiden.

Größerer Arbeitsspeicher – höhere Geschwindigkeit

Einer der größten Fortschritte, die Windows uns gebracht hat, ist die Möglichkeit, zwei, drei, vier oder noch mehr Programme gleichzeitig laufenlassen zu können – wenn man genügend Arbeitsspeicher hat. Und je mehr Speicher Sie haben, desto schneller laufen die Programme.

Wenn Ihr Computer nur 16 oder 32 MB Speicherkapazität hat, ist es an der Zeit, Ihren Computerfachmann anzurufen und zum Abendessen einzuladen. Nach dem Dessert können Sie Ihren »Gast« bitten, Ihnen bei der Installation des zusätzlichen Arbeitsspeicher zu helfen. Das ist nicht besonders schwierig – wenn Sie wissen, wie es geht.

Die Preise für Speichermodule fallen ständig. Sie sollten deshalb nicht zögern, Ihren Rechner mit 64 MB oder sogar 128 MB Arbeitsspeicher auszustatten. Sie werden über die Performance-Steigerung staunen.

Verbessern Sie Ihre Produktivität mit einem Software-Update

Immer wenn der Hersteller Ihrer Lieblingssoftware mit einer neuen Version auf den Markt kommt, sollten Sie sie sich kaufen. Mit Hilfe der verbesserten und neuen Funktionen werden Sie Ihre Arbeit schneller erledigen können.

Und das ist ja genau der Grund, warum wir diese Geräte so viel einsetzen: Wir wollen unsere Arbeit in bester Qualität erledigen, unsere Klienten und Kunden zufriedenstellen und zum Abendessen zu Hause sein.

Nehmen Sie sich die Zeit, sich mit der neuen Software vertraut zu machen. Untersuchungen haben ergeben, daß die meisten Computerbenutzer höchstens 15 Prozent aller Features eines Programms wirklich nutzen.

Erweitern Sie Ihren Horizont mit einem Modem

Wenn Sie wirklich Ihren Horizont erweitern wollen, Ihr Wissen ausweiten, Ihre Produktivität steigern und sich selbst Zugang zu einer fast unbegrenzten Anzahl an Informationen verschaffen wollen, dann brauchen Sie ein Modem für Ihren Computer.

An verschiedenen Stellen dieses Buches finden Sie Verweise auf die Websites der dort erwähnten Unternehmen und auf viele andere Webadressen, unter denen Sie meiner Meinung nach wertvolle Informationen finden können. Wenn Sie keinen Internet-Zugang haben, geht Ihnen wirklich eine ausgezeichnete Informationsquelle verloren.

Über ein Modem können Sie nicht nur per Computer mit anderen Leuten kommunizieren, sondern auch Dateien als Anlage zu E-Mail-Nachrichten verschicken und empfangen. Über ein Modem können Sie auf Online-Informationsdienste zugreifen, können Tausende von Datenbanken durchsuchen und Informationen über BBS (Bulletin Board Services, so etwas wie ein Schwarzes Brett im Internet) mit Gleichgesinnten austauschen.

Der neue Computer – nur der beste ist gut genug

Wenn Sie bereit für einen neuen Rechner sind, sollten Sie diesen Abschnitt lesen. Hier zeige ich Ihnen, mit welchen Funktionen und Features Ihr neuer Computer ausgestattet sein sollte. Es gibt viele gute Marken. Meiner Meinung nach ist aber die Qualität des Kundendienstes, den der Hersteller oder der Computerladen bietet, von wesentlich größerer Bedeutung.

Guter Kundendienst ist noch wichtiger als ein günstiger Preis, denn wenn Sie eine Frage oder ein Problem haben, möchten Sie mit jemandem sprechen, der Ihnen helfen kann –und das so schnell wie möglich.

Kommen wir also zur Sache: Hier sind die Dinge, mit denen ich an Ihrer Stelle den neuen Computer ausstatten würde, wenn Geld keine Rolle spielte. (Da es aber wahrscheinlich eine Rolle spielt, müssen Sie entscheiden, welche Funktionen mehr oder weniger wichtig für Sie sind.)

Wenn Sie einen neuen Desktop-Rechner kaufen wollen, sollten Sie folgende Empfehlungen beachten:

- ✔ Kaufen Sie einen superschnellen Computer. Erkundigen Sie sich nach dem schnellsten Prozessor, der derzeit auf dem Markt ist. Damit können Sie sicherstellen, daß Sie jedenfalls für die nächsten zwei bis drei Jahre keinen neuen Computer brauchen. Sie werden nie enttäuscht sein, wenn Sie den schnellsten Computer kaufen, den es zur Zeit gibt.
- ✔ Nehmen Sie einen großen Arbeitsspeicher. Heute brauchen Sie mindestens 32 MB, nur um Ihren Computer überhaupt zum Laufen zu bringen. Wenn Sie richtig Schwung in Ihren Rechner bringen wollen, nehmen Sie einen 64-MB- oder sogar 128-MB-Speicher. Sie werden es bestimmt nicht bereuen.

- ✔ Nehmen Sie eine große Festplatte. Heutzutage sollten Sie mindestens eine 6 Gigabyte große Festplatte haben. Wenn Sie etwas mehr investieren können, sollten Sie sich gleich für eine 10- oder 15-GB-Festplatte entscheiden.
- ✔ Nehmen Sie eine schnelle Videokarte. Nehmen Sie eine Videokarte mit einem Speicher von mindestens 8 MByte. Ihre Grafikprogramme, CD-ROM und Spiele werden nur so über den Bildschirm fliegen.
- ✔ NehmenSie einen großen Monitor. Unsere ersten Computer hatten diese klitzekleinen Schwarz-weiß-Monitore (oder waren sie grün oder bernsteinfarben?). Heute gibt es 15-, 17- und 21-Zoll-Monitore, die 16 Millionen Farben wiedergeben können. Gönnen Sie sich einen 17- oder 21-Zoll-Monitor. Sie tun sich damit selbst einen Gefallen.
- ✔ Nehmen Sie ein schnelles CD-ROM-Laufwerk. Die ersten CD-ROM-Laufwerke waren langsam und brauchten ziemlich lange, um die Informationen von der CD-ROM auf den Computer zu übertragen. Dann wurden die 2x-CD-ROM-Laufwerke entwickelt, und heutzutage gibt es nur noch 40x-CD-ROM-Laufwerke.

Als Alternative zum Kauf eines schnellen CD-ROM-Laufwerks könnten Sie sich auch ein DVD-Laufwerk zulegen (DVD=Digital Video Disk). Eine DVD ist wie eine CD-ROM, kann jedoch ungefähr 25mal so viele Daten aufnehmen. Mit DVDs können Sie Spielfilme in Kinoqualität auf Ihrem Rechner anschauen.

- ✔ Denken Sie auch an eine Soundkarte und gute Lautsprecher-Boxen. Wenn Sie Musik-CDs auf Ihrem CD-ROM-Laufwerk oder Multimedia-Dateien aus dem Internet abspielen wollen, brauchen Sie eine gute Soundkarte und gute Lautsprecher.
- ✔ Zur Kommunikation mit der Außenwelt brauchen Sie ein möglichst schnelles Modem. Vor drei Jahren waren wir noch mit einem 14.4K-Modem zufrieden. Im letzten Jahr waren 28.8K-Modems die Regel, und heutzutage hat schon fast jeder ein 56K-Modem.
- ✔ Ihr Computer ist der Eingang zum Internet und zum World Wide Web. Sie sollten deshalb ernsthaft überlegen, ob Sie sich nicht doch einen ISDN-Anschluß installieren lassen wollen.
- ✔ Schützen Sie Ihre Arbeit mit einem Backup-Bandlaufwerk. Sie sollten sich angewöhnen, Ihre Daten regelmäßig zu sichern. Backup-Programme werden in Kapitel 25 besprochen.

Wenn Sie einen Laptop-Rechner kaufen wollen, werden Sie wahrscheinlich niemals den perfekten Rechner finden. Bei Laptops müssen Sie immer Eingeständnisse und Kompromisse machen. Hier eine Liste der Dinge, die Sie beim Kauf eines Laptops berücksichtigen sollten:

- ✔ Preis
- ✔ Gewicht
- ✔ Größe
- ✔ Prozessorgeschwindigkeit
- ✔ Größe des Arbeitsspeichers
- ✔ Lebensdauer des Akkus
- ✔ Größe der Tastatur
- ✔ Festplattenkapazität
- ✔ Bildschirmgröße
- ✔ Geschwindigkeit des CD-ROM-Laufwerks
- ✔ Modem-Geschwindigkeit

Wenn Sie sich anschauen, welche Features in den unterschiedlichen Laptop-Rechnern angeboten werden, müssen Sie nur entscheiden, welche mehr oder weniger wichtig für Sie sind und sie gegen den Preis abwägen. Viel Glück, denn das ist wahrlich kein leichtes Unterfangen!

Palmtop-Rechner – Zeitmanagement für die Hosentasche

22

In diesem Kapitel

- Der PalmPilot
- Der Mobilon von Sharp
- Der Franklin REX PRO

Palmtop-Rechner sind zur Zeit der letzte Schrei. Diese federleichten Mini-PCs können Ihnen helfen, den Überblick über Ihre Termine zu behalten. Mit ihnen können Sie Ihre E-Mail lesen, im Internet surfen und vieles mehr.

In diesem Kapitel stelle ich Ihnen drei der bekanntesten Palmtop-Rechner vor – den PalmPilot von 3Com, den Mobilon von Sharp und den REX PRO von Franklin.

PalmPilot

Für viele Menschen hat der PalmPilot-Organizer das Leben verändert. (Es gibt mittlerweile mehr als 1.500.000 PalmPilot-Benutzer.) Sie können ohne ihn nicht mehr leben, weil er ihr Adreßbuch, ihre Aufgabenliste, alle wichtigen Telefonnummern, Kennwörter, Bahn und Flugpläne und andere wichtige Daten enthält, die Sie überallhin mitnehmen können.

Mit dem PalmPilot können Sie all die Informationen, die Sie früher in einem dicken Organizer oder in einem Laptop mit sich herumschleppen mußten, in einem leichten Computer speichern, der nicht größer als zwei nebeneinander liegende Zigarettenschachteln ist. Er paßt in Ihre Hemdtasche und wird mit zwei AAA-Batterien betrieben, die ihm die Energie für ungefähr einen Monat liefern.

Der PalmPilot erfüllt folgende Funktionen:

- ✔ **Adreßbuch:** Im Adreßbuch können Sie bis zu 6.000 Namen, Telefonnummern, Fax-nummern und E-Mail-Adressen speichern, verwalten und problemlos wiederfinden.
- ✔ **Terminplaner:** Im Terminplaner können Sie Ihren Terminplan für den aktuellen Tag, für den folgenden und jeden beliebigen Tag in der Zukunft anzeigen. Sie können regelmäßig wiederkehrende Termine eintragen, können den Rechner nach freien Zeiten suchen lassen, Termine mit einer Notiz als Anlage versehen und einen Alarm programmieren. Der Terminplaner kann bis zu 3.000 Termine aufnehmen, was für die nächsten fünf Jahre eigentlich reichen sollte.

- **Aufgabenliste:** In der interaktiven Aufgabenliste können Sie Ihren Aufgaben Prioritäten zuweisen. Sie können die Einträge nach Dringlichkeit oder nach Datum sortieren lassen, Aufgaben nach Erledigung abhaken und nicht erledigte Aufgaben auf den nächsten Tag übertragen lassen. Die Aufgabenliste kann bis zu 1.500 Aufgaben aufnehmen.
- **Notizbuch:** Dank der Notizbuchfunktionen des PalmPilot müssen Sie sich nichts merken, sondern können Ihre Notizen (bis zu 1.500 Einträge) in den Rechner eingeben.
- **Spesenabrechnung:** Sie können Ihre Ausgaben sofort eintragen, wenn sie anfallen, und sie automatisch in ein Excel 5.0 (oder neuer)-Spesenberichtsformular übertragen lassen, wenn Sie die Daten mit dem Bürorechner synchronisieren.
- **HotSync-Desktop-Synchronisation:** Mit diesem Palmtop-Feature können Sie Ihren Mini-PC mit dem Bürorechner synchronisieren (in beiden Richtungen) – alles mit einem einfachen Klick auf eine Schaltfläche.
- Sie können Ihren PalmPilot mit ACT!, Outlook, Schedule+, Lotus Organizer, Goldmine und vielen andren Kontaktmanagern synchronisieren.

Wichtige Internetadressen für PalmPilot-Entwickler

Das Beste am PalmPilot ist die Tatsache, daß er mittlerweile zu einer Plattform geworden ist, für die mehr als 10.000 Entwickler Software geschrieben haben.

Hunderte von Websites widmen sich ausschließlich dem PalmPilot. Von diesen Sites führen Links zu Tausenden von Add-on-Produkten von Fremdherstellern. Hier drei Sites, die ich für besonders nützlich halte:

Pickled PalmPilot: `www.pickled.com`

PalmCentral.Com: `www.palmcentral.com`

PalmtopPlanet: `palmtopplanet.interspeed.net` (in dieser Adresse gibt es kein www.)

Mit einem PalmPilot und der HandMAIL-Software von Smartcode können Sie auch E-Mail-Nachrichten senden und empfangen. (Dazu brauchen Sie natürlich ein PalmPilot-Modem.) Laden Sie sich die Gratis-Probeversion von der Smartcode-Website herunter, und installieren Sie sie auf Ihrem PalmPilot. Nach wenigen Minuten können Sie E-Mail senden und empfangen. Nähere Einzelheiten zu HandMAIL finden Sie unter der Adresse `www.smartcodesoft.com`.

HC-4600 Color Mobilon von Sharp

Sharp bietet eine ganze Produktlinie unterschiedlicher Mobilon-Typen und verschiedene Zusatzgeräte an, mit denen Sie den Mobilon sowohl im Büro als auch unterwegs noch flexibler einsetzen können. Der Color HC-4600 ist der ideale Begleiter für mobile Geschäftsleute. Hier einige der wichtigsten Features:

- ✔ **Eingebautes Modem:** Mit dem integrierten 33.6Kbps-/9.6Kbps-Daten-/Faxmodem können Sie E-Mail-Nachrichten senden und empfangen, Fax-Nachrichten senden und im Web surfen.
- ✔ **Stimmaufzeichnung:** Mit diesem Rechner können Sie Notizen diktieren, auch wenn er ausgeschaltet oder geschlossen ist.
- ✔ **Kurzwahltasten:** Mit einem Druck auf die Kurzwahl-Anwendungstasten des Mobilon können Sie Programme im Handumdrehen starten.
- ✔ **16-MB-Speicher:** Der Mobilon hat einen 16-MB-Arbeitsspeicher, der sich auf bis zu 32 MB erweitern läßt.
- ✔ **Infrarot-Anschluß:** Daten lassen sich über den Infrarot-Anschluß des Rechners übertragen und synchronisieren.
- ✔ **Kabel- und Synchronisations-Software:** Der Mobilon läßt sich über ein spezielles Kabel auch mit einem PC verbinden.

Der Mobilon arbeitet mit Windows CE als Betriebssystem und enthält folgende Palmtop-Anwendungen: Pocket Word, Pocket Excel, Pocket Outlook (Kalender, Aufgabenliste, Kontakte, Posteingang), Pocket PowerPoint und Pocket Internet Explorer.

Zum Lieferumfang des HC-4600 gehört außerdem die Sharp Exclusive-Software, die die Arbeit mit ihm noch produktiver macht. Dazu gehören unter anderem ein Programm zum Senden und Empfangen von Faxnachrichten und eine Bildverwaltungs-Software.

Mit Hilfe der Color DigitalVCamera Card (optional) und dem integrierten Modem können Sie digitale Photos mit Text- oder akustischen Nachrichten als E-Mail versenden. Die Bilder lassen sich auch auf den PC übertragen.

Weitere Informationen finden Sie unter der Adresse `www.sharp-usa.com`.

REX PRO PC Companion von Franklin

Der REX PRO ist ein kreditkartengroßer, elektronischer Organizer, mit dem sich Termine, Kontaktinformationen, Aufgaben und Notizen anzeigen, eintragen und bearbeiten lassen.

Der REX PRO ist mit einem 512 KB großen Arbeitsspeicher ausgestattet und kann bis zu 6.000 Datensätze aufnehmen.

Zum Lieferumfang dieses Rechners gehört die TrueSync Plus-Software von Starfish, mit der sich Daten mit ACT!, Outlook, Schedule+, Lotus Organizer und Sidekick 98 synchronisieren lassen.

Der REX PRO bietet folgende Funktionen:

- ✔ **Kalender:** Das Gerät speichert tägliche und wiederkehrende Ereignisse, für die sich auch ein Alarm einrichten läßt.
- ✔ **Kontaktliste:** In Ihrer Hemdtasche können Sie alle wichtigen Telefonnummern und Adressen mit sich führen.
- ✔ **Aufgabenliste:** In dieser Liste sehen Sie, welche Aufgaben und Anrufe Sie erledigen müssen.
- ✔ **Notizen:** In diesem Ordner können Sie Angebote oder Projektskizzen speichern, die Sie unterwegs einem Gesprächspartner zeigen möchten.

Der REX PRO wird folgendermaßen verwendet:

1. Geben Sie Ihre Termine, Ihre Adressen und Aufgaben in Ihr Lieblings-Kontaktmanagementprogramm ein.
2. Verbinden Sie den REX PRO mit dem PC-Card-Anschluß Ihres Laptops. Desktop-Benutzer können zur Datensynchronisation die REX PRO-Dockingstation verwenden, die an den seriellen Anschluß des PCs angeschlossen wird.
3. Führen Sie TrueSync aus, um Ihre Adreß- und Termindaten mit Ihrem Kontaktmanager zu synchronisieren.
4. Nehmen Sie den REX PRO von der Dockingstation oder dem Laptop, stecken Sie ihn in die Tasche, und machen Sie sich auf den Weg.

Nähere Einzelheiten über den REX PRO finden Sie unter der Adresse `www.franklin.com`.

Software, mit der Sie viel Zeit sparen können

23

In diesem Kapitel

- Programme, mit denen Sie Ihre Zeit optimal nutzen können
- So nutzen Sie Ihre vorhandenen Programme besser

Weil das ein Buch über Zeitmanagement ist und ich ein Zeitmanagement-Experte bin, wäre es doch eigentlich ganz passend, Ihnen hier etwas über die Computerprogramme zu erzählen, mit deren Hilfe *ich* eine Menge Zeit spare und meine Produktivität steigere. (Ich weiß, daß ich nicht in der ersten Person schreiben sollte. Aber dies sind die Programme, die mir helfen, und ich bin sicher, daß sie auch Ihnen helfen werden).

WordPerfect

Ich benutze WordPerfect in verschiedenen Versionen seit Jahren und finde es großartig. Meine ersten drei Bücher habe ich mit WordPerfect 5.1 für DOS geschrieben, die nächsten fünf Bücher habe ich mit WordPerfect 6.1 für Windows geschrieben und dieses hier mit WordPerfect 8 für Windows. (Ich weiß, daß fast jeder – so kommt es mir jedenfalls manchmal vor – mit Word arbeitet. Ich selber habe WordPerfect aber immer schon für viel benutzerfreundlicher gehalten.)

Die produktivitätssteigernden Funktionen von WordPerfect 8 erlauben mir, mich voll auf das Schreiben zu konzentrieren. Ich brauche mich nicht um das Layout oder Format eines Textes zu kümmern, denn das macht WordPerfect für mich.

WordPerfect ist Teil der Corel WordPerfect Suite, zu der folgende Anwendungen gehören:

- ✔ das Texstverarbeitungsprogramm Corel WordPerfect
- ✔ das Tabellenkalkulationsprogramm Corel Quattro Pro
- ✔ das Präsentationsprogramm Corel Presentations
- ✔ CoreCentral – ein Terminplaner und ein Kontaktmanagementprogramm, mit dem man auch E-Mail-Nachrichten senden und empfangen kann

ACT!

ACT! bestimmt mein Leben. Es ist das erste Computerprogramm, das ich am Morgen starte, und das letzte, das ich abends schließe. Mit ACT! habe ich alle meine Wiedervorlagen automatisiert – meine Anrufe, Besprechungen, Aufgaben –, und es hat meine tägliche Produktivität um das drei- bis vierfache gesteigert.

In Kapitel 5 erkläre ich, wie Sie mit ACT! Ihren Terminkalender und Ihre Adressenlisten automatisieren können. Wenn Sie dieses Kapitel noch nicht gelesen haben, sollten Sie das schnell nachholen.

Quicken

Mit Quicken habe ich meine Finanzbuchhaltung automatisiert. Mit Quicken kann ich meinen Kontostand kontrollieren, es stellt meine Schecks aus, katalogisiert meine finanziellen Transaktionen (meine Steuerberatungskosten sind um 50 Prozent gesunken), und es hilft mir, meine Ersparnisse und Geldanlagen unter Kontrolle zu haben.

Für viele Leute ist Quicken der Grund gewesen, sich einen Computer zu kaufen, was ich gut nachvollziehen kann. Weitere Einzelheiten finden Sie unter der Web-Adresse `www.intuit.com`.

QuickBooks

Wenn Sie ein Geschäft betreiben, brauchen Sie ein benutzerfreundliches Buchhaltungsprogramm. QuickBooks von Intuit hilft Ihnen bei der Aufzeichnung aller finanziellen Transaktionen. QuickBooks erledigt folgende Aufgaben:

- ✔ QuickBooks kann Ihre Schecks ausschreiben.
- ✔ QuickBooks zeichnet alle Schecks auf.
- ✔ QuickBooks kann Ihre Rechnungen schreiben und ausdrucken.
- ✔ QuickBooks führt alle Aktiv- und Passivkonten und erstellt eine Bilanz.
- ✔ QuickBooks kann Hunderte unterschiedlicher Berichte erstellen.

Weitere Einzelheiten zu QuickBooks finden Sie unter der Web-Adresse `www.intuit.com`.

Adobe PageMaker

Der PageMaker von Adobe ist ein Desktop-Publishing-Programm für gehobene Ansprüche. Alles was man mit dem gedruckten Wort oder einer Grafik anstellen kann, läßt sich in PageMaker verwirklichen.

Mit PageMaker können Sie jede Art von Publikation erstellen – sei es eine Anzeige, eine zweiseitige Broschüre, ein 500 Seiten starkes Buch oder ein Vierfarb-Hochglanzmagazin.

Mit PageMaker können Sie außerdem Webseiten und Ihre eigenen PDF-Dokumente erstellen. (PDF ist die Abkürzung für das Adobe-Format *Portable Documents Format*. PDF-Dokumente sind vollständig formatierte Dokumente, die mit dem Acrobat Reader gelesenwerden können. Den Acrobat Reader können Sie sich gratis von der Adobe-Website herunterladen.)

Ich arbeite nun schon seit vielen Jahren mit dem PageMaker und habe ihn als sehr leistungsfähige Anwendung kennengelernt.

Weitere Einzelheiten finden Sie unter der Web-Adresse `www.adobe.com`.

AddressGrabber

Mit dem AddressGrabber können Sie Namen und Adreßdaten aus Ihrem Lieblings-Kontaktmanagementprogramm wie beispielsweise ACT!, Goldmine, Lotus Organizer oder Maximizer in andere Programme wie etwa QuickBooks, Eudora Pro, Outlook oder Outlok Express kopieren.

Markieren Sie dazu einfach einen Datensatz in Ihrem Kontaktmanagementprogramm und klicken Sie dann in der AddressGrabber-Symbolleiste auf das Symbol für das Programm, in das der Datensatz aufgenommen werden soll.

Weitere Informationen über den AddressGrabber finden Sie unter der Web-Adresse `www.prodexusa.com/addressgrabber`.

ClipMate

ClipMate ist ein Dienstprogramm, mit dem Sie erstens eine Menge Zeit und zweitens die in die Windows-Zwischenablage kopierten Objekte zur späteren Verwendung speichern können.

ClipMate erleichtert den Umgang mit der Windows-Zwischenablage, weil er sich all die Objekte (sowohl Texte als auch Grafiken) merkt, die Sie in die Zwischenablage kopiert haben, und sie zur späteren Verwendung in sogenannten »Collections« speichert.

Weitere Informationen über ClipMate finden Sie unter der Web-Adresse `www.thornsoft.com`.

Auch Computer brauchen Pflege

24

In diesem Kapitel

- Aufräumen mit Norton
- Schutzmaßnahmen gegen Viren
- So halten Sie Ordnung auf der Festplatte
- So werden Sie Sicherungsdateien wieder los
- Sicherungsdateien erstellen

Viele Menschen haben ihr gesamtes Privat- und Berufsleben im Computer gespeichert. All ihre Briefe, Memos, Präsentationen, Tabellen und anderen Dokumente sind auf der Festplatte, alle Namen, Adressen, Telefonnummern und E-Mail-Adressen sind in elektronischen Kontaktmanagern abgelegt.

Was würden die wohl tun, wenn Ihren Rechnern etwas zustoßen sollte? Festplatten können versagen, und Computerviren können ein ganzes System innerhalb weniger Minuten infizieren und unbrauchbar machen.

In diesem Kapitel zeige ich Ihnen einige Vorsichtsmaßnahmen, mit denen Sie Ihren Rechner gesund erhalten können. Wenn Sie Ihren Rechner angemessen schützen, können Sie sich eine Menge Zeit sparen, weil Sie keine durch Datenverlust bedingten Auszeiten erleben werden.

Norton Utilities halten Ihren Rechner gesund

Die Norton Utilities sind mehrere in einem Paket zusammengefaßte Programme, mit deren Hilfe Sie Computerprobleme beheben und die Performance Ihres Rechners steigern können. Mit dieser Programmsuite können Sie Ihren Rechner in Form halten. Sie warnt Sie vor Problemen, bevor sie offenbar werden, und sorgt für möglichst kurze Auszeiten, wenn etwas schiefgelaufen ist.

Hier eine Liste der Programme, die Ihre Computerprobleme ermitteln und beheben:

- ✔ Norton WinDoctor überprüft Ihr System auf Fehler.
- ✔ Norton CrashGuard überwacht Ihr System und informiert Sie gegebenenfalls über bevorstehende Anwendungsabstürze. Sie können dann Ihre Daten sichern, bevor etwas passiert.
- ✔ Norton Disk Doctor überwacht Ihre Festplatte.
- ✔ UnErase Wizard stellt gelöschte Dateien wieder her.

- Norton File Compare kann zwei Versionen einer Textdatei wie beispielsweise einer Windows-INI-Datei miteinander vergleichen und feststellen, was von Version zu Version geändert wurde. Anschließend lassen sich die Änderungen schrittweise rückgängig machen.

Folgende Programme sollen die Performance Ihres Rechners verbessern:

- SpeedDisk defragmentiert eine Festplatte und ordnet die Dateien neu an, was im Ergebnis den Zugriff auf die Dateien beschleunigt. SpeedDisk kann auch die Windows-Auslagerungsdatei defragmentieren und optimieren.
- Norton Optimization Wizard optimiert Ihr System, so daß Anwendungen schneller geladen werden können.
- Space Wizard findet Dateien, die nicht benötigt werden, die selten verwendet werden oder die übermäßig groß sind. Dieser Assistent kann auch doppelt vorhandene Dateien für Sie finden.

Defragmentieren Sie Ihre Festplatte einmal pro Woche

Je mehr Sie mit Ihrem Rechner arbeiten, desto mehr wird Ihre Festplatte fragmentiert. (Das hört sich brutaler an, als es ist.)

Wenn Sie eine neue Datei wie beispielsweise ein Textdokument erstellen, legt Ihr Rechner sie an irgendeiner Stelle auf der Festplatte ab. Wenn Sie das Dokument bearbeiten und erweitern, nimmt die Größe der Datei zu und wird dabei langsam zu groß für den Platz, der ursprünglich für sie reserviert war. Das Betriebssystem des Rechners teilt sie deshalb in mehrere Teile auf und legt sie an verschiedenen Stellen der Festplatte ab.

Im Laufe der Zeit werden viele Ihrer Dateien derart fragmentiert, d.h. in mehrere Abschnitte aufgeteilt. Das betrifft natürlich besonders die Dateien, die Sie Tag für Tag verwenden. Diese Fragmentierung führt im Ergebnis zu einer Verlangsamung Ihres Rechners, weil er bei Öffnen einer Datei immer länger braucht, um alle Einzelteile zusammenzusammeln.

Das Programm Speed Disk aus den Norton Utilities analysiert alle Dateien auf Ihrer Festplatte. Danach führt es die an unterschiedlichen Stellen auf der Platte verstreut liegenden Dateiabschnitte an einer einzigen Stelle zusammen. Nach diesem Optimierungsprozeß haben Sie wieder eine sauber organisierte Festplatte.

Sie sollten versuchen, Ihre Festplatte mindestens einmal pro Woche mit Speed Disk optimieren zu lassen.

Folgende Programme führen vorsorgende Wartungsarbeiten durch:

- ✔ Norton System Doctor überprüft Ihren Computer ständig auf Fehler.
- ✔ Mit Rescue Disk können Sie die wichtigen Setup-Daten Ihres Rechners sichern und wiederherstellen.
- ✔ Norton Image speichert einen Snapshot aller wichtigen Daten der Festplatte.
- ✔ Norton Registry Tracker zeichnet Änderungen an der Registrierung Ihres Rechners und an anderen wichtigen Dateien auf. Mit Hilfe dieses Programms können Sie frühere Versionen dieser Dateien wiederherstellen, falls es Probleme gibt.

Die folgenden Programme verschaffen Ihnen ein Einblick in das Innenleben Ihres Computers:

- ✔ In der System Information erfahren Sie alles über Ihren Computer, einschließlich Informationen über den Monitor, den Drucker, den Arbeitsspeicher und mehr.
- ✔ Mit dem Norton Registry Editor können Sie die Windows-Registrierung verwalten. Sie können Registrierungsdaten bearbeiten, suchen, importieren und exportieren sowie Änderungen verfolgen und rückgängig machen.
- ✔ Die Norton Web Services sind ein Abonnementdienst, über den Sie auf eine ständig wachsende Zahl von Web-gestützten Dienstprogrammen zugreifen können.

Ich denke, jeder sollte mit den Norton Utilities arbeiten. Ich brauche sie jeden Tag. Mit dieser Suite kann ich meinen Rechner bestens in Ordnung halten. Nähere Einzelheiten über die Norton Utilities finden Sie unter der Adresse `www.symantec.com`.

Schützen Sie Ihren Rechner vor Viren

Ein Computervirus ist ein Programm, das den Computer infiziert und ihn zu merkwürdigen Aktionen bewegt. Manche Viren sind nicht mehr als ärgerlich, manche können allerdings auch ausgesprochen zerstörerisch sein. Sie liegen bis zu einem bestimmten Tag auf der Lauer und laufen dann in Ihren Verzeichnissen Amok. Besonders bösartige Viren können den gesamten Inhalt einer Festplatte löschen.

Lassen Sie mich deshalb einige Fragen stellen:

- ✔ Laden Sie häufig Dateien von Websites herunter?
- ✔ Tauschen Sie Dateien mit anderen Leuten über das Internet aus?
- ✔ Haben Sie schon Dateien von anderen Systemen mit Hilfe von Disketten auf Ihren Rechner kopiert?
- ✔ Sind Sie an ein lokales Netzwerk (LAN) angeschlossen?

Wenn Sie auch nur eine dieser Fragen mit Ja beantwortet haben, könnte Ihr Rechner leicht mit einem Virus infiziert werden.

Gehen Sie folgendermaßen vor, um Ihr System virenfrei zu halten:

- ✔ Sichern Sie Ihre Dateien regelmäßig. (Wenn Ihr Rechner bereits mit einem Virus infiziert ist, denken Sie daran, die Dateien zu desinfizieren.)
- ✔ Starten Sie Ihren Rechner nie von einer Diskette, die Sie nicht vorher überprüft und desinfiziert haben. (Bei der Überprüfung durchsucht der Virenscanner den Speicher des Rechners und die Programmdateien nach Viren. Wenn ein Virus gefunden wird, entfernt das Antivirenprogramm ihn von Ihrem Computer.)
- ✔ Desinfizieren Sie jede Datei, die Sie aus dem Internet herunterladen oder von einer Diskette beziehungsweise einem Netzlaufwerk kopieren, bevor Sie sie auf Ihrem Rechner öffnen.
- ✔ Installieren Sie ein Virenschutzprogramm wie etwa Norton AntiVirus, und lassen Sie dessen Virensuche ständig im Hintergrund mitlaufen.

Norton AntiVirus überprüft Ihre Boot-Dateien und alle anderen Dateien und Verzeichnisse, sobald der Rechner eingeschaltet wird, und sucht nach Aktivitäten, die auf einen Virus hinweisen. Dieses Programm kann außerdem Disketten auf Viren überprüfen. Wird ein Virus entdeckt, repariert Norton AntiVirus die infizierten Dateien. Nähere Einzelheiten über Norton AntiVirus finden Sie unter der Adresse `www.symantec.com`.

Räumen Sie Ihre Festplatte auf

Außer für die Gesundheit Ihres Rechners zu sorgen, sollten Sie auch daran denken, ab und zu Ihre Festplatte aufzuräumen.

In Kapitel 2 beschreibe ich, wie Sie sich und Ihren Arbeitsplatz organisieren und all die Papiere auf Ihrem Schreibtisch loswerden können. An dieser Stelle will ich Ihnen erklären, wie wichtig es ist, all die nicht mehr benötigten Dateien von Ihrer Festplatte zu entfernen.

Eine Festplatte ist eigentlich als nichts anderes als ein elektronischer Aktenschrank. Und egal wie groß Ihre Festplatte ist – wenn Sie immer ständig neue Dateien auf ihr speichern und die nicht benötigten Programme und Dateien nicht löschen, wird Ihre Festplatte bald aus allen Nähten platzen. Erst wenn Sie die alten Dateien und nicht mehr benötigten Programme gelöscht haben, werden Sie feststellen, wieviel Platz Sie bisher unnötig belegt hatten.

Am einfachsten lassen sich nicht mehr benötigte Dateien mit Nortons CleanSweep vom Rechner entfernen. CleanSweep erledigt folgende Aufgaben:

- ✔ **Es verwaltet Ihre Programme.** Sie können Programme installieren, archivieren, sichern, auf ein anderes Laufwerk verschieben oder sie transportieren, um sie auf einem anderen Rechner einzusetzen.
- ✔ **Es räumt Ihren Rechner auf.** CleanSweep kann zum Beispiel nach doppelt vorhandenen Dateien und nach Dateien suchen, die übriggeblieben sind, nachdem das dazugehörige Programm entfernt wurde.
- ✔ **Es kann Internet-Dateien löschen.** CleanSweep kann aus dem Internet heruntergeladene Programme entfernen, Internet-Cache-Dateien löschen, unerwünschte Cookies markieren und löschen und vieles mehr.
- ✔ **Es erleichtert den Umgang mit der Registrierung.** CleanSweep erleichtert die Bearbeitung der Registrierungseinstellungen und kann nicht benötigte Einträge löschen.

Nähere Einzelheiten über Norton CleanSweep finden Sie unter der Adresse `www.symantec.com`.

Löschen Sie Ihre automatisch angelegten Backup-Dateien

Ich will an dieser Stelle auch darauf hinweisen, daß Sie von Zeit zu Zeit die automatisch erstellten Backup-Dateien löschen sollten.

Viele Programme wie etwa eine Textverarbeitung oder eine Tabellenkalkulation erstellen automatisch für jede Datei eine Backup-Datei. Sie können diese Sicherungskopien an den Dateierweiterungen erkennen – beispielsweise *.BK!,*.BAK oder *.WBK.

Wenn Sie sehr viele Briefe, Memos, Präsentationen und Berichte geschrieben und das Feature zur Erstellung automatischer Sicherungskopien Ihrer Textverarbeitung oder Ihres Tabellenkalkulationsprogramms aktiviert haben, sind sehr, sehr viele Backup-Dateien auf Ihrer Festplatte gespeichert. Diese Kopien belegen wertvollen Platz und lassen sich doch so einfach entfernen:

1. Klicken Sie auf die Schaltfläche START und wählen Sie SUCHEN|DATEIEN|DATEIEN/ORDNER. Das Dialogfeld SUCHEN NACH: ALLE DATEIEN wird geöffnet.
2. Geben Sie die Erweiterung, nach der Sie suchen wollen, in das Feld NAME ein. (*.bk!, *.bak oder *.wbk). Vergessen Sie weder den Asterisk (*) noch den Punkt (.), damit Ihr Rechner erkennen kann, daß Sie nach einer Erweiterung suchen.
3. Wählen Sie in den Dropdown-Liste SUCHEN IN den Eintrag ARBEITSPLATZ.
4. Klicken Sie auf die Schaltfläche STARTEN. Windows durchsucht Ihren Rechner nach allen Dateien mit der angegebenen Erweiterung.

Suchen Sie in der daraufhin angezeigten Liste nach den Dateien, die Sie löschen wollen. Um eine einzelne Datei zu löschen, markieren Sie sie, und drücken Sie dann die Entf-Taste. Wenn Sie mehrere untereinander stehende Dateien löschen möchten, klicken Sie auf die erste Datei, halten Sie dann die Umschalt-Taste gedrückt, und klicken Sie dann auf die letzte Datei Ihrer Auswahl. Wenn Sie mehrere Dateien löschen wollen, die nicht untereinander stehen, halten Sie die Strg-Taste gedrückt, und klicken Sie nacheinander auf die gewünschten Dateien.

Sichern Sie Ihre Daten

Das Beste, was Sie zur Sicherheit Ihrer Daten tun können und womit Sie sich eine Menge Zeit sparen können, ist die tägliche Sicherung Ihrer Daten. Sie wollen doch nicht wertvolle Zeit damit verschwenden, daß Sie Dokumente neu erstellen müssen, die bei einem Absturz Ihres Rechners verlorengegangen sind.

Zur Sicherung Ihrer Daten stehen Ihnen viele Möglichkeiten zur Verfügung, die ich in den folgenden Abschnitten kurz zusammenfasse.

Drücken Sie Strg+S zum Speichern Ihrer Daten – und zwar häufig

Haben Sie jemals an einem Dokument oder einer Tabelle gearbeitet, als plötzlich der Rechner ohne offensichtlichen Grund abstürzte und dadurch mehrere Stunden Arbeit vernichtete? Um sich gegen Datenverlust zu schützen, sollten Sie sich angewöhnen, alle paar Minuten auf Strg+S zu drücken. Strg+S ist der Windows-Befehl zum Speichern der aktuell bearbeiteten Datei auf der Festplatte.

Ich habe mich so an das häufige Speichern meiner Dokumente gewöhnt, daß ich mindestens nach jedem Absatz einmal Strg+S drücke. Wenn ich meine Broschüre *ACT! in ACTion* in PageMaker bearbeite, drücke ich nach jeder Änderung Strg+S.

Verwenden Sie die Programmfunktionen zum automatischen Backup

Viele Programme wie beispielsweise WordPerfect oder Word verfügen über eine Einstellung, mit der Sie eine Datei in regelmäßigen Abständen sichern können. Ich habe das Intervall in WordPerfect auf drei Minuten festgelegt. Wenn mein Rechner also einmal abstürzt, kann ich schlimmstenfalls drei Minuten Arbeit verlieren.

Speichern Sie Daten auf Disketten

Die guten alten Disketten sind immer noch ein gutes Mittel zum Schutz einzelner Dateien. Wenn Sie eine wichtige Datei bearbeiten, machen Sie es sich zur Gewohnheit, eine Kopie davon auf Diskette zu speichern.

Vor einigen Jahren arbeitete ich gerade an meinem dritten Buch, als meine Festplatte abstürzte. Ich verlor dabei mein halbes Manuskript und mein Norton-Fehlerbericht war 125 Seiten lang. Dieser Absturz hat mich wochenlange Arbeit gekostet. Seit dieser Zeit speichere ich meine Manuskripte auf Disketten. Ich habe mir sogar eigens ein Makro geschrieben, das die Datei gleichzeitig auf Diskette und auf der Festplatte speichert.

Wie wär's mit einer auswechselbaren Festplatte?

Vor einigen Jahren hat Iomega das sogenannte Zip-Laufwerk erfunden – das erste auswechselbare Laufwerk mit hoher Speicherkapazität – und damit die Computerwelt von Grund auf verändert. Heutzutage stellt Iomega eine ganze Produktlinie auswechselbarer Laufwerke her, von denen manche Geräte die Daten schneller übertragen als die Festplatte des Computers, mit dem sie verbunden sind. Mit Hilfe dieser Geräte können Sie große Datenmengen auf sehr einfache Weise auf einem austauschbaren Medium anstatt auf einer Festplatte speichern. Iomega hat zur Zeit folgende Laufwerke im Angebot:

- ✔ **Zip-Laufwerk:** Ein Zip-Laufwerk kann 100 MB Daten speichern. (Ein 250-MB-Modell wird ebenfalls angeboten.) Das Modell für den Anschluß am Parallelport überträgt Daten mit einer Geschwindigkeit von 25 MB pro Minute. Das SCSI-Modell bietet sogar eine Geschwindigkeit von 60 MB pro Minute.
- ✔ **Jaz-Laufwerk:** Ein Jaz-Laufwerk kann 1 beziehungsweise 2 Gigabyte an Daten aufnehmen (1 Gigabyte entspricht 1000 Megabyte). Die durchschnittliche Übertragungsgeschwindigkeit beträgt 5,4 MB pro Sekunde, was diese Geräte schneller als manche Festplatten macht. (Das 2-GB-gerät hat eine mittlere Übertragungsgeschwindigkeit von 7,4 MB pro Sekunde.)
- ✔ **Ditto-Laufwerk:** Ditto-Laufwerke haben eine Speicherkapazität von bis zu 10 Gigabyte und verfügen über eine Datenübertragungsgeschwindigkeit von bis zu 4 MB pro Sekunde.

Wenn Sie also zusätzliche Speicherkapazität brauchen und diesen Speicher jederzeit in die Tasche stecken und mitnehmen können wollen, sollten Sie sich ein Zip-, Jaz- oder Ditto-Laufwerk zulegen.

Nähere Einzelheiten zu diesen Laufwerken finden Sie unter der Adresse `www.iomega.com`.

Installieren Sie ein Bandlaufwerk zur Datensicherung

Die regelmäßige Sicherung der Festplatte sollte eigentlich selbstverständlich sein. Mit einem Bandlaufwerk, das die Festplattensicherung automatisch durchführt, können Sie sich Ihr Leben entscheidend erleichtern. Wenn Ihr Rechner nach einer solchen Sicherung abstürzt, können Sie alle verlorenen oder beschädigten Dateien im Handumdrehen wiederherstellen.

Vor einigen Jahren war es noch problemlos möglich, den Inhalt einer Festplatte auf Disketten zu sichern. Wie aber erstellt man eine Sicherungskopie einer 4 GB, 8 GB oder 10 GB großen Festplatte? Dazu braucht man heutzutage schon ein Bandlaufwerk und eine Backup-Software.

Ich habe festgestellt, daß man mit einem Bandlaufwerk sehr viel Zeit gewinnen kann. Ich habe den ganzen Backup-Prozeß vollautomatisiert. Jeden Mittag um 12.30 Uhr startet das Bakkup-Programm automatisch und sichert all meine ACT!-Datenbanken. Um 18.30 Uhr wiederholt sich der Vorgang, und dabei werden all die Dateien gesichert, die seit dem letzten vollständigen Backup verändert wurden. Einmal pro Woche führe ich ein vollständiges Bakkup meiner ganzen Festplatte durch.

Teil VII

Der Top-Ten-Teil

"Wer hat sich hier beschwert, er hätte nichts zu tun ?"

In diesem Teil ...

Wenn Sie beim Durchblättern dieses Buches gerade an diese Stelle gekommen sind, dann sollten Sie sich sofort die nächsten Kapitel anschauen. Sie sind vollgepackt mit meinen besten Tips, Tricks, Hinweisen und Vorschlägen. Wenn Sie das Buch bis hierhin durchgearbeitet haben, betrachten Sie diesen letzten Teil als Dessert. Lehnen Sie sich also zurück, und genießen Sie ihn.

Zehn Tips für ein erstklassiges Ablagesystem

25

In diesem Kapitel

- So halten Sie Ordnung in Ihren Dokumenten
- Jedes Ding hat seinen festen Platz

Weil es meine Spezialität ist, Leuten dabei zu helfen, ihre Unterlagen zu ordnen und ein Ablagesystem anzulegen, muß dieses Buch natürlich auch ein Kapitel darüber enthalten, wie Sie ein einfach anzuwendendes Ablagesystem anlegen können.

Benutzen Sie Aktendeckel

Anstatt Briefe, Memos, Berichte und andere Unterlagen auf Ihrem Schreibtisch liegen zu lassen, legen Sie sie in Aktendeckel. Denken Sie daran, daß Aktendeckel sich mit der Zeit abnutzen, Eselsohren bekommen und dreckig werden. Ersetzten Sie die abgenutzten Exemplare dann durch neue. Verschwenden Sie keine kostbare Zeit bei dem Versuch, einen alten, abgenutzten Aktendeckel, der nur ein paar Groschen kostet, wieder auf Vordermann zu bringen.

Ordnen Sie Ihre Akten

Damit Sie die Beschriftung Ihrer Akten leicht lesen können, ordnen Sie die Aktenreiter so an, daß Sie immer drei Schilder gleichzeitig sehen können (siehe Muster).

Links	Mitte	Rechts
A	B	C
D	E	F
G	H, I	J
K	L	M
N	O	P, Q
R	S	T
U, V	W	X, Y, Z

Beschriften Sie Ihre Akten

Kleben Sie immer ein Etikett auf Ihre Aktendeckel, damit Sie wissen, was sie enthalten.

Schreiben Sie Ihre Etiketten mit der Hand

Bewahren Sie immer ein paar neue Aktendeckel in Ihrer Schublade auf. Wenn Sie einen neuen brauchen, nehmen Sie ihn einfach heraus und beschriften Sie ihn mit einem feinen Kugelschreiber (Bleistifte schmieren und werden schnell unleserlich). Vergeuden Sie keine Zeit damit, die Klebeetiketten mit der Schreibmaschine zu tippen.

Die Etiketten Ihrer Akten sollten sich wie ein Telefonbuch lesen lassen

Wenn Sie Ihre Aktendeckel nach Namen sortieren, sollten Sie die Namen wie in einem Telefonbuch angeben: Nachname, Vorname(n).

Verabschieden Sie sich von Ihren Hängemappen

Viele Leute benutzen Hängeordner, weil sie nicht umfallen können und sich sauber ordnen lassen. Theoretisch ist das System in Ordnung, aber in der Praxis funktioniert es einfach nicht, weil alleine die Hängemappen bis zu einem Drittel einer leeren Schublade einnehmen. Wenn Sie feststellen, daß Ihre Aktenschubladen zu voll sind, werfen Sie Ihre Hängemappen weg und ersetzen Sie sie durch Hängetaschen.

Benutzen Sie Hängetaschen

Als Alternative zu Hängemappen können Sie Hängetaschen (Akkordeonordner) verwenden. Ich bevorzuge die sechs Zentimeter breiten Hängetaschen. Stecken Sie Ihre Aktendeckel in die Hängetaschen, und stellen Sie die Taschen in Ihre Schubladen. Sie stehen von alleine.

Ordnen Sie Ihre Akten

Akten, die Sie ständig brauchen, sollten in der Schublade ganz vorne liegen, damit Sie sie schnell greifen können. Akten, die Sie seltener brauchen, können Sie dahinter stellen. Andere Akten, die Sie zwar aufbewahren müssen, aber nicht so oft brauchen, sollten in anderen Aktenschränken im Büro oder in einem Lager außerhalb des Büros untergebracht werden.

Arbeiten Sie mit Ihren Akten

Nachdem Sie ein Ablagesystem angelegt haben, sollten Sie es sich zur Gewohnheit machen, die Akten auch wirklich zur Arbeit zu verwenden. Schließlich enthalten sie die Fakten zu einem bestimmten Vorgang, die Sie gar nicht alle im Kopf behalten könnten.

Zehn Tips für den richtigen Umgang mit dem technischen Support

26

In diesem Kapitel

- Stellen Sie die richtigen Fragen
- Legen Sie sich alle erforderlichen Daten zurecht

Ich weiß, daß Computer eigentlich nie Fehler und Programme keine Mucken haben, wenn Sie vom Fließband kommen. Deshalb bin ich mir gar nicht sicher, ob ich Ihnen überhaupt Tips für den richtigen Umgang mit den Leuten von der technischen Unterstützung geben sollte. Aber sollten Sie einmal in eine Situation kommen, in der Sie eine Hotline anrufen müssen, dann könnten Ihnen die folgenden Ratschläge das Leben einfacher machen:

- ✔ Notieren Sie sich die Nummer der Hotline vorne auf dem Handbuch oder markieren Sie die Seite, auf der sie steht. Knicken Sie entweder eine Ecke der Seite um oder kleben eine Klebenotiz an den Rand der Seite, damit Sie sie schnell finden können.
- ✔ Neben die Nummer sollten Sie die Seriennummer des Produktes und Ihre Benutzer-ID schreiben. Dann brauchen Sie sie nicht erst lange zu suchen, wenn Sie danach gefragt werden.
- ✔ Viele Unternehmen besitzen ein computergesteuertes Telefonsystem mit vielen Menüs, durch die man sich erst einmal hindurcharbeiten muß. Um Zeit zu sparen, schreiben Sie sich die entsprechende Nummernfolge auf, die Sie wählen müssen, damit Ihr Anruf schneller ans Ziel kommt.
- ✔ Wenn Sie mit dem technischen Support sprechen müssen, versuchen Sie es möglichst früh am Morgen. Schauen Sie in Ihrem Handbuch nach, wann die Hotline besetzt ist. Viele Unternehmen sind bereits morgens ab 8.00 Uhr zu erreichen. Denken Sie daran, daß die Leitungen am Montagmorgen meistens besetzt sind, weil die Leute am Wochenende mit ihren Computern herumexperimentiert haben und Ihre Fehler wieder ausbügeln müssen.
- ✔ Rufen Sie die Supportline nicht während der Mittagspause zwischen 12.30 bis 14.30 Uhr an – ich meine nicht Ihre Mittagspause, sondern die des Unternehmens. Während dieser Zeit sind die meisten Telefone nicht besetzt, und Sie müssen noch länger warten.

- ✔ Wenn ein Unternehmen gerade ein neues Produkt auf den Markt gebracht hat, können Sie davon ausgehen, daß dort die Leitungen heißlaufen. Es wird Tausende von Benutzern geben, die Fragen oder Probleme haben. Versuchen Sie, entweder früh morgens oder spät abends anzurufen.
- ✔ Allgemein müssen Sie damit rechnen, daß Sie mindestens 10 bis 15 Minuten in der Warteschleife warten müssen, bevor Sie mit einem Techniker sprechen können. Nehmen Sie sich daher etwas vor, das Sie während der Wartezeit erledigen wollen.
- ✔ Bevor Sie eine neue Software oder einen Zusatz installieren, der die Konfiguration Ihres Systems ändert, lesen Sie sich die Installationsanleitung durch. Rufen Sie dann die Hotline an, und fragen Sie, ob es noch etwas anderes gibt, das Sie wissen sollten, bevor Sie die Software installieren, etwas, das vielleicht nicht in Ihrem Handbuch erwähnt wird. Wenn Sie Glück haben, wird der Techniker dann mit Ihnen den ganzen Installationsprozeß durchgehen.
- ✔ Ein letzter Tip: Nehmen Sie Änderungen an Ihrem Computer nie zu einer Zeit vor, zu der Sie die technische Unterstützung nicht erreichen können. Was machen Sie, wenn Ihr Computer am Freitagabend streikt und Sie die Hotline erst wieder am Montag um 8.00 Uhr erreichen können?

Zehn Tips, wie Sie den Weg zur Arbeit optimal nutzen können

27

In diesem Kapitel

- Nutzen Sie den täglichen Weg zur Arbeit und nach Hause
- Auch in der Bahn und im Bus können Sie produktiv sein

Ich weiß, daß Sie jeden Tag bestimmt eine oder zwei Stunden für die Fahrt von und zur Arbeit brauchen. In diesem Abschnitt will ich Ihnen deshalb ein paar Tips geben, wie Sie diese Zeit zu Ihrem Vorteil nutzen können.

- ✔ **Entwickeln Sie einen Master-Plan für den Weg zur und von der Arbeit.** Wenn Sie regelmäßig pendeln, überprüfen Sie jeden Abend Ihre Master-Liste auf Aufgaben, die Sie im Zug oder im Bus auf dem Weg nach Hause oder morgens auf dem Weg ins Büro erledigen können.
- ✔ **Planen Sie für den nächsten Tag.** Überlegen Sie, welche Aufgaben Sie am nächsten Tag erledigen müssen. Bereiten Sie sich so weit vor, daß Sie diese Aufgaben gleich am nächsten Morgen angehen können.
- ✔ **Planen Sie für die Zukunft.** Überlegen Sie, welche Aufgaben Sie in den nächsten Tagen oder Wochen erledigen müssen. Je mehr Zeit Sie in die Planung und Vorbereitung investieren, desto einfacher wird die Arbeit.
- ✔ **Tragen Sie neue Aufgaben in Ihre Master-Liste ein:** Überlegen Sie, welche Aufgaben noch erledigt werden müssen, und tragen Sie sie in Ihre Aufgabenliste ein. Wenn Sie selber fahren müssen, tragen Sie sie sofort ein, wenn Sie im Büro sind.
- ✔ **Erledigen Sie Ihre Telefongespräche:** Mit einem Handy können Sie die Zeit im Berufsverkehr optimal nutzen. In dieser Zeit können Sie die Rückrufe erledigen, die Sie am Tag nicht mehr geschafft haben.
- ✔ **Diktieren Sie Briefe und Notizen:** Kaufen Sie sich ein Taschendiktiergerät und diktieren Sie Briefe an andere und Notizen für sich selbst. Tragen Sie das Gerät immer bei sich.
- ✔ **Schreiben Sie E-Mail und andere Nachrichten:** Wenn Sie mit der Bahn oder mit dem Bus fahren, nehmen Sie Ihren Laptop mit. Nutzen Sie die Zeit, um Briefe oder E-Mail-Nachrichten zu schreiben oder Tabellen zu bearbeiten. Wenn Sie mit dem eigenen Auto fahren, diktieren Sie die Briefe in Ihr Taschendiktiergerät.

- **Holen Sie versäumte Lektüre nach:** Wenn Sie mit dem Bus oder mit der Bahn pendeln, sollten Sie sich einen Aktenordner mit Artikeln aus Zeitungen und Fachzeitschriften anlegen und immer in der Aktentasche mit sich führen. Lesen Sie die Artikel auf den Weg zur und von der Arbeit.
- **Hören Sie sich Bücher auf Kassette an:** Nutzen Sie die Zeit zur und von der Arbeit zur Lektüre von Fachbüchern. Auf diese Art und Weise können Sie sich hervorragend fortbilden. Wenn Sie nur ein wenig Unterhaltung wollen – auch viele Bestseller sind auf Kassette erhältlich.
- **Hören Sie Nachrichten:** Wenn Sie sich über die aktuellen Ereignisse auf den Laufenden halten wollen, nehmen Sie ein tragbares Radio mit und schalten Sie einen Nachrichtenkanal ein.
- **Hören Sie sich ein Musikstück an:** Legen Sie nach einem harten Tag eine Kassette in den Walkman oder eine CD in den CD-Spieler und entspannen Sie sich.
- **Machen Sie ein Nickerchen:** Wenn Sie mit dem Bus oder der Bahn nach Hause fahren, lehnen Sie sich einfach zurück, schließen Sie die Augen, entspannen Sie sich und machen Sie ein kleines Schläfchen. Nach einem harten Tag im Büro haben Sie sich eine Pause verdient.

Stichwortverzeichnis

A

Abheften
  Notizen 35
ACT! 326
  als Textverarbeitungssystem nutzen 76
  Anrufe übertragen 153
  Aufgaben im Überblick 83
  Aufgaben planen 90
  Aufgabenliste 83
  außerstädtische Termine eintragen 95
  Berichte erstellen 77
  detaillierte Besprechungsnotizen 140
  E-Mail-Nachrichten senden und empfangen 75
  Geburts- und Jahrestage eintragen 68
  Geschäftsbeziehungen verbessern 231
  Gesprächsnotizen erstellen 70
  im Netzwerk verwenden 77
  Informationen aus anderen Kontaktmanagern übertragen 65
  Informationen im Überblick 67
  Kalender ausdrucken 77
  Namen der Sekretärinnen und Assistentinnen 107
  Notizblock 70
  Notizen zu Telefonaten 153
  Personen in verschiedene Kontaktgruppen/Kategorien einteilen 75
  Planung von Geschäftsreisen 69
  regelmäßige Tätigkeiten eintragen 233
  Schablonen für Formbriefe 76
  Serienbrieffunktion 76
  Suchfunktion 69, 95
  Suchfunktionen 76
  Termine eintragen 71
  Termine im Überblick anzeigen 73
  Visitenkarten einscannen 231
  Web-Adressen speichern 75
Addition durch Subtraktion 20, 94
AddressGrabber 327
Adobe PageMill 239
Adreßbuch 57
  Namen, Adressen und Telefonnummern 51, 57
  Personendaten auf dem neuesten Stand halten 60
Akten
  beschriften 339
  Hängemappen 340
  ordnen 339
Aktenkoffer
  aufräumen 37
  vor Terminen Inhalt prüfen 103
Aktivitäten
  Ziele setzen 252
Aktualisieren
  Master Liste 49
Altavista 242
Anlagen
  für E-Mail-Nachrichten 190
  komprimieren 197
Anrufbeantworter
  Ansage aufnehmen 172
  Tips zum Hinterlassen einer Nachricht 174
Anti-Streßübungen 295
Arbeitsaufkommen
  Überstunden 27
Arbeitsgewohnheiten
  neue Herausforderungen suchen 259
  überprüfen 257
  Zeit optimal nutzen 261
Arbeitsgewohnheiten überprüfen 257
Arbeitsspeicher aufrüsten 317
Arbeitstempo
  Überstunden 27
Arbeitstempo bestimmen 27
Atemtechniken 213
Atemübungen 213
Aufgaben
  auf den nächsten Tag übertragen 56
  die schwierigste zuerst 87
  Fristen einhalten 89
  Fristen richtig einschätzen 88
  für den nächsten Tag planen 85
  in den Tagesplaner eintragen 54
  planen 82
  Prioritäten festlegen 86, 89
  Prioritäten setzen 81, 83
  Termine beachten 42
  Zeit für Problemlösungen reservieren 88
Aufgabenlisten
  auf dem neuesten Stand halten 58
  Aufgaben übertragen oder ändern 58
Aufräumen
  Aktenkoffer 37
  Schreibtisch 31
Auto
  Unterhaltskosten berechnen 98

B

Backup-Bandlaufwerke 319
Bandbreite (Internet) 272
Begleitmaterial für Vorträge und Präsentationen 215
Berichte erstellen 77
Besprechungen
  Anfangs- und Endzeiten festlegen 112
  Dauer einplanen 94
  Ergebnisse protokollieren 114
  miteinander verbinden 97
  Mustervordruck Tagesordnung 111
  planen 92, 109
  Sitzordnung 107
  Tagesordnung erstellen 110
  Unterlagen vorher verteilen 113
  wichtige Utensilien 101
Briefe
  knapp und präzise schreiben 183
  lesbar formatieren 184
  überarbeiten 182
Büroeinrichtung 265

C

Casey, Bill 117
ClipMate 327
Computer
  Arbeitsspeicher 318
  Arbeitsspeicher aufrüsten 317
  aufrüsten 314
  Backup-Bandlaufwerke 319
  ergonomische Tastaturen 278
  Festplatte aufräumen 37
  Festplatte aufrüsten 315
  Festplatte optimieren 330
  Grafikkarte aufrüsten 316
  Kauftips 318
  Kennwortschutz 303
  Maus gegen Trackball austauschen 279
  Namen und Adressen speichern 61
  Norton Utlities 329
  Palmtop-Rechner 321, 322, 323
  Pflegemaßnahmen 329
  Präsentationssoftware 214
  richtige Monitorposition 279
  Software aktualisieren 317
  Tastatureingaben mit Makros
    automatisieren 277
  Technische Unterstützung/Hotline 341
  Virenschutz 331
Computerkalender 60
Computermaus
  gegen Trackball austauschen 279
Computerpflege 329
  Norton Utilities 329
  Sicherungsdateien erstellen 334
  Sicherungsdateien löschen 333
Computerviren 331
Coolidge, Calvin 120
Corel WebMaster Suite 239
Corel WordPerfect Presentations 214

D

Dateien
  sichern 195
Datensicherung
  mit Bandlaufwerken 336
  Zip-Laufwerke 335
Details planen 249
Diebstahlsicherung für Handys 167
Dienstreisen 284
  Alternativen 99
  Anti-Streßübungen 295
  Auto mieten 300
  Computer schützen 303
  Hotelzimmer reservieren 282
  Koffer packen 286
  Lockerungsübungen 297
  Reisegepäck schützen 298
  Reise-Krankenversicherung 309
  Reiseroute schriftlich niederlegen 281
  Wartezeiten nutzen 106
Dienstreisen planen 281, 282
Ditto-Laufwerke 335
Dokumente als E-Mail-Anlage beifügen 196
Drucken - Tagesplaner 77
Druckerspezifikationen 273

E

Echo-Technik 121
Eigenwerbung
  auf einer eigenen Website 234
  mit E-Mail 246
  öffentliche Auftritte 227
  Visitenkarten verteilen 229
  Zeitungsartikel schreiben 223
Eigenwerbung betreiben 221, 222, 223
Einrichten
  Heimbüro 266
  Telefonanlage 269
  Wiedervorlagesysteme 41
Einwände
  widerlegen 133, 134
E-Mail
  Anlagen beifügen 190
  Anlagen komprimieren 197

Betreff-Zeile 189
Dokumente als Anlage beifügen 196
Emoticons/Smileys 194
Flame 193
gegen Diebstahl sichern 195
Gratis-Konten 199
knapp und präzise formulieren 189
Nachrichten filtern 198
Netiquette 191
Posteingang regelmäßig durchsehen 192
Schreibstil 188
sichern 195
Werbung herausfiltern 200
E-Mail-Diebstahl 195
E-Mail-Nachrichten
mit ACT! senden und empfangen 75
E-Mail-Server 247
E-Mail-Werbung 246
E-mailZIP DeLuxe 197
Emoticonsl 194
Empfehlungsschreiben
sammeln 221
zur Eigenwerbung einsetzen 221
ergonomische Computertastaturen 278
Excite 243

F

Faxspezifikationen 273
Festplatte
aufräumen 37, 332
defragmentieren 330
Filtern
E-Mail-Nachrichten 198
E-Mail-Werbung 200
Fluggesellschaften
Websites 283
Fragen
das Gespräch kontrollieren 118
geschlossene 120
Freelance Graphics 214
Fristen einhalten 89

G

Geburtstage
in den Tagesplaner eintragen 57
Geschäftsbesprechungen
wichtige Teilnehmer 113
geschlossene Fragen 119
Gespräche
den Gesprächspartner zum Reden ermuntern 116
durch Fragen Informationen erhalten 116
durch Fragen kontrollieren 118
positive Fragen stellen 120
Gesprächsnotizen erstellen 70
Gesprächssteuerung
die richtigen Fragen stellen 119
Echo-Technik 121
geschlossene Fragen stellen 120
offene Fragen stellen 119
zuhören und schweigen 117
Gratis-E-Mail-Konten 199

H

Handy-Akkus 165
Handys
die richtige Größe 162
die richtigen Akkus 165
gegen Diebstahl sichern 167
Laustärkeregelung 163
Hardware
Modems 318, 319
Monitore/Bildschirme 319
Harvard Graphics 214
HC-4600 Color Mobilon 323
Heimbüro
Aktenschränke einrichten 267
Beleuchtungseinrichtung 268
Druckerspezifikationen 273
Faxspezifikationen 273
ISDN 272
ISDN-Anschluß 271
schnelle Internetverbindungen 271
Schreibtisch auswählen 266
Schreibtischstuhl auswählen 266
Telefax auswählen 271
Telefonanlage einrichten 269
Herausforderungen
aus Mißerfolgen lernen 258
suchen 258
Holland, Leslie 228
Hotbot 243

I

Icons, Definition der 22
Infoseek 243
Internet
Bandbreite 272
ISDN-Anschluß 271
Internet-Suchmaschinen 242
Altavista 242
Excite 243
Hotbot 243
Infoseek 243
Lycos 243
Yahoo 243
ISDN-Anschluß 271, 272

J

Jahreskostenaufstellung Kfz 99
Jaz-Laufwerke 335

K

Kalender
  Computerkalender 60
  Terminschwierigkeiten vermeiden 60
Kontakte pflegen 231
Kontaktmanagement-Programme
  Aufgaben automatisch übertragen 58
  Personendaten auf dem neuesten Stand halten 60
  Vorteile 58
Konzessionen in einem Verkaufsgespräch 142
Körpersprache bei Präsentationen 208
Korrespondenz
  geläufige Wörter und Ausdrücke verwenden 179
  im Gesprächsstil schreiben 180
  knappe Briefe schreiben 183
  Leserschaft bestimmen 177
  Texte bearbeiten 182
Kostenaufstellung der jährlich gefahrenen Kilometer 98
Kunden
  über das Internet aquirieren 234
Kundeninformationen speichern 68

L

Lampenfieber bei Präsentationen 206
Lockerungsübungen 297
Lycos 243

M

Mailbox
  Ansage aufnehmen 172
  Tips zum Hinterlassen einer Nachricht 174

Makros
  Tastatureingäben automatisieren 277
Master Liste 33
  aktualisieren 49
  alle Aufgaben aufschreiben 34
  Aufgaben in den Tagesplaner übertragen 55
  erledigte Aufgaben abhaken 47
  Form der Liste 47
  für unerledigte Aufgaben 48
  kontrollieren 85
  Konzept 46
  Nachteile 50
  Namen, Adressen und Telefonnummern 51
  optimal nutzen 47
  Post, E-Mail und Voice Mail 91
  Prioritäten setzen 81
  Reihenfolge der Aufgaben 49
  unerledigte Aufgaben auf neue Seite übertragen 48
  zukünftige Projekte eintragen 51
Master-Liste
  als Wiedervorlagesystem 44
  anlegen 46
META-Tags 243
Microsoft FrontPage 239
Microsoft Internet Explorer 197

N

Netscape Navigator 198
Nickel-Cadmium-Akkus (NiCd) 165
Nickel-Metall-Hybrid-Akkus (NiMH) 165
Norton Ghost 315
Norton Utilities 329
Notizen
  ablegen 35
  datieren 35
  in den Tagesplaner eintragen 55
  in Masterliste eintragen 34

O

offene Fragen 119, 128

P

PageMaker 226, 327
PalmPilot 321
Palmtop-Rechner 321, 322
  HC-4600 Color Mobilon 323
  PalmPilot 321
  REX PRO PC Companion 323
Planen
  Aufgaben 82
  Aufgaben für den nächsten Tag 85
  Details 249
  Termine und Besprechungen 92
positive Fragen 120
PowerPoint 214
Präsentationen 205, 207
  Atemtechniken 213
  Aussprache 213
  Begleitmaterial verteilen 215
  Bestuhlung des Vortragsraumes 218
  Blickkontakt mit dem Publikum 210
  das Publikum aufwärmen 207
  Gesprächsnotizen 211

Gestaltung des Vortragsraumes 216
Gesten betont einsetzen 209
Körpersprache einsetzen 208
Lampenfieber 206
Pausen als Vortragstechnik 212
Sprechtempo 212
Sprechtempo variieren 213
starke Einführungen 207
Stimme heben und senken 213
Präsentationssoftware 214
Prime Time 86
Prioritäten
festlegen 86
für Aufgaben festlegen 83
Probleme
Zeit für Lösung reservieren 88
Programme
ACT! 326
AddressGrabber 327
ClipMate 327
PageMaker 327
QuickBooks 326
Quicken 326
Software aktualisieren 317
WordPerfect 325
Projekte
Reihenfolge auf der Master-Liste 49
Protokolle
von Besprechungen anfertigen 114
Pro-und-Kontra-Bilanz 137

Q

QuickBooks 326
Quicken 326

R

Rechtschreibprüfung 181
Reisebekleidung 286
Reise-Krankenversicherungen 309
Reservieren
Hotelzimmer 282
REX PRO PC Companion 323
Rockefeller, John D. 222
Rolodex
kontra elektronische Datei 69
Namen, Adressen und Telefonnummern 51, 57
Personendaten auf dem neuesten Stand halten 60

S

Schreibtisch
aufräumen 31, 42
Schubladen aufräumen 36
wichtige Unterlagen heraussuchen 32
Schreibtischübungen für Ihren Körper
Handübungen 275
Sichern
E-Mail-Nachrichten 195
Sicherungsdateien
erstellen 334
löschen 333
Sitzordnung
für Besprechung festlegen 107
Speichern
Kundeninformationen 68
Web-Adressen mit ACT! 75
Sprechtempo bei Vorträgen 212
Suchen
Adressen in ACT! 76
Suchmaschinen 242
META-Tags 243
Symantec VisualPage 239

T

Tagesordnungen
für Besprechungen erstellen 110
Tagesplaner 51, 53
Aufgaben für die nächsten Tage einplanen 54
Aufgaben von der Master Liste übertragen 55
Aufgabenliste auf dem neuesten Stand halten 58
ausdrucken 77
erledigte Aufgaben abhaken 56
Geburts- und Jahrestage 57
Grundidee 53
Kontrolle über die Zeitplanung 54
Nachteile 58
Namen, Adressen und Telefonnummern 51
Personendaten auf dem neuesten Stand halten 60
Telefonnummern in Rolodex oder Adreßbuch eintragen 57
Urlaub einplanen 57
zukünftige Projekte eintragen 51
Telefon
Termine vereinbaren 152
Telefon-Headsets verwenden 157
Telefonieren
Anrufer abwimmeln 158
die eigene Wirkung testen 148
Enthusiasmus zeigen 149
Gefühle und Regungen vermitteln 148
Gefühle zeigen 149
Headsets verwenden 157
langatmige Anrufer abwimmeln 159

mit Beschwerden umgehen 160
mit lästigen Anrufern 158
Notizen machen 153
Umgang mit dem Voice-Mail-System 155
Telefonnummern speichern und wählen 74
Termine
Alternativtermine 106
angemessene Kleidung und angemessenes Auftreten 102
bei Verspätungen Bescheid geben 105
Besprechungesdauer einplanen 94
bestätigen lassen 103
für die Erledigung von Aufgaben beachten 42
in ACT! anzeigen 73
in Kalender eintragen 68, 71
mehrere verbinden 94
Pausen einplanen 93
planen 92, 109
Pünktlichkeit 105
Sitzordnung 107
telefonisch vereinbaren 152
Termine verbinden 94, 97
Überblick 73
Wartezeiten nutzen 106
wichtige Utensilien 101
Terminschwierigkeiten vermeiden 60
Trackball 279

U

Überstunden und Arbeitsaufkommen
Überstunden 27
Urlaubstermine
in den Tagesplaner eintragen 57

V

Verhandeln
alle Punkte auf den Tisch bringen 141
anderen bei der Entscheidung helfen 125
aus der stärkeren Position heraus 141
Blockierer eliminieren 131
detaillierte Notizen machen 140
Details aushandeln 141
Dringlichkeit vermitteln 139
Einwände ermitteln 136
Einwände widerlegen 134
emotionale Einwände des Gesprächspartners widerlegen 133
Konfrontationen vermeiden 135
Konzessionen 142
mit einflußreichen Mitarbeitern 131
mit Einwänden effektiv umgehen 132
mit Hilfe eines Coach 132
Verkaufstechniken 126
Einwände widerlegen 127
Entscheidungsträger herausfinden 129, 130
Fragen mit Gegenfragen beantworten 134
Pro-und-Kontra-Bilanz 137
Virenschutz 331
Visitenkarten
sammeln 230
verteilen 229
Voice-Mail
Ansage aufnehmen 172
Tips zum Hinterlassen einer Nachricht 174
Voice-Mail-Systeme 169
Vorteile 169

W

Websites
Domänennamen registrieren lassen 242
erstellen 236
Inhalte erstellen 235, 237
professionelles Design 240
registrieren lassen 242
selber erstellen 238
Suchmaschinen 242
zur Kundenaquisition verwenden 234
Websites von Fluggesellschaften 283
Wiedervorlagesystem
des Autors 45
Wiedervorlagesysteme 44
einrichten 41
Vorteile 44
WinZip 197
WordPerfect 325

Y

Yahoo 243

Z

Zeit
jeden Tag eine Stunde sparen 31
Zeit/Nutzen Analyse 26
Zeitplanung
Terminschwierigkeiten bei mehreren Kalendern 60
Ziele
Fortschritte überpüfen 255
kurzfristige Ziele setzen 253
richtig dimensionieren 252
schriftlich fixieren 254
setzen 252
Zip-Laufwerke 335